Johannes Kemser, Andrea Kerres (Hrsg.)
Lehrkompetenz lehren

Bildung – Soziale Arbeit – Gesundheit

—

Herausgegeben von der
Katholischen Stiftungshochschule München

Band 17

Lehrkompetenz lehren

Beiträge zur Profilbildung Lehrender

Herausgegeben von
Johannes Kemser und
Andrea Kerres

DE GRUYTER
OLDENBOURG

ISBN 978-3-11-050069-1
e-ISBN (PDF) 978-3-11-050070-7
e-ISBN (EPUB) 978-3-11-049811-0
ISSN 2509-7040

Library of Congress Cataloging-in-Publication Data
A CIP catalog record for this book has been applied for at the Library of Congress.

Bibliografische Information der Deutschen Nationalbibliothek
Die Deutsche Nationalbibliothek verzeichnet diese Publikation in der Deutschen
Nationalbibliografie; detaillierte bibliografische Daten sind im Internet über
http://dnb.dnb.de abrufbar.

© 2018 Walter de Gruyter GmbH, Berlin/Boston
Satz: Konvertus, Haarlem
Druck und Bindung: CPI books GmbH, Leck
♾ Gedruckt auf säurefreiem Papier
Printed in Germany

www.degruyter.com

Vorwort des Präsidenten

Die Katholische Stiftungshochschule München (KSH) hat bis zum Jahr 2015 insgesamt 15 Bände der Reihe DIMENSIONEN SOZIALER ARBEIT UND DER PFLEGE beim Verlag Lucius & Lucius herausgegeben. Seit dem Jahr 2016 wird die Reihe unter dem Titel BILDUNG – SOZIALE ARBEIT – GESUNDHEIT vom Verlagshaus De Gruyter verlegt. In der Reihe publizieren insbesondere Lehrende und Forschende der Katholischen Stiftungshochschule zu aktuellen Fragen und Themen der Sozialen Arbeit, Bildung und Pflege als Wissenschaft und Praxis.

Der Ihnen hier vorliegende Reader, der in integrativer Weise die Kategorien Bildung, Pflege und Gesundheit bedient, trägt den Titel „Lehrkompetenz lehren", verbindet sowohl regional- wie länderübergreifende Unterschiede, vereinigt Bildungsbedarfe sowohl auf berufsschulischer wie auf hochschulischer Ebene. Er spiegelt sowohl geschichtliches, wissenschaftstheoretisches, pädagogisches, psychologisches, didaktisch-methodisches wie praktisches Know-how durch unterschiedliche Sichtweisen verschiedener Autor(inn)en aus unterschiedlichen Bildungsbereichen.

Die KSH München mit ihren Abteilungen München und Benediktbeuern steht seit ihrem Bestehen im Jahr 1971 sowohl für multidisziplinäre Bezugsdisziplinen als auch für spezielle Expertisen auf hohem wissenschaftlichem Niveau. Seit 2005 ist es in München möglich, Pflegepädagogik zu studieren und die Lehrbefähigung für das Amt der Lehrerin und des Lehrers an Berufsfachschulen für Pflege und Gesundheit zu erwerben. Für die Qualifizierung der Studentinnen und Studenten sind Lehrende aus den oben genannten Disziplinen tätig, die ihr hochschuldidaktisches Fachwissen teilweise über viele Jahre an unterschiedlichen Hochschulen und Universitäten erprobt haben.

Für die Pflegepädagogik ist zu konstatieren, dass es nach wie vor wenige Publikationen zum Thema „Lehrkompetenz lehren" bzw. „Lehrkompetenz erwerben" gibt, sodass mit dem vorliegenden Sammelband eine wichtige Lücke geschlossen wird.

Den Band zeichnet u. a. aus, dass pädagogisch gesehen hier die Erkenntnis des Lernens im sozialen Kontext eine entscheidende Rolle spielt. Denn die hohe Bedeutung der Frage kennt jeder in der Bildungsarbeit Tätige: Wie ist das Lernbewusstsein? Wie sind die Lernkontexte, in denen Erwachsene lernen? Und was sagen die Kontexte über die Qualität des Lernens aus? Haben diese wiederum etwas mit Lehrkompetenzen zu tun? Sagen diese Bedingungen schließlich etwas über Lernbereitschaft, Lernfrust oder -lust, mit denen Menschen lernen, aus? Dies sind auch für Weiterbildungsseminare und für die Lehre an Hochschulen spannende Fragen, zu denen es teils überraschende Antworten gibt.

Interessant dabei ist, dass bereits in der Repräsentativstudie aus dem Jahr 2006 zum Lernbewusstsein und Lernverhalten der deutschen Bevölkerung festgestellt worden ist, dass gerade diejenigen, die überwiegend auf Internetlernen oder Fernlernen setzen, bezogen auf Lernkompetenzen die niedrigsten Werte haben. Diejenigen

DOI 10.1515/9783110500707-202

dagegen, die schulische Angebote, Fort- und Weiterbildungen, Hochschulseminare usw. – also die institutionelle Form von Lernen – bevorzugen, erreichen deutlich bessere Werte hinsichtlich der Selbststeuerung und des Motivationsgrads von Lernprozessen.[1]

Der Stellenwert des Lernens auf Distanz und des elektronisch unterstützten Lernens soll nicht in Abrede gestellt werden. Dennoch könnte man meinen, dass diese Ergebnisse durchaus etwas zu tun haben mit der Lust am Dialog, am Diskurs, am Buch vielleicht, am Händischen.

Das eigentlich Überraschende ist, dass die Lehrkompetenzen immer mit der Bereitschaft für lebenslanges Lernen zusammenhängen, abhängig von den im Erwachsenenalter insbesondere an der sozialen Lernumgebung erfahrenen Lernkontexten. Die Dispositionen für Lernen überhaupt sind eben nicht im frühkindlichen Alter oder bis zum Alter von 12 oder 13 Jahren endgültig geformt, sondern bilden sich ein Leben lang aus, je nach Lehrkompetenz der Lehrenden und der jeweiligen Lehr- und Lernumgebung.

Aus diesen Überlegungen kann man ersehen, dass der Einfluss der Lernumwelt sowie die von Situation, Raum und Zeit und schließlich – am bedeutendsten – von der jeweiligen Lehrperson ausgehende Wirkung maßgeblich sind, um die Bedingungen für Lehrkompetenz zu entwickeln.

So freut es mich besonders, Sie auf diese Kernkompetenzen von pädagogischer Lehre in unterschiedlicher Breite und Tiefe verschiedener Autorenbeiträge aufmerksam und neugierig machen zu dürfen. Sie widerspiegeln auch und im Besonderen das vielfältige Angebot unserer Hochschule in Lehre und Forschung.

Mit dem Sammelband „Lehrkompetenz lehren" ist es der Kollegin Andrea Kerres und dem Kollegen Johannes Kemser gelungen, eine gebündelte, d. h. integrierende Antwort auf bisher oftmals nur mühsam zu findende Monografien zu geben.

Hermann Sollfrank

---

1 Baethge, M. (2006): Der ungleiche Kampf um das lebenslange Lernen. Repräsentativ-Studie zum Lernbewusstsein und -verhalten der deutschen Bevölkerung. In: Edition Quem (Hg.): AG Betriebliche Weiterbildungsforschung e. V., Bd. 16, S. 9.

Vorwort der Herausgeber

Wenn man nicht zufällig „auf Lehramt" studiert oder studiert hat, bestehen kaum Möglichkeiten, sich kontinuierlich im Austausch oder im Diskurs Lehrkompetenz anzueignen. Zwar gibt es Fortbildungskurse für Lehr- und Hochschuldidaktik, die von unterschiedlichen Zentren angeboten werden, so beispielsweise vom Zentrum für Hochschuldidaktik in Bayern.[1] Verglichen mit anderen Themen aus den Bereichen „Pflege", „Gesundheit" und „Soziales" wie beispielsweise Arbeit, Erfolg, Personal, Ehrenamt, Betreuung, Marketing, Palliativ und Hospiz, Strukturen, Finanzierung oder auch Unternehmensphilosophie gerät das Thema „Bildung, Lehre und Vermittlung" oder gar der Komplex „Lehrkompetenz lehren" auffällig ins Hintertreffen.

Seit Einführung der Studiengänge „Pflegepädagogik" Mitte der sog. Nullerjahre (in Bayern Beginn 2005) an Hochschulen für angewandte Wissenschaften hat sich die Literaturlage zwar deutlich und erheblich verbessert. Gleichwohl tappt man bei der Suche nach der hier favorisierten Overline „Lehrkompetenz lehren" immer noch im Dunkeln, wenn es um eine griffige, handhabbare und verstehbare Literaturlage geht.

Dies war für uns ein drängendes Zeichen und zugleich ein hochschulpolitischer Appell an die eigene Fakultät, einen Reader zu erstellen, der diese spürbare Lücke füllt und unterschiedliche Facetten hierzu beleuchtet. So haben wir den Versuch unternommen, aus unterschiedlichen Perspektiven Fragestellungen zu entwickeln und diese an Hochschulkolleg(inn)en, Praktiker(innen) aus der Schulpraxis, Lehrbeauftragte und an Studierende, die kürzlich ihr Studium der Pflegepädagogik als Bachelor- oder Masterabsolvent(inn)en abgeschlossen haben und in Projekten oder im unmittelbaren Unterrichtsgeschehen tätig sind, weiterzutragen.

Schließlich wurde der Versuch unternommen, sich den offenen Fragen durch einen möglichst geschlossenen Kranz unterschiedlicher Sichtweisen anzunähern. Dabei ist uns klar geworden, dass man die hochgesteckten Ansprüche nicht allumfassend erfüllen kann. So sind beispielsweise die Sichtweisen der Politik, respektive die des Kultus-, Wissenschafts-, Gesundheits- und Pflegeministeriums, nicht mit vertreten. Trotzdem werden in einzelnen Kapiteln Eckpunkte und Säulen gesetzt, die

---

1 https://www.diz-bayern.de/das-diz (letzter Aufruf: 25.04.2017). Das Zentrum für Hochschuldidaktik (DiZ) ist seit dem 1. Januar 2011 eine gemeinsame, hochschulübergreifende wissenschaftliche Einrichtung der staatlichen bayerischen Hochschulen für angewandte Wissenschaften. Es wurde 1996 in Kempten – damals noch als eine dem Bayerischen Staatsministerium für Wissenschaft, Forschung und Kunst unmittelbar nachgeordnete Behörde – eingerichtet und befindet sich seit Oktober 2004 in Ingolstadt. Zweck dieser Einrichtung ist die kontinuierliche Verbesserung der Hochschuldidaktik an allen bayerischen Hochschulen für angewandte Wissenschaften. Bestehende Anstrengungen in der Hochschuldidaktik sollen gebündelt, koordiniert und für alle nutzbar gemacht werden. Das DiZ soll aber auch neue Impulse zur Optimierung und Weiterentwicklung im Rahmen der Lehre an Hochschulen geben.

DOI 10.1515/9783110500707-203

jeweils mit differenzierten Autorenbeiträgen unterschiedlicher Pädagogikexpertise gefüllt werden.

Wir haben die einzelnen Beiträge fünf Teilen mit folgenden Themenkreisen zugeordnet:

- Teil 1: Bedeutung eines beruflichen Selbstverständnisses in der Vermittlung gesundheitspädagogischen Wissens – Die Metastruktur der Lehre
- Teil 2: Lehre(n) kann nicht jeder – Der Lehrende
- Teil 3: Die richtige Auswahl – Didaktik und Methodik als Basis für Lehrkompetenz
- Teil 4: Projekte und Programme – Die berufliche Verortung
- Teil 5: Erfahrungsberichte – Die Rückschau auf selbst erlebte Lehrkompetenz

Der erste Teil beginnt mit einem Ethikbeitrag von Constanze Giese und Annette Riedel mit dem Titel „Empfehlungen für eine künftige Ethikbildung der Pflegeberufe – Ein Beitrag zur Entwicklung einer professionellen und beruflichen Identität". Im zweiten Beitrag schreibt Anne Kellner „Vom Nutzen der Geschichte für die Pflege", der oftmals verkannt wird. Darauf folgt ein Beitrag von Elisabeth Linseisen zum Thema „Professionalisierung, Pflege und Politik – Über die Notwendigkeit, ein (berufs-) politisches (Selbst-)Verständnis zu entwickeln".

Der direkte Personbezug wird im zweiten Teil unter die Lupe genommen. Als Verantwortliche einer berufsschulischen Pflegeakademie entwerfen Lisa Hirdes und Katharina Matic ein die Autonomie der Pflegenden stärkendes Identitätsprofil, das sie zu einer prägnanten Aussage zusammenfassen und ihrem Beitrag den apodiktischen Titel „Kein Profil ohne berufliche Identität" geben. Mit der immer wieder unbeantworteten oder zumindest nicht eindeutig zu beantwortenden Frage eines „guten Lehrers" setzt sich Johannes Kemser auseinander und stellt in den Raum, ob dies „nur eine Frage des Zeitgeistes oder doch ein lohnenswerter Diskurs" ist. Letztlich scheint doch jeder Lehrende eine hohe Beziehungskompetenz aufweisen zu müssen, sonst kann er Inhalte nicht überzeugend und nachhaltig vermitteln. Andrea Kerres nennt ihren Beitrag deshalb „Der Lehrer als Beziehungsspezialist – Was kann Hochschulbildung dazu beitragen?"

Was nutzen alle Fähigkeiten eines guten Lehrers ohne das nötige Know-how, quasi als Basis für sein Tun? Entsprechend stellt im dritten Teil Astrid Herold-Majumdar ein „Kompetenzmodell für ko-kreative Lehre" vor. Danach folgt ein Beitrag von Martin Knoll, der die „Methodenkompetenz als Teil der Lehrkompetenz in der Pflegebildung" sieht und seinen Beitrag einen „Versuch eines anwendungsorientierten Einsatzes der phänomenologisch-hermeneutischen Methode" bezeichnet. Katharina Lüftl entwickelt „Aus Praxissituationen Ziele einer Lehrveranstaltung" und präsentiert Vorschläge, „Wie die Pflegedidaktik die Lehre in dualen Pflegestudiengängen bereichern kann".

Der vierte Teil beleuchtet praxisnah und konkret Projekte und Programme. So bezeichnet Rainer Ammende „Die Integration ausländischer Pflegefachpersonen" als „pflegepädagogische Herausforderung". Helma Kriegisch stellt danach „Erfahrungen und Erfordernisse in der Kommune – eine Förderungsoffensive pflegepolitischer Programme und Projekte" des Sozialreferats der Landeshauptstadt München vor. Ohne gegenseitiges Verstehen gelingen aber weder Integration noch sonstige Projekte. Deshalb ist dringend Sprachförderung von Pflegenden nötig. Johanna Prinz nennt ihren Beitrag deshalb „‚Sprache Pflegen' – Möglichkeiten der Sprachförderung von Pflegenden mit anderen Erstsprachen als Deutsch in Ausbildung und Beruf."

Schließlich geben wir im fünften Teil unmittelbaren Erlebnissen aus der Lehr- und Unterrichtspraxis Raum, weil gerade sie die Erfahrungen mit Erwartungen am dichtesten verbinden. Alexa Roth stellt für sich fest und sagt: „Alleingelassen im Referendariat – Erfahrungen nach fünf Jahren Lehramtsstudium in einer Berufsfachschule". Abschließend widmet sich Christiane Wissing implizit der Frage „Gut präpariert für die Lehrpraxis" und schildert ihre „Erfahrungen nach dreieinhalb Jahren Pflegepädagogikstudium an einer Hochschule für angewandte Wissenschaften".

Zu guter Letzt ist uns wichtig festzuhalten, dass die Autor(inn)en jeweils für die Inhalte selbst verantwortlich zeichnen.

Mit einem Nachwort, was im Buch gelungen, was möglicherweise offen geblieben ist, sowie weiterführenden Forschungsfragen runden wir den Sammelband ab.

Andrea Kerres und Johannes Kemser

Inhalt

Vorwort des Präsidenten —— V

Vorwort der Herausgeber —— VII

Teil 1: **Bedeutung eines beruflichen Selbstverständnisses in der Vermittlung gesundheitspädagogischen Wissens**
Die Metastruktur der Lehre

Annette Riedel und Constanze Giese
Empfehlungen für eine künftige Ethikbildung der Pflegeberufe
Ein Beitrag zur Entwicklung einer professionellen und beruflichen Identität —— 3

Anne Kellner
Vom Nutzen der Geschichte für die Pflege —— 22

Elisabeth Linseisen
Professionalisierung, Pflege und Politik
Über die Notwendigkeit, ein (berufs-)politisches (Selbst-)Verständnis zu entwickeln —— 41

Teil 2: **Lehre(n) kann nicht jeder**
Der Lehrende

Lisa Hirdes und Katharina Matic
Kein Profil ohne berufliche Identität —— 59

Johannes Kemser
Was einen guten Lehrer ausmacht
Nur eine Frage des Zeitgeists oder lohnenswerter Diskurs? —— 81

Andrea Kerres
Der Lehrer als Beziehungsspezialist
Was kann Hochschulbildung dazu beitragen? —— 108

Teil 3: **Die richtige Auswahl**
　　　　Didaktik und Methodik als Basis für Lehrkompetenz

Astrid Herold-Majumdar
Ein Kompetenzmodell für die ko-kreative Lehre —— 129

Martin Knoll
Methodenkompetenz als Teil der Lehrkompetenz in der Pflegebildung
Versuch eines anwendungsorientierten Einsatzes der phänomenologisch-
hermeneutischen Methode —— 150

Katharina Lüftl
Aus Praxissituationen Ziele einer Lehrveranstaltung entwickeln
Wie die Pflegedidaktik die Lehre in dualen Pflegestudiengängen bereichern
kann —— 183

Teil 4: **Projekte und Programme**
　　　　Die berufliche Verortung

Rainer Ammende
Die Integration ausländischer Pflegefachpersonen
Eine pflegepädagogische Herausforderung —— 215

Helma Kriegisch
Erfahrungen und Erfordernisse in der Kommune
Eine Förderungsoffensive pflegepolitischer Programme und Projekte —— 232

Johanna Prinz
„Sprache Pflegen"
Möglichkeiten der Sprachförderung von Pflegenden mit anderen Erstsprachen als
Deutsch in Ausbildung und Beruf —— 252

Teil 5: **Erfahrungsberichte**
　　　　Die Rückschau auf selbst erlebte Lehrkompetenz

Alexa Roth
Alleingelassen im Referendariat
Erfahrungen nach fünf Jahren Lehramtsstudium in einer Berufsfachschule —— 281

Christiane Wissing
Gut präpariert für die Lehrpraxis
Erfahrungen nach dreieinhalb Jahren Pflegepädagogikstudium an einer Hochschule
für angewandte Wissenschaften —— **292**

Nachwort der Herausgeber —— 310

Verzeichnis der Autor(inn)en —— 312

Teil 1: **Bedeutung eines beruflichen Selbstverständnisses in der Vermittlung gesundheitspädagogischen Wissens**
Die Metastruktur der Lehre

Annette Riedel und Constanze Giese

Empfehlungen für eine künftige Ethikbildung der Pflegeberufe

Ein Beitrag zur Entwicklung einer professionellen und beruflichen Identität

1 Relevanz der Ethikbildung

Die ethische Dimension des pflegeberuflichen Auftrags und des Pflegealltags sind unstrittig (vgl. Riedel et al. 2017, Bartlett/Finder 2016, Riedel/Lehmeyer 2016, Strube et al. 2014, Riedel/Lehmeyer 2014). So charakterisieren die sukzessive Verdichtung ethischer Fragestellungen und Ambivalenzen zunehmend das Pflegehandeln und die Pflegepraxis. Ethische Konflikte in den unterschiedlichen Handlungsfeldern der Pflege (Klinik, stationäre Altenhilfe, ambulante Pflege, Hospiz etc.) werden durch externe Entwicklungen und Forderungen bewirkt sowie durch aktuelle Rahmenbedingungen, bestehende Restriktionen und zunehmende Herausforderungen im Gesundheitswesen provoziert. Die strukturellen und ökonomischen Veränderungen in allen Handlungsfeldern pflegeberuflicher Praxis wie auch die Pluralität von Haltungen, Einstellungen, Normen, Werteorientierungen und Wertvorstellungen der situativ Beteiligten und Betroffenen – als gesellschaftliches aber auch als jeweils individuelles (dynamisches) Faktum – haben Einfluss auf den pflegeberuflichen Bildungsauftrag (Riedel et al. 2017). Die zunehmenden Grenzsituationen in Pflege und Medizin, in denen komplexe Entscheidungen – vielfach mit schwerwiegenden Konsequenzen – getroffen werden müssen, fordern im Ausbildungsverlauf ein Augenmerk auf die Ausbildung von ethischer Sensibilität (Milliken 2016, Ahn/Kim 2016), von ethischer Wahrnehmungs- und Diskursfähigkeit sowie auf die Fähigkeit zur ethischen Reflexion und Argumentation als genuin pflegeethische Expertisen (Riedel et al. 2017)[1] und einer bewusst eingenommenen pflegeberuflichen Perspektivität im Kontext ethischer Entscheidungssituationen (Sauer 2015: 138–139).

Der pflegeprofessionelle Auftrag ist durch die Berufsgesetze und Sozialgesetzbücher klar definiert, die Konturen einer professionellen Ethik lassen sich konkretisieren (Riedel et al. 2017, Riedel 2013). Weniger offenkundig und klar charakterisiert sind indes die konkreten Bildungserfordernisse, die sich aus den zunehmenden Forderungen nach ethischer Reflexion und ethisch begründeter Entscheidungsfindung an das professionelle Pflegehandeln und die professionell Pflegenden stellen. In der Folge stellt sich die Frage danach, was den Gegenstand ethischer Bildung repräsentiert und

---

1 Vgl. Tanner et al. 2014, Rabe 2017, Gallagher 2006, Schwerdt 2005.

DOI 10.1515/9783110500707-001

was die pflegeberuflichen Ethikkompetenzen markiert. Eine Annäherung – im Sinne einer Grundlegung – erfolgt in Kapitel 2 über die Konkretion dessen, was im Rahmen dieses Beitrags unter einer professionellen beruflichen Identität verstanden wird und was diese umfasst. Als eine weitere Grundlegung dafür, wie Ethik gelehrt werden kann und sollte, welche Lehrkompetenzen hierzu im Rahmen eines Studiums entwickelt werden müssen, wird in Kapitel 3 der Gegenstand der Ethikbildung und die sich hieraus ergebenden Anforderungen an die Lehrenden entfaltet.

2 Professionelle, berufliche Identität

Der Frage nach der beruflichen Identität professionell Pflegender kann nicht ohne die Frage nach ihrer Verantwortung nachgegangen werden, auch wenn berufliche Identität mehr umfasst als die Be- oder Zuschreibung von Verantwortung und Verantwortlichkeiten. Wenn in Kapitel 1 der pflegeprofessionelle Auftrag als klar durch die Berufsgesetze und Sozialgesetzbücher definiert beschrieben werden konnte, so ist dies die Außenansicht, welche die Mindesterwartung an eine bestimmte Berufsgruppe darstellt und zugleich normativ festlegt. Dieser Perspektive kommt aus mehreren Gründen besondere Bedeutung zu, in ethischer Sicht aufgrund ihrer Normativität und Bindewirkung, konkret in Bezug auf die Zuweisung von Aufgaben oder auf die Zuschreibung von Verantwortung.

2.1 Verantwortung und Haltung als Teilaspekte beruflicher Identität in der Pflege

Verantwortung lässt sich heute, zumal im beruflichen Kontext, als sozialer Zuschreibungsbegriff verstehen und zwar im Sinne einer mehrstelligen Relation. Ein Subjekt (*jemand*) ist für etwas (Gegenstand) gegenüber einer bestimmten Instanz, und zwar unter Berufung auf bestimmte normative Standards des jeweiligen Normhintergrunds, verantwortlich – im Rahmen eines entsprechend definierten Handlungsbereichs, andernfalls kann *jemand* nicht verantwortlich gemacht werden. (vgl. Giese 2012: 157).[2] Dieser eher formale Zugang korrespondiert auf inhaltlicher Ebene der schon 1996 von Gastmans und van der Arend vertretenen Auffassung, Pflegende würden Verantwortung deshalb tragen, weil sie von ihren Klient(inn)en „verantwortlich gemacht" (Gastmans/van der Arend 1996: 75) werden. Die Autoren gehen hier einen antipaternalistischen Weg der Begründung der Verantwortungsbeziehung, weg davon, dass die Pflegefachleute ihre Verantwortung gemäß eigener Definition für die Patient(inn)en (als passive Objekte der Fürsorge) antreten. Allerdings betonen

---

2 Vgl. Werner 2006: 543, Lenk 1997: 90.

die beiden Autoren im Anschluss an Emmanuel Levinas die Unmöglichkeit, sich dieser Verantwortung insbesondere im Umgang mit einem leidenden Menschen zu entziehen (vgl. Gastmans/van der Arend 1996: 73–75). Das Verantwortlich-gemacht-Werden im Rahmen eines Aushandlungsprozesses, wie ihn später auch Behrens und Langer[3] vorschlagen, greifen die Empfehlungen der Sektion „Lehrende im Bereich der Pflegeausbildung" und der Pflegestudiengänge in der Akademie für Ethik in der Medizin e. V., erschienen unter dem Titel „Zentrale Aspekte der Ethikkompetenz in der Pflege" explizit auf: „Pflege wird situationsbezogen gemeinsam mit dem Gegenüber abgestimmt und realisiert. Grundlegend hierfür ist ein systematisches, verantwortungsvolles Aushandlungs- und Interaktionsgeschehen sowie ein fachlicher und ethischer Reflexions-, Abwägungs- und Argumentationsprozess." (Riedel et al. 2017: 162)

Dass dies kein reines Kundenvertragsverhältnis ist, problematisieren neben Behrens und Langer (2016: 35) schon Gastmans und van der Arend, wenn sie in Anlehnung an Levinas von „ethischem Zwang" (Gastmans/van der Arend 1996: 75) sprechen, der durch den „Mangel an Bewerberinnen" (Gastmans/van der Arend 1996: 81) für den Beruf verstärkt wird. Ein Gedanke, der heute wieder hoch aktuell ist, wenn auch anders konnotiert werden kann. Unter den gegebenen Rahmen- bzw. Arbeitsbedingungen kann diese „Verantwortungszuschreibung" als „ethischer Zwang" zur massiven Belastung werden, zu einer Situation, die Winker aufgrund der (zum Teil vollständigen) Angewiesenheit der pflegebedürftigen Menschen auf die Pflegenden als Erpressbarkeit beschreibt, denn: Die Möglichkeit der Pflegenden, sich „gegen die Arbeitsanforderungen zur Wehr zu setzen" und „ihre Möglichkeit die Arbeit zu verweigern ist beschränkt" (Winker 2015: 23), dies gelte insbesondere bei der Pflege von Kindern, schwerstranken und vollständig abhängigen Personen (vgl. Winker 2015: 23 f.). Das bringt für die Pflegenden nicht nur anhaltende Schuldgefühle gegenüber den berechtigten aber nicht erfüllbaren Ansprüchen der Pflegebedürftigen mit sich, sondern auch die Notwendigkeit, ihre Grenzen und die Konsequenzen für ihre gesellschaftliche Positionierung genau zu reflektieren. Damit ist die pflegerische Verantwortungsübernahme dem Belieben der beruflich Pflegenden entzogen.[4] Verantwortung wird Pflegenden in Abhängigkeit von ihrer jeweiligen formalen Qualifikation (und situativ auch anderen Faktoren) von Rechts wegen aber auch aus dem unmittelbaren ethischen Anspruch der Pflegebeziehung heraus als Mitglieder einer

---

3 Vgl. dazu die Ausführungen von Behrens/Langer zu interner und externer Evidence im Arbeitsbündnis, demnach sind die gemeinsame (!) Erarbeitung des Pflegeziels, das Einverständnis des Klienten „über den Prozess, mit dem es zu erreichen ist" und „die Ableitung der Strukturen aus dem Prozess, die für einen Pflegeprozess nötig sind" Gegenstand der gemeinsamen Kommunikation von Pflegebedürftigem und professioneller Pflegekraft (Behrens/Langer 2016: 36).
4 Vgl. dazu auch Behrens/Langer: „Die von Pflegenden in ihrer Verzweiflung manchmal gewählte Formulierung in Schreiben an die Einrichtungsleitung ,angesichts der Arbeitsbedingungen lehne ich jede Verantwortung ab' ist nicht rechtens. Wir sind verpflichtet[,] auf Mängel hinzuweisen – aber unsere Verantwortung gegenüber unseren Klienten können wir nicht ablehnen." (Behrens/Langer 2016: 47).

Berufsgruppe – oder einer Profession – zugeschrieben. Die Verantwortungs- und Auftragsklärung mit dem pflegebedürftigen Menschen und für ihn ist damit ein zentrales Bildungsziel der Ethik der Pflege, sie beschreiben zu können, ist Teil der beruflichen Identität als Pflegende.

Als Gegenstand der Ausbildung prägen normative Außen- und Innenansichten die Ausbildung des beruflichen Selbstverständnisses und schärfen zugleich die Wahrnehmung von möglichen Divergenzen zu Ansichten, die Pflegende von sich haben und einander vermitteln oder vermitteln wollen. Dazu zählen biografisch erworbene individuelle Vorstellungen und Erwartungen der Neueinsteiger(innen) von ihrem künftigen Beruf und explizit oder implizit transportierte (Selbst-)Darstellungen der Praktiker(innen) oder der Lehrenden in der Pflege. Denn für die Ausbildung eines beruflichen Selbstverständnisses gilt, was Dallmann und Schiff für die Ausbildung eines „Selbstbewusstsein" an sich formulieren: „Das *Selbstbewusstsein*, also das Bewusstsein eines Selbst als eines Verhältnisses (innen– außen), das sich zu sich selbst verhält, entfaltet sich nur in Prozessen, in denen es mit anderen ‚Selbsten' interagiert." (Dallmann/Schiff 2016: 27). Diese Interaktionsprozesse der Pflegeschüler(innen) und der Pflegenden mit der Pflegepraxis und innerhalb der gesellschaftlichen Diskurse zur Pflege auf verschiedensten Ebenen kann die explizite Pflegebildung nur sehr begrenzt beeinflussen. Sie trägt mit ihren Ausbildungsinhalten auch nur einen begrenzten Teil zur beruflichen Identitätsbildung bei, wie unter anderem Kersting[5] für den Bereich des Umgangs mit moralischen Problemstellungen und ihrer Umdeutung im Lichte der Vorbilder aus der Praxis sehr anschaulich zeigen konnte (vgl. Kersting 2011, 2016).

Dem widerspricht zunächst die in den Diskursen zur Ausbildung pflegerischer Professionalität und Identität zunehmend wieder geforderte „Haltung", die durch berufliche oder akademische Pflegebildung gefördert und entwickelt werden soll und die ein sehr anspruchsvolles Ideal präsentiert. Dass es um die Entwicklung der *Person* geht, scheint exemplarisch bei Olbrich bezüglich des ethischen Kompetenzerwerbs auf, wenn sie den Pflegeberuf an sich als einen „zutiefst ethischen Beruf" (Olbrich 2009a: 77) versteht und die Fähigkeit zu „aktiv ethischem Handeln" (Olbrich 2009b: 66) als oberste Stufe ihrer Kompetenzhierarchie in den pflegerischen Handlungsdimensionen bezeichnet. Diese Kompetenz gründet Olbrich zufolge in der

---

5 Kersting beschreibt die Diskrepanz zwischen gelehrter Pflege der Krankenpflegeschulen und realisierter Pflege in der Praxis, die von „Kollegen und Schülern aus höheren Kursen [...] aus zeitlichen Gründen nicht oder nicht in der Form, wie sie selbst es in der Krankenpflegeschule lernen, durchgeführt werden [können]." Gemeinsam mit der Ausbildungsorganisation und dem Doppelstatus der Schüler(innen) als zugleich Mitarbeiter(innen) führt das zu einem „Nicht-ernst-Nehmen dessen, was in der Theorie vermittelt wird. Man kann davon ausgehen, dass, gerade weil das vermittelte pflegespezifische Wissen nicht mit der von Auszubildenden erfahrenen realen Durchführung pflegerischer Maßnahmen übereinstimmt, eine Orientierung an dem stattfindet, was sie täglich auf den Stationen von ihren Kollegen vorgelebt bekommen." (Kersting 2011: 198).

Stärke der Person, das „persönlich stark sein" ist die Voraussetzung zu aktiv ethischem Handeln. Damit geht Olbrich in ihrem kompetenztheoretischen Modell der Pflegedidaktik deutlich über normative Ansätze der angewandten Ethik hinaus, die ethische Kompetenz primär auf der Handlungs- oder Entscheidungsebene und in entsprechenden spezifischen Kompetenzen verorten und entwickeln wollen. Olbrich nimmt die Person in ihrem Sein mit dem Ziel des „persönlich stark sein" (Olbrich 2009a: 67) in den Blick, nicht nur in ihrem Handeln (vgl. Olbrich 2009a: 66–77). Auch Rabe geht in der Beschreibung ethischer Bildungsziele über normative und handlungsorientierte Ziele hinaus, demnach gehören Motivation und entsprechende Performanz auch zu den ethischen Bildungszielen für Pflegende. Nach Rabe beinhaltet ethische Kompetenz – neben anderem – „die Wachheit und den Mut, tatsächlich moralisch zu handeln und für die Rahmenbedingungen des eigenen Handelns Mitverantwortung zu übernehmen," (Rabe 2017: 207). Hier werden – zu entwickelnde – Eigenschaften der Person zu Lernzielen der Berufsethik.

2.2 Berufliche Identitätsbildung und pflegeethische Bildung

Die berufliche Identität – auch als berufsethische Identität – wird ausgebildet vor dem Hintergrund diverser Erwartungshaltungen, auf die weder die berufliche oder akademische Pflegebildung, noch die gelebte Praxis ein Monopol haben. Für die Frage der Ethikbildung heißt dies, dass es nicht reicht, eine normativ gefärbte Haltung professioneller Identität aus der Innenperspektive der Berufsethik heraus vorzuschlagen und zu vermitteln, sondern auch den Außenperspektiven zu ihrem Recht zu verhelfen und ihre jeweilige Bindewirkung offen und kritisch zur Diskussion zu stellen. Pflegeschüler(innen) sind einem verwirrenden und nicht selten widersprüchlichen Stimmengewirr ausgesetzt darüber, was gute Pflege sei und was eine gute Pflegeperson ausmache. Sie erfahren von Anbeginn an die Relativierbarkeit und Inferiorität pflegerischer Ansprüche und pflegerischer Binnendiskurse gegenüber konkurrierenden Ansprüchen in der Praxis, wie etwa medizinischen Prozeduren und Ritualen, ökonomischen und bürokratischen Vorgaben. Da die Pflege mit einem hohen ethischen Anspruch aufgeladen ist (als z. B. „zutiefst ethischer Beruf") ist ein Zurückbleiben hinter den Vorgaben und Standards immer auch gefährdet, als moralische Unzulänglichkeit der Person wahrgenommen zu werden, als *nicht gut genug* gewesen zu sein. Liaschenko verwendet für die pflegerische Selbstwahrnehmung den Begriff der „damaged identities" (Liaschenko 2010: 40), die Pflegende aufgrund wiederholter Unterlegenheitserfahrungen ausbilden, Kersting beschreibt die Situation treffend als Widerspruchserfahrung: „Die Pflegenden machen die Erfahrung, dass von ihnen etwas verlangt wird, was sie nicht ohne Weiteres erfüllen können, auch wenn sie dies wollen: Die Kommunikation mit einer Patientin, die an einer Aphasie leidet, benötigt Zeit, und die Begleitung sterbender Patienten ist zwischen Tür und Angel nicht möglich." (Kersting 2011: 219)

In diesem Spannungsfeld bewegt sich Pflegebildung mit ethischem Fokus. Hier gilt es, die Identitätsbildung so zu unterstützen, dass die ethischen Ansprüche zwar nicht negiert, aber bezüglich ihrer Leistbarkeit und ihrer Hintergründe in eine selbstbewusste berufliche Identität kritischer Professionalität integriert werden können.

2.3 Die Professionalität der Pflege und ihr Verhältnis zu pflegebedürftigen Klient(inn)en

Inhaltlich kristallisieren sich einige Punkte heraus, an denen pflegerische Identität sich verdichtet. Dazu zählt im Kern die Norm der Patientenorientierung, die Kliniken postulieren, um „die Institution Krankenhaus als eine humane Einrichtung zu präsentieren, der sich der Einzelne anvertrauen darf und in der er sich gut aufgehoben weiß." (Kersting 2011: 39) Die Berufsgruppe der Pflegenden repräsentiert diesen Anspruch in besonderer Weise, auch und gerade weil sie eine besondere Nähe und Zugänglichkeit für die Bedürfnisse der Patienten aufweist. Dies zeigt sich in der Zuständigkeit für die alltäglichen Aktivitäten menschlichen Lebens, die in verschiedenen Varianten die Pflegeausbildung strukturieren und damit den Schüler(inne)n Aufschluss geben über ihre künftigen Verantwortungsbereiche. Die holistischen Pflegemodelle wie etwa das RLT-Modell der Life Activities nach Roper, Logan und Thierney (Roper et al. 2009), das ATL-Modell nach Liliane Juchli, das bis heute eine systematische Grundstruktur für eines der weitest verbreiteten Lehrbücher der Krankenpflege im deutschsprachigen Raum, Thiemes Pflege, bietet (Schewior-Popp et al. 2012), oder das AEDL- oder ABEDL-Modell der fördernden Prozesspflege nach Monika Krohwinkel, das vielen Einrichtungen, insbesondere der stationären Altenhilfe, als Grundlage der Pflegeplanung dient (Krohwinkel 2013), kennt jede Pflegefachkraft. Diese Modelle versuchen den Pflegeschüler(inne)n die Fülle und Ganzheit menschlichen Lebens und die Konsequenzen für Pflegebedürftigkeit, Gesundheit und Krankheit zugänglich zu machen. Sie setzen zugleich einen starken Akzent auf die Unterstützung alltäglicher und leiblicher Lebensäußerungen des Menschen.

Damit unterscheidet die leibliche Nähe und Umgangsweise mit dem Patienten die Pflege von anderen Heilberufen. Gerade diese Zuständigkeit für das Alltägliche und die Nähe zum Leib sind es jedoch, die den anderen Anspruch, der im Rahmen der Pflegebildung an die Schüler(innen) herangetragen wird, grundsätzlich erschweren: die Forderung, jedenfalls professionell zu agieren, damit die Pflege endlich eine Profession und als solche anerkannt werde. Die Verantwortung für die Entwicklung der Profession durch die eigene Performanz wird in der schulischen Ausbildung häufig thematisiert und prägt damit auch diesen Aspekt beruflicher Identitätsbildung. Der Imperativ lautet „Sei professionell!", was für viele Schüler(innen) eine hohe Anforderung darstellt, denn die Tätigkeiten, die Pflegende ausüben, sind bei gesunden Personen im privaten familiären Setting verankert und werden als „weiblich" und „hausarbeitsnah" wahrgenommen.[6] Die dafür notwendige Professionalität wird gerade wegen der damit verbundenen Ansprüche an Humanität, Fürsorglichkeit und Beziehungsgestaltung der Pflegenden oft verkannt. Sie besteht nicht nur in den fachlichen, wissenschaftlich begründeten Kenntnissen zur Durchführung der Maßnahmen, sondern vielmehr im Umgang mit der „verletzten Souveränität und einer nun notwendig gewordenen fachlichen Expertise für etwas sonst Alltägliches" (Giese/Heubel 2015: 44) wie etwa atmen, ausscheiden oder sich bewegen. Demnach „vertritt Pflege den Patienten in Handlungen an sich selbst" (Giese/Heubel 2015: 44). Diese Zuständigkeit prägt das Interaktionsverhältnis Pflegender auch zu anderen Akteuren. „Denn der Auftrag der Pflege, zeitweise das Handeln des Kranken dort zu ersetzen, wo er dazu unfähig ist, schließt auch Handlungen in seinen anderen Interaktionsverhältnissen ein." (Giese/ Heubel 2015: 47) Benannt seien hier die Beziehung zu Ärzt(inn)en, Angehörigen, Mitpatient(inn)en und der Institution, z. B. Krankenhaus oder Pflegeeinrichtung, die mit ihren Gesetzmäßigkeiten und Prozessgestaltungen die Ansprüche der pflegebedürftigen Menschen reglementiert und begrenzt. In all diesen Interaktionsverhältnissen nehmen Pflegende sich alltäglich in der sog. Advokatenfunktion wahr.[7]

In vielen – gerade in berufspolitisch konnotierten – Diskursen, die sich mit der Entwicklung der Pflegeberufe beschäftigen, wird auf die Bedeutung der Professionsentwicklung verwiesen, werden berufliche Identität, das Selbstverständnis und die Haltung Pflegender zu ihrem Beruf mit dem Thema der Ethik direkt oder indirekt verbunden.

Ohne eine Haltung pflegerischer Professionalität ist die Erreichung der Kernziele der Gesundheitsversorgung in der Gesellschaft bedroht, da die Pflegenden das Vertrauen in die Institution Krankenhaus – oder Altenheim – repräsentieren und seine Berechtigung gewährleisten müssen.[8] Dies gilt nicht nur auf der Makro- und Mesoebene der Versorgungsentscheidungen, sondern, wie Behrens und Langer zu Recht argumentieren, zunächst unmittelbar auf der Mikroebene einer erfolgreichen pflegerischen Versorgung im Arbeitsbündnis zwischen Pflegenden und Pflegebedürftigen (vgl. Behrens/Langer 2016: 34 ff).

Genau hier bedarf es in der Pflegebildung der Begleitung von Klärungsprozessen hinsichtlich der pflegerischen Professionalität und Identität: Inwiefern kann Pflege ein „ethischer Beruf" sein und ist sie das überhaupt, wo Pflege doch eine Erwerbstätigkeit darstellt und als Profession eigenen Regeln der Fachlichkeit folgt?[9] Was ist das

---

6 Vgl. dazu detailreicher Pfabigan 2008: 29, sowie die Ausführungen von Liaschenko zur Körpernähe der Pflegetätigkeit: „Nursing is a part of a long history of gendered labor associated with the body. Such work has been devalued as manual work and shunned as dirty. This is still the case [...]" (Liaschenko 2010: 37). Vertiefend dazu Arnold 2008: 60–132.

7 vgl. Arndt 1996: 53; Giese 2012: 72; Giese/Heubel 2015: 47.

8 vgl. Giese/Heubel 2015: 48; ausführlich dazu auch BALK 2011.

9 „Pflege ist in erster Linie keine ethische oder moralische Profession, sondern sie ist bestimmt durch ihre eigenen Regeln der Fachlichkeit." (Dallmann/Schiff 2016: 11).

Ethische an der Profession, nachdem der vielfach beschriebene Veränderungsprozess weg von Idealen der Nächstenliebe und einem bürgerlichen Weiblichkeitsideal hin zu einer Verberuflichung – allerdings als Care-Beruf – stattgefunden hat? Ein Prozess, den Lubatsch als „paradoxe Entwicklung" bezeichnet, in der die „Professionalisierung der Pflege im letzten Jahrzehnt [...] als Argument benutzt (wird), um emotionales, soziales und ethisches Engagement am Krankenbett für ‚unprofessionell' und ‚überholt' zu erklären. Das ‚neue', ‚wissenschaftlich fundierte' Selbstbewusstsein – verbunden mit dem ‚Kunden-Paradigma' aus dem Dienstleistungsverständnis – wird zur Legitimation verwendet, sich innerlich ‚herauszuhalten'" (Lubatsch 2012). Diese Trennung zwischen Privatem und Beruflichem wirft Fragen auf, die auch Heffels thematisiert, insbesondere hinsichtlich des Anspruchs an die moralische Entwicklung der Person der Pflegenden, wobei sein Urteil im Jahr 2002 eher pessimistisch ausfällt: „Der traditionelle Moralkodex des Dienens in der Pflege verlor an Bedeutung und sollte durch eine pflegepraxisferne und abstrakte Vorstellung der rationalen Ganzheitlichkeit und der beruflichen Autonomie ersetzt werden. Faktisch führte dies alles dazu, dass [...] kein einheitliches, allgemein gültiges Verständnis von Pflege existiert, d. i. die Individualisierung des Pflegeverständnisses oder die Permissibilität in der Pflege." (Heffels 2002: 65) Die Diskurse und Publikationen zur Pflegeethik in den letzten Jahren haben gezeigt, dass auf die hier beschriebene Individualisierung und Permissibilität tatsächlich fundierte Antworten gefunden werden können; hilfreich sind hier vor allem solche, die explizit care-ethische Theoriebildung für die Pflege (und die anderen Heilberufe) fruchtbar machen (vgl. Sauer/May 2011: 29, Riedel et al. 2017: 163).

Für pflegeethische Bildungsansprüche heißt das, dass die Schüler(innen) primär Unterstützung bei der „Unterscheidung der Geister" benötigen, angesichts einerseits ernsthafter und hoher Ansprüche, die sie selbst, aber auch andere – allen voran die Schulen – an sie stellen und andererseits Entlastungsversuchen, in denen aufgrund der Beruflichkeit das persönliche Involviertsein, Empathie und Engagement für die Professionsentwicklung über das im Arbeitsvertrag hinaus Vereinbarte infrage stehen. Diese Unterscheidungs- und Klärungsprozesse müssen Unterstützung bieten bei Fragen unterschiedlicher Modelle von Beruflichkeit und Professionalität, der Unterscheidung berechtigter Ansprüche von unberechtigten oder berechtigten aber zugleich unerfüllbaren Ansprüchen Pflegebedürftiger. Verantwortungs- und Auftragsklärung prägen Prozesse der beruflichen Identitätsentwicklung, die Lernenden haben Anspruch auf Angebote zu ihrer Orientierung, die zugleich in berufsethischer Perspektive durchaus Verpflichtungscharakter haben können. Dazu zählt, allen anderen inhaltlichen Orientierungen ethischer Pflegebildung voran, der ICN Ethikkodex mit seiner eindeutigen Menschenrechtsorientierung:

> Der Kern der ethischen Identität der Pflege ist im ICN (International Council of Nurses) Ethikkodex (2012) niedergelegt. Er stellt eine allgemeinverbindliche Beschreibung der ethischen Grundhaltung und der daraus resultierenden Verpflichtungen dar. Seine Verbindlichkeit,

über den reinen Konsens der professionell Pflegenden auf internationaler Ebene und ihrer entsprechenden Selbstverpflichtung hinaus, gewinnt der Kodex aus seiner klaren Menschenrechtsorientierung. Der ICN Ethikkodex (2012) umfasst insbesondere die Achtung des Selbstbestimmungsrechts, die Nicht-Diskriminierung sowie explizit auch die Beachtung sozialer und kultureller Rechte. (Riedel et al. 2017)

3 Gegenstand von Ethikbildung – Anforderungen an die Lehrenden

Nach der Konturierung der professionellen, der pflegeberuflichen Identität und deren Bedeutung für die berufliche Identitätsbildung wie auch die pflegeethische Bildung, lenkt Kapitel 3 die Perspektive auf die damit verbundenen Ansprüche an die Lehrenden in pflegeberuflichen Bildungsprozessen.

Im Rahmen der Bildungsprozesse – mit dem weiteren Ziel, professionell Pflegende für die Herausforderungen des komplexen pflegeberuflichen Alltags zu qualifizieren – stellt sich zunächst die Frage dahingehend, wie die Perspektivenerweiterung von den persönlichen Deutungskonzepten, von den rein individuellen Werten als persönliche Orientierungsdirektiven hin zu den professionellen Werten als Entscheidungskriterien in ethisch reflexionswürdigen Pflegesituationen gelingt. Obgleich es für das professionelle Pflegehandeln klare Eck- und Orientierungspunkte gibt, welche Werte als er- und anstrebenswert erachtet werden (Beispiel ICN Ethikkodex, Chartas, UNBRK), fordert die Wertevermittlung ein hohes Maß an pädagogischer Sensibilität. So sollte die Sensibilisierung für professionelle Werte, die Schärfung von ethischem Urteilsvermögen und das Nachdenken über professionelle Werte weniger den Charakter einer Wissens- und Haltungsvermittlung repräsentieren. Erfolgsversprechender erscheint hier vielmehr ein wiederkehrender Impuls im Rahmen von exemplarischen Analyse- und Reflexionsprozessen sowie in Phasen der ethischen Abwägung und Begründung. In diesen Prozessen können die Werte reflektierend bewusst werden, wie auch Konsistenzen und Inkonsistenzen aus der jeweiligen Werteorientierung erfasst werden. Die pädagogisch-didaktische Herausforderung kann mit dem Spannungsfeld zwischen pflegeberuflicher Orientierung eröffnen und dem Suggerieren einer unreflektierten Werteorientierung beschrieben werden.

Aufgrund der zunehmenden Etablierung unterschiedlicher Strukturen der Ethikberatung in allen Handlungsfeldern der Pflege (Vorstand der Akademie für Ethik in der Medizin e. V. 2010, Neitzke et al. 2015) ist es für professionell Pflegende obligat, sich in ethische Beratungs- und Abwägungsprozesse reflektiert und entschieden einzubringen (Riedel 2013). Grundlegend ist hierbei, die ethische Urteils- und Begründungskompetenz zu entwickeln, um in systematisierten Prozessen der ethischen Entscheidungsfindung (z. B. im Rahmen von ethischen Fallbesprechungen) die pflegeethische Perspektive zu konkretisieren und sich in den Prozess der ethischen Abwägung, Reflexion und Konsensfindung einzubringen. Die geforderte Ethik-Kompetenzentwicklung impliziert die Sensibilisierung und Schärfung für die genuin pflegeethische Perspektive im Rahmen komplexer ethischer Entscheidungsfindungsprozesse, sie ermutigt und bestärkt bestenfalls zu einer pflegeprofessionell fundierten ethischen Stellungnahme, zu einer Positionierung im Rahmen ethischer Reflexions- und Begründungsprozesse. Ziel der Ethikbildung ist es hierbei, ein pflegethisches Urteilsvermögen zu entwickeln, das zu ethisch begründeten und verantworteten Entscheidungen befähigt.

Die pädagogisch-didaktische Herausforderung kann diesbezüglich mit dem Spannungsfeld zwischen der Vermittlung der unterstützenden Wirkung systematisierender Modelle und Verfahren interdisziplinärer ethischer Entscheidungsfindung und der Vermittlung der Bedeutsamkeit einer pflegeberuflichen ethischen Identität und deren genuin care-ethischen und dialog-ethischen Zugängen (Riedel et al. 2017: 163) beschrieben werden.

Die signifikante Ethik-Kompetenzentwicklung muss ferner über die reine fachbezogene und theoretische Wissensvermittlung hinausgehen. Denn, so formuliert Nassehi (2009): „Erst das Auseinanderfallen von sachlicher Expertise und professioneller Urteilskraft ermöglicht eine Reflexion, in der andere Perspektiven in Konkurrenz zu vormals unhinterfragten Plausibilitäten treten und somit eine ethische Perspektive erst möglich machen." (in Atzeni/Mayr 2015: 230) Hierbei geht es nicht darum, auf pflegefachliche Defizite zu verweisen, sondern vielmehr darum, die Grenzen einer rein fachlichen Lösungsorientierung im komplexen pflegeberuflichen Interaktions- und Beziehungsgeschehen zu pointieren. Ethisch fundierte Entscheidungen, komplementär zu den pflegefachlichen Entscheidungen, repräsentiert indes pflegeprofessionelles Handeln. Das heißt, die ethische Expertise ersetzt nicht die pflegefachliche Expertise, sondern die ethische Expertise ergänzt die pflegefachliche Expertise in anstehenden Entscheidungssituationen. Für die Ethikbildung heißt das, einerseits die Differenz der jeweiligen Perspektiven zu explizieren und gleichzeitig die „ethische Qualität" (Atzeni/Mayr 2015: 250) in der Verbindung der beiden genuin professionellen Perspektiven und bestenfalls auch weiterer Perspektiven der direkt beteiligten Berufsgruppen in den jeweils einmaligen Prozessen der Entscheidungsfindung zu akzentuieren. Ethische Reflexion und ethische Entscheidungsfindung – komplementierend zur pflegefachlichen Argumentation und Fundierung – sind grundlegend dafür, dass Pflegehandlungen als professionelle, ethisch reflektierte und legitime Maßnahme akzeptiert und realisiert werden können und im Zusammenwirken die Qualität der Versorgung steigern bzw. absichern (Poikkeu et al. 2016).

Den Bedarf einer praxisorientierten ethischen Kompetenzentwicklung, einer praxisnahen Auseinandersetzung mit klinisch-ethischen Fragestellungen und der genuin pflegeethischen Perspektive in der Ausbildung fordert eine Querschnittstudie, die die gesundheitsethischen Kenntnisse im Verlauf der Pflegeausbildung untersucht (Strube et al. 2014). Als ein übergreifendes Ziel kann demnach die Entwicklung der für das professionelle Handeln signifikanten ethischen Entscheidungs- und

Handlungskompetenz formuliert werden. Neben der Ausrichtung der Bildungsprozesse auf die praxisbezogene ethische Reflexion bilden ethische Theorien („ethical
theories", Monterverde subsumiert darunter u. a. die Dentologie, den Konsequentia-
lismus, die Care-Ethik und die Prinzipienorientierte Ethik; vgl. Monteverde 2014: 395)
sowie das Konzept der moralischen Resilienz („the concept of moral resilience", Monteverde 2014) zentrale Inhalte der Ethikbildung. Monteverde expliziert hierbei die
Rolle der Vermittlung von ethischen Theorien und ethischer Theorie wie folgt: „Cla-
ryfying, they help to frame the problem, warranting, they help to name the problem"
(Monteverde 2014: 393). Deutlich wird die Relevanz der ethischen Theorie(n) für die
Praxis ethischer Reflexion und ethisch begründeter Entscheidungen in der Pflegepraxis. Ferner postuliert Monteverde (2014: 397): „The helpfullness of ethical theories in
answering ethical questions and making decisions [...] is considered as a factor that
increases moral resilience." Die Bedeutsamkeit ethischer Theorien wird ergänzt um
den Aspekt der Stärkung der moralischen Resilienz. Moralische Resilienz als Zieldi-
mension von Ethikbildung zu deklarieren, erscheint indes angesichts der zahlreichen
Untersuchung zu „moral distress", seiner Implikationen und Folgen im pflegeprofes-
sionellen Handlungskontext (z. B. Lamiani et al. 2015)[10] als signifikant und schlüssig.
Wird das Potenzial von „moral distress" im pflegeberuflichen Handeln in der Planung
der Bildungseinheiten antizipiert, können die Lehrenden bereits im Ausbildungsverlauf für potenzielle Stressoren und belastende Faktoren sensibilisieren und Techniken
des konstruktiven Umgangs einüben. Die pädagogisch-didaktische Herausforderung
ergibt sich aus der Forderung nach einer ausgewogenen Vermittlung zwischen relevanten Ethiktheorien als theoretischen Orientierungsrahmen und der Vermittlung
von unterstützenden praxisbezogenen Verfahren und gesundheitsförderlichen Techniken zur Förderung der moralischen Resilienz, die zugleich als Prävention von moralischem Disstress deklariert werden können. Als weiteres pädagogisch-didaktisches
Spannungsfeld ist somit die Diskrepanz zwischen der Vermittlung von grundlegen-
der Theorie bzw. von ethischen Theorien und die konsequente Anerkennung und
Sensibilisierung für die situativen moralischen Gefühle wie auch einer moralischen
Intuition – als anerkannte Indikatoren für ethische Reflexion und ethisch begründeten Handlungsbedarf (Riedel/Lehmeyer 2016) sowie als zentrale Facette der ethischen Sensibilität – denkwürdig. Hier kommt ein weiterer zentraler Gegenstand der
Ethikbildung zum Tragen: die Rolle der Emotionen (Gillam et al. 2014) bzw. die emotionale Kompetenz (Fahr 2008).

Als Konkretion und Zusammenfassung der benannten Gegenstände können die
seitens einer Gruppe von Lehrenden in der Akademie für Ethik in der Medizin formulierten Aspekte der Ethikkompetenz dienen. Sie bilden eine Synthese der ausgeführ-
ten Anforderungen in den erfassten Kompetenzen der professionell Pflegenden und
können für die Lehrenden in der Ethikbildung einen Orientierungsrahmen bilden

---

10 Vgl. McCarthy/Gastmans 2015, Oh/Gastmans 2015, Pauly et al. 2012, Tanner et al. 2014.

sowie grundlegend dafür sein, die Kompetenzen für die Lehrenden in der Ethikbildung zu generieren:

- Die Kenntnis ethischer Grundlagen professionellen Handelns,
- die Sensibilität für ethische Konfliktsituationen im Pflegealltag sowie im Kontext institutioneller und gesellschaftlicher Entwicklungen,
- die Identifikation und Analyse konkreter ethischer Fragestellungen,
- Empathiefähigkeit und die Fähigkeit zum Perspektivenwechsel,
- Diskurs- und Konfliktfähigkeit sowie die Konsensorientierung in der Wahrnehmung der Verantwortung als professionell Pflegende,
- Reflexion und Begründung beruflichen Handelns unter Einbezug ethischer Normierungen der Pflege und der anderen Heilberufe.

Diese (formulierten) Fähigkeiten gründen auf einer Haltung der Verantwortung, die sich am Individuum und seiner Selbstbestimmung, am Prinzip der (Für-)Sorge und am Gemeinwohl orientiert. Diese Haltung fordert einen verantwortlichen Umgang mit sich selbst, den pflegebedürftigen Menschen und dem Beruf, dessen Professionalisierung und Stärkung, mit der Zielsetzung, die bestmögliche Pflegequalität zu erreichen. (Riedel et al. 2017: 164–165)

Diese wie auch die nachfolgenden Dimensionen von ethischer Kompetenz von Gallagher (2006) können den Gegenstand der intendierten Ethikbildung in ihrer inhaltlichen Ausgestaltung weiter konkretisieren und systematisieren. Sie sind als aufeinander aufbauend zu verstehen (Gallagher 2006):
- Ethical knowing – the knowledge component of ethical competence
- Ethical seeing – the perceptual component of ethical competence
- Ethical reflecting – the reflective component of ethical competence
- Ethical doing – the action component of ethical competence
- Ethical beeing – the character component of ethical competence

Auch diese Kompetenzen spiegeln die vorausgehend explizierten Gegenstände der Ethikbildung wider und ermöglichen, die relevanten Lehr- und Lerninhalte darunter zu subsumieren, wie auch die Entwicklung der hierzu notwendigen Lehrkompetenzen zu konkretisieren und zu markieren, da sie implizit auf diese verweisen.

In Kapitel 4 werden die Voraussetzungen der Lehrenden für die Entwicklung der Kompetenzen ausgeführt, um in Kapitel 5 die Kompetenzen der Lehrenden begründet darzulegen.

4 Voraussetzung auf der Seite der Lehrenden

Das anspruchsvolle oben beschriebene Gesamtpaket an Zielen und Inhalten ethischer Pflegebildung und das Recht auf Orientierungsangebote und Unterstützung identitätsbildender Klärungsprozesse stellt disparate Ansprüche an Lehrende:

Einerseits sind verbindliche Inhalte und Normierungen zu vermitteln, die letztlich von Berufsangehörigen zu akzeptieren und mitzutragen sind – weil die pflegebedürftigen Menschen und die Gesellschaft dies erwarten dürfen und verlangen. Dazu gehört neben dem ICN Ethikkodex vor allem die Orientierung an den Menschenrechten und an der UN-BRK.

Andererseits gilt es, dies vor dem Hintergrund des Respekts vor der Person der/ des Lernenden zu entfalten und mit der Autonomie des Subjekts nicht nur zu rechnen, sondern sie auch zu fördern.

4.1 Ethikbildung zwischen Autonomieförderung, Orientierungsbedarf und professioneller Identitätsbildung

Wie stets in der Erwachsenenbildung muss die Freiheit zur Aneignung der Inhalte – hier auch der Werte – oder auch ihrer Infragestellung beim Lernenden bleiben. Dies gilt umso mehr, wenn auf Persönlichkeitsentwicklung oder die Ausbildung einer bestimmten Haltung, Motivation und Performanz hingearbeitet wird. Zugleich sind Teilnehmer(innen) in Ausbildung und Studium junge Erwachsene, die in einer widersprüchlichen Realität ethischen Orientierungsbedarf haben, der nach Dallmann und Schiff dann auftritt, wenn „ich mir des Weges nicht mehr sicher bin" (Dallmann/Schiff 2016: 12) und die Situation somit krisenhaft wird. Diese Krise als Entscheidungs- oder Orientierungskrise wird in gesundheitsethischen Publikationen wiederholt als Grund für den Bedarf an Ethikbildung beschrieben.[11] Angesichts des Bildungsziels, eigenverantwortlich handelnde und autonom denkende Pflegefachkräfte auszubilden, kann die Aufgabe der Lehrenden niemals sein, Antworten und Orientierung vorzugeben oder Widersprüche aufzulösen und damit den Lernenden eine wieder etwas stimmigere Pflegewelt zu präsentieren. Zum Umgang mit diesen Widersprüchlichkeiten verweist Bossle in Bezugnahme auf Adorno auf das Paradigma der Mündigkeit und Kritikfähigkeit als Bildungsziel.[12]

Das Bedürfnis, klar zu erfahren, was nun richtig und gut und deshalb zu tun oder was entsprechend zu unterlassen ist, ist verständlich und wird von Lernenden oft

---

11 Amelung beschreibt den Anlass ethischer Reflexion als Spannungserfahrungen, in denen divergierende Theorien des (Berufs-)Alltagshandelns in einen zunächst nicht auflösbaren Widerstreit geraten (Amelung 1992: 10–13). Nach Großklaus-Seidel entstehen ethische Probleme als „Kontrasterfahrungen" bzw. Werteprobleme, die ihren Anlass in unterschiedlichen Werten und Bewertungen von Situationen der inneren Einstellungen einer Person und äußeren Erwartungen haben (Großklaus-Seidel 2002: 109–110); Monteverde spricht von Werten und Normen, die Personen durchaus zu „unterschiedlichen Ergebnissen über die ethische Zulässigkeit" einer Handlung führen können" (Monteverde 2012: 20 ff).
12 „Wie nun mit diesen Widersprüchlichkeiten umgehen? Zum Paradigma der Mündigkeit gilt festzuhalten, dass Mündigkeit die Kritikfähigkeit einschließt. Für Adorno ist deswegen die Erziehung zur Mündigkeit die ‚Erziehung zum Widerspruch und Widerstand' (Adorno in Sander et al. 2016: 15). Im Unterricht bleibt die kritische Auseinandersetzung allerdings ergebnisoffen. Sie kann auch mit der Bestätigung des Bestehenden einhergehen." (Bossle 2016: 4).

geäußert. Und es gibt neben Situationen, in denen gelernt werden muss, Widersprüche zu verstehen, auszuhalten oder zu bearbeiten auch durchaus solche Situationen, in denen klar benannt werden kann, was verbindlich gilt (oder jedenfalls was verboten ist). Allerdings sind in solchen Fällen die Grundlagen der Argumentation und ihre jeweilige Verbindlichkeit eindeutig zu definieren, so, wie sie auch in den Empfehlungen zusammengefasst sind:

> Den Zielen der Professionalisierung und Gemeinwohlorientierung der Pflege dient eine Lösung der ethischen Orientierung aus dem Bereich des nur Erwünschten und quasi Supererogatorischen heraus, hinein in den Bereich der Verbindlichkeit von Verpflichtungen und Selbstverpflichtungen. [...] Damit sind die Menschenrechte pflegespezifisch thematisiert. Ihre Bedeutung in der Pflegebildung geht allerdings über den ICN Ethikkodex hinaus. Zum Verständnis der Grundrechte als Patientenrechte und der sonstigen Rechte Pflegebedürftiger ist ein vertieftes Wissen über Menschenrechte und ihre Ausdifferenzierung für professionell Pflegende unabdingbar. Dieses Wissen bildet die Basis für die Entwicklung eines professionellen Selbstverständnisses [...]. (Riedel et al. 2017: 163)

4.2 Ethische Inhalte und die Aufgaben der Lehrenden

An dieser Stelle ist die Kompetenz der Lehrenden gefordert: Die Unterscheidung dessen, was verbindlich gilt und dem ethischen Abwägen entzogen ist, von dem, was wünschenswert oder gar supererogatorisch ist, müssen Lehrende der Pflegeethik beherrschen und vermitteln können. Das wird heute vielfach in den Pflegeausbildungen noch undeutlich gefasst und in der Praxis zum Teil regel- oder gesetzwidrig gelebt,[13] sodass angehende Pflegepädagogen, die Ethik lehren werden, jenseits des pädagogisch-didaktischen für die Ethik i. d. R. auch inhaltlichen Nachholbedarf haben. Das gilt auch für die in den Empfehlungen (Riedel et al. 2017) exemplarisch genannten Theorien, die nicht nur vermittelt, sondern zu allererst studiert werden müssen. Theorien und Entscheidungsmodelle angewandter Ethik und der Pflegeethik sicher zu beherrschen, ist nötig, um sie den Lernenden, wie beschrieben, als Unterstützung in Orientierungskrisen anbieten zu können. Sie dienen dazu, sie zur Beteiligung an alltäglichen ethisch relevanten Entscheidungen und an expliziter klinischer Ethikberatung in interdisziplinären Settings zu befähigen, in all jenen Fällen, in denen eine eindeutige Entscheidung zunächst jedenfalls nicht zu treffen ist.

Da die widersprüchlichen Anforderungen an Pflegeschüler(innen) und Studierende thematisiert wurden, ist auf einen weiteren oft vernachlässigten Punkt

---

13 Beispiele wären hier die Praxis im Umgang mit Medikamenten im Kontext medikamentöser Fixierung, die oft nicht als rechtswidrig erkannt wird, wenn Psychopharmaka zwar gemäß Bedarfsverordnung verabreicht werden, aber nicht zu therapeutischen Zwecken, sondern zur Verhaltensanpassung im Sinne einer Pflegeerleichterung durch Ruhigstellung mit oft fatalen gesundheitlichen Folgen für den Betroffenen. Auch wird das verdeckte Verabreichen von – abgelehnten – Medikamenten durch Einrühren in Speisen bis heute oft nicht als rechtswidrig eingeordnet.

hinzuweisen: Pflegehandeln als ethisch verantwortetes Handeln setzt die nötigen Handlungsspielräume und das Verständnis für die beeinflussenden Umstände und Gesetzmäßigkeiten voraus. Appelle an die Lernenden, mit persönlichem Einsatz, patientenorientiert und professionell zu agieren, können auf Dauer nur dann fruchten, wenn die Lernenden diejenigen Faktoren, die ihr Handeln begrenzen, verstehen und lernen, sie zu beeinflussen. Darum sei an dieser Stelle auf Käppelis Diktum aus dem Jahr 1988 (!) verwiesen, in dem sie den pflegepädagogisch und ethikpädagogisch hoch relevanten Zusammenhang auf den Punkt bringt:

> Die Umsetzung von moralischen Werten in praktisches Handeln ist nur möglich, wenn die Krankenpflege über ein Minimum an Autorität, Anerkennung und Mitentscheidung innerhalb der Gesellschaft und insbesondere innerhalb des Gesundheitswesens verfügt. [...] Die Frustration innerhalb des Berufes in [B]ezug auf das nicht in der Lage sein, moralisch zu handeln, kann nur vermindert werden durch aktive Bearbeitung des Problems durch die Berufsangehörigen selbst. (Käppeli 1988, zitiert nach Tepe 1999: 280)

Umgekehrt gilt es festzuhalten, dass appelativ vorgetragene, ethisch-moralische Imperative zur Werteorientierung und Entwicklung von Haltung und Persönlichkeit angesichts der vielfältigen und widersprüchlichen Anforderungen und Anreize aus der Praxis primär den viel beschrieben Gap zwischen Schule und Praxis auch in der Ethik weiterführen.

4.3 Pflegeethische Relevanz (berufs-)politischer Bildung

Wenn Ethikbildung zur Verantwortungsübernahme befähigen soll – ohne Selbstüberforderung oder beständige Gefühle des Ungenügens –, dann ist Tepe zuzustimmen, der in seinem bereits 1999 erschienen Beitrag den auch heute noch hochaktuellen Zusammenhang von berufspolitischer und berufsethischer Pflegebildung herausstellt: „Dies heißt für die Ausbildung der Pflegekräfte, daß *die politische Bildung* der Schülerinnen und Schüler [...] jedenfalls zu einer selbständigen, organisierten politischen Interessenvertretung, die sich nicht auf Wahlkreuze beschränkt, gerade im Interesse einer Ethik pflegerischen Handels ein zentraler Bestandteil der Ausbildung werden muß." (Tepe 1999: 280) Damit umfasst die Ethik der Pflege für Pädagog(inn)en nicht nur die Vermittlung von Wissen und Kulturtechniken zur Beteiligung an expliziten und impliziten Formen der Ethikberatung oder eine Stärkung der ethischen Resilienz und der Fähigkeit zur ethisch begründeten Entscheidungsfindung. Vielmehr dienen all diese Fähigkeiten der Befähigung zur Wahrnehmung der Verantwortung für die Klienten und für die Profession.[14] Eine ähnliche Forderung formuliert aktuell

---

14 In ethischer Perspektive ist auch die pflegerische Professionsentwicklung kein Selbstzweck, sondern sie dient der Verbesserung der Versorgungsqualität und der Sicherung der Ziele der Gesundheitsversorgung in der Gesellschaft.

Bossle, wenn er pflegepolitische Bildung als unverzichtbaren Bestandteil zeitgemäßer Pflegebildung herausarbeitet, allerdings ohne Tepes explizit ethische Begründungszusammenhänge: Da beruflich Pflegende in „ein Feld aus unterschiedlichsten wirtschaftlichen, politischen und berufspolitischen Interessen etablierter Player des Gesundheitssystems ein [treten]" (Bossle 2016: 1), ist es nötig, dass sie lernen, die politischen Spielregeln und Sprachspiele zu entschlüsseln, die ihnen zunächst oft bürokratisch und enthoben erscheinen (vgl. Bossle 2016: 1, 5). Nur so kann das Ziel der Mündigkeit, das grundlegend auch hinter allen Forderungen nach persönlicher Stärke oder einer Haltung der Eigenverantwortung steht, realistischerweise erreicht werden, weil Mündigkeit voraussetzt, dass das Individuum letztlich selbst für sich entscheidet, wie es agieren und sich *als professionell Pflegende* präsentieren möchte.

Für die explizite Ethikbildung formuliert Tepe sehr scharf, aber treffend den Zusammenhang von gesellschaftlichen, insbesondere ökonomischen Voraussetzungen, unter denen Pflegende agieren müssen und unter denen sie sich z. T. widersprechenden und unerfüllbaren fachlichen und berufsethischen Anforderungen ausgesetzt sehen und der Problematik ethischer Appelle an Pflegende. Bleibt demnach ethische Pflegebildung „auf ein Appellieren an die subjektive Moralität der Pflegenden beschränkt, ist die ganze Ethik pflegerischen Handels kraß ausgedrückt nichts weiter als eine *Doppelmoral* und eine Verhöhnung der Pflegenden." (Tepe 1999: 280).[15]

Auch wenn diese Formulierung mit dem Autor selbst als „kraß" bezeichnet werden kann, so bleibt die Problematik primär appelativer Ethikbildung bestehen. Eine Ethikbildung, die nicht primär zur Verantwortungsübernahme in der Gesellschaft befähigen und nicht gesellschaftliche und politische Veränderungsbedarfe thematisieren will,[16] kann nicht gelingen, da erst das Verständnis von politischen und gesellschaftlichen Zusammenhängen den Einsatz für eine patientenorientierte Pflege auf der Basis der Menschenrechte ermöglicht. Ethikbildung sollte tatsächlich nie hinter dem Minimalkonsens dessen zurückstehen, was der ICN Ethikkodex fordert, nämlich die Übernahme pflegerischer Verantwortung innerhalb der Gesellschaft und gerade nicht nur innerhalb der Zweierbeziehung zum jeweils pflegebedürftigen Menschen (vgl. ICN Ethikkodex 2012: Präambel und Element 1).

---

15 Vgl. dazu auch die kritische Auseinandersetzung von Kersting mit verschiedenen pflegeethischen Publikationen (Kersting 2011: 247–297).
16 Für die Lehre gilt dabei folgender Hinweis: „Im Unterricht bleibt die kritische Auseinandersetzung [mit politischen Themen und gesellschaftlichem Veränderungsbedarf, C. G.] allerdings ergebnisoffen. Sie kann auch mit der Bestätigung des Bestehenden einhergehen." (Bossle 2016: 4).

5 Konsequenzen für die Lehrerbildung

Die Lehrerbildung erfordert damit konsequent eine Förderung der Kompetenzen bei den künftig Lehrenden, die diese auch ihren Schüler(inne)n mitgeben sollen: die Fähigkeiten, kritisch und selbstkritisch mit unterschiedlichen und widersprüchlichen Anforderungen umzugehen. Gerade hinsichtlich der moralisch-ethischen Ansprüche an die Lernenden als künftig Pflegende ergeben sich als Ziele der Lehrerbildung Kompetenzen der kritischen Distanz zu moralisch überhöhten Anforderungen angesichts einer restriktiven, heteronom geprägten Praxis.

Neben den zu lehrenden Inhalten, die sich aus dem Gesagten ergeben, ist die Entwicklung der Reflexionsfähigkeit und der Rollendistanz zur Rolle der Pflegenden für Pflegepädagog(inn)en unabdingbar. Erst wenn es ihnen gelingt, die künftige Situation und Rolle ihrer Schüler(innen) nicht mehr als ihre eigene zu betrachten, kann es gelingen, die Analyse und Reflexionsfähigkeit der Lernenden effektiv zu unterstützen. Wie auch die Pflegenden müssen die Lehrenden ihre eigene Verantwortung klären, die nicht darin bestehen kann, moralisch besondere, ethisch starke Persönlichkeiten hervorzubringen. Vielmehr besteht sie darin, die Schüler(innen) zu begleiten, wenn diese solche Persönlichkeiten werden oder zumindest ihre möglichst klar erfasste Verantwortung wahrnehmen wollen, weil sie bestimmte Zusammenhänge und ihre Handlungsmöglichkeiten verstanden haben. Diese Unterstützung beinhaltet auch den in den Empfehlungen (Riedel et al. 2017) geforderten verantwortlichen Umgang mit sich selbst, den die Schüler(innen) eigenständig entwickeln müssen, begleitet und angeregt durch Lehrende, die um die Schwierigkeiten der beruflichen Praxis wissen und diese zum Thema machen.

Literatur

Amelung, Eberhard; Nüchtern, Michael (1992): Einführung. In: Amelung, Eberhard (Hrsg.): Ethisches Denken in der Medizin. Berlin, S. 1–18.

Arndt, Marianne (1996): Ethik denken. Stuttgart.

Arnold, Doris (2008): Aber ich muss ja meine Arbeit schaffen. Frankfurt am Main.

Atzeni, Gina; Mayr, Katharina (2015): Ethische Expertise. Ethikkommissionen und Klinische Ethik-Komitees als Räume ethischer Rede. In: Nassehi, Armin; Saake, Irmhild; Siri, Jasmin (Hrsg.). Ethik – Normen – Werte. Wiesbaden, S. 229–253.

BALK (2011): Gesellschaft braucht Pflege. Berlin.

Barlett, Virginia L.; Finder, Stuart G. (2016): Lessons learned from nurses' requests for ethics consultation: Why did they call and what did they value? In: Nursing Ethics, online first, doi: 10.1177/0969733016660879.

Behrens, Johann; Langer, Gero (2016): Evidence based Nursing and Caring. Methoden und Ethik der Pflegepraxis und Versorgungsforschung – Vertrauensbildende Entzauberung der „Wissenschaft". 4. vollständig überarbeitete und erweiterte Aufl. Bern.

Bossle, Michael (2016): Entzaubert den Mythos, analysiert den Jargon! In: Padua 11/5, S. 1–9.

Dallmann, Hans-Ulrich; Schiff, Andrea (2016): Ethische Orientierung in der Pflege. Frankfurt am Main.

Fahr, Uwe (2008): Die Entwicklung emotionaler Kompetenz in einzelfallbezogenen Lernarrangements. In: Ethik in der Medizin, 20, S. 26–39.

Gallagher, Ann (2006): The teaching of nursing ethics: content and method. Promoting ethical competence. In: Davis, Anne J.; Tschudin, Verena; de Raeve, Louise (Hrsg.): Essentials of Teaching and Learning in Nursing Ethics. Edinburgh, S. 223–250.

Gastmans, Chris; van der Arend, Arie (1996): Ethik für Pflegende. Bern.

Giese, Constanze (2012): Pflegemanagement in ethischer Perspektive. In: Monteverde, Settimio (Hrsg.): Handbuch Pflegeethik. Stuttgart, S. 156–172.

Giese, Constanze; Heubel, Friedrich (2015): Pflege als Profession. In: Heubel, Friedrich (Hrsg.): Professionslogik im Krankenhaus. Frankfurt am Main, S. 35–49.

Gillam, Lynn; Delany, Clare; Guillemin, Marily; Warmington, Sally (2014): The role of emotions in health professional ethics teaching. In: Journal of Medical Ethics, 40, S. 331–335.

Großklaus-Seidel, Marion (2002): Ethik im Pflegealltag. Stuttgart.

Heffels, Wolfgang (2002): Pflegeethik als Verpflichtung zur Wahrnehmung personaler Verantwortung der Pflegenden in funktionalisierten Handlungsfeldern der Pflege. Dissertation. Duisburg.

ICN Ethikkodex (2012): In: URL: http://www.deutscher-pflegerat.de/Downloads/DPR%20Dokumente/ICN-Ethik-E04kl-web.pdf (letzter Aufruf: 20.02.2017).

Yeom, Hye-A; Ahn, Sung-Hee; Kim, SuJeong (2016): Effects of ethics education on moral sensitivity of nursing students. In: Nursing Ethics, online first, doi: 10.1177/0969733015622060.

Käppeli, Sylvia (1988): Moralisches Handeln und berufliche Unabhängigkeit in der Krankenpflege. In: Pflege, 1. Jahrgang, Heft 1, S. 20–27.

Kersting, Karin (2011): „Coolout" in der Pflege. Eine Studie zur moralischen Desensibilisierung. Frankfurt am Main.

Kersting, Karin (2016): Die Theorie des Coolout und ihre Bedeutung für die Pflegeausbildung. Frankfurt am Main.

Krohwinkel, Monika (2013): Fördernde Prozesspflege mit integrierten ABEDLs. Bern.

Lamiani, Guila; Argentero, Piergiorgio (2015): When Healthcare professionals cannot do the right thing: A systematic review of moral distress and its correlates. Journal of Health Psychology, doi: 10.1177/1359105315595120.

Lenk, Hans (1997): Einführung in die angewandte Ethik. Verantwortlichkeit und Gewissen. Stuttgart.

Liaschenko, Joan (2010): „… to take one's Place … and the right to have one's part matter". In: Remmers, Hartmut; Kohlen, Helen (Hrsg.): Bioethics, Care and Gender. Osnabrück, S. 25–42.

Lubatsch, Heike (2012): Pflegeethik, in: Sozialethik online, URL: https://www.sozialethik-online.de/download/Pflegeethik_red-1_24_8_.pdf (letzter Aufruf: 25.01.2017).

McCarthy, Joan; Gastmans, Chris (2015): Moral distress: A review of the argument-based nursing ethics literature. In: Nursing Ethics, 22, S. 131–152.

Milliken, Aimee (2016): Nurses ethical sensitivity: A integrative review. In: Nursing Ethics, doi: 10.1177/0969733016646155.

Monteverde, Settimio (2012): Das Umfeld pflegeethischer Reflexion. In: Monteverde, Settimio (Hrsg.): Handbuch Pflegeethik. Stuttgart, S. 19–41.

Monteverde, Settimio (2014): Undergraduate healthcare ethics education, moral resilience, and the role of ethical theories. In: Nursing Ethics, 21, S. 385–401.

Neitzke, Gerald; Riedel, Annette; Brombacher, Lili; Heinemann, Wolfgang; Herrmann, Beate (2015): Empfehlungen zur Erstellung von Ethik-Leitlinien in Einrichtungen des Gesundheitswesens. In: Ethik in der Medizin, 27, S. 241–248.

Oh, Younjae; Gastmans, Chris (2015): Moral distress experienced by nurses: A quantitative literature review. In Nursing Ethics, 22, S. 15–31.

Olbrich, Christa (2009a): Kompetenztheoretisches Modell der Pflegedidaktik. In: Olbrich, Christa (Hrsg.): Modelle der Pflegedidaktik. München, S. 63–85.

Olbrich, Christa (2009b): Pflegekompetenz. 2. vollständig überarbeitete und erweiterte Aufl. Bern.

Pauly, Bernadette M.; Varcoe, Colleen; Storch, Jan (2012): Framing the Issues: Moral Distress in Health Care. HEC Forum, 24, S. 1–11.

Pfabigan, Doris (2008): Pflegeethik – interdisziplinäre Perspektiven. Berlin.

Poikkeus, Tarja; Suhonen, Riitta; Katajisto, Jouko; Leino-Kilpi, Helena (2016): Organisational and individual support for nurses' ethical competence: A cross-sectional survey. In: Nursing Ethics, doi: 10.1177/0969733016642627.

Rabe, Marianne (2012): Die Vermittlung von Ethik in der Pflege. In: Monteverde, Settimio (Hrsg.): Handbuch Pflegeethik. Stuttgart, S. 109–123.

Rabe, Marianne (2017). Ethik in der Pflegeausbildung. Beiträge zur Theorie und Didaktik. 2., überarbeitete und ergänzte Aufl. Bern.

Riedel, Annette (2013): Ethische Reflexion und Entscheidungsfindung im professionellen Pflegehandeln realisieren. In: Ethik in der Medizin, 25, S. 1–4.

Riedel, Annette; Lehmeyer, Sonja (2014): Interreligiöse Kompetenz in der Pflegeausbildung. Konkretionen und Implikationen aus pflegeberuflicher und pflegeethischer Sicht. In: Merkt, Heinrich; Schweitzer, Friedrich; Biesinger, Albert (Hrsg.): Interreligiöse Kompetenz in der Pflege. Pädagogische Ansätze, theoretische Perspektiven und empirische Befunde. Münster, S. 107–127.

Riedel, Annette; Behrens, Johann; Giese, Constanze; Geiselhart, Martina; Fuchs, Gerhard; Kohlen, Helen; Pasch, Wolfgang; Rabe, Marianne; Schütze, Lutz (2016): Zentrale Aspekte der Ethikkompetenz in der Pflege. In: Ethik in der Medizin, 29, S. 161–165.

Riedel, Annette; Lehmeyer, Sonja (Hrsg.) (2016): Einführung von ethischen Fallbesprechungen: Ein Konzept für die Pflegepraxis. Ethisch begründetes Handeln praktizieren, stärken und absichern. 4. aktualisierte und ergänzte Aufl. Lage.

Roper, Nancy et al. (2009): Das Roper-Logan-Thierney-Modell basierend auf Lebensaktivitäten. Bern.

Sauer, Timo; May, Arnd T. (2011): Ethik in der Pflege für die Aus-, Fort- und Weiterbildung. Berlin.

Sauer, Timo (2015): Zur Perspektivität der Wahrnehmung von Pflegenden und Ärzten bei ethischen Fragestellungen. In: Ethik in der Medizin, 27, S. 123–140.

Schwerdt, Ruth (2005): Die Bedeutung ethischer und moralischer Kompetenz in Rationalisierungs- und Rationierungsentscheidungen über pflegerische Interventionen. In: Zeitschrift für Gerontologie und Geriatrie, 38, S. 249–255.

Strube, Wolfgang; Rabe, Marianne; Härlein, Jürgen; Steger, Florian (2014): Gesundheitsethische Kenntnisse im Verlauf der Pflegeausbildung – eine Querschnittsstudie in Deutschland. In: Ethik in der Medizin, 26, S. 225–235.

Tanner, Sabine; Albisser Schleger, Heidi; Meyer-Zehnder, Barbara; Schnurrer, Valentin; Reiter-Theil. Stella; Pargger, Hans (2014): Klinische Alltagsethik – Unterstützung im Umgang mit moralischem Stress? In: Medizinische Klinik, 109, S. 354–363.

Tepe, Christian (1999): Grundlegung der Pflege- und Medizinethik. In: PR-InterNet 1/99, S. 273–291.

Schewior-Popp, Susanne (2012): Thiemes Pflege: Das Lehrbuch für Pflegende in Ausbildung. 11. Aufl. Stuttgart.

Vorstand der Akademie für Ethik in der Medizin e. V. (2010): Standards für Ethikberatung in Einrichtungen des Gesundheitswesens. In: Ethik in der Medizin, 22, S. 149–153.

Werner, Micha H. (2006): Verantwortung. In: Düwell, Marcus; Hübenthal, Christoph; Werner, Micha H. (Hrsg.): Handbuch Ethik. 2. Aufl. Stuttgart, S. 541–548.

Winker, Gabriele (2015): Care Revolution. Schritte in eine solidarische Gesellschaft. Bielefeld.

Anne Kellner
Vom Nutzen der Geschichte für die Pflege

1 Einführung

Der Titel dieses Beitrags weist auf den Sinn einer Beschäftigung mit der Geschichte
der Pflege hin: Über Wissensvermehrung hinaus hat sie den Anspruch, nicht nur die
Pflege in ihrer Gewordenheit zu verstehen, sondern darüber hinaus ihr nützlich zu
sein. In einer Zeit, in der Bildung unter das Employability-Paradigma gestellt wird,
erscheint diese Bestrebung anachronistisch. Als kritische Ontologie der Gegenwart
umgedeutet und praktiziert, erscheint die Historie jedoch als ein äußerst wirksames
„Mittel gegen die Resignation". In diesem Beitrag wird für einen anderen Umgang mit
der Geschichte plädiert: für eine Lehre der Geschichte, die sich von einer Tradierung
von Legitimationslegenden abwendet und zu einer kritisch-dekonstruktiven Genealogie der Pflege hinwendet. Diese Bewegung erscheint als eine transformative Geste,
die in einer kritischen Bildung des Selbst mündet.

2 Geschichte als Biografie der Pflege

Im Mittelpunkt der professionellen Pflege eines alten Menschen steht seine Biografie.
Über diesen Weg lässt sich dieser Mensch in seiner Gewordenheit verstehen – eine
Gewordenheit, die sein Heute und Morgen weitgehend bestimmt.

Desgleichen gilt für die Pflege als „historischer Gegenstand".[1] Ihre Biografie in
den Mittelpunkt der Pflegepädagogik zu stellen, erscheint jedoch als unangemessen.
Ziel der Lehre der Praxisdisziplin „Pflege" ist es, Handlungskompetenz zu erzeugen.
Entgegen dieser pflegepädagogischen Praxis möchte ich zeigen, dass die Lehre der
Geschichte eine (berufs-)politische Geste ist, die in der Lage ist, der Pflege in besonderem Maß zu nutzen. In einer Zeit, in der die Geschichte der Pflege aus den Curricula der Pflegeausbildungen und der Pflegestudiengänge zusehends verschwindet,
erscheint diese Bestrebung zunächst anachronistisch. Warum sollte sich die heutige
Pflege mit ihrer eigenen Geschichte beschäftigen? Welchen Nutzen hat sie davon?

---

1 „Pflege" wird in diesem Beitrag in den meisten Fällen als Gesamtbezeichnung für die Berufsgruppe
der Pflegenden, verwendet. Dieser Begriff umfasst und bedeutet jedoch auch immer mehr als nur die
„Summe" der Pflegenden. Im Begriff „Pflege" schwingt immer ein Verständnis von Pflege als System
mit sowie ein ganzer Hof an moralischen und normativen Vorstellungen. Pflege ist ein „historischer
Gegenstand" im Sinne Foucaults (GdL 18); zum Verständnis von Pflege als historischem Gegenstand
vgl. hier Kap. 5.

DOI 10.1515/9783110500707-002

Diese Fragen stellen sich in einem gesellschaftlichen Kontext, in der Employability als neoliberales Leitmotiv nicht allein für die berufliche Bildung, sondern im Zuge des Bologna-Prozesses auch für die Hochschulen eine Herausforderung geworden ist. Die Hochschulrektorenkonferenz sieht die Hochschulen „vor die Aufgabe gestellt, ihren akademischen und nicht auf unmittelbare Verwertung ausgelegten Bildungsanspruch zu wahren sowie zugleich berufsrelevante Kompetenzen zu vermitteln und den Anforderungen des Arbeitsmarktes gerecht zu werden." (HRK Fachgutachten 2014: 7)

Im noch jungen Feld der Pflegewissenschaft wird die Fokussierung auf Employability von einer Verschiebung zum naturwissenschaftlichen Paradigma hin begleitet. Obwohl die Verflechtung zwischen „Arts of Nursing" und „Nursing Sciences" professionell Pflegenden auf die Herausforderungen der Pflegepraxis vorbereitet und einen wesentlichen Beitrag zum Selbstverständnis und zur Gesunderhaltung der Pflegefachpersonen[2] spielt, kann ein zunehmendes Verschwinden der „Humanités"[3] aus den Pflegecurricula sowohl im Bereich der beruflichen als auch der hochschulischen Bildung festgestellt werden. Dieses Phänomen ist nicht auf Deutschland begrenzt: 2007 stellten Dellasega et al. eine Erosion der „Humanités" fest, die durch die Bedeutungszunahme der „Sciences of Nursing" ausgelöst wurde:

> Given the importance of humanities in the nursing curricula and the long history of its integration into nursing educational programs, why now has there been an erosion of humanities education in current nursing programs? The most significant reason for the reduction of humanities content in nursing curricula has been an explosion of knowledge in the science of health care. (Dellasega et al. 2007: 175)

Im Essay „To busy to think" beklagen Moers/Schäffer/Schnepp das „post-positivistische Wissenschaftsverständnis" der deutschen Pflegewissenschaft, das sich in der Evidenzbasierung beschränken und der Logik einem rein naturwissenschaftlichen Denken entspringen würde (vgl. 2011: 352). Die zunehmende bzw. fast ausschließliche Verpflichtung auf Evidence Based Health Care (EBHC) würde, neben sehr kleinteiligen Fragestellungen, zu einer weitgehenden Theorieabstinenz führen. In der Pflegewissenschaft sei EBHC zu einer mit Macht ausgestatteten Ideologie geworden, die über die Güte von Arbeiten und über die Vergabe von finanziellen Mitteln entscheiden würde (vgl. Moers/Schäffer/Schnepp 2011: 352, 357 mit Bezug auf Grypdonck 2005).

---

2 Orientierung in einem immer komplexer werdenden Gesundheitswesen, Senkung des Burnout-, Coolout-, Dropout-Risikos etc.

3 Unter „Humanités" werden sowohl die Geisteswissenschaften (inkl. u. a. Philosophie, Geschichtswissenschaften, Sprach- und Literaturwissenschaften ...), die Humanwissenschaften (wie Psychologie, Pädagogik, Psychoanalyse ...) als auch die Sozialwissenschaften und Wirtschaftswissenschaften gezählt. Hochschulabschlüsse in den „Humanities" tragen ein „of Arts" im akademischen Grad. Humanwissenschaft bzw. Geisteswissenschaft entsprechen nicht dem, was im Französischen unter „Humanités" verstanden wird; In deutschen Übersetzungen wird deshalb der englische Begriff „Humanities" verwendet – als Französin greife ich lieber auf das französische Wort zurück.

„Die Forderung einer evidenzbasierten Medizin hat als Evidence Based Health Care (EBHC) nahezu alle Bereiche der Gesundheitsversorgung erfasst, nicht nur die Pflegeforschung, die primär durch einen unkritischen Umgang mit dieser Bewegung auffällt." (Moers/Schäffer/Schnepp 2011: 352)

Auch wenn die Hinwendung zur Interventionsforschung sinnvoll und begrüßenswert ist (Nachweis der Wirksamkeit von Pflege), wäre es gefährlich und kurzsichtig, Pflegewissenschaft darauf zu begrenzen. Moers/Schäffer/Schnepp warnen vor einer neuen Generation von Pflegewissenschaftler(inne)n, die in einer wissenschaftlichen Kultur aufwächst, in der Anwendungsorientierung im Mittelpunkt steht und in der die Pflegewissenschaft das Ziel verfolgt, der Praxis zu dienen – und damit auch deren wirtschaftlicher und ökonomischer Ausrichtung (vgl. Moers/Schäfer/Schnepp 2011: 352).

Im Editorial „Kluge Konzepte" der wissenschaftlichen Zeitschrift „Pflege" machte Karin Kersting bereits 2008 auf die Gefahren einer unkritischen Pflegewissenschaft aufmerksam:

> Und somit konzentriert sich auch die Pflegewissenschaft derzeit überwiegend auf die Konzepte und Ansätze, die eben zumindest Verbesserungen im Kleinen versprechen und im Kleinen ermöglichen. Das scheint besser zu sein als gar nichts. Und weil solche Konzepte falsch aber auch zugleich wahr sind, [...] verleiten sie zu einer Idealisierung der falschen Praxis. Die Praxis bleibt eine falsche, weil die hohen pflegerischen Ansprüche unter den herrschenden Bedingungen gar nicht verwirklicht werden können. (Kersting 2008: 5)

Als Bestandteil der „Humanités" und von deren Verschwinden betroffen, fristet die Geschichte der Pflege in vielen Pflegebildungsgängen ein „Blümchenfachdasein", das nicht selten vermeintlich wichtigeren bzw. prüfungsrelevanteren Inhalten geopfert wird. An sich ist dies kein neues Phänomen: Sowohl der Titel des Kongressbands „Wider die Geschichtslosigkeit der Pflege"[4] als auch die Feststellung von Hilde Steppe, die Geschichte der Pflege würde sich über „lange Strecken hinweg in Form eines Gedächtnisverlustes" zeigen (vgl. Steppe 1993, zit. nach Seidl 2004: 9), weisen auf einen blinden Fleck der deutschen Pflege(-wissenschaft) hin. Lange Zeit hat sich die Pflege kaum bzw. nur sehr zögerlich mit ihrer Geschichte beschäftigt. Wenn sie es tat, dann in Form von „Legenden", die von Generation zu Generation weitererzählt wurden. Eine kritische Betrachtung der Geschichte der Pflege und der Pflegenden begann erst mit den Arbeiten von Claudia Bischoff (1984) und Hilde Steppe. In ihrer Aufarbeitung der dunklen Vergangenheit der Pflege fordert Steppe (2001) die Pflegenden auf, aus der Geschichte zu lernen – eine Aufforderung, die bis heute nicht an Brisanz verloren hat. Wie aber kann die Pflege aus ihrer Geschichte lernen?

---

4 1992 fand der erste „Internationale Kongress zur Geschichte der Pflege" statt; seitdem wird er alle zwei bis drei Jahre abwechselnd in der Schweiz, in Österreich und in Deutschland durchgeführt. 2015 musste der Kongress „Geschichtswelten" in Hamburg mangels Teilnehmer(-innen) abgesagt werden.

3 Erzählungen, Mythen und Legenden

Es gibt verschiedene Möglichkeiten, die Biografie der Pflege zu erzählen: Die übliche, die in vielen Schulen praktiziert wird, beginnt meist wie ein Märchen: „Es war einmal ...". Die Erzählungen begrenzen sich dabei meist auf die Biografien der „Lichtgestalten der Pflege" und auf deren aufopfernden Idealismus. Als Gründungsmythen werden sie seit fast 100 Jahren in den Pflegeschulen erzählt:

„Das große Neue, das wie mit einem Schlag das gesamte Krankenhauswesen grundlegend änderte und eine wirkliche Krankenpflege einführte, ging von der kleinen Rheinstadt Kaiserswerth aus. [...]. Hier wurde die Entscheidung getroffen, den Krankenpflegeberuf aus einem ursprünglichen Männerberuf als einen Beruf der Frau aufzuziehen." (Sticker 1965: 52 f)

Als *discours fondateur*[5] haben sie durchaus ihre Berechtigung. Diese Geschichten haben Sinn, sie geben und machen Sinn. Mit diesen Geschichten werden die traditionellen Leibilder der Pflege bis in die heutige Zeit transportiert.

Nachfolgend möchte ich zwei typische Erzählungen herausgreifen:

Gründungslegende 1: Florence Nightingale in Kaiserswerth
Der Überlieferung nach wurde Florence Nightingale in Kaiserswerth ausgebildet. Sie besuchte die Diakonissenanstalt zweimal: 1850 für zwei Wochen und 1851 für drei Monate und war von der Ausbildung der Pflegenden dort tief beeindruckt. Die Aufenthalte Nightingales stellen, mehr als 150 Jahre nach ihren Besuchen, einen festen Bestandteil der Geschichtsschreibung der Kaiserswerther Diakonie dar. Das Krankenhaus in Kaiserswerth trägt seit 1970[6] den Namen seiner „berühmtesten Schülerin" (vgl. Wahner/Schweikardt 2011: 270 mit Bezug auf Sticker[7] 1957: 293).

„Florence Nightingale hat vor über 100 Jahren bei Theodor Fliedner in Kaiserswerth die entscheidenden Impulse für ihr Lebenswerk empfangen. Wenn wir unser neues Krankenhaus nach ihr nennen, möchten wir damit die Begründerin des neuzeitlichen Krankenpflegewesens ehren, deren Geist noch heute in tausenden von Krankenpflegeschulen in aller Welt lebendig ist." (Einladungskarte zur Grundsteinlegung am 26. Juni 1970, zit. in Wahner/Schweikardt 2011: 273)

Doch was sagte Florence Nightingale 40 Jahre nach ihrem Aufenthalt in Kaiserswerth?

„Dass Kaiserswerth mich ausgebildet hätte, kommt gar nicht in Frage. Mit der Pflege dort war nichts los (nil), die Hygiene war entsetzlich (horrible); das Krankenhaus war bestimmt der übelste (woerst) Teil von Kaiserswerth." (Nightingale, zit. nach Taubert 1992: 77 f)

---

5 Als Französin weiß ich wohl um die Bedeutung der großen Mythen der Geschichte: „Unsere Ahnen, die Gallier" sowie die Geschichte eines kleinen widerständigen Dorfes haben über Generationen hinweg die französische Identität geprägt.
6 Grundsteinlegung, an der die Prinzessin Anne teilnahm. Das Krankenhaus öffnete fünf Jahre später im Juni 1975 (vgl. Wahner/Schweikardt 2011: 273).
7 Das heutige Bild der Beziehung Nightingales zu Kaiserswerth wurde wesentlich durch die Diakonissin Anna Sticker mitgeformt, die mehr als drei Jahrzehnte in der Bibliothek und im Archiv der Kaiserswerther Diakonie arbeitete und sich als ihre Geschichtsschreiberin verstand (vgl. Wahner/Schweikardt 2011: 275 f). Sticker prägte auch die Legenden von Friedericke Theodor und Caroline Fliedner, z. B. in „Die Entstehung der neuzeitlichen Krankenpflege" von 1960 und in zahlreichen Biografien; Werke, die wiederum als Grundlage für Pflegelehrbücher dienten.

Diese Version der Geschichte wird in der Regel nicht miterzählt. Wiederentdeckt wurde sie erst vor ein paar Jahren. Was hat Florence Nightingale zu dieser Aussage verleitet? Und: Warum wollte die deutsche Pflege diese kritische Stimme nicht hören?

An Fliedners Projekt kritisierte Nightingale vor allem, dass sich die Kaiserswerther Diakonie nicht weiterentwickelt hätte und dass „ihre Führer stärker mit der Aufrechterhaltung ihrer Dogmen beschäftigt waren, als mit […] der Weiterentwicklung der Krankenpflege", so Silvia Käppeli (2004: 286).

1860 gründete Nightingale eine Krankenpflegeschule in London und stellte sie unter die Leitung einer erfahrenen Krankenpflegerin: Sarah Wardroper.[8] Erst 124 Jahre später –1984 – war Deutschland soweit, die Leitung der Pflegeschulen einer Pflegefachperson zu übertragen. Bis zu diesem Zeitpunkt wurden Pflegeschulen von Theologen und v. a. von Ärzten geleitet. Heute noch sind meist Ärzte und Ärztinnen Prüfungsvorsitzende bei den Abschlussprüfungen der Pflege. In meinen Augen liegt hier eine wesentliche Weichenstellung für die unterschiedliche Entwicklung der Pflege in Deutschland im Vergleich zu den angelsächsischen Ländern.

Das Hinterfragen der Legenden der Pflege lenkt den Blick auf ihre diskursive Performativität: Welche Diskurse werden in diese Erzählungen über Generationen hinweg weitergegeben?

Gründungslegende 2: Etablierung der beruflichen Pflege als *der* natürliche Frauenberuf

In den Gründungslegenden, die die berufliche Pflege als *den* natürlichen Frauenberuf etablieren, ist vor allem der Diskurs der Weiblichkeitsideologien mit verwoben. Ein Diskurs, der in Deutschland eine relative Stabilität aufweist und sich vom Diskurs der organisierten Mütterlichkeit am Übergang zum 20. Jh. (u. a. Helene Lange, 1901)[9] bis hin zum Diskurs des weiblichen Arbeitsvermögens der 1980er-Jahre (u. a. Ilona Ostner 1981) nachverfolgen lässt.

Auch wenn die Weiblichkeitsideologien in die Kritik der Geschlechterforschung geraten sind und durch konstruktive bzw. dekonstruktive Ansätze abgelöst wurden, wirken sie innerhalb und außerhalb der Pflege weiter. Im Bereich der Pflegebildung geht dieser Diskurs eine verhängnisvolle Verbindung mit dem ebenso alten Diskurs des „Zu-viel-Wissen-schadet-der-wahren-Pflege"[10] ein; wie im nachfolgenden Zitat von Ilona Ostner ersichtlich, die sich in den 1980er-Jahren gegen die mittlere Reife als Zugangsvoraussetzung für die Pflegeausbildung aussprach:

---

8 Sarah Wardroper war gleichzeitig Pflegeleiterin des St. Thomas Hospital und Leiterin der Pflegeschule (vgl. https://www.ncbi.nlm.nih.gov/pubmed/3889863 (letzter Aufruf: 07.02.2017). Florence Nightingale schreibt 1892 über sie: „All this led to her being chosen to carry out in the hospital of which she was matron the aims, in the Training of nurses, of the Nightingale Fund, which had then been subscribed. She was named first superintendent of that school, and continued such for twenty-seven years till her retirement in 1887." (Nightingale 1892: 1448).
9 Siehe u.a. Helene Lange und Gertrud Baumer (1901): Handbuch der Frauenbewegung. https://ia802703.us.archive.org/4/items/handbuchderfrau04ratgoog/handbuchderfrau04ratgoog.pdf. (letzter Aufruf: 06.02.2017).
10 „Eine weise Beschränkung in der Ausdehnung des theoretischen Unterrichts ist gewiss zu empfehlen […]. Die Erfahrung lehrt, dass ein solches Wissen zuweilen zur Überhebung verleitet und zum Heraustreten aus dem die Schwester zierenden bescheidenen Wirken innerhalb ihres schönen erhabenen Berufes führen kann." (Eigenbrodt 1895, in Rübenstahl 1994: 54).

„Mit der Institutionalisierung einer langandauernden Spezialausbildung [...] geht eine Veränderung der Rekrutierungsbasis für den Krankenpflegeberuf einher: Jetzt ist Mittlere Reife Voraussetzung. Zunehmend dürfen Menschen aus städtischem Milieu, ohne große Hausarbeitserfahrung, in
diese Berufe drängen. [...]. Damit geht m. E. der Blick für die Rolle der v o r-beruflichen Sozialisation,
der Arbeitserfahrungen, die ein Mensch gemacht hat, bevor er in den Krankenpflegeberuf kommt, verloren. Gewinnt hier nicht die „ausgebildete Fähigkeit" Übergewicht vor der persönlichen Befähigung
zum Beruf?" (Ostner 1980, zit. nach Ostner/Krutwa-Schott 1981: 177 f)

Auch in der Aussage des Gesundheitsministers Daniel Bahr, der sich 2013 gegen eine 12-jährige
Schulbildung als Zugangsvoraussetzung für die Pflegeausbildung aussprach, klingt dieser Diskurs
nach: „Soziale Kompetenz, Herzenswärme, Begeisterungsfähigkeit und Motivation sind wesentliche
Eignungsvoraussetzungen für den Pflegeberuf und wichtiger als eine 12-jährige Schulbildung [...]."
(Daniel Bahr 2013, Hauptstadt Kongress)

4 Legitimationsmacht historischer Erzählungen

In vielen dieser Erzählungen wird Geschichte instrumentalisiert: Sie dient nicht mehr
vordergründig der Wahrheitsfindung, sondern der Vergewisserung der Vergangenheit im Hinblick auf Gegenwarts- und Zukunftsinteressen.

„So lange die Seele der Geschichtsschreibung in den grossen Antrieben liegt, die
ein Mächtiger aus ihr entnimmt, so lange die Vergangenheit als nachahmungswürdig,
als nachahmbar und zum zweiten Male möglich beschrieben werden muss, ist die
jedenfalls etwas verschoben, in's Schöne umgedeutet und damit der freien Erdich-
tung angenähert zu werden [...]." (Nietzsche 1874 in 2009: 24 f)

Mit den historischen Erzählungen werden – und sei es nur im Unterbewussten (im
„Naiven", wie Ricœur es nennt) – Bedeutungen und Bedeutungshierarchien transportiert. „Der Begriff der narrativen Identität zeigt seine Fruchtbarkeit weiter darin,
daß er nicht bloß aufs Individuum, sondern auch auf die Gemeinschaft anwendbar
ist. [...] Individuum und Gemeinschaft konstituieren sich in ihrer Identität dadurch,
daß sie bestimmte Erzählungen rezipieren, die dann für beide zu ihrer tatsächlichen
Geschichte werden." (Ricœur 1991: 397)

Über Jahre hinweg unkritisch weitergegeben, weisen die Gründungsmythen der
deutschen Pflege eine starke Legitimationsmacht auf. Selbstlose, sich in Nächstenliebe erschöpfende Pflegende erscheinen bis heute wie ein nicht einlösbares Ideal.
Auch wenn nicht mehr offen von Aufopferung gesprochen wird – was womöglich
noch verhängnisvoller ist – zerbrechen Pflegende als „stille Heldinnen" unter dem
unlösbaren Anspruch „gute Pflege" zu leisten.

„Das Vergangene vergeht nicht einfach, sondern kehrt in die Gegenwart zurück.
Das geschieht unwillkürlich, und es ist unvermeidlich. Aber es ist nicht festgelegt,

---

Anmerkung: Geschichte als „Ontologie der Gegenwart" vgl. RSA: 39.

wie man mit dem in der Gegenwart gegenwärtigen Vergangenen umgeht. Das zu entscheiden und zu gestalten, ist menschliche Möglichkeit." (Figal, 2009: 135)

Das, was Figal im Nachwort zu „Vom Nutzen und Nachtheil der Historie für das
Leben" schreibt, gilt sowohl für den Menschen und seine Biografie als auch für die
Profession Pflege und ihrer Geschichte. Als „historischen Gegenstand" im Sinne Foucaults gibt es *die* Pflege nicht. Sie existiert nur als eine „Pflegepraktik": als Korre-
lat von datierten Praktiken, von denen jede zu ihrer Zeit selbstverständlich zu sein
scheint. Pflege kann deshalb nicht als solche erklärt und definiert werden. Allein
die Praktiken, welche als historisches Ereignis situativ sind, können betrachtet und
damit auch als kontingent gesetzt werden: Pflege ist nun einmal nicht, was sie ist –
sie könnte auch anders sein! (vgl. Kellner 2011: 20 mit Bezug auf GdL: 18).

5 Genealogie – Geschichte als „Ontologie der Gegenwart"

Folgt man Nietzsche, brauchen wir Geschichte nicht als Weitererzählung der Legi-
timationsmythen der Pflege, sondern als „Mittel gegen die Resignation" (1874 in
2009: 21). Wir brauchen sie zum Leben und zur Tat:

> Gewiss, wir brauchen die Historie, aber wir brauchen sie anders, als sie der verwöhnte Müs-
> siggänger im Garten des Wissens braucht, mag derselbe auch vornehm auf unsere derben und
> anmuthlosen Bedürfnisse und Nöthen herabsehen. Das heisst, wir brauchen sie zum Leben und
> zur That, nicht zum bequemen Abkehr vom Leben und von der That oder gar zur Beschönigung
> des selbstsüchtigen Lebens und der feigen und schlechten That. (Nietzsche 1874 in 2009: 5)

Für Nietzsche gehört die Historie dem Lebendigen in dreierlei Hinsicht: 1. dem „Thä-
tigen und Strebenden" als Ermutigung, 2. dem „Bewahrenden und Verehrenden",
um eine Kontinuität zur Vergangenheit herstellen zu können; vor allem aber dient
sie 3. dem „Leidenden und der Befreiung Bedürftigen" um seine Lebensfähigkeit zu
erhalten. Dieser Dreiheit entspricht für Nietzsche eine Dreiheit von Arten der Historie: eine monumentalische, eine antiquarische und eine kritische Art der Historie
(vgl. Nietzsche 1874 in 2009: 19 f). Diese dritte Art, die Nietzsche als „Korrektiv" für
die zwei ersten etablierte, ist die, die ich pflegepädagogisch als berufspolitische Biografie nützen möchte. Auf die Methode dieser Biografie verweist Hans von Keler, ehemaliger Bischof der Evangelischen Landeskirche in Württemberg:

„Geschichte ist nicht nur Geschehenes, sondern Geschichtetes – also der Boden,
auf dem wir stehen und bauen."

Die Schichten, auf denen die Pflege steht, auf die wir heute die zukünftige Pflege
aufbauen, gilt es, aufzudecken und sichtbar zu machen, um scheinbare Notwendigkeiten und Selbstverständlichkeiten infrage zu stellen, um Kontingenzen zu entdecken und um ein Anders-Denken von Pflege möglich zu machen. Mit diesem direkten

Bezug zur Gegenwart der Pflege ist sie Teil einer pädagogischen Bewegung, die „herausführt" (*educere*) und nicht zur Anpassung erzieht (*educare*).

Seit Nietzsche wird unter dem Begriff der Genealogie eine besondere Form von Kritik verstanden: eine Kritik, in der die Geschichtlichkeit und damit die Kontingenz von bestimmten Gegenständen ans Licht gebracht wird. Eine Geste, in der die Kritik des Heute mit einem Wissen des Gestern zusammenfällt (vgl. Saar 2007):

„Genealogische Kritik steht für eine radikale Analyse, die die historischen Wurzeln eines Werts, einer Institution oder einer Praxis freilegt und das Wissen um die Gewordenheit eines Objekts gegen dieses richtet, um es durch den Hinweis auf seinen Ursprung zu kompromittieren und zu delegitimieren." (Saar 2007: 9)

Als Wegweiser in dieser kritischen Art der Auseinandersetzung mit der Geschichte habe ich die analytischen Instrumente des französischen Philosophen Michel Foucault gewählt. In seinem Werk und Leben hat Foucault die *Kritik zur Kunst* erhoben: zur „Kunst der freiwilligen Unknechtschaft" und der „reflektierten Unfügsamkeit" (WiK: 15). Als „Kunst nicht dermaßen regiert zu werden" (WiK: 12), weist Foucault ihr eine Entunterwerfungsfunktion zu. Kritik ist die „Bewegung, in welcher sich das Subjekt das Recht herausnimmt, die Wahrheit auf ihren Machteffekt hin zu befragen und die Macht auf ihre Wahrheitsdiskurse hin zu überprüfen" (WiK: 15). Gewohnte Bilder von eingespielten Werten und Ideale werden machttheoretisch verfremdet, natürlich erscheinende Begrenzungen und Bestimmtheiten infrage gestellt (vgl. Saar 2007: 20).

Im Sinne Foucaults gibt es *die* Pflege nicht, sie ist kein natürlicher Gegenstand, sondern eine *historische Erfahrung*. Als anthropologische Grundkonstante wurde die Pflege immer historisch-gesellschaftlich geprägt. Will man eine solche historische Erfahrung kritisch betrachten, müssen unterschiedliche Analysen vorgenommen werden (vgl. GdL: 12 f):

1. eine Analyse der Formierung des Wissens, das sich auf die Pflege bezieht: eine Archäologie, die einer kritischen Diskursanalyse entspricht
2. eine Analyse der Machtsysteme, die die Ausübung der Pflege regeln: eine Genealogie
3. eine Analyse der Formen, in denen sich Individuen als Subjekte (an-)erkennen d. h. eine Untersuchung der Formen und Modalitäten des Verhältnisses zu sich selbst, durch die sich das Individuum als Subjekt konstituiert und erkennt (Analyse der Subjektivierungsformen)

Für Foucault ist das Subjekt nicht per se autonom, sondern konstituiert sich als *Erfahrungssubjekt:* Es ist stets das Ergebnis von Wissen-, Macht- und Selbstpraktiken, durch die es konstituiert wird und sich selbst konstituiert (vgl. ME: 94). Das Subjekt wird zwar „konstituiert" (*assujetissement*), es hat jedoch stets die Möglichkeit, diese Konstruktion zu beeinflussen (*subjectivation*). Diese Form der Freiheit ist die, die Foucault in seinen letzten Arbeiten zur Selbstsorge und zur antiken Lebenskunst erarbeitet hat (siehe Abb. 1).

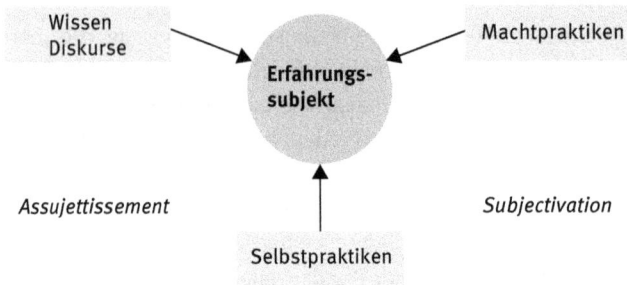

Abb. 1: Foucaults Subjektivierungsdreieck (eigene Darstellung in Anlehnung an Foucault ME: 94).

Übertragen wir Foucaults Subjektverständnis auf die Pflegenden, dann werden diese – und Pflegepädagog(inn)en ebenso – durch Diskurse, Macht- und Selbstpraktiken konstituiert. Alle Arbeiten Foucaults, die frühen ebenso wie seine letzten, sind ein Appell, diese Konstruktion kritisch zu hinterfragen. Dazu werden drei Achsen der Untersuchungen kombiniert (vgl. RSA: 63 f):

1. Achse der Bildung von Erkenntnissen: Perspektive der Analyse der Diskurspraktiken, Geschichte und Analyse der Formen der Veridiktion (Wie wurde/wird etwas als „wahr" bestimmt?)
2. Achse der Normativität von Verhaltensweisen: Geschichte und Analyse der Verfahren und Techniken der Gouvernementalität (Wie wurden/werden Menschen regiert?)
3. Achse der Konstitution von Seinsmodi des Subjekts: Analyse der Modalitäten und Techniken der Selbstbeziehung; Geschichte und Analyse der Pragmatik des Subjekts und der Techniken des Selbst

Für Martin Saar sollte die „Kritik des Jetzt [...] den Umweg über Genesen und Herkünfte nicht scheuen" (2007: 22). Eine kritische Genealogie der Pflege wird deshalb der Frage nachgehen, wie Pflegende diszipliniert wurden bzw. heute regiert werden.[11] Dazu analysiert sie die Diskurse, die Machtdispositive und die Formen der Subjektivierung, die auf die Pflegenden einwirken. Dabei nimmt sie zwei Weisen der Subjektivierung in den Blick: erstens das, was Foucault *Assujetissement* nannte und im Deutschen mit Unterwerfung übersetzt wurde, und zweitens die *Subjectivation*, die

---

11 Foucaults Analyse der Disziplinarmacht (u. a. ÜS, MdM) lässt sich besonders gut auf die Geburt der modernen Pflege anwenden. Seine späteren Arbeiten zur (neoliberalen) Gouvernementalität (Regierung) eignen sich für eine Analyse der aktuellen Subjektivierungspraktiken. Diese Form der „Regierung" löst frühere Formen (Pastoralmacht, Disziplinarmacht) nicht ab, sie werden integriert und umgewandelt. Als Foucault 1984 starb, wurden seine Arbeiten zur neoliberalen Gouvernementalität v. a. in den USA (Governmentality Studies) und in Deutschland von Bröckling/Lemke/Krasmann weitergeführt, u. a. im Sammelband: „Gouvernementalität der Gegenwart. Studien zur Ökonomisierung des Sozialen" (2000).

im Zentrum seiner letzten Arbeiten stand. Beide Weisen sind für die Pflegepädagogik von hoher Relevanz:

1. Auf der einen Seite stellt sich die Frage nach der Rolle, die wir als Pädagog(inn)en bei der Verbreitung der Ideologien der Pflege und bei der Disziplinierung und Unterwerfung der Pflegenden spielen.
2. Auf der anderen Seite stellt sich die Frage, wie wir die „Prozesse der ‚subjectivation'" von zukünftigen Pflegefachpersonen begleiten können.

6 Subjektivierung als Assujetissement

Die Rolle der Pflegepädagog(inn)en bei der Verbreitung der Ideologien der Pflege erstreckt sich sowohl auf historische Diskurse, wie z. B. den Diskurs der natürlichen Prädestinierung der Frauen für die Pflege, als auch auf aktuelle Diskurse, wie z. B. den neoliberalen Diskurs des Qualitätsmanagements, der Patienten als Kunden bestimmt. Zu einer der zentralen Ideologie der Pflege zählt jedoch der Diskurs der „guten Pflege". Bei seiner Verbreitung werden Pflegepädagog(inn)en nicht nur von moralisch-ethischen Motiven geleitet, sondern auch gesetzlich verpflichtet: In alle Regelungen, die die Pflege bestimmen – sowohl im SGB V und XI als auch in den Berufsgesetzen[12] – wird eine „patientenorientierte Pflege"[13] nach dem Stand der aktuellen wissenschaftlichen Kenntnisse gefordert.

Mit diesem Diskurs wirken Pflegepädagog(inn)en – und das seit Generationen – an einer der wirksamsten Disziplinierungsstrategien mit: der Normenfalle (siehe Abb. 2). Mit „Normenfalle" wird die normative Unerfüllbarkeit bezeichnet, die aus dem Widerspruch zwischen einer Norm und der Realität ihres Vollzugs entsteht: Was soll geleistet werden versus was ist leistbar? Als eine äußerst wirksame (Selbst-)Disziplinierungsstrategie wurde sie im ausgehenden 18. Jahrhundert in Europa zur Erhöhung der Produktionsleistung des Einzelnen eingesetzt[14] (vgl. Kellner 2011).

In der Sozialisation der Pflegenden hat die Normenfalle eine besondere Entfaltung und Ausprägung erfahren: Gefangen zwischen ihrem Verständnis von „guter Pflege" und den ökonomischen Begrenzungen des Gesundheitssystems sind die Pflegenden mit einem Auftrag konfrontiert, den sie nicht erfüllen können. Diese prinzipielle Unerfüllbarkeit führt bei jeder einzelnen Pflegefachperson zu

---

12 Altenpflegegesetz (2003) Krankenpflegegesetz (2004) mit den jeweiligen Ausbildungs- und Prüfungsverordnungen.

13 Die Forderung einer ganzheitlichen Pflege der 1980er- und 1990er-Jahren wurde vermehrt als uneinlösbar kritisiert (u. a. Richter 1998: Ganzheitliche Pflege. Trauen die Pflegenden sich zu viel zu? in Pflege S. 255–262). Mehr dazu Kellner 2011: 229 ff.

14 Siehe u. a. die Arbeiten von Michel Foucault, z. B. Überwachen und Strafen (1975), und von Treiber/Steinert: Die Fabrikation des zuverlässigen Menschen. Über die „Wahlverwandtschaft" von Kloster- und Fabrikdisziplin (1980).

Abb. 2: Normenfalle als Disziplinierungsstrategie (eigene Darstellung).

Unzulänglichkeitsgefühlen und zu einem ständigen schlechten Gewissen (Individualisierung der Schuld). Ein Gefühl, das nicht selten mit einem Überengagement der Pflegenden kompensiert wird. Die Folgen dieses Überengagements lassen sich unter den Begriffen Burnout, Coolout[15] und Dropout knapp zusammenfassen. Leider können sie bis zur Geburtsstunde der beruflichen Pflege zurückverfolgt werden – eine Pflege, die sich seit Jahrhunderten mühsam von Notstand zu Notstand weiterentwickelt.

Die Normenfalle der Pflege hat sich heute noch potenziert: Der Anspruch, „gute Pflege" zu leisten, wurde durch „Kluge Konzepte"[16] der Pflegewissenschaft erhöht. Die Ablösung der „Grammatik der Fürsorge" durch eine „Grammatik der Härte"[17] hat neoliberale Diskurs- und Regierungsstrategien in den Institutionen der Pflege eingeführt (Budgetierung, QM etc.). Mehr denn je befinden sich Pflegefachpersonen, die sich deren Diktat unterwerfen müssen, in einer ethischen Bedrängnis. Sie leiden unter der Unmöglichkeit, ihr Verständnis von guter Pflege zu verwirklichen. Das Gefühl, das Richtige zu tun – eine wichtige Ressource –, wird ihnen genommen.

Dieses Spannungsfeld der Pflege lässt sich jedoch nicht nur als Disziplinierungsstrategie, als Falle, in der die Pflegenden gefangen sind, betrachten. Alle menschennahen Dienstleistungen sind mit ähnlichen Widersprüchen konfrontiert. Bereits 1996

---

15 Siehe Karin Kerstings Coolout-Studien u. a. 1999, 2002.

16 Kluge Konzepte, nach Karin Kersting 2008.

17 Vgl. Kellner 2011: 180 ff. Zur „Grammatik der Sorge" siehe Foucault: Krise der Medizin oder Krise der Antimedizin in DE III 170/54–76. Seit den frühen 1980-er Jahren wird die „Grammatik der Sorge" von einer „Grammatik der Härte" abgelöst. Sie verschlankt den Staat, vermarktet die Gesellschaft und ermächtigt das Individuum (vgl. Fach 2000: 26).

sprach Ursula Rabe-Kleberg in diesem Zusammenhang vom doppelten Mandat der Pflege: Professionell Pflegende müssen die Besonderheit eines Individuums bewahren, ohne die Interessen der Gesellschaft aus den Augen zu verlieren. Statt dieses doppelte Mandat als Professionalisierungshindernis zu betrachten, forderte sie für Pflegefachpersonen Handlungsräume mit mehr Autonomie. 2002 interpretierte Angelika Pillen die Normenfalle als Wertegrundkonflikt zwischen Orientierung am Einzelfall und Orientierung an allgemeinen Bedürfnissen und leitete daraus eine besondere Bildungsnotwendigkeit für professionell Pflegende als Verwalter des knappen Gutes „Pflege".

Pflegepädagog(inn)en obliegt die Aufgabe, diese „Normenfalle" professionell umzuwandeln: Der erste Schritt dieser Umdeutung besteht – wie gesehen – in der Problematisierung von Subjektivierung als Unterwerfung (*assujetissement*). Sie zwingt Pflegepädagog(inn)en, sich die Frage nach den Spielen, die sie bei der Verbreitung der Ideologien der Pflege und die Gestaltung des Spannungsfelds der Pflege als „Normenfalle" einnehmen, zu stellen. In einem zweiten Schritt, der in der Bildung von widerständigen Pflegefachpersonen mündet, werden sie aufgefordert, neue Spiele zu erfinden: „Wir müssen die Frage, welches Spiel wir spielen und wie wir ein Spiel erfinden können, zu einer echten und unabweisbaren Herausforderung machen." (ÄdE 73).

7 Subjektivierung als Subjectivation

Zu diesen neuen Spielen gehört eine besondere und wirksame Nutzung der kritischen Genealogien, die sich durch ein ständiges Hinterfragen der Geschichte und der Gegenwart der Pflege auszeichnet.[18] Über eine enttarnende Analyse von Diskursen hinaus stellen sich kritische Genealogien und gouvernementale Analysen als wirksame pädagogische Methoden dar. Dabei richtet sich die genealogische Kritik nicht gegen das, was eindeutig und bereits als „schlecht", „als Schaden oder Übel erkannt und deshalb delegitimiert" ist. Sie kritisiert „etwas, an dessen Sinn und Geltung geglaubt wird, obwohl es schadet" (Saar 2007: 331) – was für die Pflege bzw. die Pflegepädagogik von besonderer Bedeutung ist. Es geht jedoch nicht darum, den Diskurs der „guten Pflege" zu delegitimieren – ganz im Gegenteil: Er wird als wirksame Widerstandstrategie gebraucht! Es geht vielmehr darum, Pflegefachpersonen mit einem widerständigen Rüstzeug auszustatten (*paraskeue*) und für die Ermöglichung von „guter Pflege" zu kämpfen.

---

18 Eine genealogische Analyse blickt auf das Gestern der Pflege, während eine gouvernementale Analyse die gegenwärtigen Regierungspraktiken einer neoliberalen Gesellschaft fokussiert (mehr bei Kellner 2011: 169 ff).

Als „kritische Anfragen an gegenwärtige Selbstverständnisse auf der Grundlage historischer Gewordenheit" (Saar 2007: 141) eignen sich Genealogien hervorragend als Werkzeug einer kritischen Pflegepädagogik. Als „Erzählungen" sind sie an die Subjekte, die sie hören oder auch schreiben, selbst gerichtet. Es sind wirksame Kritiken, die eine performative Struktur aufweisen. Als textuelle Inszenierung mit „selbstbildender" Wirkung, stellen sich genealogische Erzählungen als „Subjektivierungsnarrative" dar (vgl. Saar 2007: 309). Sie lösen Zweifel, Verunsicherung und Erschütterung von Selbstverständlichkeiten aus und sind damit in der Lage, den Zugriff der Macht auf die Subjekte zu schwächen. In ihre Textualität setzten sie die Implikation des Lesers – des Subjekts, das sowohl Thema als auch Adressat der Genealogien ist, – voraus. Das Selbst wird zugleich als „Objekt der Macht" und als „Subjekt einer existenziellen Stellungnahme" angesprochen: Das „Objekt der genealogischen Erzählung" wird „zum Subjekt, an das die genealogische Provokation gerichtet wird" (vgl. Saar 2007: 329). Der Anlass, der Stachel ist in die Provokation der *Problematisierung*[19] eingeschrieben: Über Problematisierungen (u. a. durch die Delegitimation von Mythen und Ideologien) wird eine kritische Arbeit an gelebten Selbstverständnissen, Haltungen und Identitäten ausgelöst.[20]

In diesen neuen Spielen arbeitet die Pflegepädagogik mit „Geschichten", aber nicht nur mit historisch-genealogischen Geschichten, sondern auch mit *Fiktionen*, mit Geschichten, die einen alternativen Diskurs, das Denken eines „Es könnte anders sein" öffnen. Fiktionen, die jedoch nicht außerhalb der Wahrheit sind:

> Mir scheint, es gibt die Möglichkeit, die Fiktion in der Wahrheit arbeiten zu lassen, Wahrheitseffekte mit einem Fiktionsdiskurs zu induzieren, und gewissermaßen dafür zu sorgen, dass der Wahrheitsdiskurs etwas hervorruft, erzeugt, das noch nicht existiert, dass er also „fiktioniert". Man „fiktioniert" Geschichte von einer politischen Wirklichkeit her, die sie wahr macht, man „fiktioniert" eine Politik, die noch nicht existiert, von einer historischen Wahrheit her. (DE III 198, 309)

Problematisierung und Fiktionen[21] öffnen einen Raum für eine widerständige Praxis der Freiheit. Ein Raum, der durch *Praktiken des Selbst* gestaltet wird. Eine Praxis der Freiheit, die von Foucault mit Rückgriff auf die antike Selbstsorge (*epimeleiai*

---

19 Problematisierung bedeutet für Foucault nicht die „Darstellung eines zuvor existierenden Objekts, genauso wenig aber auch die Erschaffung eines nicht existierenden Objekts durch den Diskurs. Die Gesamtheit der diskursiven und nicht diskursiven Praktiken lässt etwas in das Spiel des Wahren und des Falschen eintreten und konstituiert es als Objekt für das Denken (sei es in der Form der moralischen Reflexion, der wissenschaftlichen Erkenntnis, der politischen Analyse usw.)." (DE IV 826).
20 Als kritische „Geschichten der Genese von Selbstverständnissen und der Konstruktion von Selbstverhältnissen" (Saar 2007: 21), die als Erzählungen an die Subjekte selbst gerichtet sind, lösen Genealogie bei ihnen Zweifel an der Notwendigkeit ihres So-Seins aus und machen ein Anders-Sein denkbar. Sie sind in der Lage, die Eingeschriebenheit der Macht in das Selbst zu erschüttern – eine Erschütterung, die eine Krise des Selbstbewusstseins induziert (vgl. Saar 2007: 329).
21 Problematisierungen und Fiktionen lassen sich in jede Lehr-Lern-Situationen als „mitlaufende Methode" einsetzen.

heautou) als ethopoietische Arbeit analysiert wurde. Zu den zwei zentralen Praktiken des Selbst, auf die die Pflegepädagogik einführend und die Pflegenden praktizierend zurückgreifen können, zählt Foucault die „Arbeit des Wissens" und die „Arbeit des Denkens" (ME 71 in DE IV).

Im Rahmen der Pflegeausbildung kann die Arbeit des Wissens jedoch nicht auf den Erwerb von pflegefachlichem Wissen – auf Erkenntnis[22] – begrenzt bleiben. Die Arbeit des Wissens, die angestrebt wird, zielt vielmehr „auf einen Prozess, der das Subjekt einer Veränderung unterwirft, gerade indem es erkennt oder vielmehr bei der Arbeit des Erkennens" (ME 71 in DE IV). Es ist der Prozess, „der es gestattet, das Subjekt zu verändern und gleichzeitig das Objekt [der Erkenntnis] zu konstruieren" (ME 71 in DE IV). Mit dem Ziel, Hintergrundwissen anzubieten und Gegebenheiten und Notwendigkeiten zu erschüttern, greift die Pflegepädagogik im Rahmen dieser Arbeit des Wissens auf das Wissen anderer Disziplinen, u. a. der Geschichte und der Philosophie, zurück.

Diese Arbeit des Wissens wird durch eine Arbeit des Denkens ergänzt. Die philosophische Übung seiner selbst im Denken stellt einen bestimmten Bezug zu sich selbst her: Wenn dies mein Verhältnis zur Wahrheit ist, wie muss ich mich verhalten?

Eine durch Foucault inspirierte Pflegepädagogik ist eine Praxis, die aus dem durch Problematisierungen und Fiktionen frei gewordenen Raum einen Raum der Veränderung und Transformation[23] (*subjectivation*) macht (siehe Abb. 3). Eine Praxis, in der das Subjekt nicht mehr nur als eine Zielscheibe „auf die Regierungstechnologien einwirken und es [zu] formen" erscheint, sondern als der „Wendepunkt, von dem aus sie im Sinne einer Fluchtlinie „gefaltet" werden können" (Weiskopf 2005: 307 mit Bezug auf Deleuze). Eine Praxis, in der es darum geht, nicht *dermaßen* regiert zu werden (vgl. WiK 12). Eine Praxis, die Räume „zur Formulierung von Lebensfragen, für das Innehalten und Befragen seiner Selbst und der eigenen Zeit" (Schmid 1999: 25) öffnet: anders denken, um anders zu werden – sich anders verhalten zu können. Die pädagogisch begleitete Arbeit des Wissens und des Denkens zielt auf die Bildung eines professionellen Rüstzeugs (*paraskeue*), das aus den Pflegenden „Lebensathleten" macht – im Sinne einer widerständigen Berufstauglichkeit.[24]

---

22 Für Foucault ist Erkenntnis in Absetzung zur Arbeit des Wissens, „die Arbeit, die es erlaubt, die erkennbaren Objekte zu vermehren, ihre Erkennbarkeit zu entwickeln, ihre Rationalität zu verstehen, bei der jedoch das forschende Subjekt fest und unverändert bleibt." (vgl. ME 71 in DE IV).

23 Transformative Bildungsprozesse siehe Kellner 2011: 389, Kellner 2016 und Koller 2012.

24 Eine Berufstauglichkeit, die nach Hilde Steppe *einerseits* sowohl in der Kenntnis der Organisation und der Strukturen des Berufsfelds und der entsprechenden Regeln, Normen und Werte besteht und auch die Fähigkeit beinhaltet, sich dementsprechend zu verhalten. Berufstauglichkeit *andererseits* als „Konfliktfähigkeit in Bezug auf die berufsfeldimmanenten Probleme und Risiken", d. h. sowohl die „persönlichen physischen und psychischen Belastungen beim alltäglichen Umgang mit gesellschaftlichen Tabus wie Leiden, Schmerzen, Ängsten, Sterben und Tod" als auch die Reibungspunkte in Institutionen, die bei unvermeidlichen Zielkonflikten – dem Auseinanderfallen von Idealbild und Realität – auftreten (Steppe 2003: 54 f.).

kritisch-genealogische Analyse	Genealogie des Pflegeberufs	kritisch-gouvernementale Analyse

Problematisierung der Geschichte der Pflege

Problematisierung von Subjektivierung als *assujetissement*

Problematisierung der Gegenwart der Pflege

Entsubjektivierende Bewegung
Entunterwerfung

Subjektivierung
als *subjectivation*

ethopoiese

Konstruktion eines widerständigen Rüstzeugs
paraskeue

Praktiken des Selbst

Wahrsprechen des Anderen

Selbstsorge
Arbeit seiner Selbst im Denken
Freiheitspraktiken

Selbstsorge als widerständige Praxis der Freiheit

Wahrsprechen
parrhesia
pädagogische Geste

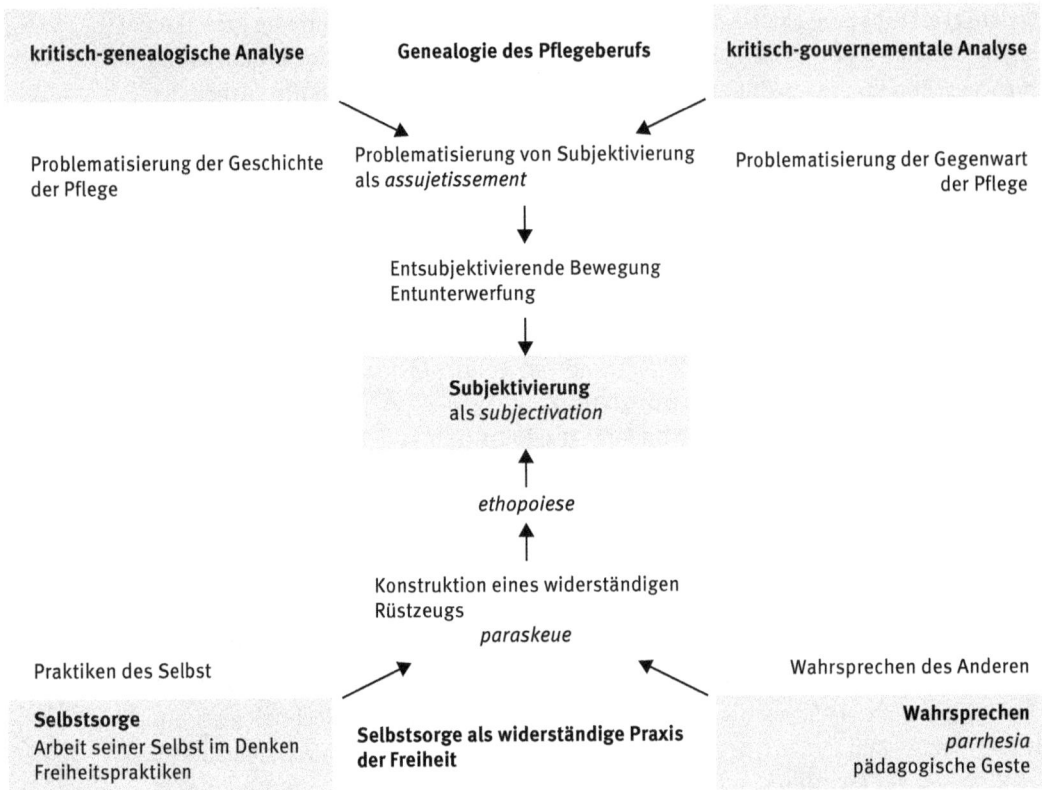

Abb. 3: Problematisierung von Subjektivierung als Gegenstand von Pflegepädagogik und als Weg zur widerständigen Subjectivation (eigene Darstellung nach Kellner 2011: 379).

In dieser Transformation nehmen Pädagog(inn)en eine zentrale Rolle ein: Als *parrhesiastische Meister*, als „Wahrsprecher des anderen", sind sie in der Lage, Subjektivationsprozesse auszulösen bzw. zu begleiten, die – Foucault zufolge[25] – aus einem moralischen ein ethisches Subjekt machen (*ethopoiese*). Für Pflegepädagog(inn)en geht es nämlich nicht darum, Pflegende zu bilden, die durch Bezugnahme auf ein Gesetz oder einen Kodex eingegrenzt sind.[26] Es geht darum, professionell Pflegende zu bilden, die durch Formen des Arbeitens an sich selbst gekennzeichnet sind. Subjekte, die in der Lage sind, sich selbstbewusst und kritisch mit den unterschiedlichen Ideologien der Pflege und den oft widersprüchlichen Anforderungen des Pflegealltags auseinanderzusetzen.

---

25 Siehe hier insbesondere die letzten Vorlesungen von Foucault: Der Mut zur Wahrheit (MzW) und Die Regierung des Selbst und der anderen (RSA).
26 Die Beteiligung der Deutschen Pflege an den Verbrechen des Nationalsozialismus hat gezeigt, dass die Pflege nicht per se „gut" ist und dass sich ihre Werte und Ideale pervertieren lassen.

Diese kritisch-reflexive „Professionalisierung des Selbst" kann als eine unabding-bare Ergänzung zu Oevermanns „doppelte Professionalisierung" betrachtet werden. Die Professionalisierung 1. im wissenschaftlichen Diskurs und 2. in der Praxis des Arbeitsbündnisses wird durch 3. die Konstitution eines ethischen und widerständigen Selbst ergänzt und vervollständigt (siehe Tab. 1). Als, „kritisch-ethische" Professionalisierung des Selbst weist diese dritte Professionalisierungssäule eine politische und widerständige Dimension auf.

Tab. 1: Dreifache Professionalisierung (eigene Darstellung nach Kellner 2011: 379).

Doppelte Professionalisierung (nach Oevermann 1999: 125 f.)		
Professionalisierung im wissenschaftlichen Diskurs	**Professionalisierung in der Praxis des Arbeitsbündnisses**	**„Professionalisierung des Selbst"**
Einsozialisierung im wissenschaftlichen Diskurs	Interventionspraktischer Habitusformation	„Berufstauglichkeit" (H. Steppe)
Übernahme des Habitus einer unpraktischen Forschungspraxis	Überwindung der vorerst eingeübten Distanz zur Praxis um im konkreten Fall (konkret-personale Arbeitsbündnis) im Namen (pflege-)wissenschaftlicher Erkenntnisse stellvertretend zu handeln	Konstruktion eines professionellen Rüstzeugs (*paraskeue*) durch Praktiken des Selbst (*Selbstsorge*) und des Wahrsprechens (*parrhesia*)
Erklären	**Fallverstehen**	**„Praxis der Freiheit" und des Selbst**
Subsumtion unter theoretische Modelle	Rekonstruktion der konkreten Fallstruktur	politische widerständige Dimension
unpersönliche, distanzierte Beobachtung des Patienten	große Nähe, nicht scheuende personale Zuwendung	Selbst- und Fremdregierung

Die „Professionalisierung des Selbst", d. h. die Konstruktion eines professionellen Rüstzeugs, wird durch eine pädagogische Praxis ermöglicht, die sich als eine historisch-philosophische Praxis herausstellt. „Die kritische Arbeit an der Geschichte unserer Grenzen und Begrenztheiten ist selbst schon aktive Selbstformung und Selbstveränderung. Das ist viel; aber es ist auch nicht mehr." (Saar 2007: 285)

In einer Geste der Problematisierung wird sie eine Reflexion des Selbst einleiten, mit dem Ziel, zu ent-subjektivieren. Sie deckt schonungslos die „Normenfalle der Pflege" auf und entwirft gemeinsam mit dem Lernenden Strategien, um ihr professionell zu begegnen. In einer ethopoietischen Geste setzt sie Praktiken des Selbst ein und zielt auf die Bildung einer ethischen Subjektivität. Damit weist sie eine unbedingte politische Dimension auf: Indem sie Pflegende mit einem Rüstzeug (*paraskeue*) ausstattet, macht sie sie widerstandsfähig und befähigt sie zum Widerstand (vgl. Kellner 2011: 376 ff).

Eine Widerstandsfähigkeit, die letztendlich auch zur „Employability" beitragen wird – womöglich mehr als eine alleinige Fokussierung einer fachlichen Handlungskompetenz.

8 Fazit und Ausblick

„Aber die Last des Vergangenen muss nicht einfach getragen und ertragen werden. Vielmehr lässt seine Last sich in Freiheit überwinden, und zwar dadurch, dass man es in die Gegenwart integriert und derart seine Fremdheit aufhebt." (Figal 2009: 136)

Durch Foucault inspiriert, zielt eine widerstandsfördernde pflegepädagogische Praxis auf die Durchquerung des Aktuellen mittels genealogischer und gouvernementaler Analyse. Unter das Paradigma einer kritischen Selbstsorge gestellt, stehen transformierenden Aspekte von Selbstbildung im Mittelpunkt. Der privilegierte Ort dieses Widerstands wurde durch Derrida in den *Humanités* gesehen.[27] In diesem Beitrag wurde der dringende Anschlussbedarf der Pflegepädagogik und -wissenschaft an den *Humanités* begründet. Als *frei denkende Erkundung der Dinge*[28] eröffnet die Historie Möglichkeiten der Freiheit, fungiert als Einladung, in bestehenden Verhältnissen den eigenen freien Handlungsspielraum zu reflektieren und zu nutzen. Ziel ist eine widerständige Berufstauglichkeit, die komplementär zur pflegefachlichen Handlungskompetenz zu etablieren ist.

Literatur

Bischoff, Claudia (1984): Pflege als Frauenberuf. Zur Entwicklung von Frauenrolle und Frauenberufstätigkeit im 19. und 20. Jahrhundert. Frankfurt am Main.
Brinker-Meyendriesch, Elfriede; Arens, Frank (Hrsg.) (2016): Diskurs Berufspädagogik – Pflege und Gesundheit. Berlin, S. 605–625.
Bröckling, Ulrich; Krasmann, Susanne; Lemke, Thomas (2000): Gouvernementalität der Gegenwart. Studien zur Ökonomisierung des Sozialen. Frankfurt am Main.
Combe, Arno; Helsper, Werner (Hrsg.) (1996): Pädagogische Professionalität. Untersuchungen zum Typus pädagogischen Handelns. Frankfurt am Main.
Deleuze, Gilles (1991): Das Leben, ein Kunstwerk. In: Schmid, Wilhelm 1991 (Hrsg.): Denken und Existenz bei Michel Foucault. Frankfurt am Main, S. 161–167.
Dellasega, Cheryl; Milone-Nuzzo, Paula; Curci, Katherine M.; Ballard, J. O; Kirch, D. G. (2007): The Humanities Interface of Nursing and Medicine. In: Journal of Professional Nursing 23 (3) May 2007, Amsterdam/München, S. 174–179.

[27] In den *Humanités* sah Derrida den Ort einer „unbedingten und voraussetzungslosen Erörterung [der] Frage und Geschichte der Wahrheit in ihrem Verhältnis zur Frage des Menschen [...]." (Derrida 2012: 11)
[28] Vgl. Gadamer 1965 in 1987: 267.

Derrida, Jacques (2012): Die unbedingte Universität. Vortrag April 1998. Frankfurt am Main.

Fach, Wolfgang (2000): Staatskörperkultur. Ein Traktat über den „schlanken Staat". In: Bröckling, Ulrich; Krasmann, Susanne; Lemke, Thomas (Hrsg.): Gouvernementalität der Gegenwart. Studien zur Ökonomisierung des Sozialen. Frankfurt am Main, S. 110–130.

Figal, Günter (2009): Nachwort „Vom Nutzen und Nachtheil der Historie für das Leben". Stuttgart, S.131–149.

Foucault, Michel
ÄdE (1984): Eine Ästhetik der Existenz – Gespräch mit Alessandro Fontana. In: Von der Freundschaft; Michel Foucault im Gespräch (1984). Berlin, S. 133–141.
DE III (2003): Schriften Band III (Dits et Ecrits 1976–1979). Frankfurt am Main.
DE IV (2005): Schriften Band IV (Dits et Ecrits 1980–1988). Frankfurt am Main.
GdL (1989[1984]): Der Gebrauch der Lüste. Frankfurt am Main.
MdM: (1976) Mikrophysik der Macht über Strafjustiz, Psychiatrie und Medizin. Berlin.
ME (1996 [1980]): Der Mensch ist ein Erfahrungstier. Gespräch mit Ducio Trombadori. In: Schriften Band 4, Text 281. Frankfurt am Main.
MzW (2012): Der Mut zur Wahrheit. Die Regierung des Selbst und der anderen. Vorlesung am Collège de France (1983/1984) Band 2. Frankfurt am Main.
RSA (2012): Die Regierung des Selbst und der anderen. Vorlesung am Collège de France (1982/1983) Band 1. Frankfurt am Main.
ÜS (1977 [1975]): Überwachen und Strafen – Die Geburt des Gefängnisses. Frankfurt am Main.
WiK (1992 [1978]): Was ist Kritik? Berlin.

Gadamer, Hans-Georg (1987): Neuere Philosophie. Bd. 4.: Apologie der Heilkunst (1965). Tübingen: S. 267–275.

Groß, Dominik; Karenberg, Axel; Kaiser, Stephanie; Antweiler, Wolfgang (Hrsg.) (2011): Medizingeschichte in Schlaglichtern. Beiträge des Rheinischen Kreises der Medizinhistoriker. Band 2. Kassel.

Hochschulen-Rektoren-Konferenz (HRK 2014): Employability und Praxisbezüge im wissenschaftlichen Studium. HRK-Fachgutachten, ausgearbeitet für die HRK von Wilfried Schubarth und Karsten Speck unter Mitarbeit von Juliane Ulbricht, Ines Dudziak und Brigitta Zylla URL: https://www.hrk-nexus.de/fileadmin/redaktion/hrk-nexus/07-Downloads/07-02 Publikationen/Fachgutachten Employability-Praxisbezuege.pdf (letzter Aufruf: 17.08.2016).

Käppeli, Silvia (2004): Vom Glaubenswerk zur Pflegewissenschaft. Geschichte des Mit-Leidens in der christlichen, jüdischen und freiberuflichen Krankenpflege. Bern.

Kellner, Anne (2011): Von Selbstlosigkeit zur Selbstsorge – Eine Genealogie der Pflege. Berlin.

Kellner, Anne (2016): Kritische Genealogien als Instrumente einer widerständigen Pflegepädagogik. In: Brinker-Meyendriesch, Elfriede; Arens, Frank (Hrsg.) (2016): Diskurs Berufspädagogik – Pflege und Gesundheit. Berlin, S. 605–625.

Kersting, Karin (1999): Coolout im Pflegealltag. In: Pflege und Gesellschaft. Heft 4/1999. Weinheim, S. 53–60.

Kersting, Karin (2002): Berufsbildung zwischen Anspruch und Wirklichkeit. Eine Studie zur moralischen Desensibilisierung, Bern.

Kersting, Karin (2008): „Kluge Konzepte" zur Verbesserung der Situation in der Pflege oder zur Perspektive einer kritischen Pflegewissenschaft. In: Pflege 2008, 21. Bern, S. 3–5.

Koller, Hans-Christoph (2012): Bildung anders denken. Einführung in die Theorie transformatorischer Bildungsprozesse. Stuttgart.

Moers, Martin; Schaeffer, Doris; Schnepp, Winfried (2011): Too busy to think? Essay über die spärliche Theoriebildung der deutschen Pflegewissenschaft. In: Pflege 2011, 24 (6). Bern, S. 349–360.

Nietzsche, Friedrich (2009[1874]): Vom Nutzen und Nachtheil der Historie für das Leben. Stuttgart.

Nightingale, Florence (1892): The reform of sick nursing and the late Mrs. Wardroper. In: The Britisch
    Medical Journal vom 31.12.1892, S. 1448. URL: https://www.ncbi.nlm.nih.gov/pmc/articles/
    PMC2421674/pdf/brmedj08880-0060a.pdf (letzter Aufruf: 06.02.2017).
Oevermann, Ullrich (1996): Skizze einer revidierten Theorie professionalisierten Handelns. In:
    Combe, Arno; Helsper, Werner (Hrsg.): Pädagogische Professionalität. Untersuchungen zum
    Typus pädagogischen Handelns. Frankfurt am Main, S. 70–182.
Ostner, Ilona; Krutwa-Schott Almut (1981): Krankenpflege ein Frauenberuf? Bericht über eine empiri-
    sche Untersuchung. Frankfurt am Main.
Pillen, Angelika (2002): Gerechtigkeit und gute Pflege. In: Pflege, 15. Jahrgang, Bern, S. 163–169.
Rabe-Kleberg, Ursula (1996): Professionalität und Geschlechtsverhältnis. Oder: Was ist „semi"
    an traditionellen Frauenberufen. In: Combe, Arno; Helsper, Werner (Hrsg.): Pädagogische
    Professionalität. Untersuchungen zum Typus pädagogischen Handelns. Frankfurt am Main,
    S. 276–302.
Ricœur, Paul (1991): Zeit und Erzählung. Band III. Die erzählte Zeit. München.
Rübenstahl, Magdalene (1994): „Wilde Schwester" Krankenpflegereform um 1900. Mabuse Verlag
    Wissenschaft 18. Frankfurt am Main.
Saar, Martin (2007): Genealogie als Kritik. Geschichte und Theorie des Subjekts nach Nietzsche und
    Foucault. Frankfurt am Main.
Schmid, Wolfgang (1999): Philosophie der Lebenskunst. Frankfurt am Main.
Seidl, Elisabeth (2004): Wider die Geschichtslosigkeit der Pflege. Begrüßungsrede beim 6. Inter-
    nationalen Kongress zur Geschichte der Pflege. In: Walter, Ilsemarie; Seidl, Elisabeth; Kozon,
    Vlastimil (2004): Wider die Geschichtslosigkeit der Pflege. Wien, S. 9–10.
Steppe, Hilde (2001): Krankenpflege im Nationalsozialismus (9. Auflage). Frankfurt am Main.
Steppe, Hilde (2003): Die Vielfalt sehen statt das Chaos zu befürchten – Ausgewählte Werke. Bern.
Taubert, Johanna (1992): Pflege auf dem Weg zu einem neuen Selbstverständnis. Frankfurt am Main.
Wahner, Klaus Peter; Schweikhardt, Christoph (2011): Wie das Florence-Nightingale-Krankenhaus
    der Kaiserswerther Diakonie zu seinem Namen kam: Rahmenbedingungen, Motive und interne
    Kritik. In: Groß, Dominik; Karenberg, Axel; Kaiser, Stephanie; Antweiler, Wolfgang (Hrsg.)
    (2011): Medizingeschichte in Schlaglichtern. Beiträge des Rheinischen Kreises der Medizin-
    historiker, Band 2. Kassel, S. 269–280.
Weiskopf, Richard (2005): Gouvernementabilität: Die Produktion des regierbaren Menschen in post-
    disziplinären Regimen. In: Zeitschrift für Personalforschung, 19. Jg., Heft 3, 2005. S. 289–312.

Internetquellen

URL: https://www.researchgate.net/publication/6296618_The_Humanities_Interface_of_Nursing_
    and_Medicine (letzter Aufruf: 28.08.2016).
URL: https://ia802703.us.archive.org/4/items/handbuchderfrau04ratgoog/handbuchderfrau04
    ratgoog.pdf. (letzter Aufruf: 06.02.2017).

Elisabeth Linseisen

Professionalisierung, Pflege und Politik

Über die Notwendigkeit, ein (berufs-)politisches
(Selbst-)Verständnis zu entwickeln

1 Einleitung

In der Pflegewissenschaft stehen, wie in anderen Wissenschaftsdisziplinen, eigentlich immer Fragen als Ausgangspunkt für eine weitere Beschäftigung mit einem Thema. Der Titel des Beitrags könnte deshalb auch lauten: Ist es notwendig, und falls ja, inwiefern, ein berufspolitisches Selbstverständnis in der Pflegebildung zu entwickeln? Um es gleich vorwegzunehmen: Pflegende, die für sich in Anspruch nehmen, nach einem modernen Professionsverständnis zu handeln, werden aus meiner Perspektive unabdingbar politisch agieren, ein entsprechendes Selbstverständnis entwickeln und dieses immer wieder reflektieren!

Bereits in der Ausbildung wird die Auseinandersetzung mit dem Themenbereich explizit in den entsprechenden Gesetzen oder Verordnungen gefordert, die von den politischen Mandatsträgern für die Pflegeberufe erlassen wurden. Schüler(innen) sollen beispielsweise lernen, auf die Entwicklung des Pflegeberufs im gesellschaftlichen Kontext Einfluss zu nehmen (KrPflAPrV 2003: 9) oder ein berufliches Selbstverständnis zu entwickeln (AltPflAPrV 2002: 10). In welchem Ausmaß an Pflegeschulen politische Handlungsfähigkeit, Interesse an soziopolitischen Gegebenheiten in unserer Gesellschaft und entsprechende Haltungen vermittelt werden und welche Langzeiterfolge zu verzeichnen sind, ist aber nicht klar – entsprechende empirische Untersuchungen und Daten fehlen bislang. Es scheint, dass politische Bildung in der beruflichen Ausbildung in Deutschland keinen allzu hohen Stellenwert innehat (Gores/Ruppert-Fürstos 2009).

Vor dem Hintergrund der Debatten im Kontext des Pflegeberufereformgesetzes, der Implementierung der ersten Pflegekammer Deutschlands in Rheinland-Pfalz und eines glücklicherweise wieder aufflammenden Diskussionsprozesses innerhalb der Disziplin Pflege um den Kern und das Wesen von Pflege, werden in politischen Argumentationen verstärkt die Begrifflichkeiten Professionalisierung und Professionelle Pflege verwendet. Deshalb findet in diesem Beitrag in einem ersten Schritt eine Annäherung an diese Termini statt.

Sowohl in den eher merkmalsorientierten als in den handlungsorientierten professionstheoretischen Begründungen finden sich Hinweise auf einen gesellschaftlichen Auftrag, den die professionelle Pflege vonseiten der Gesellschaft erhält. Deshalb findet sich in Kapitel 2 eine kurze Darstellung, welche Bedeutung dieser Auftrag für die Gruppe der Pflegenden, aber auch für die oder den Einzelnen haben kann. Mit der

DOI 10.1515/9783110500707-003

Beauftragung ergibt sich ein „doppeltes Mandat" (Friesacher 2016: 61–62): Pflegende stehen in einem Arbeitsbündnis mit einem pflegebedürftigen Menschen, für den sie advokatorisch eintreten – gleichzeitig übernehmen sie Verantwortung in und für die Gesellschaft.

Inwieweit Pflegende und Pflegelernende das doppelte Mandat annehmen, steht in engem Zusammenhang mit ihrem (berufs-)politischen Verständnis und ihrer beruflichen Haltung. Wie sich der derzeitige Stand von (berufs-)politischem Verständnis darstellt, wird auszugsweise in Kapitel 4 verdeutlicht. In Kapitel 5 stelle ich einige Implikationen für die Praxis dar, die sich für mich aus den theoretischen Grundlagen zur Professionalisierung, aber auch aus den Erfahrungen mit Pflegelernenden und Studierenden hinsichtlich einer möglichen Vermittlung von (berufs-)politischem (Selbst-)Verständnis ergeben haben.

2 Professionelle Pflege und der Professionalisierungsdiskurs

Der Terminus „Professionelle Pflege" ist seit einigen Jahrzehnten in der deutschsprachigen Debatte um das Berufsbild Pflege mit all seinen Ausprägungen zu finden. Pflegefachpersonen reklamieren für sich, dass sie „professionell pflegen"; Pflegeberufsverbände artikulieren, dass sie für die „Profession Pflege" sprechen und diese vertreten.[1] In Gutachten des Sachverständigenrats zur Begutachtung der Entwicklung im Gesundheitsweisen wird über die „professionelle Pflege" geschrieben. Hier wird sie als Gegensatz zu der pflegerischen Versorgung und Betreuung durch Angehörige und als institutionalisierte Versorgungsform laut den Vorgaben des Sozialgesetzbuches XI gesehen (SVR 2014: 497). Pflegewissenschaftler(innen) definieren den Begriff für ihr spezifisches Berufsfeld (Spichiger et al. 2006) oder diskutieren ihn im Kontext mit soziologischen, pädagogischen und ethischen Begriffen (siehe z. B. Friesacher 2016; Kellner 2016; Giese/Heubel 2015; Hülsken-Giesler 2015b; Klement 2006; Weidner 1995).[2] Zum Thema wird, was denn eigentlich die professionelle Pflege ausmacht und was diese leisten kann oder muss.

Nach vielen Veröffentlichungen zu Beginn des 21. Jahrhunderts stagnierte die Debatte in der pflegewissenschaftlichen Szene. Seitdem in der Öffentlichkeit zunehmend die Veränderungen im Gesundheitswesen und dessen Personalsituation, das Primat der Ökonomisierung auch in sozialen Einrichtungen und die stetige

---

1 Siehe z. B. Deutscher Pflegerat (DPR) als Dachverband der derzeit 16 bedeutendsten Berufsverbände des deutschen Pflege- und Hebammenwesens (DPR o. J.).

2 Die Publikation des Pflegewissenschaftlers und Pädagogen Frank Weidner wurde zwischenzeitlich mehrmals neu aufgelegt, 1995 wurde sie erstmals veröffentlicht. Weidner hatte in seiner Arbeit den professionstheoretischen Ansatz von Oevermann auf das Berufsfeld Pflege übertragen.

Weiterentwicklung von Pflegestudiengängen angesprochen wird, ist seit einigen Jahren ein erneuter Diskurs über die „Professionalisierung" zu beobachten. Dabei sind zwei Hauptdiskussionsstränge auszumachen: In berufspolitischen Dialogen werden v. a. berufssoziologische – zum Teil tradierte – Merkmale und Ausführungen bemüht, innerhalb der Profession werden handlungstheoretische Ansätze erörtert. Der Pflegewissenschaftler Manfred Hülsken-Giesler bezeichnet eine Weiterführung dieser Ansätze als „äußere" und „innere" Professionalisierung (2015b). Erstere zielt primär auf die gesellschaftliche Anerkennung der beruflichen Pflege; sie kann sich laut Hülsken-Giesler aber „mit der Einlösung der anvisierten Professionsmerkmale als Chimäre [für die berufliche Pflege; E. L.] erweisen." (2015b: 168) Er sieht eine Gefahr, wenn die Pflege als Player im Gesundheitssystem v. a. mit einer starken medizinisch-pflegerischen Ausrichtung als Profession gelten will. Diese Ausrichtung ist stark zweckrational- und verwertungsorientiert. Eine derartige Orientierung wird unmittelbare Auswirkungen auf das pflegerische Handeln haben, welches aus pflegewissenschaftlicher Perspektive immer auch interaktionsorientierte Aspekte, subjektivierendes Arbeitshandeln und scheinbar intentionslose Begleitung im lebensweltlichen Alltag umfasst.

2.1 Perspektive der „äußeren Professionalisierung"

Hier steht der Blick von außen auf die Berufsgruppe der Pflegenden im Fokus. Welche Merkmale oder Charakteristika gibt es, die den Beruf zu einer Profession machen? Ab wann kann ein Beruf als Profession definiert werden? Welche Unterscheidungsmerkmale gibt es zu anderen Berufen oder Professionen?

Diese Fragen wurden in der deutschen Berufssoziologie verstärkt Anfang der 1970er-Jahre diskutiert. Mit dem beginnenden Akademisierungsprozess in der Pflege wurde die Berufsgruppe mithilfe der von den Berufssoziologen übernommenen Merkmale[3] immer wieder analysiert und die Bedeutung des Berufsstandes damit argumentiert. In der Gesellschaft werden Professionen mit Berufen verbunden, die auch eine öffentliche Verantwortung tragen (Giese/Heubel 2015: 35).

Ein Merkmal von Professionen in dem genannten Verständnis ist die hoch spezialisierte, i. d. R. *akademische Ausbildung.* Der Wissenschaftsrat hält es für sinnvoll, bis zu 20 % eines Ausbildungsjahrgangs in der beruflichen Pflege an Hochschulen durch ein Studium zu qualifizieren (WR 2012: 8). Noch ist für Deutschland nicht klar, inwieweit der Gesetzgeber den Absolventen von primärqualifizierenden Studiengängen der Pflege tatsächlich die Berufsbezeichnung anerkennen wird

---

3 Verweise auf die Merkmale, die als bedeutsam für die Zuordnung von Professionen gelten, finden sich z. B. in Weidner (1995: 15–16), Kellner (2011), AEM AG Pflege (2013), Giese/Heubel (2015) oder Hülsken-Giesler (2015a: 105–107). Für diesen Beitrag werden nur die derzeit am häufigsten genannten Merkmale rezipiert.

(Stand: 10.03.2017). Bislang müssen Kooperationen mit praktischen und theoretischen Ausbildungsträgern geschlossen werden, sodass die Studierenden dort eine zusätzliche staatliche Prüfung ablegen können, die zur Berufsbezeichnung Gesundheits- und Krankenpfleger(in), Gesundheits- und Kinderkrankenpfleger(in) oder Altenpfleger(in) führt.

Angehörigen von Professionen wird ein *Expertentum in ihrem Fachbereich* zugeschrieben, welches keine anderen Berufe ausfüllen können. Sie werden um Rat gefragt und geben Gutachten ab.[4] In ihrem beruflichen Handeln können sie weitestgehend selbstständig entscheiden. Verbunden mit dieser *beruflichen Autonomie* ist auch die selbstorganisierte Kontrolle über die Berufsausübung und -zulassung. Prüfungsleistungen in Aus-, Fort- und Weiterbildungen werden von Professionsangehörigen analysiert und bewertet. Sie stellen Kriterien auf, die für den Zugang zu dem jeweiligen Berufsfeld gelten sollen.

Ein bedeutsames Merkmal ist der *Zentralwertbezug* der Handlungen, die in der jeweiligen Profession ausgeführt werden. Darunter werden Werte verstanden, die für die meisten Menschen und damit die Gesellschaft als Voraussetzung gelten, um sich wohlzufühlen und ein erfülltes Leben führen zu können. Gesundheit, Wahrheit, Moral und Recht zählen unbestritten zu diesen zentralen Werten. Wenn sie gefährdet sind, fühlen sich Menschen existenziell bedroht. Es stellt sich für eine Profession Pflege die Frage, welcher zentrale Wert für sie im Fokus steht. Meist wird in dem Kontext die Pflegebedürftigkeit genannt, von der jeder Mensch betroffen sein kann. Pflegebedürftig sein unter dieser Perspektive bedeutet, dass ich als Betroffene Alltagshandlungen an und mit mir selbst aufgrund von Krankheit, Behinderung oder Alter nicht mehr selbstständig durchführen kann (Giese/Heubel 2015: 44). Anders gesagt, ich kann bestimmte Aktivitäten des Lebens nicht mehr alleine bewältigen, oder nochmals anders ausgedrückt, ich bin in der Selbstpflege[5] eingeschränkt. Dass ein Verständnis von Pflegebedürftigkeit, wie es in den von versicherungsrechtlichen Normen geprägten einschlägigen Gesetzen zu finden ist, die Perspektive aus pflegewissenschaftlicher Sicht nicht erfüllen kann, ist für professionell Pflegende offensichtlich.

In Verbindung mit dem Zentralwertbezug steht das Merkmal *Gemeinwohlorientierung*. Professionsangehörige nehmen ihre Tätigkeit auch als eine Art soziale Dienstleistung an der Gesellschaft wahr; sie dient dem öffentlichen Wohl und stabilisiert die Gemeinschaft. Gewinnorientierte Eigeninteressen stehen nicht im Vordergrund.

---

4 Ursula Laag, Dipl.-Berufspädagogin und Pflegewissenschaftlerin, untersuchte beispielsweise zahlreiche Streitigkeiten vor Zivilgerichten, die Pflegefehler zu bewerten hatten. Dabei stellte sie fest, dass Richter(innen) in diesen Prozessen so gut wie nie Pflegefachpersonen oder Pflegewissenschaftler(innen) als Gutachter(innen) beauftragten. (Laag 2013).

5 Die verschiedenen Dimensionen von Selbstpflege und des im Kontext stehenden Sorgebegriffs können hier nicht weiter ausgeführt werden, auch wenn sie mir bewusst sind. Siehe hierzu beispielsweise Kohlen (2015), Kellner (2011) oder Schnell (2010).

Hilde Steppe[6] führt aus, dass Pflegende aufgrund ihrer historischen Berufskonstruktion oft als Menschen mit altruistischen Motiven gesehen werden, die uneigennützig für ihre Mitmenschen und die Gesellschaft tätig werden; dies sollte aber nicht bedeuten, dass sie sich selbst aufgeben müssen und ihre Tätigkeit nicht auch als Lohnarbeit verstehen (Steppe 2000a).

Intensiv diskutiert wird seit der Initiierung von Pflegekammern in Deutschland das Merkmal *berufliche Selbstverwaltung*. Die Arbeitsgruppe Pflege und Ethik der Akademie für Ethik in der Medizin (AEM)[7] vertritt z. B. „die Position, dass die Pflege als Profession zur Wahrnehmung ihrer Aufgaben geeignete Rahmenbedingungen braucht, die derzeit nur über eine Verkammerung erreicht werden können" (AEM AG Pflege 2013: 2).

In Professionen werden in einer *Berufsethik* Maßstäbe und Verpflichtungen vorgestellt, an denen sich die Angehörigen ausrichten sollen. Thematisiert werden dabei sowohl Beziehungen zwischen den Professionellen und den Personen oder Institutionen, die die Leistungen empfangen, als auch das Verhalten innerhalb der eigenen Disziplin und das Verhältnis der Profession gegenüber der Gesellschaft. Bekannt in der Pflege sind Berufskodizes wie der „Code of Ethics for Nurses" des International Council of Nurses (ICN), die als Richtschnur für das Handeln gelten können (ICN 2012). Zunehmend werden bei professionsethischen Fragen care-ethische Argumentationsmuster angewandt.[8] „Die Auseinandersetzung mit der Ethics of Care kann die Erfahrungen des persönlichen In-Anspruch-genommen-werdens in der jeweils einzigartigen Pflegebeziehung sprechbar machen. Damit trägt sie zu einer Selbstvergewisserung und Begründung des eigenen beruflichen Selbstverständnisses bei." (Giese 2013: 68)

2.2 Perspektive der „inneren Professionalisierung"

Unklar bleibt bei einer Analyse anhand der genannten Merkmale freilich, wie Pflege tatsächlich aussieht. Seit Anfang der 1990er-Jahre finden sich in der Pflegeliteratur zunehmend mehr Argumentationsstränge, die ihren Fokus auf das *professionelle Handeln* von Pflegenden richten. Eine Auflistung von Kennzeichen und Merkmalen,

---

6 Hilde Steppe (1947–1999) war eine Pflegewissenschaftlerin, Berufspolitikerin und Pädagogin, die u. a. intensiv zur deutschsprachigen Krankenpflege im Nationalsozialismus forschte. Mit ihren Publikationen zur Pflegegeschichte, zahlreichen politischen Vorträgen und dem Vorantreiben der Akademisierung von Pflege gilt sie in der pflegewissenschaftlichen Community als Vorbild auch für gesellschafts- und berufspolitisches Engagement.
7 Die AEM ist eine interdisziplinäre und interprofessionell ausgerichtete medizinethische Fachgesellschaft in Deutschland.
8 Ein zusammenfassender Überblick über den derzeitigen Diskussionsstand der Care-Ethiken findet sich in einem aktuellen Beitrag der Sozial- und Gesundheitswissenschaftlerin Helen Kohlen (2016).

die aus Sicht der Pflege klären sollen, ob denn der Berufsstand Pflege eine Profession sei oder die Profession Pflege doch nur eine Semiprofession oder ein Beruf, steht nicht mehr im Vordergrund. Wichtiger wird die Betrachtung, wie die Akteurinnen und Akteure innerhalb einer Profession mit dem Gegenüber agieren. Meist wird dabei als theoretische Basis auf die professionstheoretischen Veröffentlichungen des Soziologen Ulrich Oevermann verwiesen, der im pädagogischen Kontext das Handeln von Lehrenden fokussierte. Für die Handelnden in dieser Berufsgruppe sind Merkmale wie der Zentralwertbezug oder eine akademische Ausbildung ganz selbstverständlich als Grundlage für ihr Tun vorhanden – ein Diskurs darüber wird nicht geführt.

Im Mittelpunkt des Ansatzes in der Pflege steht das Handeln, das die Pflegefachperson stellvertretend für die betroffene pflegebedürftige Person in einer Krisensituation ausübt. Krisensituationen sind dabei alle Gegebenheiten, bei denen Handlungen, die Menschen üblicherweise an sich und für sich selbst ausüben und mit denen sie vertraut sind, nicht möglich sind. Körperpflege, Ausscheidungen kontrollieren, Essen, An- und Auskleiden usw. sind sog. Alltagshandlungen, die die/der Nichtpflegebedürftige selbstständig und ganz selbstverständlich an sich ausführt und mit denen sie/er vertraut ist – in Phasen einer akuten oder chronischen Erkrankung, bei zunehmender Gebrechlichkeit oder aufgrund von physischen oder psychischen Beeinträchtigungen ist dies (teilweise) nicht möglich. Die/Der Betroffene wird in dem Bereich handlungsunfähig und benötigt einen anderen Menschen als Stellvertreter(in) zur Unterstützung (Giese/Heubel 2015). Mitberücksichtigt werden muss in dieser immer asymmetrischen Beziehung die Übertragung von formaler und legitimer Macht, die den Pflegenden offen oder nicht ausgesprochen zugestanden wird (Cassier-Woidasky 2011: 173).

Für ein professionelles Pflegehandeln sind diverse Kompetenzen und Voraussetzungen nötig, die sich Pflegelernende aneignen müssen – und die auch gelehrt und unterrichtet werden müssen. Mit Bezug auf Weidner erläutert Hülsken-Giesler, dass sich die „Professionalität des Pflegehandelns [...] wesentlich an der Kompetenz der konkreten beruflichen Akteure [bemisst], allgemeingültige Regeln auf der Basis eines wissenschaftlichen Wissens handlungspraktisch mit einem kontrollierten Fremdverstehen des Einzelfalls, also der lebenspraktischen Situation eines Hilfebedürftigen, zu vermitteln und Entscheidungsfindung in der Pflege auf dieser Basis zu begründen" (Hülsken-Giesler 2015b: 169). Das bedeutet, dass Pflegende einerseits empirisches Wissen wie z. B. die unterschiedlichen Graduierungen eines Dekubitus oder die derzeit besten wissenschaftlichen Erkenntnisse in Bezug auf eine kontinenzfördernde Pflege kennen und auf die/der spezifische Situation regelgerecht und begründet anwenden müssen. Andererseits versteht die professionell Handelnde die/den Pflegebedürftige(n) in ihrer/seiner ganz spezifischen Krisensituation so, wie sie/er sich selbst in dieser Situation versteht und spürt – und da sie/er stellvertretend für sie/ihn handelt, muss/er sie auch handeln, wie sie/er handeln würde. So widersprüchlich diese beiden Logiken sich in der Praxis auch darstellen, sind dennoch beide notwendig, damit eine professionelle Handlung oder Interaktion als gelungen angesehen wird (Giese/Heubel 2015: 38).

Wenn professionell Pflegende stellvertretend für ihr Gegenüber eintreten, benötigen sie neben den bereits erwähnten Wissensbeständen ein *advokatorisches* und *emanzipatorisches Verständnis* von Pflege und eine entsprechende Haltung. Kohlen (2016: 23) verweist unter Bezug auf Silvia Käppeli auf das aktive Eingreifen und Sich-Einmischen in Krisensituationen für die/den im Arbeitsbündnis Schwächere(n), also die pflegebedürftige Person. Dafür braucht es Selbstbewusstsein und eine aktive Herangehensweise. Und es braucht Wissen über Zusammenhänge und Kontexte von beeinflussenden Faktoren. Ohne soziopolitische Wissensbestände oder „sociopolitical knowing" wie es Jill White, eine australische Pflegewissenschaftlerin, 1995 nannte, ist es nur schwer möglich, die Lebensumstände und das soziale Umfeld der Gepflegten zu eruieren. Wie sollen Pflegende beispielsweise Beratungsleistungen für eine im Anschluss an eine akute Erkrankung notwendige häusliche pflegerische Versorgung erbringen, wenn sie nicht einschätzen können, was für die/den Pflegebedürftige(n) in seiner Situation ein „Hartz-IV-Regelsatz" oder die „Grundsicherung im Alter" bedeuten? Wie sollen professionell Pflegende beispielsweise adäquat in palliativpflegerischen Versorgungskontexten agieren können, wenn sie kein Regelwissen zu Patientenverfügungen, Vorsorgevollmachten und den dazu geführten aktuellen politischen Debatten besitzen?

White ergänzt das Verständnis um notwendige soziopolitische Kenntnisse im unmittelbaren Kontext zur/zum Pflegebedürftigen und subsumiert auch das Wissen darunter, unter welchen Rahmenbedingungen Pflege stattfindet. Für sie ist klar, dass professionell Pflegende wissen müssen, wie sie als beruflich Pflegende in ihrem beruflichen Umfeld agieren können, welche Rechte sie haben, welche Möglichkeiten ihnen offenstehen und welche nicht – aber auch, welche Verantwortungsbereiche sie übernehmen müssen. Diese Perspektive erweitert die „Eins-zu-Eins-Interaktion" und führt zu einer gesellschaftlichen Dimension von professioneller Pflege.

3 Professionelle Pflege als gesellschaftlicher Auftrag

In den professionstheoretischen Ansätzen, in denen aus einer äußeren Perspektive die Pflege analysiert wird, spielt der Zentralwertbezug eine wichtige Rolle. Es wurde bereits beschrieben, welche Bedeutung dieser Wert für eine Einzelperson hat. Inwieweit ist er aber auch für unsere Gesellschaft immanent?

Die gesamtgesellschaftlichen Veränderungsprozesse unserer Zeit sind bekannt: demografische Entwicklung, Zunahme von chronischen Erkrankungen, internationale Migrationsbewegungen, Fokussierung auf ökonomische Prinzipien, Wettbewerbstendenzen von Dienstleistungsunternehmen usw. Diese strukturellen Veränderungen führen zwangsläufig zu einer stärkeren Nachfrage nach einer beruflichen Pflege[9] als personenbezogener Dienstleistung, die in Folge wertvoller wird. Die Sicherstellung einer adäquaten Versorgung wird zur gesellschaftlichen Aufgabe.

Für Steppe folgt aus der Übertragung dieser Aufgabe an die Pflege eine Art Garantenstellung der Pflege zur „Aufrechterhaltung des sozialen Friedens einer Gesellschaft, in welcher sichergestellt ist, dass diejenigen auch versorgt werden, die aus unterschiedlichen Gründen zeitweise oder dauernd nicht für sich selbst sorgen können" (Steppe 2000b: 85). Ob diese Sicherung vonseiten der Öffentlichkeit der professionellen Pflege übertragen wird, ist freilich – wenigstens für Deutschland – noch nicht letztgültig geklärt.

Durch seine Expertise im professionellen Handeln kann ein(e) professionell Pflegende(r) aber als „zentrales Bindeglied zwischen der Allgemeinheit, den gesellschaftlichen Kontexten und Bedingungen und den Individuen in ihrer je einzigartigen Seinsweise" (Uzarewicz 2002: 11) agieren. Gemäß dem Ansatz der „inneren Professionalisierung" baut sie/er eine intensive Beziehung zu der/dem Pflegebedürftigen und ihren/seinen Angehörigen auf, sie/er erkennt in der Regel als Erste(r), ob und wenn ja wie die Leistungen des Gesundheitssystems die Bedürfnisse der/des Pflegebedürftigen erfüllen können – oder auch nicht (Abood 2007). Das bedeutet in der Folge, dass nicht nur ein unmittelbares advokatorisches Eintreten für die Einzelperson in der ganz konkreten Krisensituation nötig ist, sondern Pflegende auch bei der Mitgestaltung von sozialen Bedingungen und Strukturen agieren müssen.

In der neueren pflegewissenschaftlichen Literatur finden sich zunehmend Ansätze, die auf ein derartiges emanzipatorisches Verständnis von professioneller Pflege bauen (Kohlen 2016: 24). Für Peggy Chinn und Maeona Kramer ist „Emancipatory knowing [...] the human ability to recognize social and political problems of injustice or inequity, to realize that things could be different, and to piece together complex elements of experience and context to change a situation as it is to a situation that improves people's lives". (Chinn/Kramer 2015: 66) Die beiden auch im deutschsprachigen Raum bekannten Pflegetheoretikerinnen[10] übertragen diesen Ansatz auf die professionelle Pflege. Sie verweisen darauf, dass das Nichthinnehmen von sozialer Ungerechtigkeit schon lange Thema und Aufgabe in der Profession ist und benennen beispielhaft Florence Nightingale. Zur Idee von Whites „sociopolitical knowing" sehen sie eine enge Verbindung; beide Begriffe intendieren eine Veränderung von

---

9 Unter beruflicher Pflege werden in diesem Verständnis die pflegerischen Versorgungsprozesse verstanden, die gegen Entgelt geleistet werden. Diese können sowohl von professionell Pflegenden als von Laienpflegenden erbracht werden. Als Gegenpol hierzu wird die (unentgeltlich) erbrachte familiale Pflege gesehen, durch die derzeit in Deutschland die überwiegende Anzahl der pflegebedürftigen Menschen versorgt wird.

10 Eine (zwischenzeitlich veraltete) Auflage ihrer Veröffentlichung zur Entwicklung von Pflegetheorien und Pflegewissen wurde 1996 ins Deutsche übersetzt und von zahlreichen Pflegepädagog(inn)en und Pflegewissenschaftler(inne)n rezipiert.

sozialen Gegebenheiten, die die pflegerische Versorgung der anvertrauten Menschen verbessert. Für sie verdeutlicht „emancipatory knowing" aber noch mehr das aktive Handeln der professionell Pflegenden auch für die Gesellschaft.

4 (Berufs-)politisches (Selbst-)Verständnis in der Pflege – Realität oder Vision?

Gerade Umbruchsituationen erweisen sich als die Gelegenheit, fachliche Inhalte aktiv in die gesellschaftlichen und politischen Debatten einzubringen und berechtigte Forderungen zu stellen. Politische Prozesse und ihre Akteurinnen und Akteure haben einen großen Einfluss auf die Qualität des Gesundheitssystems und die pflegerische Versorgung; professionell Pflegende sollten sie als entscheidende Faktoren kennen und entsprechend agieren (Vandenhouten et al. 2011: 159). Dabei müssen sich Pflegende der unterschiedlichen Sprach- und Argumentationslogiken von Politiker(inne)n, die überwiegend nicht der Profession Pflege angehören, und professionell Pflegenden, die eine eigene professionsspezifische Sprache verwenden, bewusst sein (Hilberger-Kirlum 2016: 313).

Nach Steppe würde ein aktives politisches Handeln „aber quasi so etwas wie ein ständiges Bewusstsein von politischen Handlungsmöglichkeiten in der Pflege voraussetzen. Ein Bewusstsein, was für die Pflegenden aufgrund ihres historisch gewachsenen und über Jahrzehnte auch von ihnen selbst gepflegten Berufsverständnisses als neutrale und unpolitische Gruppe zumindest äußerst schwierig erscheint" (2000b: 88). Für den deutschsprachigen Raum konstatierte die Pflegewissenschaftlerin Mitte der 1990er-Jahre ein „grundsätzliches Dilemma" (2000b: 89), da sie eher ein „unpolitisches Selbstbild" (2000b: 89) von Pflegenden wahrnahm, zugleich aber die „dringende Notwendigkeit der politischen Profilbildung" (2000b: 89) forderte.

Die meisten Pflegenden selbst sehen für sich auch in der heutigen Zeit nur eine geringe politische Einflussnahme. Sie erleben sich als machtlos und kennen mögliche Handlungsoptionen nicht. Petra Tomic und Cordula Wiesner[11] beschreiben im Kontext von Berufs- und Selbstverständnis bei professionell Pflegenden drei „Typen" (2013: 57): Die/Der „patientenorientierte" Pflegende verortet Berufspolitik v. a. im unmittelbaren Zusammenhang mit der direkten pflegerischen Handlungssituation. Für sie/ihn stehen z. B. Fragen zur Personalsituation im Vordergrund. Streik oder Protestmaßnahmen, die die Versorgung möglicherweise einschränken, sind für sie/ihn keine Handlungsoption. Die/Der „institutionelle" Pflegende sieht für sich politische Handlungskompetenzen in der eigenen Einrichtung beispielsweise in Personalvertretungen gegeben.

---

[11] Tomic/Wiesner führten für ihre Masterarbeit an der Katholischen Hochschule in Köln einige Interviews mit Pflegenden durch.

„Das Durchsetzen eigener Interessen im beruflichen Kontext deutet er als ‚Kampf' gegen die Leitungsebene." (2013: 57) Es gibt schließlich einen Typus, der Einflussmöglichkeiten auf gesellschaftlicher Ebene wahrnimmt – die/der am politischen System orientierte Pflegende. Sie/Er sieht die Möglichkeit, durch berufsverbandliches Engagement auf politische Entscheidungen Einfluss nehmen zu können (Tomic/Wiesner 2013).

Die Einschätzung von Steppe und Tomic/Wiesner wird auch auf internationaler Ebene geteilt: „Nurses must increase their level of political participation, through the development of political efficacy and competence to improve both health care outcomes and the quality of health care delivery systems." (Vandenhouten et al. 2011: 159, mit Bezug auf die American Associaton of Colleges of Nursing.) Ein kürzlich publiziertes Review von jordanischen und US-amerikanischen Forschenden untersucht, wie sehr sich die professionelle Pflege in Politik und politischen Prozessen engagiert (Benton et al. 2017). Die Autorengruppe musste feststellen, dass sie für den Zeitraum zwischen 1965 und 2015 lediglich 45 auswertbare Artikel fand, die einen politischen Kompetenzerwerb von Pflegenden im weitesten Sinne fokussierten. Allerdings finden sie auch ein zunehmendes Interesse und Überlegungen von Pflegeverantwortlichen und -lehrenden, inwieweit professionell Pflegende mit notwendigen Fähigkeiten ausgestattet werden können, um sich für politische Gegebenheiten zu begeistern und tätig zu werden (Benton et al. 2017: 142).

Anne Kellner stellt sich aus pflegepädagogischer Perspektive die Frage, wie widerstandsfähige Pflegende, „die zum Widerstand befähigt sind, (aus-)gebildet werden?" (Kellner 2016: 606). Widerstand ist für sie im Sinne eines advokatorischen Verständnisses im Kontext des stellvertretenden Agierens für den Pflegebedürften notwendig; ebenso wichtig ist aber Widerstand im berufspolitischen Sinne. Denn: Bis heute prägt der Widerspruch zwischen der Norm „Was soll geleistet werden?" und der Realität „Was ist leistbar?" den beruflichen Alltag von professionell Pflegenden (Kellner 2016: 610–611). Pflegende müssen lernen, mit den widersprüchlichen Anforderungen in ihrem beruflichen Alltag gut zurechtzukommen – wie dieses Lernen geschehen kann, ist sicherlich eine der großen Herausforderungen für Pflegelehrende!

5 Implikationen für die Praxis

Durch die vorhergehenden Ausführungen ist es für mich offensichtlich, dass professionell Pflegende sich intensiv sowohl mit ihrem politischen Verständnis als auch mit ihrem berufspolitischen Selbstverständnis als Pflegende auseinandersetzen müssen. Das gilt natürlich auch für Pflegelernende – und für Pflegelehrende. Abschließend möchte ich auszugsweise einige persönliche Gedanken und Hinweise skizzieren, die mich in der Auseinandersetzung mit berufspolitischem Unterricht und Lehrveranstaltungen bewegen.

Die Rahmenbedingungen dafür sind herausfordernd. Obwohl kaum empirische Daten vorliegen, ist es unstrittig, dass bei Pflegenden das Interesse für politische Prozesse oder gar eine eigene Partizipation gering ausfällt. Wie bereits beschrieben, sehen sie für sich derzeit kaum Einflussmöglichkeiten in berufspolitischen Belangen (Tomic/Wiesner 2013).

Hirt et al.[12] untersuchten kürzlich in einer Onlinebefragung, wie sich Pflegende selbst in ihrer politischen Partizipation einschätzen. Unter politischer Partizipation verstanden sie „jene Handlungen [...], die Bürger freiwillig und mit dem Ziel vornehmen, politische Entscheidungen auf verschiedenen Ebenen zu beeinflussen." (Hirt et al. 2016: 347 nach Kaase 1993) Vorrangig war dabei nicht, inwiefern sich Partizipation auf rein pflegepolitisch intendierte Ziele bezog. Ein für die Autorengruppe wichtiges Ergebnis ist ein in der Untersuchungsgruppe feststellbarer Zusammenhang zwischen politischer Informiertheit und politischer Partizipation. Daraus ließe sich für Lehrende als mögliche Aufgabe folgern, diese Informiertheit zu steigern. Ebenso spielt bei den Befragten das Bildungsniveau eine große Rolle – Befragte mit höherem Bildungsabschluss gaben sich interessierter. Hirt et al. vermuten, dass sich mit einer steigenden Anzahl an hochschulisch ausgebildeten Pflegepersonen das Ausmaß der politischen Partizipation steigern wird (Hirt et al. 2016: 359); ob sie in ihrer Einschätzung richtig liegen, wird die Zukunft erweisen müssen.

Eine Partizipationsmöglichkeit ist die Mitgliedschaft in Berufsverbänden. Der Organisationsgrad von Pflegenden ist unbestritten niedrig. Freilich lassen sich hierzu kaum valide Daten finden. Einen Anhaltspunkt für Mitgliedszahlen, der auch bei Studierenden und Pflegelernenden immer wieder zu großem Erstaunen führt, bietet die offizielle „Lobbyliste" des Bundestags, also die „Öffentliche Liste über die beim Bundestag registrierten Verbände" (Deutscher Bundestag 2017). In regelmäßigen Abständen werden hier Verbände und deren Vertreter(innen) veröffentlicht, die ein Interesse gegenüber der Bundesregierung oder dem Bundestag bekunden und um Aufnahme gebeten haben. Viele Pflegeverbände sind hier ebenfalls gelistet; die von den Verbänden angegebe Mitgliederzahl wird gleichfalls veröffentlicht. Die Liste ist für jedermann einsehbar und beispielsweise mit nachfolgenden Fragen gut im Lernkontext untersuchbar: Welche und wie viele Verbände finden sich im Gesundheitswesen? Wie hoch ist die Mitgliederzahl? Aus welchen Regionen kommen die Verbände – gibt es auch in meiner/unserer Region Verbände? Welche Verbände beschäftigen sich mit Altenpflege? Gibt es Verbände, die sich in einem Setting wie der ambulanten Pflege bewegen? Welche Verbände listet der Bundestag unter dem Stichwort „Gesundheit"?

Bevor ich mich als Lehrende aber um die Vermittlung von derartigen Informationen bemühe, ist es unumgänglich, meine eigene Haltung und Einstellung zu klären

---

12 Hinter der Autorengruppe verbergen sich u. a. drei ehemalige Pflegepädagogik bzw. -managementstudierende, die während des Studiums zunächst spontan und nur aus reinem berufspolitischen Interesse eine kleinere Umfrage gestartet hatten. Nach kurzer Zeit erweiterte sich dieses Ansinnen und entwickelte sich zu einem intensiven, mehrere Semester andauerndem Forschungsprojekt.

und zu reflektieren. Lehrende bilden nach Kellner nicht nur „berufstaugliche Pflegefachpersonen aus. Als ,spezifische Intellektuelle‘, als ,Elite der Pflege‘, setzen wir uns als Einzelperson für eine Verbesserung der Rahmenbedingungen von Pflege ein." (Kellner 2016: 622) Sehen wir das tatsächlich so und verkörpern wir das? Der Pflegepädagoge Michael Bossle ist der festen Überzeugung:

> Lehrpersonen werden dann als pädagogisch wertvolle Persönlichkeiten wahrgenommen, wenn sie in der Lage sind, ihre Position zu reflektieren, über sich hinaus denken können und trotzdem Stellung beziehen. Das Postulat der Neutralität ist keine Form von „anything goes", oder von „heute so und morgen so". Pädagogische Haltung ist darum auch immer politisch. Sie tritt für Etwas ein. Die Kultur, eine Haltung zu vertreten, die begründet ist und nicht opportunistisch aktuellen Meinungen und Trends folgt, gleichzeitig offen und interessiert die Lebenswelt der Zielgruppen beachtet, ist herausfordernd und persönlichkeitsbildend. Vor allen Dingen aber anstrengend. (Bossle 2016: 308)

Das bedeutet für mich auch, dass Lehrende zunächst klären müssen, welches Bildungs- oder Pädagogikverständnis sie haben und welches wissenschaftstheoretische Gebäude für sie leitend ist. Sie müssen ihre eigene Rolle und ihre berufliche Identität kennen. Und sie müssen überlegen, welche Ziele und Vorstellungen sie für die Pflegelernenden und sich sehen.[13] Unabdingbar ist zudem, über die eigene (berufs-)politische Einstellung und Sozialisation nachzudenken und sich auf dem Laufenden zu halten. Dafür können regelmäßig erscheinende Newsletter von Berufsverbänden für deren Mitglieder oder die Aufnahme in Mailinglisten, z. B. der für die Pflege(-bildung) zuständigen Ministerien, sinnvoll sein. Nach meinem Verständnis müsste ich als aktiv für die Gesellschaft und den Beruf eintretende professionell Pflegende auch aktiv in einem Verband als Mitglied mitwirken – dies ist freilich meine persönliche Einschätzung.

Eine für mich wichtige Erkenntnis war und ist im Kontext „berufliches Selbstverständnis" die Bedeutung von pflegehistorischen Kenntnissen für das heutige berufspolitische Geschehen. So wie sich die Pflege heute darstellt, ist sie auch das Ergebnis ihrer geschichtlichen Entwicklung und der Einflüsse der Vergangenheit, die viele begrenzende Faktoren gesetzt haben, unter denen die Profession Pflege immer noch leidet. Diese Grenzen, aber auch die Möglichkeiten, müssen aufgezeigt werden, denn „[...] if they do not know where they have come from they will not know where they are going, and if they do not understand the past, they will be destined for ever to repeat its mistakes" (Hackmann 2010: 6 nach Baly 1995). Vermutlich gibt es einen Zusammenhang zwischen der Weigerung oder Ignoranz von Pflegenden, sich mit derzeitigen sozialen und politischen Prozessen auseinanderzusetzen, und den in der Historie verhafteten politischen Traditionen (Giese 2009: 234).

---

13 Genauere Ausführungen finden sich in der berufs- und pflegepädagogischen Literatur. Eine Auseinandersetzung mit den unterschiedlichen Positionen kann in diesem Beitrag nicht geleistet werden.

Speziell die deutsche Vergangenheit mit den unsäglichen Verbrechen des Nationalsozialismus könnte immer noch Auswirkungen auf die berufliche Pflege haben. Dieses wahrscheinlich dunkelste Kapitel in der Geschichte der Pflege macht deutlich, wie wichtig es ist, angeblich historische Zuschreibungen und Werte ständig kritisch zu hinterfragen (Steppe 2000a). In den letzten Jahren finden sich zunehmend Projekte und Forschungsergebnisse, die den Anteil von Pflegenden und ihre Verbrechen in der NS-Zeit demonstrieren und für die Ausbildung aufarbeiten.[14] Im Hauptstaatsarchiv München werden nach und nach Aktenbestände der vergangenen Jahrzehnte aus dem oberbayerischen Raum aufgearbeitet. 2014 wurde eine biografische Ausstellung von sechs Frauen – darunter auch Pflegende – angeboten, deren Unterlagen sich kürzlich in Archiven fanden. Dafür wurde eine DVD erarbeitet, die eindrückliche Ton-Bild-Collagen enthält (Staatsarchiv München 2014). Die Verwendung dieses Materials in Lehreinheiten führte bislang immer zu intensiven Diskussionen und Reflexionsprozessen im berufspolitischen Kontext. Wertvolle Hinweise für den Unterricht im pflegegeschichtlichen Kontext bietet zudem eine kostenlos downloadbare Handreichung der Pflegepädagogin Mathilde Hackmann (Hackmann 2010). Neben pflegedidaktischen allgemeinen Überlegungen zum „Geschichtsunterricht" stellt sie die Arbeit mit schriftlichen Quellen aus verschiedenen Jahrhunderten und zu den unterschiedlichsten Themenbereichen vor. Je nach Auswahl der Texte sind sie sehr gut für die unterschiedlichsten Bildungslevel einsetzbar; Verbindungen und Reflexionsmöglichkeiten zu aktuellen pflegepolitischen Ereignissen lassen sich schnell ziehen.

Vielversprechende Ansätze für berufspolitische Bildung – mit denen ich mich persönlich noch weiter beschäftigen werde – finden sich in der erst kürzlich erschienenen Ausgabe von Padua (Heft 1, 2017), die professionelle Berufsidentität zum Schwerpunktthema gewählt hat.

6 Schlussfolgerungen

Für mich ergeben sich in der Auseinandersetzung mit „(berufs-)politischem (Selbst-)-Verständnis" kurz zusammengefasst folgende Schlussfolgerungen:

---

14 Beispielhaft sei das am Lern- und Gedenkort Schloss Hartheim/Österreich entwickelte Begleit- und Vertiefungsprogramm „Berufsbild – Menschenbild" genannt (Bossle/Leitner 2011). Es sensibilisiert Pflegelernende für ethisch-moralische Herausforderungen des beruflichen Alltags – gleichzeitig werden geschichtliche Aspekte der Berufsgruppe verdeutlicht. Dieses Programm wurde speziell für Berufe im Sozial- und Gesundheitswesen entwickelt. Der Lern- und Gedenkort Hartheim befindet sich in Österreich nahe Linz und ist auch auf nicht-österreichische Besuchergruppen wie Schulklassen von Berufsfachschulen des Pflege- und Gesundheitswesen ausgerichtet (Lern- und Gedenkort Hartheim o. J.).

- Sowohl aus der Perspektive eines merkmalsorientierten Professionalisierungsansatzes als auch im Verständnis von professionellem Handeln ergeben sich die Forderungen an Pflegende, (berufs-)politisch zu agieren.
- Pflegelernende müssen bereits während der Ausbildung befähigt werden, an öffentlichen Diskussionen zu gesundheits- und berufspolitischen Themen teilzunehmen und adäquat Stellung zu beziehen. Sie müssen erkennen und erfahren, wie Mitbestimmung und Mitgestaltung im beruflichen Kontext aussehen kann.
- Professionell Pflegende haben die Expertise, um der Gesellschaft und den politischen Mandatsträger(inne)n zu vermitteln, wie ein gelingender pflegerischer Versorgungsprozess stattfinden kann. Sie können artikulieren, welche Bedingungen hierfür notwendig sind – und müssen dies aus professioneller Perspektive auch tun!
- „Politik ist bekanntlich ein Prozess, in dem Entscheidungen aufgrund von demokratisch legitimierten Mehrheiten fallen, es liegt also an uns, diese Mehrheiten zu verändern, wenn die Entscheidungen nicht unsere Zustimmung finden." (Steppe 2000b: 89)

Literatur

Abood, Sheila (2007): Influencing Health Care in the Legislative Arena. In: The Online Journal of Issues in Nursing 12 (January 31). Manuscript 2.

AEM AG Pflege Arbeitsgruppe „Pflege und Ethik" in der Akademie für Ethik in der Medizin e. V. (2013): Warum die Pflegekammer notwendig ist! URL: http://www.aem-online.de/d2o4w6n8l1o3a5d7f9i2l4e6s/236_Pflegekammer%20Version%20AEM%20Website%203%209%202013.pdf (letzter Aufruf: 18.02.2017).

AltPflAPrV (2002): Deutscher Bundestag: Ausbildungs- und Prüfungsverordnung für den Beruf der Altenpflegerin und des Altenpflegers. AltPflAPrV (Fassung vom 18.04.2016). BGBl. I S. 4418. URL: http://www.gesetze-im-internet.de/bundesrecht/altpflaprv/gesamt.pdf (letzter Aufruf: 08.03.2017).

Benton, David C.; al Maaitah, Rowaida; Gharaibeh, Muntaha (2017): An Integrative Review of Pursing Policy and Political Competence. In: International Nursing Review 64 (1), S. 135–145.

Bossle, Michael (2016): Entzaubert den Mythos, analysiert den Jargon! In: *Padua* 11 (5), S. 301–308.

Bossle, Michael; Leitner, Irene (2011): Prägendes Erlebnis. Lernprogramm „Berufsbild – Menschenbild" an einem historischen Ort der NS-Euthanasie. In: Padua 6 (2), S. 37–43.

CassierWoidasky, Anne-Kathrin (2011): Professionsentwicklung in der Pflege und neue Formen der Arbeitsteilung im Gesundheitswesen. Hindernisse und Möglichkeiten patientenorientierter Versorgungsgestaltung aus professionssoziologischer Sicht. In: Braun, Bernhard (Hrsg.): Zur Kritik schwarz-gelber Gesundheitspolitik. Jahrbuch für kritische Medizin und Gesundheitswissenschaften 47. Hamburg, S. 63–184.

Chinn, Peggy L.; Kramer, Maeona K. (2015): Knowledge Development in Nursing. Theory and Process. 9. Aufl. St. Louis, Mo.

Deutscher Bundestag (2017): Öffentliche Liste über die beim Bundestag registrierten Verbände. https://www.bundestag.de/parlament/lobbyliste (letzter Aufruf 20.3.2017).

DPR Deutscher Pflegerat (o. J.): Pflegeinteressen vertreten. Homepage des Deutschen Pflegerates. http://www.deutscher-pflegerat.de/verband/der-deutsche-pflegerat.php (letzter Aufruf: 10.03.2017).

Friesacher, Heiner (2016): Professionalisierung und Caring – passt das überhaupt zusammen? In: Kleibel, Veronika; Urban-Huser, Catherine (Hrsg.): Caring – Pflicht oder Kür? Gestaltungsspielräume für eine fürsorgliche Pflegepraxis. Wien, S. 55–71.

Giese, Constanze (2009): German Nurses, Euthanasia and Terminal Care: a Personal Perspective. In: *Nursing Ethics* 16 (2), S. 231–237.

Giese, Constanze (2013): Wissen – Können – Sollen: Ethik in der Pflegebildung als Ethik eines Careberufes. Vorüberlegungen zur Förderung (pflege)ethischer Kompetenzen. In: Linseisen, Elisabeth; Uzarewicz, Charlotte (Hrsg.): Aktuelle Pflegethemen lehren. Wissenschaftliche Praxis in der Pflegeausbildung. Stuttgart, S. 59–77.

Giese, Constanze; Heubel, Friedrich (2015): Pflege als Profession. In: Heubel, Friedrich (Hrsg.): Professionslogik im Krankenhaus. Heilberufe und die falsche Ökonomisierung. Frankfurt am Main, S. 35–49.

Gores, Norbert; Ruppert-Fürstos, Sabine (2009): Politische Handlungsfähigkeit – eine relevante und aktuelle Betrachtung im Kontext von Pflegeausbildung. Teil 1. In: Pflegewissenschaft 11 (5), S. 285–295.

Hackmann, Mathilde (2010): Pflegegeschichte unterrichten. Eine Handreichung für Lehrende der Pflegegeschichte mit Nutzung der „Quellen zur Geschichte der Krankenpflege" (Mabuse 2008). URL: http://www.dg-pflegewissenschaft.de/download/163.pdf (letzter Aufruf: 25.02.2017).

Hilberger-Kirlum, Pascale (2016): A Promise of Nursing Power?! Berufspolitik – (k)ein Thema für die berufliche Pflege? In: Padua 11 (5), S. 309–314.

Hirt, Julian; Münch, Maximilian; Sticht, Stephanie; Fischer, Uli; Strobl, Ralf; Reuschenbach, Bernd (2016): Politische Partizipation von Pflegefachkräften (PolPaP) – Ergebnisse einer Online-Erhebung. In: Pflege & Gesellschaft 21 (4), S. 346–361.

Hülsken-Giesler, Manfred (2015a): Profession, Professionalität, Professionalisierung. Ein Blick in die Geschichte der Pflege. In: Brandenburg, Hermann; Güther, Helen; Proft, Ingo (Hrsg.): Kosten kontra Menschlichkeit. Herausforderungen an eine gute Pflege im Alter. Ostfildern, S. 101–118.

Hülsken-Giesler, Manfred (2015b): Professionskultur und Berufspolitik in der Langzeitpflege. In: Brandenburg, Hermann; Güther, Helen (Hrsg.): Lehrbuch Gerontologische Pflege. Bern, S. 163–175.

ICN International Council of Nurses (2012): The ICN Code of Ethics for Nurses. Revised 2012. URL: http://www.icn.ch/images/stories/documents/about/icncode_english.pdf (letzter Aufruf: 10.03.2017).

Kellner, Anne (2011): Von Selbstlosigkeit zur Selbstsorge. Eine Genealogie der Pflege. Berlin.

Kellner, Anne (2016): Kritische Genealogien als Instrumente einer widerständigen Pflegepädagogik. In: Brinker-Meyendriesch, Elfriede; Arens, Frank (Hrsg.): Diskurs Berufspädagogik Pflege und Gesundheit. Wissen und Wirklichkeiten zu Handlungsfeldern und Themenbereichen. Berufsbildungsforschung Pflege und Gesundheit 2. Berlin, S. 605–622.

Klement, Carmen (2006): Von der Laienarbeit zur Profession? Zum Handeln und Selbstverständnis beruflicher Akteure in der ambulanten Altenpflege. Opladen.

Kohlen, Helen (2015): „Care" und Sorgekultur. In: Brandenburg, Hermann; Güther, Helen (Hrsg.): Lehrbuch Gerontologische Pflege. Bern, S. 123–129.

Kohlen, Helen (2016): Plädoyer für eine widerständige Care-Praxis – Zur Entwicklung von Care-Ethiken im internationalen Vergleich und ihrem Status in der Pflege. In: Kleibel, Veronika; Urban-Huser, Catherine (Hrsg.): Caring – Pflicht oder Kür? Gestaltungsspielräume für eine fürsorgliche Pflegepraxis. Wien, S. 15–26.

KrPflAPrV (2003): Deutscher Bundestag: Ausbildungs- und Prüfungsverordnung für die Berufe in der Krankenpflege. KrPflAPrV (Fassung vom 18.04.2016). BGBl. I S. 2263. URL: http://www.gesetze-im-internet.de/bundesrecht/krpflaprv_2004/gesamt.pdf (letzter Aufruf: 08.03.2017).

Laag, Ursula (2013): Pflegewissenschaftliche Gutachten in zivilen Rechtsstreitigkeiten. Frankfurt am Main.

Lern- undGedenkort Schloss Hartheim (o. J.): BerufsbildMenschenbild. http://www.schloss-hartheim.at/index.php/paedagogische-angebote/berufsspezifische-angebote/berufsbildmenschenbild (letzter Aufruf: 04.03.2017).

Schnell, Martin W. (2010): CURA SUI – Die Selbstsorge und ihre Beziehung zur Pflege. In: Pflege 23 (1), S. 37–43.

Spichiger, Elisabeth; Kesselring, Annemarie; Spirig, Rebecca; Geest, Sabina de; Gruppe ‚Zukunft Medizin Schweiz' (2006): Professionelle Pflege – Entwicklung und Inhalte einer Definition. In: Pflege 19 (1), S. 45–51.

Staatsarchiv München (2014): Zwischen Salon und KZ. Biographsichen Skizzen zu NS-Frauen: Eleonore Baur, Luise Erdmann, Emmy Göring, Ilse Koch, Unity Mitford, Geli Raubal. 6 Ton-Bild-Collagen aus dem Staatsarchiv München.

Steppe, Hilde (2000a): Das Selbstverständnis der Krankenpflege in ihrer historischen Entwicklung. (Original 1991). In: Pflege 13 (2), S. 77–83.

Steppe, Hilde (2000b): Die Pflege und ihr gesellschaftspolitischer Auftrag. (Erstveröffentlichung 1996). In: Pflege 13 (2), S. 85–90.

SVR Sachverständigenrat zur Begutachtung der Entwicklung im Gesundheitswesen (2014): Gutachten 2014. Bedarfsgerechte Versorgung – Perspektiven für ländliche Regionen und ausgewählte Leistungsbereiche. Langfassung. URL: http://www.svr-gesundheit.de/fileadmin/user_upload/Gutachten/2014/SVR-Gutachten_2014_Langfassung.pdf (letzter Aufruf: 10.03.2017).

Tomic, Petra; Wiesner, Cordula (2013): Politik in der Pflege. Das Erleben politischer Einflussnahmen von beruflich Pflegenden. In: Dr. med. Mabuse (205 September/Oktober), S. 56–58.

Uzarewicz, Charlotte (2002): Im Lauf der Zeit – Über den gesellschaftlichen Auftrag von Pflege. München.

Vandenhouten, Christine L.; Malakar, Crystalmichelle L.; Kubsch, Sylvia; Block, Derryl E.; Gallagher-Lepak, Susan (2011): Political Participation of Registered Nurses. In: Policy, Politics, & Nursing Practice 12 (3), S. 159–167.

Weidner, Frank (1995): Professionelle Pflegepraxis und Gesundheitsförderung. Eine empirische Untersuchung über Voraussetzungen und Perspektiven des beruflichen Handelns in der Krankenpflege. Frankfurt am Main.

White, Jill (1995): Patterns of Knowing: Review, Critique, and Update. In: Advances in Nursing Science 17 (4), S. 73–86.

WR Wissenschaftsrat (2012): Empfehlungen zu hochschulischen Qualifikationen für das Gesundheitswesen. Drs. 2411–12. URL: http://www.wissenschaftsrat.de/download/archiv/2411–12.pdf (letzter Aufruf: 10.03.2017).

Teil 2: Lehre(n) kann nicht jeder
Der Lehrende

Lisa Hirdes und Katharina Matic

Kein Profil ohne berufliche Identität

1 Einleitung

Trotz ihrer großen gesellschaftlichen Bedeutung und der enormen Weiterentwicklung des Berufstands in den letzten Jahrzehnten, im Sinne einer Professionalisierung, scheinen beruflich Pflegende[1] ein Problem damit zu haben, sich selbst zu erkennen, sich zu beschreiben und nach innen und außen darzustellen sowie zu vertreten. Obwohl Lüttecke davon ausgeht, dass „sich die Pflege im Laufe des letzten Jahrhunderts zu einem eigenständigen und selbstbewussten Beruf entwickelt hat", weist er darauf hin, dass die Pflege[2] in der Öffentlichkeit als Beruf ohne eigenes Profil wahrgenommen wird.[3] Die Tatsache, dass sie die größte Berufsgruppe des Gesundheitswesens ausmacht, scheint per se keinen Einfluss auf die öffentliche Wahrnehmung und Anerkennung des Berufsstands zu haben. Dies kann unter unterschiedlichen Aspekten, wie z. B. Gender oder Stigmatisierung von Krankheit, Alter und Tod, diskutiert werden. Die Autorinnen dieses Beitrags, ziehen aus dem Beschriebenen den Rückschluss, dass es der Pflege gut täte, ihr Profil zu schärfen.

Der Begriff „Profil" wird in unterschiedlichen Zusammenhängen benutzt. Wird bezüglich seiner Herkunft auf die Mathematik und das Bauwesen im 17. Jahrhundert verwiesen, so scheint der Begriff „Profil" heute nicht nur im technischen Bereich verwendet zu werden, sondern auch, um Personen unter bestimmten Aspekten zu umreißen und darzustellen.[4] Der Duden definiert „Profil" unter anderem als „charakteristisches Erscheinungsbild, als Gesamtheit von (positiven) Eigenschaften, die unverwechselbar typisch für jemanden [...] sind".[5] Persönlichkeitsprofile spielen z. B. im Bereich der Personalgewinnung oder bei Partnerschaftsbörsen eine Rolle. Über den personalen Bezug hinaus, soll ein Profil einem bestimmten Bereich eine Kontur geben und dient als die Linie (*filum*, lat. Faden; *profilare*, it. umsäumen von),[6] die etwas Form gibt und zusammenhält. Ein Profil macht somit einen Bereich erkennbar und von anderen unterscheidbar.

---

1 Der Begriff „Beruflich Pflegende" bezieht sich auf die Personen, die als Fachkräfte im Pflege- und Gesundheitssektor tätig sind und eine dreijährige Ausbildung in der Altenpflege, Gesundheits- und Krankenpflege oder Gesundheits- und Kinderkrankenpflege absolviert haben.
2 „Die Pflege" bezieht sich auf die Berufsgruppe der beruflich Pflegenden.
3 Lüttecke 2003. In: https://www.thieme-connect.com/products/ejournals/html/10.10.1055/s-2003-812665 (letzter Aufruf: 28.12.2016).
4 https://www.wiktionary.org/wiki/Profil (letzter Aufruf: 28.12.2016).
5 http://www.duden.de/rechtschreibung/Profil (letzter Aufruf: 28.12.2016).
6 https://www.wiktionary.org/wiki/Profil (letzter Aufruf: 28.12.2016).

DOI 10.1515/9783110500707-004

Wir gehen davon aus, dass die Berufsgruppe der Pflegenden selbst ihr eigenes Profil nach innen und außen vertreten muss und dass die Schärfe und Deutlichkeit wesentlich von der beruflichen Identität des einzelnen Pflegenden[7] abhängig ist. Die Bildung dieser Identität ist aus unserer Sicht eine Kernaufgabe der Pflege(aus)- bildung, wobei wir hier nicht nur die Berufsfachschulen für Pflege, sondern wesentlich auch die Einrichtungen der praktischen Ausbildung als prägend sehen. Der Fokus wird in diesem Beitrag auf der Bildungsperspektive des Lernorts „Schule" liegen.[8]

Somit werden wir im Folgenden das Phänomen der beruflichen Identität beleuchten und mit Beispielen aus der Altenpflegeausbildung veranschaulichen, wie an der Berufsfachschule für Altenpflege, Evangelische PflegeAkademie der Hilfe im Alter gGmbH, Innere Mission München,[9] die Entwicklung einer beruflichen Identität gefördert wird. Die Autorinnen sind seit vielen Jahren dort tätig. Dabei wird ein Zusammenhang zwischen der Entwicklung einer selbstbewussten Berufspersönlichkeit und der Entwicklung von Kompetenzen aufgezeigt.

2 Berufliche Identität in der Pflege

Was bedeutet berufliche Identität? Im Duden online ist bezüglich „Identität" zu lesen „Echtheit einer Person oder Sache, völlige Übereinstimmung mit dem, was sie ist oder als was sie bezeichnet wird".[10] Der Merriam-Webster ergänzt: „the set of qualities that make a person different from other people".[11] Auf die Pflege übertragen stellt sich bei der Suche nach der beruflichen Identität folglich die Frage: Was ist Pflege? Die

---

7 Aus Gründen der besseren Lesbarkeit wird die männliche Sprachform verwendet, auch wenn uns bewusst ist, dass nach wie vor vorwiegend Frauen im Berufsfeld der Pflege tätig sind.

8 Nach dem Altenpflegegesetz von 2003 findet die Altenpflegeausbildung mit 2100 Stunden am Lernort „Schule" und mit 2500 am Lernort „Praxis" statt. Dies entspricht dem Stundenumfang der Ausbildung in der Gesundheits- und Krankenpflege.

9 Die Berufsfachschule für Altenpflege ist ein Bereich der Evangelischen PflegeAkademie der Hilfe im Alter, Innere Mission München. Im weiteren Text wird der Begriff „Altenpflegeschule" verwendet. 1973 gegründet, ist sie maßgeblich an der Entwicklung der beruflichen Pflege beteiligt. 2004 war sie z. B. Teil des Bundesmodellprojekts „Pflegeausbildung in Bewegung" und bot in fünf sukzessiven Ausbildungsgängen die Integrative Ausbildung in der Alten- Gesundheits- und Krankenpflege an. Seit 2009 können Lernende die Altenpflegeausbildung im Rahmen des dualen Studiengangs „Pflege" absolvieren. Dies geschieht in Kooperation mit der Katholischen Stiftungsfachhochschule München. Als Altenpflegeschule sind wir stark durch das Setting, den Charakter der Langzeitpflege und die Tatsache geprägt, dass berufliche Altenpflege sich quasi in einem „arztfreien" Raum bewegt. Dies bedeutet, dass Altenpfleger in einem hohen Maße selbstständig und eigenverantwortlich handeln. Sie sind z. B., die einen Arzt hinzuziehen, es sei denn, dass der Pflegebedürftige oder seine Angehörigen die Initiative ergreifen würden. Auch wenn es unsere Erfahrung ist, dass in dem Moment, wo Pflege „groß gedacht" wird, d. h. bei ihrer Weiterentwicklung oder im Kontext von Pflegewissenschaft, die berufliche Spezifizierung nicht wirklich von Bedeutung ist, ist unsere Sichtweise durch das Arbeitsfeld beeinflusst. Weitere Informationen unter www.pflegeakademie-muenchen.de (letzter Aufruf: 28.12.2016).

10 https://duden.de/rechtschreibung/Identität (letzter Aufruf: 05.01.2017).

11 https://merriam-webster.com/thesaurus/identity (letzter Aufruf: 05.01.2017).

Unterscheidung zu anderen – vor allem ähnlichen – Berufen würde der Beschreibung des Phänomens „Pflege" sozusagen dann den Feinschliff geben.

Der Frage aller Fragen innerhalb der Pflegeprofession: „Was ist Pflege?", sind vor uns schon viele nachgegangen. Letztlich entspringen die Pflegetheorien der Pionierinnen der Pflegewissenschaft, wie Virginia Henderson, dem Anliegen und der Notwendigkeit, die ureigene Domäne zu beschreiben. Globale Theorien wurden zu Beginn der zweiten Hälfte des 20. Jh. im angloamerikanischen Raum entwickelt, um das Wesentliche und Spezifische der Pflege zu beschreiben und begrifflich von anderen Disziplinen unterscheiden zu können (Lauber 2012: 92). Das hört sich vielversprechend an. Sollte ein Studium der Theorien großer Reichweite also die Frage nach der beruflichen Identität beantworten? Weit gefehlt! Nicht nur Stemmer (Stemmer 2003: 52) weist darauf hin, dass globale Theorien aufgrund ihrer hohen Abstraktion und Verallgemeinerung wenig praxistauglich sind. Somit ist nicht davon auszugehen, dass sie in der Pflegeausbildung per se identitätsstiftend wirken.

Ziel dieses Beitrags ist es nicht, die „Gretchenfrage" der Pflege theoretisch, pflegewissenschaftlich begründet zu beantworten. So reizvoll dieses Unterfangen wäre, übersteigt es bei Weitem den aktuellen Rahmen und die momentanen Möglichkeiten der Autorinnen. Tatsächlich würden wir es sehr begrüßen, wenn ein aktuelles, pflegewissenschaftlich basiertes Pflegeverständnis als Grundlage für die Pflegeausbildung – z. B. im Rahmen einer Doktorarbeit – erarbeitet würde, das das Wissen und die Expertise des Lernorts „Praxis" integriert. Noch immer erleben wir die Lernorte „Schule" und „Praxis" als zwei unterschiedliche Welten mit eigenen Gesetzmäßigkeiten. Unser Streben ist, dass Schule und Praxis sich mehr und mehr auf Augenhöhe begegnen. Dies bedeutet, die Dichotomie aufzulösen von Theorie, die weiß, wie es gehen sollte, und der Praxis, die es nicht „gebacken" bekommt, oder in der umgekehrten Reihenfolge, dass Ausbildung versagt, das zu vermitteln, was die Praxis braucht. Das Element, das hier auch heute schon verbindend wirkt, ist ein gemeinsames Pflegeverständnis oder zumindest wesentliche Schnittmengen. Es fördert die Kommunikation und Kooperation und dient den Lernenden[12] und letztlich dem Pflegebedürftigen.[13]

3 Einblicke in die Frage: Was ist Pflege?

Bereits im umgangssprachlichen Gebrauch des Begriffs „Pflege" ist der Erhalt oder das Gedeihen von etwas impliziert.[14] Bekannt ist zudem, dass ein besonderes

---

12 Der Begriff „Lernende" bezieht sich auf die Personen, die eine dreijährige Ausbildung in der Altenpflege, Gesundheits- und Krankenpflege oder Gesundheits- und Kinderkrankenpflege absolvieren.
13 Der Begriff „Pflegebedürftige" wird neben den Begriffen „Pflegeempfänger" und „Zupflegende" benutzt, da uns keine adäquaten Begriffe zur Verfügung stehen.
14 http://www.duden.de//rechtschreibung/Pflege (letzter Aufruf: 13.01.2017).

Interesse oder Zugeneigtsein zum Gegenstand der Pflege, seien es z. B. Pflanzen oder ein Auto, mit einer besonderen Sorgfalt und Aufmerksamkeit einhergehen und in der Regel einen direkten Einfluss auf das Ergebnis der Pflege haben. Das Spezifische an der beruflichen Pflege ist nun, dass der „Gegenstand" hier der Mensch ist, dessen Erhalt und Gedeihen sichergestellt werden soll. Dass sich mit einer Haltung von Sorgfalt und Aufmerksamkeit dem Menschen gegenüber – im Vergleich zu einem Objekt – eine andere Ebene an Komplexität offenbart, liegt auf der Hand. Beruflich Pflegende treten in Erscheinung, wenn der Mensch und sein nicht professionelles Umfeld nicht mehr in der Lage sind, seine Selbstpflegekompetenz aufrechtzuerhalten. Orem sieht dann beruflich Pflegende in der Pflicht, die Sicherstellung der allgemeinen, gesundheitsbedingten und entwicklungsbedingten (Selbstpflege-)Erfordernisse des Lebens dieser Person zu gewährleisten (Sander/Schneider 2001: 8 ff). Pflegesituationen werden von den Betroffenen häufig als Krisensituationen erlebt, die sie aus ihrer Normalität herauskatapultieren und mit einem Verlust von Unabhängigkeit, Selbstständigkeit, Selbstbestimmung und Sicherheit einhergehen. Ebenso kann das Leben selbst oder die bisherige Lebensweise bzw. das In-der-Welt-Sein bedroht sein, sodass sich existenzielle Fragen aufdrängen. Somit agieren beruflich Pflegende in einem Kontext, in dem Gesundheit und Lebensqualität[15] des Betroffenen untrennbar voneinander gesehen werden müssen.[16]

Zudem müssen aufgrund der Vulnerabilität der pflegebedürftigen Menschen Pflegeinterventionen immer in eine aufmerksame und sensible Beziehungsgestaltung eingebunden sein. Gerade die Pflege alter Menschen findet in einer Lebenssituation statt, in der eine potenzielle Verletzung der persönlichen Integrität der Pflegebedürftigen zum Berufsalltag gehört, da z. B. in der stationären Versorgung eine Vermischung von privatem und öffentlichem Raum stattfindet. Es ist nun Aufgabe der Pflegenden, durch ihr Handeln und Sein deutlich zu machen, dass sie z. B. das Zimmer des alten Menschen als seinen Privatraum und seine Privatsphäre wahrnehmen und respektieren. Außerdem agieren Pflegende häufig im körpernahen, nicht selten intimem Bereich eines anderen Menschen, was von den Pflegeempfängern in der Regel als beschämend erlebt wird. Der Rückschluss ist aus unserer Sicht, dass das Maß an Professionalität, das erlaubt, diese hochsensiblen und häufig dilemmahaltigen Situationen zu gestalten, besonders ausgeprägt sein muss.[17]

Die Unterstützung bei den Alltagskompetenzen und gerade die körpernahen Tätigkeiten gehören für uns daher zu den Kernbereichen professioneller Pflege.[18]

---

15 Definitionen DBfK und ICN.

16 Hier sei darauf hingewiesen, dass das Verständnis von Gesundheit, auf dem die Ottawa Charta von 1986 und die Jakarta Deklaration von 1997 der WHO basieren, Lebensqualität impliziert. Im beruflichen Alltag werden die Begrifflichkeiten jedoch häufig getrennt gedacht.

17 Vgl. Giese (2016): Pflege zwischen Liebesdienst und Robotnik, unveröffentlichter Vortrag.

18 Vgl. Friesacher (2015): Der Kern der Pflege.

Aufmerksam vernehmen wir Stimmen, die die Zeichen der Zeit so lesen, dass patientennahe Tätigkeiten wie Körperpflege und Ernährung aus dem Aufgabenbereich beruflich Pflegender herausgenommen werden sollen (Dallmann/Schiff 2016: 181). In Verbindung mit der immer wieder geäußerten Hoffnung, dass die berufliche Pflege an Ansehen gewinnt, wenn sich ihr Aufgabenbereich um Tätigkeiten erweitert, die heute von Ärzten übernommen werden, befürchten wir eine deutliche Schwächung unseres Professionsverständnisses. Dallmann/Schiff weisen darauf hin, dass die Frage der Übernahme ärztlicher Tätigkeiten im Kontext der Neuzuordnung pflegerischer Aufgaben im Zusammenhang mit Advanced Nursing Practices zu sehen ist (Dallmann/Schiff 2016: 180). Für uns nicht nachvollziehbar ist jedoch, warum die Einbindung akademisch Qualifizierter in die pflegerische Versorgung an Tätigkeiten aus dem Bereich der Medizin festgemacht wird und die hoch anspruchsvolle Gestaltung von körpernahen pflegerischen Tätigkeiten von Personal übernommen werden soll, deren Qualifikationsniveau unterhalb dem eines beruflich Pflegenden liegt. Unseren Standpunkt dazu haben wir oben erläutert.

Wesentliche Aspekte unseres Pflegeverständnisses, wie oben dargestellt, die die Grundlage und Ausrichtung unseres Schullebens ausmachen, sehen wir in der Definition von „Pflege" des Royal College of Nursing abgebildet. Die überarbeitete Version von 2014 beschreibt die vielseitigen Facetten beruflicher Pflege anhand von sechs Merkmalen, die – darauf wird ausdrücklich hingewiesen – in ihrer Gesamtheit Pflege abbilden und somit das Profil beruflicher Pflege ausmachen:

Nursing is ...
1. A particular purpose: the purpose of nursing is to promote health, healing, growth and development, and to prevent disease, illness, injury, and disability [...] the purpose of nursing is, in addition, to minimise distress and suffering, and to enable people to understand and cope with their disease or disability, its treatment and its consequences...the purpose of nursing is to maintain the best possible quality of life until its end.
2. A particular mode of intervention: nursing interventions are concerned with empowering people, and helping them to achieve, maintain or recover independence. Nursing is an intellectual, physical, emotional and moral process which includes the identification of nursing needs; therapeutic interventions and personal care; information, education, advice and advocacy; and physical, emotional and spiritual support. In addition to direct patient care, nursing practice includes management, teaching, and policy and knowledge development.
3. A particular domain: the specific domain of nursing is people's unique responses to and experience of health, illness, frailty, disability and health-related life events in whatever environment or circumstances they find themselves. People's responses may be physiological, psychological, social, cultural or spiritual, and are often a combination of all of these....
4. A particular focus: the focus of nursing is the whole person and the human response rather than a particular aspect of the person or a particular pathological condition.
5. A particular value base: nursing is based on ethical values which respect the dignity, autonomy and uniqueness of human beings, the privileged nurse-patient relationship, and the acceptance of personal accountability for decisions and actions....
6. A commitment to partnership: nurses work in partnership with patients, their relatives and other carers, and in collaboration with others as members of a multi-disciplinary

team. Where appropriate they will lead the team, prescribing, delegating and supervising the work of others; at other times they will participate under the leadership of others. At all times, however, they remain personally and professionally accountable for their own decisions and actions.[19]

Dieser Definition folgend ist Pflege weit mehr als das Verrichten von einzelnen körper- und medizinorientierten Tätigkeiten. Obwohl Fachkompetenz unerlässlich ist, machen aus unserer Sicht Kontext und Fokus pflegerischen Handelns den Unterschied. Auch wenn häufig eine Reduzierung auf das „knowing that" der Pflege stattfindet, ist das „knowing how" von gleich großer Bedeutung. Im Zusammenspiel beider wird berufliche Pflege sichtbar als Wissenschaft und Kunst. Wohl wissend, dass sich diese Aussage erst in einer sorgfältigen Betrachtung umfassend erschließen würde, benutzen wir die Begriffspaare hier, um den Aspekt der Pflege, der sich an Nachweisbarem, Faktischem und Regelgeleitetem orientiert, und komplementär den Aspekt der Pflege, der kreatives, intuitives Gestalten hochkomplexer, einzigartiger Pflegesituationen durch einzigartige Akteure im Fokus hat, deutlich zu machen. Dallmann/Schiff ordnen zweckrationales Handeln, das zielorientiert und auf Effizienz ausgerichtet ist und in Methoden und Technologien seinen Ausdruck findet, dem Aspekt der Wissenschaft zu. Sie stellen heraus, dass „diese Form zu denken und zu handeln [...] sich in den letzten Jahrhunderten immer stärker durchgesetzt" hat (Dallmann/Schiff 2016: 182). Auch Sexl (2001: 87) weist darauf hin, dass „das rationalistische Weltbild [...] zunehmend im Alltagsbereich verankert" ist. Wir erleben, dass zweckrationales Handeln ebenso bei der Ausbildung unserer Lernenden eine schwergewichtige und dominante Dimension darstellt.

In diesem Beitrag werden wir aufzeigen, wie an der Evangelischen PflegeAkademie im Rahmen der Altenpflegeausbildung Impulse quasi für ein Gegenmodell gesetzt und daraus entstehende Prozesse begleitet werden. Dies geschieht, indem für die Lernenden Räume und Gelegenheiten geschaffen werden, sich als ganzheitlich Wahrnehmende, Denkende und Handelnde zu erleben, und sie somit dahin geführt werden, die Vielfalt und Vielschichtigkeit von Pflegesituationen zu entdecken und Pflege entsprechend einem oben skizzierten Pflegeverständnisses zu gestalten. Ganzheitlich verstehen wir hier, im Unterschied zu einer kausal-linearen und funktionsorientierten Sichtweise, als facettenreich und mehrdimensional.

In Kapitel 4 wird die zentrale Bedeutung der Reflexionsfähigkeit, nicht nur im Rahmen der Kompetenzentwicklung, sondern auch in Bezug auf das Entstehen von Professionalität und somit für die Bildung einer beruflichen Identität aufgezeigt.

---

19 https://www.rcn.org.uk/professional-development/publications/pub-004768 (letzter Aufruf 17.01.2017)

4 Reflexion und Professionalität

Professionell zu pflegen und sich damit beruflich zu identifizieren bedarf einer hohen Kompetenz und kann gelernt werden. Kernelement zur bewussten Entwicklung der eigenen Rolle als beruflich Pflegende ist die Reflexion. Für die Entwicklung von Kompetenzen wird sie als Grundprinzip gesehen und ist Basis für die Selbstbestimmung im Lernprozess.[20] Lernende sollen befähigt werden, explizite Wissensbestände mit implizitem Wissen zu verbinden und in ihr Handeln zu integrieren. Somit werden sie in die Lage versetzt, Handlungssituationen in der Praxis angemessen zu lösen (Panke-Kochinke 2011: 71).

Ohne Reflexionsprozesse kann das verantwortliche Handeln kaum entwickelt werden. Zahlreiche Ergebnisse der Kompetenz- und Expertisenforschung stützen diese Aussage (Schneider 2013: 8). „Wer nicht weiß, was er gut macht und warum es gut ist, kann seine Stärken nicht ausbauen und auch nicht zum Ausgleichen vorhandener Schwächen nutzen".[21] Wir verstehen Reflexion als strukturiertes Nachdenken über Handlungen im beruflichen Kontext. Diese kann während der Aktion oder danach stattfinden. Reflexion bedeutet, eine Position oder Haltung einzunehmen, die es ermöglicht, Dinge aus einer anderen Perspektive zu betrachten. Das eigene Denken, Handeln und Fühlen wird mit Erfahrungen in Beziehung gesetzt. Es findet dabei ein Ist-Soll-Abgleich statt. Lernende können selbstkritisch agieren und persönliche Lernschwierigkeiten erkennen. Sie denken bei einer Selbstreflexion bewusst über das eigene Handeln nach. Die Selbstreflexion stellt einen aktiven Lernprozess dar, auf dessen Grundlage eine persönliche und professionelle Weiterentwicklung erst möglich ist.

Eigene Lern- und Handlungsprozesse durch Reflexion zu steuern, ist für Lernende keine Selbstverständlichkeit. Sie müssen hingeführt werden, um die Möglichkeit zu haben, sich ihrer eigenen Lernprozesse bewusst zu werden und die Verantwortung dafür tatsächlich zu übernehmen. In theoriegeleiteten, didaktischen Ansätzen der Erwachsenenpädagogik wird beschrieben, dass nur Relevantes und nicht unbedingt Gesagtes gelernt wird. Lernen wird als selbstreflexiver und rückbezüglicher Prozess, der auf Erfahrungswissen aufbaut, gesehen (Siebert 2007: 22). Die Förderung und Entwicklung der Reflexionsfähigkeit der Lernenden ist daher ein unverzichtbarer Bestandteil beruflicher Bildung, die auf der Ebene der Kompetenzentwicklung agiert.

Selbstverständlich erscheint eine kritische Reflexion den Lernenden nicht immer attraktiv. Häufig sind Widerstände gegen das „ständige Reflektieren" zu beobachten.

---

20 Hilzensauer (2008). In: http://www.bildungsforschung.org/index.php/bildungsforschung/article/download/77/80 (letzter Aufruf: 21.02.2017).
21 Hager (o. J.). In: http://www.ectaveo.ch/Mediathek/2015/01/Hager_6.-Selbstreflexion-DE.pdf (letzter Aufruf 21.02.2017).

Der hohe Druck in der theoretischen und praktischen Ausbildung kann u. a. dafür verantwortlich sein. Die meisten Lernenden scheinen sich jedoch bewusst zu sein, dass das Auswendiglernen auf Dauer nicht hilft. Bestätigt wird dieser Ansatz z. B. durch die Rückmeldung ehemaliger Lernender, die mitteilen, dass die intensive Förderung der Reflexionsfähigkeit im Laufe der dreijährigen Ausbildung ihr berufliches und persönliches Selbstbewusstsein geprägt und gestärkt hat. Im theoretischen, praxisorientierten und praxisbegleitenden Unterricht bieten sich unterschiedliche Bereiche und Themen an, Reflexionsfähigkeit zu üben.

5 Der Lernweg zu einem beruflichen Selbstverständnisses: Beispiele

Kapitel 5 widmet sich der Darstellung von drei Herangehensweisen an unserer Altenpflegeschule – Lerntagebuch und Lernbegleitheft Praxis (siehe Kap. 5.1), Praxisbegleitungen (siehe Kap. 5.2) und Berufliches Selbstverständnis (siehe Kap. 5.3) denken – die die Entwicklung und Verinnerlichung einer beruflichen Identität fokussieren. Reflexionsfähigkeit, Handlungsorientierung und Denkvermögen spielen hier eine große Rolle.

5.1 Lerntagebuch und Lernbegleitheft Praxis

Die Lernenden unserer Schule erhalten zu jedem Schuljahresbeginn ein „Lerntagebuch Praxis" und ein „Lernbegleitheft Praxis", das das pädagogische Team der Altenpflegeschule als Lernmittel für die praktische Ausbildung entwickelt hat. Hier ist die Reflexion über Erfahrungen und Überlegungen, die das eigene Lernen betreffen, von zentraler Bedeutung (Winter 2007: 112).

5.1.1 Lerntagebuch Praxis

In dem Lerntagebuch Praxis dokumentieren und reflektieren die Lernenden den eigenen Lernprozess. Dadurch wird die persönliche Lernkompetenz trainiert und das selbstgesteuerte Lernen gefördert (Schreder 2010: 54). Das Lerntagebuch Praxis unterstützt und strukturiert das Lernen in der Praxis und leistet für Lernende und ihre Praxisanleiter bzw. Mentoren einen wesentlichen Beitrag, Praxis tatsächlich als Lernort zu nutzen. Voraussetzung ist jedoch, dass das Instrument eigenverantwortlich und mit all seinen Möglichkeiten genutzt wird. Lerntagebücher bieten laut Literatur unterschiedliche Funktionen an:

- Eine Kontrolle des Lernwegs in der Praxis: Der Lernweg wird Schritt für Schritt dokumentiert, da das Lerntagebuch über die gesamte Ausbildung regelmäßig geführt wird. Es macht die persönliche Entwicklung sichtbar. Erfahrungen, Fortschritte und Schwierigkeiten in der Praxis werden dargestellt und schriftlich festgehalten. Damit ist es möglich, daran zu lernen und Lösungen für Probleme zu finden.
- Ein Diagnose- und Evaluationsinstrument in der praktischen Ausbildung: In der Praxis besteht oft wenig Möglichkeit zu detaillierten Beobachtungen und/oder lösungsorientierten Gesprächen. Durch das Lerntagebuch erhalten die Lernenden und die Lehrenden[22] Informationen über Lernerfahrungen am Lernort Praxis (persönliche Praxiserlebnisse, Gedanken und Schwierigkeiten, Erfahrungen im Team). Mit diesen Einblicken können die Lernenden bestmöglich unterstützt werden.
- Ein Kommunikationsmedium: Einträge in Lerntagebücher bieten eine Vielzahl von Anknüpfungspunkten für Gespräche, Diskussionen und Reflexionen. Sie dienen als Grundlage für Lernentwicklungsgespräche[23] mit den Lehrenden.
- Ein Ort der Reflexion und Selbstwahrnehmung: Lernende werden motiviert, über das Lernen in der Praxis nachzudenken, Lernmöglichkeiten und eigene Lernprobleme zu erkennen. Sie können den erwarteten Ausbildungsstand und den eigenen Lernerfolg selbstständig nachvollziehen und beurteilen. So kann der Transfer zwischen Theorie und Praxis gefördert werden.
- Verantwortung für das eigene Lernen in der Praxis übernehmen: Durch stetiges Führen des Lerntagebuchs übernehmen Lernende Verantwortung für den eigenen Lernerfolg in der Praxis. Die Aufgaben sind Hilfestellungen. Wie intensiv und umfangreich sie sich mit dem Thema auseinandersetzen, bleibt in der persönlichen Verantwortung des Lernenden (Müller 2003: 9).

Zur Dokumentation und Reflexion finden sich im Lerntagebuch Praxis unterschiedliche unterstützende Inhalte. Dazu werden Lernende von Lehrenden angeleitet, bis sie in der Lage sind, dies selbstständig zu übernehmen. Lernende werden eingeladen, sich im Rahmen des „Lernfelds Lernen lernen" ihrer eigenen biografischen Lernerfahrungen bewusst zu werden und diese zu reflektieren (siehe Tab. 1). Die Lernenden thematisieren dabei ihre Stärken und Schwächen sowie die persönliche Motivation, den Pflegeberuf zu ergreifen.

---

22 Der Begriff „Lehrende" bezieht sich auf die Personen, die als Pflegepädagogen oder Lehrer für Pflegeberufe an Altenpflegeschulen Lernende am Lernort „Schule" und Lernort „Praxis" begleiten.
23 Lehrende bieten den Lernenden an der Altenpflegeschule Lernentwicklungsgespräche an. Diese finden außerhalb des Unterrichts statt und erfordern ein besonderes Setting. Im Lernentwicklungsgespräch steht der Lernweg – die individuelle Situation des Lernenden mit seinen Stärken, Schwächen und Entwicklungspotenzialen – im Fokus.

Tab. 1: Lernsituation aus dem Curriculum der Evanglischen PflegeAkademie.

Lernfeld „Lernen lernen"
Lernsituation „In der Ausbildung eigenverantwortlich lernen"

- Einführung in das Thema „Lernen lernen"
- Reflexion des bisherigen persönlichen Lernwegs, persönliche Einstellung zum Lernen, Einstellung zum Lernen im Erwachsenenalter, Stärken, Schwächen, positive/negative Lernerfahrungen
- Was ist Lernen? Lernen Erwachsene anders?
- Grundlagen des Lernens im Sinne des Konstruktivismus, Lerntheorien
- Lernmotivation, Nah- und Fernziele, eigenes Belohnungssystem, Lehr-Lernvereinbarung, Beratungszeiten zum Lernprozess, Lernpatenschaften
- Lerntagebücher, Portfolio
- Lernhemmnisse, Lernblockaden
- Lernorganisation, positive Rahmenbedingungen an Lernorten: zu Hause, Lernort Schule und Praxis
- Lerntypen

Des Weiteren ermöglicht das Lerntagebuch Praxis, die theoretischen und praktischen Ausbildungsblöcke anhand von Leitgedanken zu reflektieren (siehe Tab. 2). Diese Art von Reflexion wird am Lernort „Schule" geübt. Die Reflexionseinheiten sind im Curriculum unter der Lernsituation „Handlungsspielräume erkennen, um theoretisches Know-how umzusetzen" definiert und durch den Stundenplan festgelegt.

Tab. 2: Leitgedanken zur Reflexion aus dem Lerntagebuch Praxis der Evangelischen PflegeAkademie.

Reflexion der theoretischen Lerneinheit	Reflexion der praktischen Lerneinheit
Ich habe Neues gelernt in Bezug auf …	Ich habe Neues gelernt in Bezug auf …
– mich als Person	– mich als Person
– fachliche Inhalte	– fachliche Inhalte
– mein Pflegeverständnis	– mein Pflegeverständnis
Ich möchte im folgenden Praxisblock anwenden … Meine Lernziele für den folgenden Praxisblock sind …	Ich war zufrieden bzw. unzufrieden mit … Zufriedenstellendes lässt sich wiederholen, wenn …
Ich werde an folgenden Inhalten weiterarbeiten …	Für meine Probleme erkenne ich folgende Lösungsstrategien …

5.1.2 Lernbegleitheft Praxis

Ergänzt wird das Lerntagebuch Praxis durch das Lernbegleitheft Praxis mit Lernaufgaben für die praktische Ausbildung. Ziel ist hier die Förderung des

Theorie-Praxis-Transfers. Die Lernenden haben die Möglichkeit, das Gelernte aus der theoretischen Ausbildung in der Praxis zu üben und zu reflektieren. Alle Lernaufgaben sind mit den Lernsituationen der theoretischen Ausbildung verbunden, sodass die Lernenden das in der Schule Gelernte mit konkreten Lernsituationen der Praxis verknüpfen können. Die Lernaufgaben unterscheiden sich in Beobachtungsaufträge und Arbeitsaufträge. Beobachtungaufträge beziehen sich auf die Beobachtung bestimmter Situationen oder Sachverhalte. Es ist keine Durchführung konkreter Pflegemaßnahmen damit verbunden. Er besteht immer aus einer Aufgabe, einer schriftlichen Situationsanalyse und einer schriftlichen Reflexion. Die Situationsanalyse und die Reflexion werden durch Leitfragen unterstützt. Arbeitsaufträge beziehen sich auf praktische Pflegesettings. Sie unterstützen Lernende bei der Gestaltung der Pflegesituation, indem die Arbeitsaufträge einen Rahmen für Analyse, Durchführung und Reflexion bieten. Diese können auch Grundlage einer praktischen Anleitung durch den Praxisanleiter sein (siehe Tab. 3).

Tab. 3: Exemplarische Lernaufgabe aus dem Lernbegleitheft Praxis der Evangelischen PflegeAkademie.

Arbeitsauftrag		„von 60 auf 140" – Vitalzeichenkontrolle
AJ1		LS 1a: Situationen im pflegerischen Kontext wahrnehmen, beobachten, dokumentieren
Schriftlicher Auftrag	Vorbereitung	Klären Sie im Vorfeld folgende Informationen ab: – die Indikation von Vitalzeichenkontrolle (Herzkreislauferkrankung …) – die ggf. medizinische Therapie – den Verlauf/die aktuellen Werte – die Faktoren, die die Messung beeinflussen
	Durchführung	– Beschreiben Sie die individuelle Vorbereitung des Bewohners bei den Messungen. – Beschreiben/Nennen Sie die Pulsfrequenz, den Rhythmus, die Pulsqualität. – Messen Sie den Blutdruck und dokumentieren Sie Puls und Blutdruck mit Zeitangaben.
	Reflexion	– Gab es Schwierigkeiten bei der Erhebung der Werte? Haben Sie aufgrund der Schwierigkeiten etwas bei dem Messverfahren verändert? – Welche Unterstützung würden Sie sich hier wünschen? – Welche Kriterien haben Sie bei der Wahl des Messorts berücksichtigt? – Welche Faktoren haben Sie bei der Vorbereitung des Bewohners zur Messung berücksichtigt? – Was konnten Sie bei dem Bewohner beobachten (z. B. kreislaufrelevante Symptome)? – Wo sehen Sie noch Übungsbedarf?

Tab. 3: (fortgesetzt).

Arbeitsauftrag	„von 60 auf 140" – Vitalzeichenkontrolle
Begleitung PAL	☑ Ja ☑ Nein (bitte begründen)

Rückmeldung PAL	Schüler(in)
	☑ assistiert bei der Durchführung
	☑ führt unter Anleitung durch
	☑ führt selbstständig durch, falls ja:
	   ☑ unsicher in der Durchführung
	   ☑ sicher in der Durchführung
	   ☑ routinierte Durchführung
	Bemerkung: _____
	Unterschrift PAL: _____

Durchführungszeitraum	3 Tage
Theorieunterricht	☑ hat stattgefunden ☑ hat nicht stattgefunden
Lernziel	– Lernende(r) kennt Indikationen zur Vitalzeichenkontrolle – Lernende(r) kann die Vitalzeichenkontrolle durchführen und dokumentieren – Lernende(r) bewertet die Vitalzeichen

Das Lerntagebuch–Lernbegleitheft Praxis soll die praktische Ausbildung der Lernenden unterstützen und den regelmäßigen Austausch zwischen Lernenden und Praxisanleitern anregen. Die regelmäßigen Gespräche werden dabei durch Leitgedanken strukturiert und dokumentiert (siehe Tab. 4).

Lernende werden angehalten, die Inhalte des Lerntagebuchs und Lernbegleithefts Praxis selbstständig anzuwenden. Dabei werden sie zu Beginn der Ausbildung von den Lehrenden und den Praxisanleitern intensiv unterstützt. Im Verlauf der Ausbildung übernehmen sie immer mehr die Verantwortung für den eigenen Lernprozess, der Unterstützungsbedarf wird geringer. Lernende erfahren eine persönliche Kompetenzentwicklung durch vernetztes Denken. Die Förderung ihrer Reflexionsfähigkeit in den beschriebenen Settings befähigt sie zunehmend, als „reflective practitioner" zu agieren, reflektierendes Innehalten wird Teil ihrer Handlung und erlaubt ihnen, diese bewusst zu gestalten.[24] Sie entwickeln und schärfen die Wahrnehmung ihres spezifischen beruflichen Handelns und der damit verbundenen Sichtweise auf Pflegesituationen. Gleichzeitig stärkt das Übernehmen der Verantwortung für den eigenen Lernweg die eigene Persönlichkeit.

---

24 https://paedreflex.wordpress.com/2012/10/30 reflective practitioner (letzter Aufruf: 25.02.2017).

Tab. 4: Leitgedanken zum Zwischengespräch aus dem Lerntagebuch Praxis der Evangelischen PflegeAkademie.

Zwischengespräch/Standortbestimmung im Lernprozess
– bisherige Entwicklung der vereinbarten Lernziele, neue Lernziele, aktueller Lernbedarf (Theorie-Praxis-Transfer aktueller Inhalte des zurückliegenden Schulblocks)
– Umsetzungsplan der Lernziele bzw. des Lernbedarfs
– Bearbeitung der Lernaufgaben, aktueller Stand
– Entwicklung des Lernenden
– Förder-/Verbesserungsmöglichkeiten des Lernenden

Eine weitere hervorragende Möglichkeit, Reflektion und berufliches Handeln zu verknüpfen sind die Praxisbegleitungen. Zudem erlauben sie den Lernenden sich im Theorie-Praxis-Transfer „auszuprobieren", da sie nicht den Begrenzungen des Pflegealltags unterliegen. Die Begleitung der Lernenden am Lernort Praxis stellt in der Regel den vom Zeitumfang größten Aufgabenbereich der Pflegepädagogen an Pflegeschulen dar.

5.2 Praxisbegleitungen

Lernende werden vier Mal pro Schuljahr im Umfang von jeweils mindestens sechs Unterrichtseinheiten von einer Lehrenden der Schule in der Praxis begleitet. Diese persönliche Eins-zu-eins-Begleitung der Lernenden ist eine großartige Gelegenheit, den Theorie-Praxis-Transfer bewusst zu gestalten und individuell zu reflektieren. Schwerpunkt der Praxisbegleitung ist die Gestaltung der direkten Pflege durch die Lernenden in der eigenen praktischen Ausbildungseinrichtung. Der jeweilige Schwerpunkt wird durch Aufträge, die in der Schule besprochen wurden, festgelegt. Die Rückmeldung der Lehrenden erfolgt im Rahmen eines Gespräches auf der Grundlage eines kompetenzorientieren Bewertungsbogens. Anhand des kompetenzorientierten Bewertungsbogens wird die Performance der Lernenden in fachlicher, persönlicher, sozialer und methodischer Hinsicht erfasst. Inhaltlich-fachliche, methodisch-strategische, sozialkommunikative und persönliche Lernbereiche werden gezielt beleuchtet. Somit wird der Lernende dahin geführt, sein Handeln nicht funktional, sondern als komplexes Handlungsfeld zu verstehen, das ihm Spielräume für verantwortliches und kreatives Gestalten von Pflegesituationen gibt. Beispielhaft sei hier der Bereich der Sozialkompetenz dargestellt (siehe Tab. 5).

Ergänzt wird der kompetenzorientierte Bewertungsbogen durch einen Reflexionsbogen, der den Lernenden bei seiner Reflexionsfähigkeit unterstützt. Der Lernende reflektiert zunächst selbstständig und schriftlich die Gestaltung der Pflege anhand folgender Aspekte: Beziehungsaufbau und Beziehungsgestaltung mit dem Pflegebedürftigen sowie die eigene Kommunikation; fachliche Aspekte wie das Know-how über die Durchführung der Pflegeinterventionen und das Hintergrundwissen,

Hygiene und Sicherheit sowie Einbindung von Prophylaxen und Pflegekonzepten. Last but not least geht es um die Reflexion des eigenen Pflegeverständnisses in dem konkreten Pflegesetting. Hier soll der Lernende darstellen, welches Menschenbild in der Pflegesituation sichtbar geworden ist. Dabei reflektiert er das ganzheitliche und kartesianische Menschenbild bzw. das biomedizinische Modell.

Tab. 5: Auszug au dem kompetenzorientierten Bewertungsbogen der Evangelischen PflegeAkademie zum Thema „Sozialkompetenz".

Sozialkompetenz	Kriterien
Der Lernende gestaltet interaktive Pflegesituationen unter Berücksichtigung der Kommunikationsmodelle	— nimmt Kontakt zum Pflegeempfänger auf
	— zeigt eine respektvolle, wertschätzende Grundhaltung
	— zeigt Interesse an anderen
	— zeigt Wahrnehmungs- und Einfühlungsvermögen
	— erfasst Spannungen sowie Bedürfnis nach Zuwendung und reagiert entsprechend
	— zeigt Umgangsform und Taktgefühl
	— orientiert sich bei der Gestaltung des Kontakts an den Bedürfnissen des zu Pflegenden
	— vermittelt Sicherheit
	— greift verbale und nonverbale Signale auf und reagiert darauf angemessen
	— spricht in ganzen Sätzen
	— drückt sich verständlich aus
	— wendet Fachsprache richtig an
	— setzt Fachsprache in Umgangssprache um

Eine besondere Form der Praxisbegleitung erfolgt an unserer Schule jeweils einmal im ersten und zweiten Schuljahr in Form einer „Lernwerkstatt".

Der Lernort Praxis bietet eine ideale Möglichkeit, in der Schule erlernte Inhalte in einem geschützten Rahmen zeitnah umzusetzen, bevor der Transfer unter den Bedingungen des Arbeitsalltags stattfindet. Das Angebot einer Lernwerkstatt fördert im Rahmen der Ausbildung den Theorie-Praxis- bzw. Praxis-Theorie-Transfer mit besonderem Augenmerk auf die Integration von Pflegeinterventionen in die individuelle und spezielle Pflegesituation unter Berücksichtigung der Beziehungsgestaltung. Zudem wird die persönliche Reflexionsfähigkeit der Lernenden unterstützt.

Das Projekt „Lernwerkstatt" basiert auf dem Konzept „In drei Schritten zur Handlungskompetenz". Dieses wurde von der Berufsfachschule für Krankenpflege Nürnberg der Diakoniewerk Martha-Maria Krankenhaus gemeinnützige GmbH Nürnberg entwickelt und in das Bundesmodellprojekt „Integrativen Pflegeausbildung" eingebracht, das in kollegialer Zusammenarbeit mit der Berufsfachschule für Altenpflege, Evangelischen PflegeAkademie der Hilfe im Alter gGmbH, Innere Mission München, durchgeführt wurde. Die Altenpflegeschule hat die Lernwerkstatt seit 2005 in den ersten beiden Ausbildungsjahren ihrer dreijährigen Altenpflegeausbildungen implementiert und weiterentwickelt. Im ersten Ausbildungsjahr erfolgt die Lernwerkstatt zum Thema „Planung, Durchführung und Evaluation präventiver Interventionen"; im zweiten Ausbildungsjahr steht der Bereich der Lebenszeitgestaltung im Fokus, der in der Altenpflege als Langzeitpflege eine besondere Bedeutung hat. Hier werden die Planung, die Durchführung und die Evaluation von biografieorientierten Aktivitäten in den Mittelpunkt der Lernwerkstatt gestellt.

Im Folgenden wird die viertägige Lernwerkstatt zum Thema „Präventive Interventionen" vorgestellt.

Die Lernwerkstatt wird unmittelbar nach dem Theorieunterricht der entsprechenden Lernsituation durchgeführt (siehe Tab. 6). Sie bezieht sich inhaltlich auf die im Unterricht erarbeiteten Inhalte und wird in einer kooperierenden stationären Pflegeeinrichtung durchgeführt.

Tab. 6: Lernsituationen aus dem Curriculum der Evangelischen PflegeAkademie.

Lernsituation „Theoretische Grundlagen präventiver Pflegeinterventionen verstehen"	Lernsituation „Präventive Pflegeintervention einüben"
Inhalte:	Inhalte:
– pathophysiologische Grundlagen des Atemsystems (Schwerpunkt „Pneumonie")	– Thromboseprophylaxe
– pathophysiologische Grundlagen der Haut (Schwerpunkt „Dekubitus")	– Kontrakturprophylaxe
– pathophysiologische Grundlagen des Bewegungsapparats (Schwerpunkt „Kontrakturen")	– Dekubitusprophylaxe
– pathophysiologische Grundlagen des venösen Rückflusses (Schwerpunkt „Thrombose")	– Pneumonieprophylaxe

Ein am Lernort Praxis vorbereiteter Lernraum bietet eine Möglichkeit, theoretisch erlernte Inhalte in einem geschützten Rahmen zeitnah umzusetzen, bevor die eigentliche Intervention mit Zupflegenden unter realen Bedingungen stattfindet. Ziel der Lernwerkstatt ist es, den Theorie-Praxis-Theorie-Transfer mit dem besonderen Augenmerk auf die Berücksichtigung der Individualität der Zupflegenden zu unterstützen. Dieser in den Einrichtungen zur Verfügung gestellte Lernraum ist mit verschiedenen Lern- und Demonstrationsmaterialien ausgestattet, die dazu dienen, die Lernenden auf mögliche reale Arbeitssituationen vorzubereiten. Hier findet die schriftliche und praktische Vorbereitung für eine pflegerische Versorgung von Zupflegenden, die verbale und im Rollenspiel dargestellte Reflexion sowie die Evaluation der durchgeführten Pflegeinterventionen statt. Für das Gelingen der Lernwerkstatt ist es notwendig, dass die stationären Pflegeeinrichtungen sowohl eine Pflegefachkraft pro Pflegestation, die punktuell für Rückfragen der Lernenden während der Lernwerkstatt zur Verfügung steht, als auch einen Praxisanleiter einplanen. Diese arbeiten eng mit zwei Lehrenden der Altenpflegeschule zusammen, um ca. 14 Lernende vor Ort bei der Gestaltung von Pflegesituationen zu unterstützen. Dies beinhaltet die Koordination aller beteiligten Akteure.

Am ersten Tag der Lernwerkstatt werden feste Lernendentandems gebildet. Im Anschluss erfolgt die Zuteilung eines Pflegebedürftigen. Die Auswahl treffen hierbei die Praxisanleiter in Absprache mit den Lehrenden unter Berücksichtigung des Ausbildungsstands. Um einen optimalen Informationsfluss zu gewährleisten, geben die Praxisanleiter Informationen über die aktuellsten und wichtigsten Hinweise zu dem jeweiligen Pflegebedürftigen an die Lernenden. Bei der anschließenden ersten direkten Kontaktaufnahme mit dem Pflegebedürftigen wird darauf geachtet, dass die Lernendentandems nicht auf sich allein gestellt sind, sondern eine bekannte Pflegekraft für kurze Zeit anwesend ist. Die erste Kontaktaufnahme soll genutzt werden, um sich kennenzulernen. Die Lernenden erstellen auf dem Wohnbereich eine pflegerische Informationssammlung und eine kurze Biografie zum ausgewählten Pflegebedürftigen. Hierzu ist es nötig, einen Einblick in die Unterlagen des Pflegebedürftigen zu erhalten. Anschließend treffen sich die Lernenden im Lernraum und klären offene Fragen. Die Lernenden analysieren den Pflegebedarf und stellen im Bereich „Pflegerische Prophylaxen" eine Pflegediagnose. Mit Unterstützung der Lehrenden planen sie die individuellen Pflegeinterventionen zum gewünschten pflegerischen Outcome für die Pflegebedürftigen. Im Lernraum folgt nach der Pflegeplanung die praktische Übung der geplanten prophylaktischen Pflegeinterventionen. Sinn und Zweck dieser Übung ist es, einerseits Unsicherheiten der Lernenden bei den Prophylaxen abzubauen und andererseits eine realistische zeitliche Einschätzung der prophylaktischen Pflegeinterventionen im Arbeitsablaufplan zu treffen. Bei der Schichtübergabe des von ihnen betreuten Pflegebedürftigen nehmen die Lernenden am ersten Tag teil und sprechen die geplante Pflege und ihren Arbeitsablaufplan mit dem beteiligten Pflegefachpersonal für den nächsten Tag ab. Zum Abschluss des ersten Lernwerkstatttags reflektieren die Lernenden ihre Eindrücke und Herausforderungen. Hierbei besteht die Möglichkeit, zusätzlichen Unterstützungsbedarf zu äußern.

Am zweiten Tag der Lernwerkstatt erfolgt als Erstes die praktische Durchführung der geplanten Pflegeinterventionen im Lernendentandem auf der Pflegestation, wobei ein Lernender Beobachtender ist und der andere Durchführender. Der Beobachtende hat den Auftrag, detailliert auf die pflegerischen Handlungen zu achten und diese zu protokollieren. Bei der Durchführung der Pflegeinterventionen werden die Lernenden durch die Praxisanleiter und die Lehrenden begleitet und betreut. Die Reflexion der Handlung findet unmittelbar nach der Durchführung im Lernraum statt. Die Rückmeldung geschieht anhand eines Rollentauschs. Der vorher Durchführende ist nun in der Rolle des Pflegebedürftigen und erfährt die unveränderte Durchführung an sich selbst, d. h. sowohl die Pflegehandlung als auch den Umgang mit dem Pflegebedürftigen. Die anderen Lernenden beobachten die einzelnen gespiegelten Situationen und beginnen die gespiegelten Gegebenheiten zu analysieren und zu evaluieren. Die Lehrenden moderieren die Rückmeldungen zu den widergespiegelten

Situationen und entwickeln gemeinsam mit der Gruppe verschiedene Varianten der Handlung, die reflektiert und auf ihre Eignung hin bewertet werden. Im Folgenden werden die Pflegeplanung und der Arbeitsablaufplan auf der Basis der gemeinsam gewonnenen Erkenntnisse überarbeitet und aktualisiert. Die Lernenden besprechen abschließend im Rahmen der Übergabe an das Pflegefachpersonal der Pflegestationen die durchgeführten Pflegeinterventionen und Veränderungen des Ablaufplans bzw. der pflegerischen Interventionen des nächsten Tages.

Der Ablauf des dritten Tages ist ähnlich wie der am Vortag. Lernende erweitern ihre Handlungskompetenz in der Pflege zum Thema „Prophylaxen" anhand evaluierter Pflegeinterventionen am Pflegebedürftigen. Dabei findet ein Rollentausch im Lernendentandem zwischen dem am Vortag Durchführenden und dem Beobachtenden statt. Reflexion und Evaluation erfolgen genauso wie am zweiten Tag.

Der Schwerpunkt des vierten Tages ist die kritische Evaluierung der bisherigen Pflegeplanung, die abschließende Durchführung der evaluierten Pflegeinterventionen am Pflegebedürftigen und die Evaluierung des pflegerischen Outcomes. Die Lernwerkstatt wird mit einer Abschlussreflexion der gesamten vier Tage beendet. Hierbei werden folgende Kernpunkte erfasst:
– Wurden die Erwartungen der Lernenden an die Lernwerkstatt erfüllt?
– Wurde die Zeit sinnvoll genutzt?
– War die Lernwerkstatt eine persönliche Herausforderung?
– Konnte das erlernte Wissen in die Praxis umgesetzt werden?
– Erhielten die Lernenden genügend Unterstützung durch die Einrichtung?
– Erhielt die Lernende genügend Unterstützung durch Lehrende?
– Gab es Erfolgserlebnisse? Welche waren das?

Alle Beteiligten der Schule und der Einrichtungen sind sich darüber einig, dass die Förderung und Nachhaltigkeit der verschiedenen Kompetenzen für die Lernenden in dieser Art der Vernetzung von Theorie und Praxis bestmöglich gelingen kann. Dies scheint den hohen organisatorischen Aufwand sowohl für die Lehrenden als auch für die Verantwortlichen in den Einrichtungen (z. B. Einbindung und Freistellung der Praxisanleiter, die Vorbereitung des Lernraums sowie die Bereitstellung der Arbeitsmaterialien für die Lernwerkstatt) eindeutig aufzuwiegen. Die nachfolgende tabellarische Übersicht fasst wesentliche Aussagen der Rückmeldungen von Lernenden aus den letzten Jahren zusammen (siehe Tab. 6).

Nachdem die Beschäftigung mit dem Lerntagebuch und Lernbegleitheft Praxis und der Lernwerkstatt im Rahmen der Praxisbegleitung die Bedeutung der Reflexionsfähigkeit und Handlungsorientierung für die Bildung eines beruflichen Selbstverständnisses aufgezeigt hat, wollen wir einen Aspekt in diesem Prozess nicht vernachlässigen, der aus unserer Sicht unverzichtbar ist: das Denken als kognitive Transferleistung sowie die Sprachfähigkeit. Die Überlegungen dazu beinhalten einen kurzen Exkurs in die ästhetische Bildung.

Tab. 7: Rückmeldungen von Lernenden nach einer Lernwerktstatt (eigene Darstellung).

Kompetenzbereiche	Kompetenzdimensionen in der Lernwerkstatt
Fachkompetenz	− Förderung der Fachlichkeit bezüglich der Einschätzung, der Auswahl und der integrativen Anwendung der erlernten prophylaktischen Maßnahmen − Förderung des hygienischen Vorgehens bei allen pflegerischen Tätigkeiten
Methodenkompetenz	− Förderung der Wahrnehmungs- und Beobachtungsfähigkeit, der Nutzung von Informationsquellen und der Anwendung von Pflegeassessments − Förderung der Problemlösungsfähigkeit, der Prozessorientierung, der Planungs- und der Dokumentationsfähigkeit; die praktische Umsetzung der Pflegeplanung trägt dazu bei, dass der Pflegeprozessgedanke weniger abstrakt und dadurch verständlicher wird.
Personalkompetenz	− Förderung der Kritikfähigkeit durch das angeleitete Äußern und Annehmen von konstruktiver Kritik von Lernenden untereinander − Förderung der Reflexionsfähigkeit durch die zeitnahen begleitenden Reflexionseinheiten im Demonstrationsraum
Sozialkompetenz	− Förderung der Offenheit gegenüber neuen Gegebenheiten; Lernende werden mit neuen Pflegebedürftigen, neuen Strukturen und neuen Abläufen konfrontiert. − Förderung der Teamfähigkeit durch die vielfältige Zusammenarbeit und den Austausch untereinander; positive Synergieeffekte ergeben sich beim Spiegeln der erlebten Situationen und der gemeinsamen Generierung von Handlungsalternativen und deren Durchführung ohne Zeitdruck.

5.3 Berufliches Selbstverständnis denken

Die meisten Lernenden blicken erstaunt, vielleicht auch verloren, wenn sie zu Beginn der Ausbildung mit Begriffen wie „Berufliches Selbstverständnis" oder „Pflegeperspektive" konfrontiert werden. Tatsächlich laden wir sie ein, das Terrain der beruflichen (Alten-)Pflege zu erkunden, das sie gerade betreten haben, und bieten uns quasi, da ortskundig, als Lotsen an. Viele Lernende haben jedoch wenig Zugang zu abstraktem Denken und Sprachprobleme stellen ein weiteres Hindernis dar. So braucht es seine Zeit, bis die Fremdheit und Bezugslosigkeit gegenüber einem Unterfangen wie „Grundlagen für ein berufliches Selbstverständnis entwickeln" beginnen, sich in Interesse und Betroffenheit zu verwandeln. Dabei sorgen die Lernenden, die ad hoc der Wegbeschreibung auf der Entdeckungsreise zur beruflichen Identität folgen können, dafür, dass niemand auf der Strecke bleibt oder gar der Lotse sich auf und davon macht.

Wir gehen davon aus, dass die Fähigkeit, pflegerisches Handeln verbal darzustellen, zu begründen und zu kommunizieren unverzichtbar für die Entwicklung und Darstellung eines pflegerischen Profils ist. Müller/Hellweg (2012: 580) kommen im Rahmen einer Befragung zu der Einschätzung, dass „den Pflegenden eine angemessene Sprache fehlt, um die zentralen Handlungsstrategien, Zielsetzungen und Inhalte ihrer Profession so auszudrücken, dass sie in der alltäglichen pflegerischen Arbeit sichtbar und fassbar werden." Sie konstatieren, dass diese „Sprachlosigkeit in Bezug auf die komplexen Aufgaben und differenzierten Handlungsstrategien, die den Pflegeberuf ausmachen", dazu führen kann, dass „das berufliche Selbstbewusstsein abnimmt". Wir stimmen dieser Einschätzung zu und gehen insofern darüber hinaus, als dass wir unsere Lernenden zudem befähigen wollen, den Anteil ihres beruflichen Handelns, der jenseits von Zweckorientierung und Strategien liegt, zu verstehen und in Worte fassen zu können. Damit führen wir sie in die Welt abstrakten Denkens.

In der „Lernsituation: Sich mit den Grundlagen beruflicher Pflege bekannt machen", die im ersten Schulblock stattfindet, erhalten sie einen Einblick in Themen, die im Laufe der Ausbildung im Detail behandelt werden und eine zentrale Bedeutung für ein berufliches Selbstverständnis darstellen: Menschenbilder in der Pflege, Verständnis von Gesundheit und Krankheit sowie Pflegeethik.

Um einen Zugang zu dieser für viele diffusen Wirklichkeit zu erleichtern, beschäftigen sie sich am Anfang der Lernsituation damit, ihr persönliches Menschenbild zu erkunden. Es steht ihnen dabei frei, sich alleine, mit einem Partner oder in einer Gruppe mit maximal vier Personen auf den Weg nach innen zu machen, um ihren Grundannahmen über das, was ein Mensch ist, als Bild, Gedicht oder in szenischer Darstellung im Außen Form zu geben. Es ist bemerkenswert, wie eine anfänglich große Skepsis sich während der Darstellung der Ergebnisse in eine freudvolle, gelöste Atmosphäre von hoher Aufmerksamkeit, Dichte und persönlicher Authentizität verwandelt. Die Lernenden sind erstaunt über das, was unerwartet in ihnen selbst und/oder ihren Ko-Lernenden schlummert. Sie bekommen Zugang zu ihrer eigenen Gestaltungskraft.

Grundsätzlich verstehen wir ästhetische Bildung als wichtiges Element innerhalb unseres Bildungsauftrags. „Sie vollzieht sich nicht nur als künstlerisches Werken oder bei kreativem Gestalten, sondern bei jeder Wahrnehmung und sinnlichen Erfahrung. [...] Fingerfertigkeit, räumliches Denken, Einfallsreichtum, Selbstaufmerksamkeit, unterschiedliche Kommunikationsformen und Kreativität (werden) gefördert und stehen als Transferwissen im pflegerischen Alltag zur Verfügung."[25] Aus unserer Sicht unterstützen diese Erfahrungsräume ein mehrdimensionales Agieren in Pflegesituationen.

Erfolgte in der oben erwähnten Lernsituation zu Beginn der Ausbildung eine Einführung in theoretische Bezugssysteme wie ganzheitliches und kartesianisches Menschenbild, biomedizinisches Modell, Salutogenese und ethische Prinzipien pflegerischen Handelns mit dem Ziel, Grundlagen für ein theoriegeleitetes

---

25 Vgl. Schulportrait Evangelische PflegeAkademie, Berufsfachschule für Altenpflege und Altenpflegehilfe (2017).

Pflegeverständnis zu legen, so stehen die Lernenden am Ende der Ausbildung vor der Aufgabe, relevante theoretische „Puzzleteile" der zurückliegenden drei Jahre zu identifizieren und in einen sinnvollen Zusammenhang zu bringen. Diese „Kür" vollzieht sich innerhalb der „Lernsituation: Ein theoriegeleitetes Pflegeverständnis festigen" und erfordert eine enge Begleitung des Trainers. Wir sind oft erstaunt, wie hoch auch am Ende der Ausbildung die Hürde noch ist, sich gedanklich auf der Metaebene mit der Pflege auseinanderzusetzen. Es ist eine Kunst und bedarf großer Aufmerksamkeit und nicht selten Anstrengung des Lehrenden, die Bereitschaft und das Interesse bei den Lernenden zu wecken, ein komplexeres theoretisches Konstrukt zu schaffen. In der Regel werden die Bemühungen jedoch belohnt. Ist das theoriegeleitete Pflegeverständnis einmal formuliert, scheinen die Puzzleteile tatsächlich an ihren Platz zu fallen, und eine Gesamtsicht auf die eigene berufliche Perspektive und Identität scheint sich eindrucksvoll zu offenbaren. Teil dieses Prozesses ist es, die Relevanz des Pflegeverständnisses für die Praxis und das eigene Handeln im beruflichen Alltag zu diskutieren. Dabei wird offensichtlich, dass die Lernenden hier ein mehr oder weniger großes Spannungsfeld erleben. Insgesamt scheint die gemeinsame Formulierung des theoriegeleiteten Pflegeverständnisses sie jedoch nachdenklich zu machen und anzuregen, sich rückzubesinnen und gleichzeitig klarer zu fokussieren. Es unterstützt sie dabei, sprachfähig zu werden, ihr pflegerisches Handeln jenseits strategischen Agierens zu begründen und nach innen und außen darzustellen.

6 Fazit und Ausblick

Mit unserem Beitrag verfolgen wir die Absicht, die Aufmerksamkeit auf die zentrale Bedeutung der Profilbildung der beruflichen Pflege zu lenken. Wir richten uns an alle, die im Bereich der Pflegebildung und Pflegepraxis tätig sind, sowie an sonstige Interessierte. Unsere langjährige Erfahrung in der Pflegeausbildung führt uns immer wieder vor Augen, dass berufliche Pflege tendenziell nicht nur von außen konturlos wahrgenommen wird, sondern der Pflegealltag häufig durch Zweckorientierung und eine funktionale Arbeitsweise geprägt ist, was quasi zur Entfremdung und Schwächung der eigenen Perspektive und Identität der Pflegenden führt. Dieser Reduzierung steht ein Pflegeverständnis, welches sich an den oben erläuterten hohen und komplexen Anforderungen der beruflichen Pflege orientiert, entgegen.

Wir haben dargestellt, dass ein Profil wesentlich auf der Grundlage einer beruflichen Identität entsteht und sehen die Entwicklung derselben als Kernaufgabe der Pflegeausbildung. Eine berufliche Identität zu entwickeln, heißt für uns, dass Lernende im Laufe der Ausbildung verinnerlichen, was berufliche Pflege ausmacht. Wir haben beschrieben, dass es unser Ziel ist, sie zu befähigen, komplexe und hochsensible Pflegesituationen wahrzunehmen und zu gestalten. Anhand von Beispielen wurde dargestellt, wie die Lehrenden der Berufsfachschule für Altenpflege der Evangelischen PflegeAkademie diesen Prozess initiieren und unterstützen. Dies setzt allerdings voraus, dass die Lehrenden selbst immer wieder ihr eigenes Berufsverständnis hinterfragen, denn gerade für sie gilt, Inhalte der Ausbildung so zu vermitteln, dass sie eine Facette beruflicher Pflege abbilden, d. h. kontextbezogen sind. Unser Beitrag möchte hier zur Sensibilisierung einladen.

Eine Stärkung der beruflichen Identität geht aus unserer Erfahrung mit der Stärkung der gesamten Persönlichkeit einher. Es ist bemerkenswert, welchen Weg viele Lernende in dem Zeitraum der dreijährigen Ausbildung zurücklegen! Das stimmt uns im Angesicht vieler Schwierigkeiten hoffnungsvoll. Trotzdem sehen und erleben wir das enorme Spannungsfeld zwischen scheinbar hohen und ehrenwerten Idealen und den Wirklichkeiten des Alltags, in dem sich die Lernenden und Lehrenden bewegen. Die Lernenden hier zu begleiten, ist eine nicht zu unterschätzende Aufgabe von Lehrenden an Pflegeschulen. Wir sind der Überzeugung, dass diese Problematik nur im Austausch und in der Zusammenarbeit mit dem Lernort „Praxis" gemeistert werden kann. Wir erleben hier die Nähe zu den Einrichtungen des eigenen Trägers als sehr hilfreich. Zudem bildet sich in Verbindung mit unserer Schule zunehmend ein Netz mit einzelnen langjährigen Kooperationspartnern, die sich ausdrücklich der Ausbildung der Lernenden am Lernort „Praxis" verpflichtet sehen. Auch das wirkt stärkend und motivierend.

Uns ist bewusst, dass nur am Rande auf die politische und gesellschaftliche Dimension innerhalb der beschriebenen Thematik Bezug genommen wurde. Zudem bleiben viele Fragen offen, u. a.: Warum ist es so mühsam, bei Lernenden ein Interesse für das Thema „berufliches Selbstverständnis" zu wecken? Warum scheint es gerade in der Pflege so schwierig zu sein, professionelles Handeln sichtbar und wahrnehmbar zu machen? Und last but not least: Wen interessiert überhaupt, was Pflege ist?

Gerade vor dem Hintergrund der letzten Frage möchten wir unser Thema als Postulat abschließend nachdrücklich betonen: Kein Profil ohne berufliche Identität!

Literatur

Dallmann, Hans-Ulrich; Schiff, Andrea (2016): Bedingungen einer guten Pflege. In: Heimbach-Steins, Marianne (Hrsg.): Jahrbuch für Christliche Sozialwissenschaften. Münster, S. 171–197.

Evangelische PflegeAkademie, Berufsfachschule für Altenpflege und Altenpflegehilfe (Hrsg.) (2017): Schulportrait.

Friesacher, Heiner (2015): Der Kern der Pflege. In: Die Schwester Der Pfleger 2/2015, S. 46–47.

Giese, Constanze (2016): Pflege zwischen Liebesdienst und Robotnik, unveröffentlichter Vortrag am 27.02.2016.

Hager, Christina (o. J.): Selbstreflexion. Pädagogische Hochschule Wien. URL: ectaveo.ch/Mediathek/2015/01/Hager_6.-Selbstreflexion-DE.pdf (letzter Aufruf: 21.02.2017).

Hilzensauer, Wolf (2008): Theoretische Zugänge und Methoden zur Reflexion des Lernens. Ein Diskussionsbeitrag. URL: bildungsforschung.org/index.php/bildungsforschung/article/download/77/80 (letzter Aufruf: 21.02.2017).

Lauber, Annette (2012): Pflegetheorien. In: Lauber, A. (Hrsg.): Grundlagen beruflicher Pflege. Stuttgart/New York.

Müller, Klaus; Hellweg, Susanne (2012): „Denn Sie wissen nicht, was wir tun". In: Reichenwald, Ralf et al. (Hrsg): Zukunftsfeld Dienstleistungsarbeit. Wiesbaden, S. 575–585.

Müller, Monika (2003): Inwiefern ist das Lerntagebuch dazu geeignet, die Selbstwahrnehmung und Reflexionsfähigkeit der Kinder im Hinblick auf Lernstand und Lernweg zu fördern? Examensarbeit. URL: http://www.dagmarwilde.de/bspde/exarbmuellerl03tgb.pdf (letzter Aufruf: 21.02.2017).

Panke-Kochinke, Birgit (2011): Berufliche Handlungskompetenz erwerben. Frankfurt am Main.

Schneider, Kordula (2013): Förderung der Reflexionsfähigkeit in Theorie und Praxis. Unterricht Pflege 3/2013. Brake.

Schreder, Gabriele (2010): Lerntagebuch. In: Reinhardt, V. (Hrsg.): Planung Politischer Bildung. Basiswissen Politische Bildung. Handbuch für den sozialwissenschaftlichen Unterricht, Bd. 5 von 6. 2. unveränderte Auflage. Hohengehren.

Sander, Kirsten; Schneider, Kordula (2001): Dorothea E. Orem: Selbstpflegemodell. In: Pflegemodelle, Pflegetheorien, Pflegekonzepte 7/2001, S. 16–23.

Sexl, Martin (2001): Pflege zwischen Kunst und Wissenschaft – Berufserfahrung und Probleme ihrer sprachlichen Formulierung in der Pflege. In: Pflege 14/2001, S. 85–91.

Siebert, Horst (2007): Vernetztes Lernen. Systemisch-konstruktivistische Methoden der Bildungsarbeit. 2. überarbeitete Auflage. Augsburg.

Stemmer, Renate (2003): Pflegetheorien und Pflegeklassifikationen. Pflege und Gesellschaft, 2/2003, S. 51–58.

Winter, Felix (2007): Fragen der Leistungsbewertung beim Lerntagebuch und Portfolio. In: Gläser-Zikuda, M.; Hascher, T. (Hrsg.): Lernprozesse dokumentieren, reflektieren und beurteilen. Lerntagebuch und Portfolio in Bildungsforschung und Bildungspraxis. Bad Heilbrunn, S. 109–132.

Internetquellen

URL: https://www.wiktionary.org/wiki/Profil (letzter Aufruf: 28.12.2016).

URL: http://www.duden.de/rechtschreibung/Profil (letzter Aufruf: 28.12.2016).

URL: https://www.wiktionary.org/wiki/Profil (letzter Aufruf: 28.12.2016).

URL: https://www.thieme-connect.com/products/ejournals/html/10.10.1055/s-2003-812665 (letzter Aufruf: 28.12.2016).

URL: https://duden.de/rechtschreibung/Identität (letzter Aufruf: 05.01.2017).

URL: https://merriam-webster.com/thesaurus/identity (letzter Aufruf: 05.01.2017).

URL: http://www.duden.de/rechtschreibung/Pflege (letzter Aufruf: 13.01.2017).

URL: https://www.rcn.org.uk/professional-development/publications/pub-004768 (letzter Aufruf: 17.01.2017).

URL: https://paedreflex.wordpress.com/2012/10/30 reflective practitioner (letzter Aufruf: 25.02.2017).

Johannes Kemser

Was einen guten Lehrer ausmacht

Nur eine Frage des Zeitgeists oder lohnenswerter Diskurs?

1 Anstelle einer Einleitung: ein rascher Blick in die Geschichte

Bevor wir die Qualitäten eines „guten" Lehrers[1] von heute beleuchten, werfen wir einen, wenn auch durch den hier vorgegebenen Rahmen begrenzten, Blick auf die Geschichte. Ein historisches Fenster zu öffnen ist v. a. deshalb sinnvoll, weil damit eine Brücke von früheren Sichtweisen zu aktuellen Standpunkten geschlagen wird. Ein historischer Rückgriff trägt zur Systematik der Betrachtung bei, denn die Gegenwart erschließt sich erst anhand des geschichtlichen Kontexts, d. h. erst aus dem, was war, ist der Zusammenhang mit dem Jetzt zu verstehen. Das Rad muss nicht jedes Mal neu erfunden werden, mag sich auch die Erkenntnis über gute Lehrer im Laufe der Zeit ändern.

Das Erste, was bei einem schnellen Blick auf das jeweilige gesellschaftliche Bild von Lehrern auffällt, ist, dass wir es zumeist mit einem Lehrerverhalten zu tun haben, wie z. B. in Literatur und Film, das lächerlich, zuweilen kritisch, manchmal beängstigend, wenig vorbildhaft, selten neutral dargestellt wird. Unzählige Beispiele ließen sich hier anführen, von denen an dieser Stelle ein paar wenige, zugegebenermaßen subjektiv ausgewählt und empfunden, geschildert werden. Anders ist es, taucht man in die eigene Erinnerung ein: Lehrer haben hier oftmals sehr klare Konturen. Oft erinnert man sich noch lange nach Beendigung der Schulzeit an die Namen einzelner Lehrer, mindestens aber an Eindrücke, wie „... der oder die war nett, sympathisch, gut oder schlecht".

Doch zurück zu allgemein bekannten Materialien: Eine der prominentesten Lehrerfiguren ist die des „Professor Unrat", der als Respektsperson seinen Schülern gegenüber ein zu Beginn des 20. Jahrhunderts typisches autoritäres Vorbildverhalten an den Tag legt. Erst als er der feschen Nachtklubsängerin Lola hoffnungslos verfällt, verfliegt seinen ihm anvertrauten Abiturienten gegenüber jedes pädagogische Vernunftverhalten im Winde des von Lola geprägten Rotlichtmilieus, das ihn unweigerlich in den Abgrund reißt. In der Verfilmung „Der blaue Engel" mit Emil Jannings als Professor Unrat und Marlene Dietrich als Lola wird dies in Bild und Ton eindrucksvoll

---

[1] Die ausschließliche Verwendung der männlichen Form „Lehrer" soll sprachüblich als geschlechtsunabhängig verstanden werden und zur besseren Lesbarkeit beitragen. Eine doppelte Verwendung von „Lehrer" und „Lehrerin" wird entweder als Zitat wiedergegeben oder weist im konkreten Fall auf eine ausschließlich weibliche Lehrperson hin.

DOI 10.1515/9783110500707-005

dargestellt. Das Lehrerverhalten von Unrat strotzt zunehmend vor Lächerlichkeit und Peinlichkeit und wird nahezu unerträglich, als er sich – auf Wunsch von Lola – zum gefiederten Hahn macht, indem er auf dem Boden kriechend sein Kikeriki vor sich hin krächzt. Er hat jede Würde, jegliche Achtung vor sich selbst und der Welt verloren.

Eine weitere Darstellung von Lehrerverhalten aus der Zeit der 1930er-Jahre finden wir im Klassiker „Die Feuerzangenbowle" mit so berühmten Szenen wie der Lehrerfrage „Wie heißen Sie?" und der Antwort „Pfeiffer mit drei f, eines vor dem ei, zwei nach dem ei". Für unser heutiges Verständnis einer Erstbegegnung zwischen Lehrer und Schüler stellt die dargestellte Filmszene eine komische Situation dar, die für die damalige Zeit jedoch keineswegs unrealistisch war. Man versteht heute allerdings nicht so recht, wie sich die – in Aufnahmen vom Publikum der Zeit dokumentierte – Fröhlichkeit und das prustende Lachen erklären lassen, außer man betrachtet den damaligen Zeitausschnitt. Fast zeitlos wirkt hingegen auch heute noch die Szene mit dem englischen „th": „the" – mit einem Bleistift zwischen den Zähnen soll der Schüler lernen, das „th" (ti-ejtsch) richtig auszusprechen. Er scheitert trotz mehrmaliger Versuche kläglich. Für solche Darstellungen eignet sich das Medium Film in hervorragender Weise. Die Lehrer in der „Feuerzangenbowle" sind zwar immer noch in der Tradition des 19. Jahrhunderts verhaftet, überwiegend männlich, tragen dunkle Anzüge, Schnauz- oder Vollbart. In der Regel wirken sie aus heutiger Sicht starr, eher statisch, und ihr Verhalten scheint unverrückbar das einzig Richtige zu sein. Der gute Lehrer hält an tugendhaften Prinzipien fest, in der nahezu selbstverständlichen Annahme, dass die Schüler nicht nur alle – aus nationalem Verständnis heraus – vermittelten Inhalte aufnehmen, sondern auch das Verhalten quasi exemplarisch abspeichern, um es zu einem späteren Zeitpunkt in das eigene Verhaltensrepertoire zu übernehmen. So imitieren Schüler und Studenten das Verhalten ihrer Altvorderen beispielhaft, indem sie allein schon äußerlich durch Anzug und Stehkragen, meist sogar mit Stöckchen, Alter als erstrebenswerte und würdevolle Kategorie respektvoll nachahmen. Heute ist es genau umgekehrt. Imitation und Identifikation geschehen eher über die Darstellung eines jugendlichen Habitus.

Ein anderer deutscher Filmklassiker stammt aus den späten 1950er-/frühen 1960er-Jahren, wieder mit Heinz Rühmann, diesmal allerdings nicht wie in der Feuerzangenbowle als Schüler Pfeiffer, sondern als Lehrer. Die Schulszenen spiegeln ihre Zeit wider und reflektieren mehr Gesellschaftskritik der Halbstarkengeneration nach dem Zweiten Weltkrieg. Der Fokus wird also auf die rebellierende Jugend der späten 1950er-Jahre gerichtet, die sich mit aufbäumender Energie, in erster Linie gegen die eigenen Eltern und Lehrer, nicht gegen das Establishment, wie in den späteren 1960er- und 1970er-Jahren, auflehnt. In „Der Pauker" erweist sich die Rühmann'sche Lehrerfigur als verständnisvoll, einfühlsam, dem Anliegen der jungen Rebellen nachspürend und auf den Grund gehend. Insofern wird hier über den Schulunterricht hinaus deutlich zu vermitteln versucht, dass ein guter Lehrer nichts anderes zu tun hat, als sich auch außerhalb der Schule um „seine" Schüler zu kümmern. So begibt sich der Pauker in das Milieu seiner Schüler, indem er mit ihnen gemeinsam ein schrottreifes Auto wieder fahrtüchtig macht. Eine aus der Zeit heraus verständliche und sinnvolle Freizeitbeschäftigung. Einzig der Titel „Der Pauker" ist doppelt interpretierbar, weil er einerseits einen strengen, ausschließlich auf Einpauken hin orientierten Unterricht suggeriert, andererseits das Lehrerverhalten außerhalb der Unterrichtsräume – einem väterlichen Freund mit pädagogischen Fähigkeiten und sozialem Integrationsbemühen gleich – sympathisch vor Augen führt, ganz im alternativen Verständnis der Nachkriegszeit eines guten Pädagogen und Jugendverstehers.

Bei den „Lausbubengeschichten" von Ludwig Thoma findet sich ein ähnliches schulmeisterliches Muster wieder. Thoma, Jahrgang 1867, speist seine Geschichten aus einer Zeit über Schule, insbesondere der Höheren Lehranstalt, die nur für jene bestimmt war, die aus gutbürgerlichem Hause, meist in Verbindung mit entsprechend materieller Absicherung kamen. Die spätere Verfilmung mit Hansi Kraus als Schülerprotagonisten, stammt aus den 1970er-Jahren und versucht durch übertriebenen Klamauk das im Grunde eher traurige Bild von Lehrerautoritäten (und im Film erstmals auch Lehrerinnen) weichzuspülen. Ausnahme ist meist ein Lehrerstar, zweimal dargestellt von Peter Alexander („Zum Teufel mit der Penne", 1968; „Hurra, die Schule brennt", 1969), dem es letztlich gelingt, das unflätige Schülerverhalten in konstruktive Handlungen umzufunktionieren. Im deutschen Spielfilm „Immer Ärger mit den Paukern" (1968, mit Roy Black) wird ein ähnliches Negativimage des gesamten Schulsystems durch ein unsägliches Verwirrspiel klamaukartig dargestellt. Die Kinobesucherzahlen schnellen bei diesem Schüler-Lehrer-Gaudium in die Höhe. Der wirtschaftliche Erfolg spülte vermutlich auch den Autoren Janne Furch und August Rieger Tantiemen in die Kasse, von den Einnahmen an den Kinokassen ganz zu schwiegen.

Viele Darstellungen versuchen, das der jeweiligen Zeit typische Lehrerbild widerzuspiegeln.[2]

Von deutlich weniger spektakulärer Publizistik zeugen die humorvollen Schüler-Lehrer-Erzählungen von Wilhelm Dieß (1884–1957), der mit hoher Wertschätzung allen Beteiligten schulischer Transaktion gegenüber das zu beschreiben imstande ist, was Humor kennzeichnet und eben nicht Klamauk, Witz oder Effekthascherei.[3] Nun mag man selbst entscheiden, welcher Form der Darstellung, ob Witz, Klamauk oder Humor, man eher zugeneigt ist, um sich ein Bild von Lehrkompetenz der Pädagogen und von „richtigem" Schülerverhalten zu machen. Dieß beschreibt einmal aus Sicht des Schülers die Lust an Bildung allgemein und die Last an Bildung im Speziellen auf anschauliche Weise, sodass man sich auch als Unbeteiligter vollständig in die Lernwelt des beginnenden 20. Jahrhunderts einfühlen kann. In der Stegreiferzählung „Der Schüler Stephan" beispielsweise wird dies augenfällig deutlich, einer kurzen,

---

2 Vgl. Filmreihe der Lausbubengeschichten nach Ludwig Thoma: „Die Lümmel von der ersten Bank", 1967, „Betragen ungenügend", 1972.
3 Vgl. Göttler, H. (Hrsg.) (2001): Wilhelm Dieß – Ein eigener Mensch. Der Schüler Stephan und wie wir das erste Mal Fußball spielten.

nur wenige Seiten umfassenden, aus dem Stegreif erzählten Schüler-Lehrer-Geschichte, in der es um eine Schulstunde „Altgriechisch" geht, in der 17-jährige Schüler bei einem „äußerst langweiligen" Lehrer abwechselnd und regelmäßig einschlafen.[4]

Von pädagogischem Interesse ist in der Erzählung „Wie wir das erste Mal Fußball spielten" das Lehrerbild an einem humanistischen Gymnasium in Niederbayern um die Jahrhundertwende vom 19. zum 20. Jahrhundert. So wurde damals der Sportunterricht vom Zeichenlehrer erteilt. Schon immer hat man, um zu sparen, Doppelunterricht verfügt. Im vorliegenden Fall war allerdings der Lehrer so übergewichtig, dass er selbst nicht turnen, schon gar nicht laufen konnte. Dies hat dazu geführt, dass er die Übungen, die die Schüler ausführen mussten und nach denen auch Noten vergeben wurden, aufgrund der eigenen Unbeweglichkeit nicht ausführen, sondern nur beschreiben konnte.[5] In der Erzählung wird im Kern die Interaktion zwischen Lehrer und Schülern darlegt, ohne es allerdings auch nur einmal auszusprechen. Auch am Ende der Geschichte wird nicht analysiert, abgerechnet oder kritisch hinterfragt, sondern es bleibt dem Leser überlassen, sich ein Bild über das Geschehen zu machen bzw. um über gelungene oder gestörte Transaktionen selbst zu reflektieren.

Aus eigener gymnasialer Schulzeit sind mir beim Nachdenken über gute Lehrer prägende Ereignisse im Gedächtnis geblieben, die mir präsent sind wie am ersten Tag. Ein Beispiel verbindet sich – nicht nur bei mir, sondern auch bei anderen Mitschülern,

---

4 So auch Stephan, als er aufgerufen wird, um mit der Übersetzung des Homer fortzufahren. Doch er will nicht aufwachen, weil allgemein der Schlaf pubertierender Schüler und speziell des Schülers Stephan offensichtlich derart von Geheimnissen umwittert ist, dass er nur durch einen Tritt ans Schienbein vom Tischnachbarn wach zu bekommen ist. Was dann passiert, ist liebevoll komisch, als Stephan nicht im Traum auf den Gedanken kommt, aufzustehen und zu übersetzen. Stattdessen pflegt er mit einem kräftigen Haha seinen Kopf zu heben, die Augen geschlossen zu halten und damit einen Witz, den der Lehrer gemacht hat, mit einem trockenen Lachen zu begleiten. Danach senkt er erneut seinen Kopf auf den rechten Unterarm. Der Lehrer begreift nichts, sondern blickt indessen mit großen runden Augen auf Stephan. Der Tischnachbar weiß, dass seine Aufgabe nicht leicht ist, Stephan über seine Pflicht zu informieren. Dieser glaubt nun bei erneutem Schienbeinrempler, nicht laut genug gelacht zu haben, und brüllt Haha in die Klasse, was ein tosendes Gelächter erzeugt. Schließlich steht Stephan doch auf und fährt mit hochrotem Kopf stockend mit der Übersetzung fort. Der Lehrer begreift nichts, sagt nur: „Es ist gut Stephan, setzen Sie sich!" Von interessanter Nachhaltigkeit ist allerdings der letzte Satz der Erzählung, die fröhlich beginnt, humorvoll gestaltet ist, dann aber unkommentiert mit dem ernüchternden, typischen Diess-Schlusssatz endet: „Der Stephan ist im Krieg gefallen."

5 Darin allerdings war er leidenschaftlich. Und so kam es, dass Schüler, die eigens im Hintergrund der um den Lehrer herumstehenden Klasse die beschriebenen Übungen heimlich ausprobierten. Bei einer dieser Übungen am Hochreck fällt ein Mitschüler von der Stange herunter und zwar auf den Schädel. Es kracht ungeheuer. Der Lehrer steht vor Schrecken bleich da. Der Schüler wird ins Krankenhaus gebracht. Indessen – und das macht erneut die gegenseitige Wertschätzung aus – trägt der Schüler keinen bleibenden Schaden davon. Der Lehrer ist danach noch vorsichtiger geworden und lässt die Schüler schließlich Fußball spielen. Diese Verantwortung nimmt er auf sich. Gleichwohl umgibt ihn, schon als er die Klasse in zwei gegnerische Parteien einteilt, eine gewisse Ahnung, sodass er diesen Versuch nach dem ersten Mal niemals mehr wiederholt.

wie sich auf Klassentreffen herausstellte – mit unserem Deutschlehrer, der uns in der zehnten Klasse als 16-Jährige übernahm. Er kam am ersten Tag einige Minuten zu spät, gefühlt mindestens eine Viertelstunde, was unseren pflichtbewussten Klassensprecher dazu veranlasste, in das Lehrerzimmer zu gehen und nachzufragen, wo unser neuer Klassleiter denn bleibe. Dann kam Herr Maier (Name geändert), die Tür hinter sich zuschlagend, in das Klassenzimmer gestürzt, die typisch flache Ledermappe auf das Pult werfend und sich auf das Tischeck des Lehrerpults setzend. Sein erster Satz war: „Meine Herren ...“ – wir wurden erstmals gesiezt, was zwar schon vorher die Runde machte, aber uns dennoch in diesem Moment stolz erschreckte – „... ich habe genauso wenig Lust wie Sie, heute bei dem schönen Wetter hier zu sein.“ Damit hat er sich sofort auf Augenhöhe zwischen Lehrer und Schüler Respekt verschafft, die für uns verblüffend angenehm war, weil wir sie so nicht kannten. Er hat aber genau damit unser sonst übliches widerständiges Verhalten gegen Lehrer im Zaum gehalten. „Aber es nützt ja nichts. Wir werden Deutsch miteinander machen. Übrigens: Haben Sie einen Lieblingsautor?“ „Borchert – Draußen vor der Tür“ traute sich einer, ihm zuzuwerfen. „Gut, dann wird das unsere Lektüre für die nächste Zeit sein“. „Und sonst, gibt es weitere Vorschläge?“ Stille. Und es wurde ein Deutschunterricht der besonderen Art. Es war der Wunsch der Schüler, den Lesestoff selbst zu bestimmen, weil man davon in amerikanischen Filmen gehört hatte und der junge deutsche Autor, Wolfgang Borchert, der schon mit 26 Jahren gestorben ist und der deshalb für uns 16- und 17-jährige Schüler eine magische Nähe darstellte, zudem etwas Heldenhaftes ausstrahlte. Mit unserer Realität der Nachkriegsgeborenen hatte dies allerdings nur insofern etwas zu tun, als wir durch die erlebte Nähe zu unseren Vätern genau über die Kriegsgeschehnisse Bescheid wussten. Der Lehrer spürte die Vorbildfunktion dieses deutschen Autors, die einem auf diese Weise schnell und symbiotisch zugänglich wurde. So waren die Leistungen der Schüler im Schnitt gut bis sehr gut, die Beteiligung hervorragend, weil wir das ganze Drama in verteilten Rollen spielen durften, zuerst in der Klasse, am Schuljahresende sogar auf der Bühne. Wir ernteten großes Lob, und einige Lehrer erkannten an ihren Schülern Eigenschaften, die sie zuvor weder gesehen, noch ihnen zugetraut hatten. Schließlich traf die Klassenfahrt mit dem Deutschlehrer, die in der letzten Woche vor den Sommerferien nach Frauenau im Bayerischen Wald führte, den positiven Nerv von uns Schülern. Freiheiten wie Biertrinken, Kartenspielen, spät ins Bett gehen dürfen und reichlich Diskussionen über aktuelle Themen stärkten die Klassengemeinschaft. Beachtlich dabei ist, dass der Lehrer – wahrscheinlich geplant – Unterrichtsthemen dabeihatte, die für einen integrierten Unterricht erforderlich sind, wie beispielsweise „Nachtwanderung bei einem Deutschthema“ mit anschließender Auswertung im Schullandheim in lockerer Runde.

Was ist diesem Deutschlehrer gelungen, das anderen Lehrern nicht gelingt? Und was ist quasi als zeitlose Erkenntnis einzustufen?

Das Erste, was dazu einfällt, ist, dass der Lehrer die Bedürfnisse seiner Schüler genau eruiert hat und dann auf uns unter Berücksichtigung des zu vermittelnden

Stoffes weitgehend eingegangen ist. Dass dabei ein Lehrer die Struktur seiner Klasse kennen muss, ist nicht selbstverständlich, aber für Empathiefähigkeit unabdingbar, ebenso ein Wissen um das biografische Grobraster der einzelnen Schüler und ihrer familiären Hintergründe. Damit stellt der Lehrer die Klasse als System in den Globe des Schülers. Der Lehrer selbst ist Teil des Ganzen und fügt sich mit ein, indem er versucht, die Sicht des Schülers nach der Methode des Alter Ego einzunehmen.

Als Zweites wird deutlich, dass die Auswahl des Stoffes nicht beziehungslos aus dem Setting des vorgeschriebenen Curriculums getroffen werden muss. Sie hat sich vielmehr in den Erwartungshorizont der Schüler einzufügen. Günstig ist eben gerade, wenn Erwartungen der Schüler und Erfahrungen des Lehrers einigermaßen deckungsgleich sind. Das heißt also, dass Schülererwartungen in der Regel nicht immer identisch sind mit dem, was der Lehrplan vorsieht. Und es heißt andererseits, dass ein Lehrer diese Kenntnis als Erfahrungsschatz dann einsetzt, wenn ihm seine emotionale Intelligenz den geeigneten Zeitpunkt eingibt. Das Beispiel „Wolfgang Borchert" zeigt, dass sich hier die Kriterien Erwartung und Erfahrung offensichtlich punktgenau getroffen haben.

Leider ist der Lehrer früh gestorben, sodass niemand weiß, was aus ihm als reifer Lehrer mit vielen Berufsjahren geworden wäre.

Es soll aber nicht versäumt werden, auch auf schwierige Lehrer bzw. schwierige Situationen hinzuweisen. Eine der schwierigsten Situationen für Schüler ist immer der zynische Lehrer, der Schüler – aus welchen Gründen auch immer – nicht mag. Eine Person also, die ausschließlich abwertend und behindernd mit den Leistungen seiner Schüler umgeht. Dies ist keine Frage der historischen Zeit, sondern eher die einer grundlegenden Lehrer-Schüler-Haltung. Wie sonst lässt sich erklären, dass die Frage eines Lateinlehrers an einen seiner Oberstufenschüler lautet: „*Kann* er nicht oder *will* er nicht?" Nicht nur die Anrede in der dritten Person, sondern allein die Unterstellung der Alternative zwischen Nichtkönnen und Nichtwollen macht deutlich, dass der Lehrer grundsätzlich nichts von dem Schüler hält, geschweige denn an seine Lernfähigkeit glaubt. Dass mir selbst auch ein Lehrer dieser Art begegnet ist, dessen umfassendes Geschichts- und Lateinwissen mir heute zwar noch imponiert, nimmt der Aussage nichts weg, bestätigt sie eher noch. Was es heute allerdings und hoffentlich in keiner Schule mehr gibt, ist ein nach dem Gusto des Lehrers erweitertes Notensystem, ausgedehnt auf 7er-, 8er- und 9er-Noten, auch wenn möglicherweise der einzelne Lehrer meint – und es vielleicht auch begründen könnte – das herkömmliche Notenspektrum von 1 bis 6 reiche für manche Schüler nicht aus. Nach diesem System werden Schüler gelobt, wenn sie sich von einem 8er oder gar von einem 9er auf einen 7er oder 6er „verbessert" haben. Auf das Zeugnis hat ein derart eigenmächtiges Vorgehen natürlich fatale Auswirkungen. Wenn eine solche Initiative nicht von der Schulleitung sanktioniert wird, müsste es zumindest der Schulaufsicht auffallen, dem Kultusministerium gemeldet und von dort unterbunden werden, was aber nicht heißt, dass das gültige Notenspektrum von 1 bis 6 auf ewig untadelig wäre. Nur Eltern haben im Prinzip eine reale Einflussmöglichkeit, nicht nur zu erfahren, was im Unterricht und in der Klasse geschieht, sondern über Elternabenddiskussionen direkte Fragen und Argumente einzubringen, gegebenenfalls Anträge auf Änderungen und Abhilfe zu stellen, Beschwerden an die Schulleitung zu richten oder im Falle, dass nichts geschieht, auch über eine Dienstaufsichtsbeschwerde einen Schritt weiterzugehen. Manch starke Schul- und Landeselternverbände haben auf diese Weise schon Änderungen bewirkt.[6]

Warum befassen sich die Medien ausgesprochen selten und zurückhaltend mit diesem Empowerment? Die Erklärung dürfte relativ einfach sein: Einerseits geht es den Medien vielfach nicht um die Darstellung der Wirklichkeit, sondern häufig mehr um die Erzeugung der Wirkung. Andererseits werden Eltern meist erst dann tätig, wenn das eigene Kind auf irgendeine Weise mit den schulischen Anforderungen nicht zurechtkommt, schlechte Leistungen erzielt oder durch sein Verhalten auffällig wird. Mit diesem Fehlverhalten im Rücken sind Eltern von vornherein in einer schwachen Position, werden durch ihr eigenes schlechtes Gewissen zur Zurückhaltung gemahnt. Strukturelle Ursachen traut man sich nicht anzunehmen oder zu artikulieren, Aufbäumen oder gar Widerstand stellen sich in solch einer Situation als No-Go dar. Von daher haben Elternverbände eher eine politische Feigenblattfunktion, dienen sie doch überwiegend solchen Eltern, deren Schüler ohnehin gute Leistungen in der Schule erbringen und ein tadellos angepasstes Schülerverhalten vorweisen. Dennoch gibt es sie, und wenn man ihre Genese betrachtet, haben sie bei allen föderalen Unterschieden der Bundesländer nicht nur ihre Berechtigung im Sinne der Mitverantwortung von Eltern (nicht Mitbestimmung!), sondern auch ihre Gründungsgeschichten, die meist auf gesellschaftlichen oder kulturellen Unstimmigkeiten beruhen.[7]

Doch zurück zum oben geschilderten Verhalten des Lateinlehrers mit den eigenmächtig eingeführten Notenstufen 7, 8 und 9. Welch ein Unterschied zum zuvor dargestellten Deutschlehrer, der sich selbst als Lernender betrachtete, eigene Fehler zuließ und darüber allenfalls lachte! Dieser trat mit eigener Lernbereitschaft, Neugier und Wissbegierde seinen Schülern gegenüber, jener ausschließlich mit eigener Strenge und ohne jegliches Einfühlungsvermögen.

Welche Situationen stellen sich als die schwierigsten für Lehrer dar? Darauf wird in Kapitel 2 ausführlich eingegangen.

---

6 So gibt es in Bayern beispielsweise die Landeselternvereinigung (LEV), die Eltern bei allen Schulproblemen ihrer Kinder und die Elternbeiräte bei der Wahrnehmung ihrer Aufgaben berät. Die LEV vertritt Elternanliegen im Bayerischen Kultusministerium, bei der Bayerischen Staatsregierung, im Landesschulbeirat und in Gesprächen mit Abgeordneten des Bayerischen Landtags. Sie führt darüber hinaus regelmäßig Gespräche mit dem Staatsinstitut für Schulqualität und Bildungsforschung (ISB), mit dem Bayerischen Philologenverband und anderen Lehrerverbänden, mit Elternverbänden und mit Vertretern der Hochschulen und der Wirtschaft.

7 So entstand beispielsweise der Bayerische Elternverband (BEV) 1968 im Zusammenhang mit dem Volksbegehren gegen die Konfessionsschule in Bayern. Heute vertritt der Verband Eltern aller Schularten und ist weder politisch noch konfessionell gebunden.

2 Schwierige Situationen oder der alltagssprachliche Umgang mit einem „guten Lehrer"

Würde man eine Umfrage unter Passanten auf der Straße durchführen und sie danach fragen, was ihrer Ansicht nach ein guter Lehrer sei, bekäme man vermutlich zu hören, derjenige sei ein guter Lehrer, der den Umgang mit schwierigen Schülern am besten zu meistern imstande sei. Denn: „Die Aufgabe, Schüler mit deutlichen Beeinträchtigungen im Erleben und Verhalten mit anderen Schülern zu unterrichten, gehört zu den am schwersten zu lösenden Problemen." (Götze 2007: Heft 1)

Folgende These soll die Problematik auf den Punkt bringen: Es gibt weder schwierige Schüler, noch schwierige Lehrer, allenfalls schwierige Situationen. Wenn es nur *schwierige*, d. h. außergewöhnliche Situationen gibt, müsste es auch *normale* Situationen geben. Aber gibt es auch normale Lehrer – bzw. normale Schüler? Wer ist schon normal? Normal sei, wer ohne Beschwerden leben kann und wer lebt, wie es die Gesellschaft erwartet, sagen Petermann und Egger und sprechen dabei von der „Idealen Norm".[8] Im Medienalltag wird oft von der statistischen Norm gesprochen. Danach ist normal, „wer der Mehrheit aller Personen angehört".

Bezüglich unserer Frage scheint jedoch die funktionale Norm, wer seine Aufgaben erfüllen kann, von entscheidender Bedeutung zu sein. Kann also die funktionale Norm mit der eines guten Lehrers gleichgesetzt werden? Wahrscheinlicher ist, die verschiedenen Normbegriffe miteinander zu verknüpfen und daraus den guten Lehrer herauszulesen.

Bei der Frage nach einem normalen Lehrer denkt man zunächst an einen der allgemein bildenden Grundschule, vermutlich eher noch an die „Volksschule", weil wohl die ersten Schuljahre in der Sozialisation die prägendsten sind. Erst nach Absolvierung der Grundschule folgt der Übertritt in eine weiterführende Schule, in die Mittelschule, die Realschule oder auf das Gymnasium. Gelingt dieser erste Übertritt, dem vielleicht später noch weitere folgen, so sind jene Schritte fest eingeprägt in das eigene biografische Schulgedächtnis. Vermutliche Gründe sind einschneidende Erfolge oder auch Misserfolge. Infolgedessen verbindet man mit einem Lehrer meist nachhaltige Verhaltensweisen, sofern sie zum Erfolg bzw. Misserfolg beigetragen haben. Vielleicht schwärmt man auch erstmals für den eigenen Lehrer oder die Lehrerin, spätestens mit beginnender Pubertät, längstens bis zu ihrem Ende, glorifiziert ihn oder schmachtet ihn oder sie an. Eine Schwärmerei kann selbstverständlich auch ins Gegenteil umschlagen und den Blick trüben. Schüler sind dann wie blind und ihr Urteil über den Lehrer hat nichts mit einem überprüfbar „guten" Lehrer zu tun. Von

---

8 Zitiert nach Petermann, F. et al. (2002): Klassifikation und Epidemiologie psychischer Störungen, in: Ders. (Hrsg.): Lehrbuch der Klinischen Kinderpsychologie und -psychotherapie.

hoher Nachhaltigkeit sind allerdings Lehrerpersönlichkeiten, die schicksalhaft in die jeweiligen individuellen Lebensumstände hineinwirken. Wenn dem so ist, dann können Schule oder Schulabschnitte als besondere Ereignisse im Lebenslauf bezeichnet werden.

Halten die Institutionen zudem noch einem besonderen Druck, z. B. hoher Notenerwartung vonseiten nahestehender Personen wie Eltern oder Elterngruppen, stand, dann fließt auch die damit in Verbindung gebrachte Lehrperson in diese ereignisreichen Biografien positiv oder negativ mit ein. Andererseits schafft es ein guter Lehrer, sowohl soziale Distanz als auch emotionale Nähe zu seinen Schülern herzustellen und beides in einer ausgewogenen Balance zu halten. Diese Balancierung von Nähe und Distanz stellt bekanntlich eine hohe sozialpädagogische Kompetenz dar. Oder wie es Gerhard Höhle formuliert, gelingt es den „guten Lehrerinnen und Lehrern", die Balance zwischen den curricularen Anforderungen und der Förderung der Kompetenzen der Kinder und Jugendlichen vor dem Hintergrund ihrer subjektiven Ausgangslage herzustellen.[9]

Obwohl diese Ausgewogenheit leider nur selten erreicht ist, wird bedauerlicherweise das Problem nach wie vor wenig diskutiert. Für Schüler ist die gelungene Herstellung emotionaler Nähe und damit die Bereitung des Bodens für die Entfaltung ihrer Kompetenzen ein besonders positives Merkmal der Lehrer-Schüler-Interaktion. Für Eltern hingegen kann auch dies wiederum problematisch sein, bedeutet doch eine offensichtlich zu große Nähe des Lehrers zum Schüler zuweilen eine Herbeiführung pädagogischer Abhängigkeit und somit ein Ausnützen für unerlaubte Grenzüberschreitung. Aus professioneller Sicht ist allerdings der Aufbau einer lernenden Beziehung mit dem Ziel, Fähigkeiten herauszulocken und freizusetzen, überhaupt nur so, also mit emotionaler Nähe, möglich und herstellbar. Dass diese auch die Quelle einer Beziehungsfalle zwischen Abhängigen sein kann, liegt in der Natur der Sache und bedeutet, damit besonders aufmerksam und verantwortungsvoll umzugehen. Doch zur Nähe gehört notwendigerweise immer auch Distanz. Allerdings ist soziale Distanzierung das schärfste Disziplinierungsmittel, das einem Pädagogen zur Verfügung steht. So bleibt der „gute" Lehrer allemal derjenige, dem es gelingt, Nähe und Distanz *gleich gültig* zu gewichten, ohne *gleichgültig* zu sein. Man darf getrost sagen, dass das, was man aus jeglicher Form schulischer Vermittlung als relevant betrachtet, immer von der Lehrperson und ihrer Fähigkeit zur Balancierung der beschriebenen Eigenschaften abhängt. Selbst ein komplexer Stoff oder ein komplizierter Gegenstand ist dann nachhaltig, bleibt also hängen, wenn er die Ausgewogenheit Nähe und Distanz berücksichtigt. Ist der Vermittelnde in der Lage, den Stoff auch noch interessant zu vermitteln, dürfte man auf der richtigen Spur zum „guten" Lehrer sein.

---

9 Zitiert nach Höhle, G. (2014): Was sind gute Lehrerinnen und Lehrer? In: Band 20 der Schriftenreihe „Theorie und Praxis der Schulpädagogik".

Doch auch das „Umkippen" von Sympathie für den Lehrer kann fatale Folgen haben, wenn Schüler laut stöhnen „Ach, schon wieder Sie …!", was noch zu den harmloseren Schülersätzen zählt. Da klingt es schon sehr viel härter und unverschämter, wenn die Äußerung lautet: „Sie können mich mal!". Noch schlimmer sind die aus Lehrerwitzen bekannten Zynismen. „Egal wie leer Sie sind – es gibt auch Lehrer!". Oder der bekannteste: „Gott weiß alles, Sie wissen alles besser!", wobei man diesen Satz auch positiv konnotieren könnte. Wie soll ein Lehrer auf solche Anwürfe reagieren? Im Grunde kann er sich nur an die – aus der Ambiguitätstoleranz bekannte – einzig in diesen Fällen sichernde Fähigkeit halten, indem er antwortet: „Wenn Sie meinen …!?" Alles andere wird ihn in seinem Ansehen zugrunde richten, denn: Wenn er darauf eingeht, geht er ein!

Eines von wenigen wirklich gelungenen Beispielen eines „guten" Lehrers, das mir dazu einfällt, stammt aus dem Physikunterricht der 11. Klasse im Gymnasium. Wir bekamen eine junge Lehrerin für die Fächer Mathematik und Physik. Diese beherrschte vom Fachlichen her alle beiden Disziplinen aus Schülersicht gleich souverän. In Mathematik blieb bei uns so gut wie nichts hängen, was sich an den durchwegs schlechten Noten zeigte. Für die Lehrerin kein gutes Zeichen! In Physik überraschenderweise – beim Thema „Physik der Sonne" – konnte die Lehrerin bleibend punkten. So ist mir aus ihrem damaligen Unterricht irgendwie hängengeblieben, dass die Entfernung zur Sonne 390 Mal weiter ist als die Entfernung zum Mond. Es kommt vor, dass Materie, z. B. Kometen, die sich der Sonne nähern, von ihr verschluckt werden, in sie stürzen und schlagartig verglühen.[10] Gewiss kann man heute alles, so auch diese Wissenslücken, schnell und problemlos googeln. Was man aber schwerlich im Internet nachschlagen kann, ist der gelebte pädagogische Bezug, der z. B. bei dieser Lehrerin, die sonst eher als unnahbar und kantig gegolten hatte, stark geprägt war von einer doch gelungenen Nähe zu ihren 17-jährigen Schülern und gleichzeitig von einer emotionalen Distanz, die interessanterweise faszinierte. Diese Mischung hat ihre Wirkung nicht verfehlt. Was hatte die Lehrerin, dass wir als Schüler ihren Stoff verstanden? Da war zunächst ihre für uns fremde Art, umgeben von einer geheimnisvollen Aura, Schülern das Gefühl der Wertschätzung zu geben, mit der allein sie uns schnell gewinnen konnte. Sie war sechsundzwanzig, wir waren durchschnittlich siebzehn. Sie kam aus der ehemaligen DDR über einen normalen Ausreiseantrag (was schwierig genug war!). Und sie sah nach einstimmiger Schülermeinung gut aus. Mit diesen wenigen Attributen übertraf sie bereits unsere Erwartungen und musste nicht viel dazu beitragen, den maskulinen Nerv junger Männer zu treffen. Dazu kommt, dass sie uns eben nicht mit Detailwissen überfrachtete, sondern in ihrem Fach Physik als Erstes den Bezug zur Natur herstellte. So ist es auch dieser Lehrerin zu verdanken, dass wir erkannten, selbst ein

---

10 Vielleicht entspricht die Richtigkeit der Materie nicht exakt den heute bekannten Erkenntnissen. Sie wurde entsprechend spontan niedergelegter Notizen dokumentiert.

Teil der Natur zu sein. Erst wenn wir also Natur, ihre Teile und ihre Gesetze verstehen, verstehen wir auch uns selbst. Das zündete. Von der Begierde getrieben, etwas über unsere eigene Identität zu erfahren, nahmen wir diesen Hinweis dankbar und neugierig auf, wenn er sich uns auch erst viel später erschließen sollte: Natur als existierendes Selbst.

Der Lehrerin ist schließlich gelungen, die Beziehungsebene zwischen sich und ihren Schülern nicht überzubewerten, sie aber als bestimmendes Element für bleibende Inhalte zu erkennen.

Ein anderer Lehrer hatte es dagegen – obwohl er dieselbe Klasse, ebenfalls in naturwissenschaftlichen Fächern, nämlich in Biologie und Chemie, unterrichtete – deutlich schwerer. Bei ihm schlugen all die Vorurteile, die einen etwas verschwurbelten Chemielehrer im weißen Kittel umgeben, voll durch. Er vermittelte auf merkwürdige Weise die absolut hochgradige Bedeutung chemischen Detailwissens, ohne das Schülerinteresse dafür vorher zu eruieren.[11] Diese Methodik des Unterrichtens könnte heute vermutlich auch ein Lehrroboter übernehmen.

Wenn also keinerlei Beziehung zu den Bedürfnissen der Schüler hergestellt wird, bleibt der zu vermittelnde Inhalt uninteressant, distanziert und langweilig. Er provoziert hingegen hinterhältige Aktionen.

Die Frage nach guten Lehrerinnen und Lehrern wird auch in der Literatur immer wieder gestellt. So stellt Höhle (2014) fest, dass gute Lehrerinnen und gute Lehrer vor jeweils anderem Hintergrund anders zu definieren sind – jede Zeit und jede Lerngruppe hat ein anderes Verständnis vom „Guten im Lehren".[12]

Gute Lehrerinnen und Lehrer sind vor allem Lehrende, „[...] die bereit sind, ihr eigenes erzieherisches Alltagshandeln kritisch zu reflektieren und das eigene Handlungsverständnis nach einem veränderungsorientierten Paradigma aufzubauen, um die bei Kindern und Jugendlichen vorhandenen Ressourcen zur Entfaltung zu bringen."[13] Das klingt eher nüchtern und lässt die Beziehungsebene außer Acht, die doch – nach Watzlawik et al. (2002) – immer den Inhalts- bzw. Sachaspekt bestimmt.[14]

---

11 Wir mischten bei Versuchen mit Farbstoffen, die über dem Bunsenbrenner erhitzt und dann durch eine kleine Explosion eine andere Farbe annahmen, heimlich andere Pulvermischungen dazu. Mehrmals kam es zu stinkenden grenzwertigen Situationen, die nicht immer harmlos ausgingen. Einmal kam der Lehrer zur nächsten Chemiestunde mit verbundenem Finger.
12 Zitiert nach Höhle, G. (Hrsg.) (2014): Was sind gute Lehrerinnen und Lehrer? In: Band 20 der Schriftenreihe „Theorie und Praxis von Schulpädagogik", Immenhausen. Verlagsankündigung siehe http://www.prolog-verlag.de/unsere-autoren/ (letzter Aufruf: 20.08.2016).
13 Begleittext zur Schriftenreihe: Vgl. auch https://www.prolog-verlag.de/schriftenreihe-theorie-und-praxis-der-schulpadagogik/Was+sind+gute+Lehrerinnen+und+Lehrer%3F/ (letzter Aufruf: 20.08.2016).
14 Zitiert nach Watzlawick, P. et al. (2002): Menschliche Kommunikation. Formen, Störungen, Paradoxien.

3 Das Bild des Lehrers ist allgemein nicht das Beste

Der Lehrerberuf ist die zweitgrößte akademische Berufsgruppe. Ihr gehören 790.000 Lehrkräfte an, die an 43.000 Schulen 11,3 Millionen Schüler unterrichten. Das Bild des Lehrers hat sich im Ranking der angesehensten Berufe nach unten verschoben. So steht das aktuelle Lehrerimage an elfter Stelle von insgesamt 30 Berufen, hinter dem Piloten und vor dem Techniker. So hat es die Frankfurter Allgemeine am 14. Juli 2016 veröffentlicht.[15] Noch drei Jahre vorher, also im Jahre 2013, landete der Lehrerberuf bei der Allensbacher Berufsprestigeskala an vierter Stelle, noch vor Handwerker und Pfarrer, allerdings nach Arzt, Krankenschwester und Polizist.[16]

Allerdings landet im „Global Teacher Status Index 2013", der über SPIEGEL ONLINE vorgelegt wird, Deutschland international nur auf Platz 16 von 21 untersuchten OECD-Ländern weltweit, darunter Ägypten, China, USA und eine Reihe europäischer Staaten. Für die Untersuchung wurden pro Land 1000 Menschen via Internet befragt. Initiiert wurde die Umfrage von der Varkey GEMS Foundation, umgesetzt wurde sie von zwei Forschern und einem Meinungsforschungsinstitut in Großbritannien.[17] Die Befragten mussten u. a. angeben, wie sie den Lehrberuf im Vergleich zu anderen Berufen einschätzen, ob Lehrergehälter fair sind und wie sehr – ihrer Ansicht nach – Lehrer von Schülern respektiert werden. Die wichtigsten Ergebnisse dieser Studie für Deutschland im Überblick:

- **Respekt:** Weniger als 20 % der Befragten glauben, dass Schüler Respekt vor ihren Lehrern haben. Besonders die Grundschullehrer kommen schlecht weg: Während Lehrer an weiterführenden Schulen sowie Schulleiter noch mittelmäßiges Ansehen genießen, landet Deutschland bei der Frage des Respekts gegenüber Grundschullehrern nur auf dem fünftletzten Platz von 21 befragten Ländern.
- **Vertrauen:** Vertrauen Sie darauf, dass Lehrer eine gute Bildung für die Schüler gewährleisten? Deutschlands Lehrer landen bei dieser Frage im unteren Bereich und hinter allen anderen befragten europäischen Ländern. Allerdings gaben die Befragten an, ein moderates Vertrauen in das gesamte Bildungssystem ihres Landes zu haben und stuften Deutschland hier im mittleren Bereich ein.
- **Image:** Weniger als 20 % der Befragten würden ihre Kinder dazu ermutigen, Lehrer zu werden – in fast allen anderen Ländern ist auch diese Zahl höher. Der Lehrerberuf wird in Deutschland am ehesten mit dem Status eines Sozialarbeiters gleichgesetzt – das wiederum ist in zwei Dritteln der teilnehmenden Länder der Fall.[18]

---

15 http://www.faz.net/aktuell/wirtschaft/wirtschaftspolitik/wie-sich-das-ansehen-verschiedener-berufe-aendert-13785696.html (letzter Aufruf: 14.07.2016).
16 http://www.ifd-allensbach.de/uploads/tx reportsndocs/PD2013.pdf (letzter Aufruf: 14.07.2016).
17 http://www.spiegel.de/schulspiegel/ausland/weltweite-umfrage-deutsche-lehrer-werden-kaum-respektiert-a-925826.html (letzter Aufruf: 14.07.2016).
18 http://www.spiegel.de/schulspiegel/ausland/weltweite-umfrage (letzter Aufruf: 20.07.2016).

So schwankt also das Lehrerimage heute innerhalb kurzer Epochen, wohingegen noch vor zwei Generationen, als etwa zu Beginn des 20. Jahrhunderts der Lehrer neben dem Pfarrer ein relativ statisch-stabiles, nämlich das höchste Ansehen als Autoritäts- und Respektsperson hatte. Heute, obwohl als Beruf nach wie vor familienfreundlich, bei verhältnismäßig großer Anzahl an freien Tagen, langen und häufigen Ferien, ist die Nachfrage nach Lehramtsstudiengängen leicht zurückgegangen. Allerdings muss hier differenziert werden, sowohl nach Deutschland Ost und West, als auch nach Schulart. Möglicherweise hängt der Rückgang mit den zunehmend schwierigeren Situationen mit Schülern, der Institution Schule, Familie und sozialen Umfeld zusammen. Interessant ist, dass ein Lehrer von heute höchstens noch mit seinem Beamtenstatus punkten kann, ansonsten wird der Beruf als mühsam, stressig, wenig geachtet angesehen. Am untersten Ende der Imageskala rangiert der Hauptschullehrer, danach kommen Berufsschullehrer, Realschul- und Grundschullehrer, schließlich Gymnasiallehrer. Gesellschaftlich on top ist der Hochschullehrer. Ausnahmen bestätigen die Regel.[19]

In der Schriftenreihe „Theorie und Praxis der Schulpädagogik", die von Klaus Moegling und Dorit Bosse von der Universität Kassel herausgegeben wird, findet man in den Bänden 36 bis 38 grundsätzliche und konzeptionelle Überlegungen sowie die durchaus kontroversen Diskussionen zur Frage nach der Qualität von Schule. Die Autoren fragen, ob eine gute Schule eine Schule sei, in der durchgehend gut unterrichtet wird, oder ob mehr das Profil, das Atmosphärische, die Rhythmisierung, die Transparenz und das Selbstverständnis einer Schule für die Qualität von entscheidender Bedeutung sei. In den Teilbänden setzen sich die Autoren mit diesen und ähnlichen Fragen auseinander. Es finden sich Antworten bezüglich gesellschaftlicher Erwartungen sowie auf die Frage nach der Zufriedenheit der Lernenden mit ihrer Schule, zur Bedeutung institutioneller Strukturen und bezüglich des Verhaltens der einzelnen schulischen Akteure innerhalb dieser Strukturen.[20]

Wenn Dozierende von Schülern oder Studierenden gefragt werden, woher sie ihr Wissen haben – eine für manche Pädagogen eher überraschende und fast schon unverschämte Frage –, stellen sie selten einen direkten Bezug zur eigenen Schulzeit her, obwohl alle Basiswissensbestände, die auch als Allgemeinbildung bezeichnet werden, aus der Schulzeit stammen. Vielmehr glauben Dozierende, sie eigneten sich ihre Kenntnisse im Laufe des Lebens über ihre Ausbildung hinaus durch Selbststudium, Alltag, Beruf an. Die Verfestigung dieser Kenntnisse geschieht schließlich als Erfahrungswissen. Dabei spielen pädagogische Leitfiguren oder Vorbilder eine entscheidende Rolle. Wichtige Vorbilder kommen aber nicht nur aus dem schulischen Kontext, sondern vielmehr aus Familie, Nachbarschaft, Verein, Hochschule,

---

19 Vgl. auch Ständige Konferenz der Kultusminister der Länder in der Bundesrepublik Deutschland: Lehrereinstellungsbedarf und Lehrereinstellungsangebot in der Bundesrepublik Deutschland. Modellrechnung 2010–2020, Juni 2011.
20 Zitiert nach Moegling, K.; Bosse, D. (2015): Schriftenreihe „Theorie und Praxis der Schulpädagogik", Bände 36–38: Was sind gute Schulen?

Weiterbildung, von Tagungen oder aus den Medien. Diese Überlegungen halten vermutlich einer Überprüfung stand. Wichtiger als nachhaltiges Informationswissen ist allerdings die Herstellung von Lernbereitschaft, Neugier und Lust am Lernen. Darin liegt eine der wesentlichen pädagogischen Aufgaben, wenn es um nachhaltige Wissensvermittlung geht. Wenn diese Initiierung von Lernprozessen gelingt, dürfte sie der entscheidende Motivationsschub für Lernbereitschaft auf Dauer sein.

Da wir es hier vorrangig mit Lehrkompetenz für die Fach- und Berufsrichtung „Gesundheit und Pflege" zu tun haben, soll unser Blick im Folgenden auf die Ausbildung im tertiären Bildungsbereich gerichtet werden.

Exkurs: Ausbildung und Studium im tertiären Bildungsbereich

Berufsfachschulen für Gesundheit und Pflege haben in Deutschland eine lange Tradition. Aufgrund spezifischer, historisch bedingter Entwicklungen in Deutschland gibt es seit 1906 eine staatlich anerkannte Ausbildung in der Krankenpflege, seit 1917 eine Ausbildung zur Säuglings- und Kinderkrankenpflege. Erst im Oktober 2002 entschied das Bundesverfassungsgericht, dass der Altenpflegeberuf ein „anderer Heilberuf" im Sinne Art. 74 Abs 1 Nr. 19 GG ist.[21]

„In der Begründung des Urteils schreiben die Richter unter anderem, dass sich die Aufgaben von Altenpflegerinnen durch den demografischen Wandel so stark an das Berufsbild der Krankenpflege angenähert haben, dass eine Unterscheidung in vielen Bereichen nicht mehr möglich sei. Dazu habe vor allem die Einführung der Pflegeversicherung beigetragen. Mit diesem höchstrichterlichen Urteil wurde der Weg frei für ein bundeseinheitliches Altenpflegegesetz und eine einheitliche Ausbildungs- und Prüfungsverordnung. Diese gesetzlichen Grundlagen sollen ein bundesweit einheitliches Ausbildungsniveau sicherstellen und das Berufsprofil schärfen." (Altenpflege IV/4 2010: 1288) Am 01.08.2003 trat das bundeseinheitliche Altenpflegegesetz in Kraft.

Die Bezahlung von Altenpflegekräften bewegt sich heute zwischen 2100 und 2900 € und ist damit wahrlich nicht üppig. Gleichwohl ist der Pflegeberuf generell eine sinngebende Profession, bei der die Motivation, Geld zu verdienen nicht an erster Stelle steht. Zudem sind in Deutschland die Ausbildungscurricula für die dreijährige Ausbildung qualifiziert ausgelegt, praxisnah erprobt und solide gestaltet.

International werden Pflegeausbildungen i. d. R. mit generalistischem Profil angeboten. Im Anschluss an eine Pflegeausbildung findet entweder eine Spezialisierung statt, oder die Auszubildenden erwerben einen zusätzlichen Schwerpunkt in einer modular aufgebauten generalistischen Ausbildung. Sei 2002 werden verschiedene Modelle der generalistischen Pflegeausbildung mit gutem Erfolg in Modellversuchen deutschlandweit erprobt. In Bayern wurde auf Grundlage der Erkenntnisse aus den ersten Modellversuchen ein sehr innovatives Ausbildungskonzept entwickelt, das bis zur geplanten Gesetzesreform einigen bayerischen Berufsfachschulen der Pflege angeboten wird.[22]

---

21 BVerfG, AZ: 2 BrF I01. Das Gericht war vom Bundesland Bayern angerufen worden, diese Frage zu klären.

22 „Gesundheits- und Krankenpflege mit generalistischem Profil ist ein international anerkannter, krisensicherer und faszinierender Beruf. Absolventen können international in allen Einrichtungen arbeiten, in denen qualifiziertes Pflegefachpersonal eingestellt wird (z. B. Krankenhäusern, Rehabilitationskliniken, psychiatrischen Fachkliniken, Hauskrankenpflege, stationäre Altenhilfe, Privatpflege, Krankenversicherungen, Ämtern etc.). Sie können nach Abschluss der Ausbildung eine berufsbegleitende Fachweiterbildung besuchen und sich weiterqualifizieren zur/zum Fachkrankenpfleger(in) für Intensiv- und Anästhesie, Onkologie, Rehabilitation, Nephrologie,

Mittlerweile hat deshalb die Bundesregierung die Integration der Kranken-, Kinderkranken- und Altenpflege in eine dreijährige generalistische Pflegeausbildung beschlossen, um eine Angleichung an Europäische Standards der Pflegeausbildung zu erreichen. Mit der beschlossenen Ausbildungsreform gibt es nur noch eine dreijährige Pflegeausbildung mit einem Berufsabschluss.

Seit der Einführung von Bachelor- und Masterstudiengängen in den 1990er-Jahren profiliert sich die Pflege mit Hochschulstudiengängen eigenständig und selbstbewusst, bei erweitertem, akademisch fundiertem Know-how. Pflegemanagementstudiengänge qualifizieren für Leitungsaufgaben im Pflege- und Gesundheitsbereich, Pflegepädagogikstudiengänge seit 2005 für die Arbeit an Schulen und in Fort- und Weiterbildungseinrichtungen. Auf die Ausbildung bezogen bedeutet dies, dass die vormals an Berufsakademien weitergebildeten Pflegelehrer mit Beginn des KPflG von 2004 als Unterrichtende im Fach „Pflege" nur noch mit einem Studienabschluss (B. A.) eingestellt werden.

Aktuelle Stellenanzeigen im Internet für Lehrer sehen weitestgehend ähnlich aus. Exemplarisch für Stellenbeschreibung (Aufgaben) und Anforderungsprofil soll hier eine Ausschreibung aus dem Jahre 2016 für die Vitos Schule für Gesundheitsberufe Mittelhessen mit den Schulstandorten Herborn, Hadamar und Weilmünster zum nächstmöglichen Zeitpunkt dienen.[23] Dort werden Pflegepädagogen (m/w) oder Lehrer (m/w) für Pflegeberufe in Voll- oder Teilzeit gesucht.

Als Aufgaben werden genannt:
- Sicherstellung der curricular gesteuerten Ausbildung sowie einer kursbezogenen Ausbildungsorganisation und -planung
- Vorbereitung, Durchführung und Auswertung von Unterricht und Leistungskontrollen sowie Durchführung von Unterrichtsevaluationen
- Gewährleistung einer gelingenden und effizienten Kommunikation zwischen Schülern, Praxislernorten, Kollegium
- Durchführung und Auswertung von Bewerbungsgesprächen zur Ausbildungsplatzvergabe

Das Anforderungsprofil lautet:
- Erfolgreich abgeschlossenes Studium der Pflegepädagogik oder anerkannte Weiterbildung zum Lehrer für Pflegeberufe (Letzteres dürfte nur dann greifen, wenn sich keine „Lehrer mit Studienabschluss" bewerben.)
- Erfolgreich abgeschlossene Ausbildung und Berufserfahrung als examinierter Gesundheits- und (Kinder-)Krankenpfleger oder Altenpfleger
- Hohe pädagogisch-didaktische Kompetenz zur Gestaltung von Lernprozessen
- Ausgeprägte soziale Kompetenz und Teamfähigkeit
- Sehr gute kommunikative und organisatorische Fähigkeiten und Eigeninitiative

Darüber hinaus findet man i. d. R. selbstdarstellende und die Stelle bewerbende Sätze wie den folgenden: „Wenn Sie in einem hoch motivierten Team viel bewegen wollen und ein persönliches, kollegiales Arbeitsklima schätzen, sind Sie bei uns richtig. Sie können Ihre Arbeit selbstständig und eigeninitiativ gestalten und erhalten unsere Unterstützung für Ihre persönliche und fachliche Weiterentwicklung".[24]

Operationsdienst, Endoskopie etc. Sie können sich auch weiterqualifizieren zur Leitung einer Station, zur Hygienefachkraft oder zur/zum Praxisanleiter(in). Mit einem mittleren Schulabschluss, einer abgeschlossenen Berufsausbildung und dem Nachweis einer dreijährigen Berufstätigkeit erwerben sie die Möglichkeit, ein Studium zu absolvieren." (http://www.akademie-klinikum-muenchen.de/ausbildung/pflege/schulversuch-generalistische-pflege.html, letzter Aufruf: 20.07.2016).

23 Zum Zeitpunkt der Erstellung dieses Manuskripts waren die Stellen noch nicht besetzt.

24 https://karriere.vitos.de/uploads/tx_gpocareer/17116_HE_Lehrer_SGB_Frist_07.09.2016.pdf (letzter Aufruf: 20.07.2016).

Gegen Ende der 2000er-Jahre werden erstmals auch ausbildungsintegrierende Pflegestudien-gängen „dual" eingeführt, d. h. angehende Pflegefachkräfte sind sowohl Auszubildende als auch Studierende. Im Rahmen dieser Studiengänge können sich also akademisierte Pflegende zum Pflege-experten für die praktische Pflege qualifizieren. Mit dem Studienabschluss nach neunsemestrigen dualen Studium (B. Sc.) wird die Perspektive eröffnet, auch in den Bereich der Forschung einzu-münden.

Mittlerweile gibt es deutschlandweit auch Masterpflegestudiengänge. Hier können im Beson-deren Expertise im Bereich statistisch-empirischer Forschung und vertiefte Kenntnis für Leitungsauf-gaben im Pflegebereich erworben werden. In einigen dieser Studiengänge können auch fundierte Kompetenzen angeeignet werden, um als „Advanced Nurse Practicioner" zu arbeiten. Diese Quali-fikation befähigt Absolventen (M. Sc.), im Rahmen der erweiterten Pflegepraxis eigenverantwortlich heilkundliche Aufgaben der Pflege auszuführen.

Nach abgeschlossenem Masterstudium steht der Bereich pflegewissenschaftlicher Forschung offen. Darüber hinaus kann über eine Promotion schließlich der Weg für Lehre und Forschung geebnet werden.

4 Störungen oder ungünstige und günstige Bedingungen von Lehren und Lernen

Nach diesem Exkurs über Ausbildung und Studium in der Pflege nun wieder zurück zu den Niederungen des Unterrichtens, seinen Fallstricken und den praktischen Wid-rigkeiten des Lehreralltags.

Die klassischen Störfaktoren des direkten Unterrichts durch die Lehrkraft, wie sie Werner Wicki und Silvana Kappeler 2007 dargelegt haben, befinden sich allenfalls in unserem Unterbewusstsein und kommen erst bei hartnäckigem Nachfragen und Auf-Details-Achten zum Vorschein: so beispielsweise Zeitmangel am Ende einer Stunde, ungenügendes Wissen der Lehrkraft, ungenügende Unterrichtsplanung, nicht oder nur ungenügend funktionierendes Material, nicht funktionierender Beamer, Compu-ter oder Dysfunktionalität zwischen beiden, fehlende Stifte oder Trockenschwamm für die Wandtafel. Zuweilen ist zu wenig oder auch kein Papier für das Flipchart vor-handen. Meist behält man aus Schülersicht als nachhaltigen Eindruck von Lehrer-verhaltensweisen den souveränen Umgang der Lehrkraft mit diesen Hindernissen: humorvoll, schlagfertig, spontan, argumentativ, freundlich und geschickt. Die nega-tive Seite, die sich leider ebenso ins Langzeitgedächtnis einprägt und dort haften bleibt, ist: unsicher, darum herum redend, rotierend, stammelnd, ängstlich und aggressiv.[25]

Aber auch Störungen von Schülern im Unterricht lassen Unsicherheiten im Leh-rerververhalten entstehen und wirken i. d. R. behindernd auf dessen Lehrsouveränität, etwa wenn die Klasse oder einzelne Schüler zu spät zum Unterricht kommen oder

---

25 Vgl. Wicki, W.; Kappeler, S. (2007): Beobachtete Unterrichtsstörungen bei erfahrenen Lehrperso-nen im Spiegel subjektiver Ursachenzuschreibungen, Stiftung RADIX Gesunde Schulen.

nach und nach eintreffen. Dies kommt einer Störung gleich, die eine Lehrperson leicht aus dem Konzept bringen kann. Vor allem dann, wenn das Hereinpoltern auffällig und indiskret erfolgt, der zu spät kommende Schüler danach auch noch ein Flüstergespräch mit den Nachbarn beginnt und sich so zusätzlich zu seiner Verspätung auch noch laut hörbar in den Unterrichtsprozess einfügt. Für die Lehrperson dürfte dann der allgemeine hohe Lärmpegel während des Unterrichts noch schwieriger aufzufangen sein, da die Ursache meist nicht sofort ergründbar ist und nicht zwingend mit dem Lehrer, dem Thema, seiner Methode oder seiner Didaktik etwas zu tun haben muss. Unruhe in der Klasse, Schwätzen mit dem Nachbarn, also eine allgemein laute Dauerakustik, sind eben mehr als nur verdichtete Kommunikation. (Kemser 2015: 163 ff)

Diffuse Umstände wie Zeit, individuelle und soziale Situation von Schülern mit unmittelbarer Wirkung auf das Sozialverhalten der gesamten Gruppe machen den Lehrer handlungsunfähig. So ist die gleichbleibende Lautstärke als Dauersymptom wahrnehmbar, aber schwer ursächlich zu erkennen. Oftmals ist sie jedoch Indikator für Ängste oder Zwänge, mindestens aber für Dynamik, kurz: für eine – wie immer geartete – Störung.

Was vielfach die Lehrkompetenz stark beeinträchtigen kann, ist eine Nebenwirkung der sozialen Medien. Was heute Handy oder Smartphone, Apps, SMS, E-Mails, Twitter, Facebook, Computerspiele oder Internetsurfen während des Unterrichts sind, waren im analogen Zeitalter die heimliche Zeitschrift, ein herumgereichter Zettel mit Liebesbekundungen oder nonverbale Signale archaischer Interaktionsmitteilungen. Heute verhalten sich Lehrer digitaler Beschäftigung gegenüber eher hilflos, auch deshalb, weil sie nicht wissen, ob Schüler das mediale Handling nutzen, um nichts zu versäumen, was um sie herum passiert, oder ob sie der Unterricht schlicht langweilt und sie alternativ zur konservativen Vermittlung lieber in „ihrer" Welt kommunizieren. Manche – und das wäre die positivste Annahme – ergänzen die vom Lehrenden immer vorhandene fachliche Lücke mit einem schnellen Googleklick. Ein Weg, wie man als Lehrperson damit pädagogisch umgeht, ist noch nicht gefunden. Ein Grund mehr, darüber nachzudenken und digitale Medien konstruktiv in die Gestaltung des Unterrichts einzubeziehen.

Diesem Off-Task-Verhalten (Störverhalten) der Schüler liegt oftmals ein On-Task-Verhalten (Anpassungsverhalten) zugrunde. Die Schüler erbringen demnach nicht die von der Lehrkraft gewünschte Leistung. Ein Lehrer erteilt Arbeitsaufgaben während der Unterrichtszeit. Die Schüler arbeiten zwar an der Aufgabe, die Lautstärke bzw. das akustische Verhalten entspricht aber nicht der Erwartung der Lehrperson, die sich ein konstruktives Murmeln bei gelegentlich bestätigendem Lachen eingehen lässt. Schließlich beobachtet die Lehrperson, dass die Schüler zwar an der gestellten Aufgabe arbeiten, aber die Anweisungen nicht befolgen.

Eine andere Störung durch On-Task-Verhalten von Schülern wird in der ungenügenden Anstrengung oder geringen Motivation der Schüler innerhalb der Mitgestaltung des Unterrichts gesehen. So glaubt die Lehrperson, dass sich die Schüler nicht richtig, und damit nicht genügend anstrengen. Auch wenn die Lehrperson auf die Schüler zugeht, sie diese auffordert, eine Antwort auf eine Zwischenfrage zu geben, geben die Schüler keine Antwort, kichern oder gacksen vor sich hin oder ignorieren die Frage.

Eine weitere Störquelle, die die Lehrkompetenz nachhaltig beeinträchtigen kann, ist ein unterschiedliches Leistungsniveau, das die Schüler in den Unterricht einbringen. Eine ganz selbstverständliche Tatsache, weil jeder neben seiner eigenen Biografie und Sozialisation im Elternhaus auch eine individuell unterschiedliche Schulbildung mitbringt. Gleichwohl machen diese Unterschiede zu schaffen. Der Lehrer versucht, durch übergeordnetes Wissen diese Unterschiede zu nivellieren, was selten bewusst vonstatten zu gehen scheint und auch selten gelingt. Es gibt Schüler, die den Lehrer fragen „Woher haben Sie Ihr Wissen?", was i. d. R. beim Lehrer Verunsicherung auslösen, aber auch eine Form spontaner Lehreräußerung provozieren kann. Wie könnte die richtige Antwort lauten? Oftmals antwortet die Lehrperson mit einer Rückfrage, um gleich eine persönliche Ebene mit Namen und Motiv herzustellen: „Wer will das wissen?" oder „Warum wollen Sie das wissen?". Allerdings ist die Methode der Rückfrage selten zielführend. Meistens hilft eine sachliche Auskunft oder eine Bestätigung der Frage. Vielleicht so: „Eine interessante und seltene Frage. Sie haben ja meine Literaturliste. Dort finden Sie meine Quellen." Falsch wäre sicher, darauf einzugehen und sich zu rechtfertigen, etwa dergestalt: „Das brauchen Sie jetzt noch nicht zu wissen, es wird Ihnen aber später nützen!"

Wieder andere Störquellen sind unterschiedliche Vorerfahrungen, die schwierig und damit unüberwindbar sein können. Je weiter die Schulart vom Zeitpunkt der Einschulung entfernt ist, desto differenzierter sind die Vorerfahrungen, die Schüler mitbringen. Aus der Perspektive einer Lehrperson stellt diese Störquelle eine große Herausforderung dar, weil die jeweilige Vorerfahrung oft weder bekannt ist, noch sie entsprechend berücksichtigt werden kann. So kann beispielsweise der Bildungsweg bis zur Fachoberschule, Berufsoberschule, Berufsfachschule oder Hochschule über mehrere Bildungsetappen und Lebensabschnitte geradlinig, kurvig, verspätet oder auch postparental gestaltet sein. Wollte man all diese individuell bedeutsamen Sozialisationsstufen berücksichtigen, würde dies möglicherweise eine Einteilung unterschiedlicher Klassen oder Gruppen je nach Bildungsniveau und auch nach Alter bedeuten. Weitere Selektionskriterien wären dann in der Folge Familienstand, Geschlecht, erlernter Beruf usw., was nicht nur dem Integrationsgedanken, sondern auch dem der Gleichbehandlung widersprechen würde. Diese Überlegungen machen den Umgang mit unterschiedlichen Vorerfahrungen nicht einfacher, schärfen aber die Sensibilisierung im Sinne eines personenzentrierten Zugangs. Aus diesen Gründen gibt es standardisierte Zugangsvoraussetzungen für die jeweiligen Schulen und Klassen, die versuchen, diese Gleichbehandlung einigermaßen zu gewährleisten oder auszugleichen. Allerdings werden diese Zulassungsbedingungen schnell obsolet, wenn aus fiskalischen Gründen eine möglichst breite Aufnahme erfolgen muss, um eine Klasse mit einer Mindestschülerzahl füllen zu können.

5 Schwierige Schülertypen machen den Unterschied

Gibt es überhaupt „schwierige" Schüler? Streng genommen nicht. Es gibt – wie wir gesehen haben – nur schwierige Situationen. Dennoch wird man aber konstatieren müssen: „Na klar, so wie es schwierige Eltern gibt, gibt es auch schwierige Kinder und damit auch Schüler." Das dürfte also nicht nur eine Frage der Haltung sein. Dass diese Kategorie von Schülern einem Lehrer das Lehren schwer machen kann, ist unbestritten. Nur – was ist, wenn Unterrichten dann zur Qual wird? Vermutlich nützt hier die pädagogisch positivste Haltung nichts, wenn man es mit einer miserablen Ansammlung familiär bedingter Schwierigkeiten und damit einer Anhäufung von Verhaltensauffälligkeiten zu tun hat. Es ist durchaus vorstellbar, dass sich eine Schule in einem sozialen Brennpunkt befindet und dort Schüler einem Milieu entstammen, das vom Elternhaus her überhaupt kein Interesse an den Inhalten von Schule, an konzentrierter Aufmerksamkeit im Unterricht, neugieriger Freude am Lernen oder gar den Drang für die eigene Identitätsentwicklung besitzt. Von daher gibt es in jeder Schule schwierige Situationen, die ihre Gründe in eben den sozialen Milieus haben.

Im Einzelnen gibt es allerdings unterschiedliche Mitverursacher für „schwierige" Schüler, unabhängig vom sozialen Milieu. So können trotz früherer ADHS-Störungen Schüler nach erfolgreicher Therapie eine Ausbildung absolvieren oder weiterführende Schulen besuchen. Gleichwohl können späte Dysfunktionen erneut auftreten und zu schwierigen Situationen führen, die schwer zu identifizieren sind. Häufiger erkennbar sind Depressionen oder Angststörungen, also Störungen im affektiven Bereich. Ebenso können Mitverursacher für schwierige Situationen direkte sozial problematische Familienverhältnisse, beispielsweise suchtabhängige kriminelle Eltern oder auch mehrfache Patchworkfamilien sein. Derartige Hintergründe können dann in der Schule aggressives oder dissoziales Verhalten z. B. in Dispositionen zu impulsivem Verhalten auslösen.

Unebene oder lückenhafte Lebensverläufe, schicksalhafte oder lebensverändernde Ereignisse eines Schülers sind Hindernisse, die die Lehrkompetenz einer Lehrperson auf das Äußerste herausfordern. So wird in erster Linie die Lebenswelt durch die Familie beeinflusst. Sind die Erfahrungen der eigenen Familienmitglieder mit Schule ausschließlich positiv geprägt, geschieht i. d. R. eine Übertragung auf die Erwartungen der Kinder gegenüber einem angenehmen Konstrukt Schule. Das Gegenteil bedeutet eine – für Außenstehende häufig nicht sofort erkennbar begründete – ablehnende Haltung gegenüber allem, was mit Schule zu tun hat. Auf diese Weise hat Familie als Primärquelle für die Grundeinstellung zum Lernen überhaupt *die* herausragende Bedeutung.

In der Familie als primärem Geflecht dauerhafter Bezugspersonen entstehen nicht nur psychische Probleme und Störungen, sondern dort werden auch im besten Fall Vermeidungsstrategien gelernt. Gleichzeitig wird Bindungsverhalten sowie der Umgang mit Trennungen und unvollständigen Familienkonstellationen vorgelebt. Optimal ist es, in der Familie lernen zu können, wie man „richtig" streiten kann, ohne sich dabei gegenseitig zu erniedrigen, zu zerfleischen oder gar zu zerstören. Eine weitere natürliche Lernplattform im Geflecht „Familie" ist der inkonsequente Erziehungsstil, mit dem umzugehen gelernt werden muss. Leider „bietet" Familie auch Erlebnisse von Gewalt und Missbrauch an, allerdings meistens ohne ein Lösungsschema.

Irgendwann stellen sich für jeden jungen Menschen die sog. Peers, also Gruppen von Gleichaltrigen, als entwicklungsnotwendig heraus, besonders aber, um sich von den eigenen Eltern abzugrenzen, sich zu lösen, um sich später wieder binden zu können. Hierbei üben jene Gruppen eine zentrale Funktion aus, bieten sie doch auch die Möglichkeit, sich sozial außerhalb der Familie zu definieren. Oftmals spielen gerade Peergroups im schulischen Alltag bei Jugendlichen und Heranwachsenden eine so wichtige Rolle, dass sie am Ende nur noch zur Abgrenzung gegenüber der Lehrperson, meist Stellvertreter für Vater oder Mutter, dienen. Hier ist dann allzu oft die Rede von „Dieser Umgang ist nichts für dich" oder „Er schadet deiner Entwicklung" bis hin zu „Der Einfluss von XY treibt dich in dein Verderben". Trotzdem kann man resümieren, dass mit zunehmendem Alter Peers an Bedeutung gewinnen. Im Falle der Ablehnung durch die Peers lassen sich die Schüler eher zu abweichendem Verhalten in Form von aggressiven Kontakten verleiten. Peers entstehen interessanterweise nicht in Vereinen, weil sie eine völlig andere Intention besitzen als Vereine oder ähnliche Organisationen. Bilden sich bei Peers „natürliche" Hierarchien quasi von selbst oder durch das Gesetz des „Stärkeren" heraus, sind es in Vereinen durch Satzungen festgelegte Ordnungen, die Abweichungen oder Neuregelungen nur durch eine meist langwierige Satzungsänderung via Mitgliederversammlungen zulassen. Gemeinsam sind allerdings den Peers als auch den Vereinen zumeist ihre informellen Führer, die häufig auch Gründerpersonen sind.

Aus Schülersicht reicht es hingegen völlig aus, während der Dauer der eingeschriebenen Zeit, Mitglied einer Schule, Ausbildungsstelle oder Hochschule zu sein. Es gibt Schulen, die allerdings auch für die Zeit danach sehr viel für ihre Ehemaligen tun, allerdings i. d. R. nur für die Zahlungswilligen. Diese sog. Alumni-Programme führten beispielsweise in angelsächsischen Ländern wie den USA oder Großbritannien zu regelrecht eigenen Förderstrukturen, um ihre „Schools of ..." im Lichte der Öffentlichkeit als gut, besser oder elitär darzustellen. Bei Ausbildungsstellen haben diese eigenen Systeme im System teilweise heute noch Zunftcharakter.

Zur zentralen Lebenswelt von Schülern gehören insbesondere auch Medien in ihrer jeweiligen zeitgemäßen Präsenz. So dürften heute soziale Medien via Internet eine stellvertretende, wenngleich anonyme Personifizierung einnehmen, die nicht nur für traditionelle Formen von Lebenswelten eine noch nicht hinreichend erforschte Konkurrenz bedeuten, sondern auch einen direkten sozialen Bezug überflüssig machen könnten. Der Einfluss hat sich stillschweigend in die Lebenswelten eingeschlichen. So wird auch nachvollziehbar, dass das Thema „Medien als Lebenswelt und ihr Einfluss auf den Schüleralltag" in jeder Form der Vermittlung Berücksichtigung findet. Auch hier stellt sich drängend die Frage, ob ein guter Lehrer eben jene Kenntnis digitaler sozialer Medien beherrschen oder ob für die Bewertung der Lehrerqualität andere Kriterien anzuwenden sind.

Spannend dürfte in diesem Zusammenhang auch die Zukunftsvision von digitalen Hilfslehrern, dem sog. Roboting sein. Wahrscheinlich liegen bereits fertige Pläne von vollständig computergesteuerten Lehrern in den Schubladen ihrer Programmierer. Da sich diese aber noch nicht im Stadium der Operationalisierung befinden und somit auch nicht auf ihre Wirkung hin untersucht werden können, bleibt diese Vorstellung derzeit noch visionär.

6 Fazit: Den guten Lehrer für alle gibt es nicht und kann es nicht geben

Dieses Fazit dürfte unbestritten sein. Man braucht deshalb weder zu resignieren noch paralysiert sein, denn es gibt für den Lehrer immer Maßnahmen gegen störendes Verhalten der Schüler. Ein paar „Klassiker" dieser Maßnahmen seien nachfolgend genannt und vor dem Hintergrund jahrelanger, wenngleich subjektiver Erfahrung als Hochschullehrer zusammengefasst:

6.1 Präventionsmaßnahmen

– **Der Lehrer sollte immer die ganze Klasse im Blick behalten. Doch wie macht er das?** Vielleicht nur eine Kleinigkeit, aber kommunikationstechnisch äußerst wirksam. Aktiver Blickkontakt mit der ganzen Gruppe ist – wie aktives Hören – ein zwar anstrengender, aber lohnenswerter Vorgang. Dabei richtet sich der Blick nicht unmittelbar auf das Augenpaar eines einzelnen Schülers, die optische Blickrichtung ist dabei weder leer noch transparent, sondern eher präsent und zupackend. Vielmehr signalisiert die Lehrperson mit ihrem Blick in die ganze Gruppe Interesse durch Nähe und Empathie. Man weiß spätestens seit den Studien von Adam Kendon, wie Blicke in der menschlichen Kommunikation wirken und wie sie zu deuten sind. So bedeuten sie am Ende von Äußerungen, dass die Person zum selben Thema weiterreden will, Blicke während Teilen der eigenen Äußerung geben Betonung. Häufige Blicke beim Sprechen sind grundsätzlich stärker überzeugend. Allerdings bedeuten häufige Blicke, während man Fragen stellt, auch, dass der Dozierende mehr über sich selbst als über die Sache spricht.[26]
– **Der Lehrer sollte möglichst alle Schüler die ganze Lerneinheit über aktiv am Lehr-Lern-Geschehen beteiligen.** Dies setzt ein hohes methodisch-didaktisches Repertoire voraus, das sich eben nicht auf eine Form beschränken

---

26 Vgl. Kendon, Adam (1973): The role of visible behavior in the organization of social interaction. In: Von Cranach, Mario; Vine, Ian (Hrsg.): Social Communication and Movement: Studies of Interaction and Expression in Man and Chimpanzee, S. 29–74.

lässt, sondern je nach Zeit, Situation, Inhalt und Wirkung unterschiedlich gestaltet werden muss. Zum Beispiel bietet sich bei einem Input-Thema wie „Kommunikative Kompetenz in der Pflege" eher eine Powerpointpräsentation als eine Gruppenarbeit an, die wiederum dann geeignet wäre, wenn es um eine teilnehmerbezogene Einschätzung, wie etwa die Frage nach der pflegebezogenen Bedeutung kommunikativer Kompetenz, geht.

- **Die Lehrperson sollte selbst keine Verzögerungen oder Unterbrechungen im Lernfluss durch themenfremde Ausführungen verursachen.** Ablenkungsmanöver von Schülern, weniger von Studenten, um einen Lehrer aus dem Konzept zu bringen, sind grundsätzlich beliebt. Manchmal besitzen sie auch ihren kreativen Reiz und einen gewissen Verblüffungseffekt, wenn die Lehrperson auf scheinbare Verzögerungen oder Ablenkungsversuche sogleich eingeht, sie also ernst nimmt und sie ebenso ernst beantwortet. Als Beispiel sei eine immer wieder beliebte und gleichsam lästige Frage zur Prüfungsform erwähnt. „Dürfen wir in der mündlichen Prüfung Aufzeichnungen verwenden?" oder „Werden Sie uns bei unserem Vortrag unterbrechen?" Es reicht ein einmaliger Hinweis, der bei vielen Prüflingen nicht ankommt, denn die Prüfungsnachfragen wiederholen sich verdächtig oft. Dies wird auch von anderen Dozierenden bestätigt.
- **Lehrende sollten auf die in der Klasse bzw. Seminargruppe vereinbarten Regelungen und deren Konsequenzen verweisen.** Das Einhalten vereinbarter Regeln hängt mit der Authentizität, also der Echtheit und Kongruenz der Lehrperson ab. Damit verweist die Lehrperson auch auf Konsequenzen im Falle des Nichteinhaltens der Regeln. Und damit ist es auch genug. Letztlich bedeutet eine solche Klarheit für die Beteiligten Sicherheit im eigenen Verhalten.

6.2 Interventionsmaßnahmen

- **Bewusst ignorieren:** Zuweilen scheint es angebracht und zweckmäßig, Provokationen – die nicht immer als solche sogleich zu erkennen und eher Störungen gleichzusetzen sind – zu ignorieren, als sich mit ihnen zu befassen. Außerdem wirken sich Provokationen meist störend auf das Thema aus. Dieses Ignorieren steht allerdings im Widerspruch zum Postulat von Ruth Cohn, in dem es heißt: „Störungen haben Vorrang", was wiederum bedeutet, dass die Lehrperson die Störung als solche erkennt und definiert. So spricht Cohn davon, dass z. B. Angst, Zerstreutheit aber auch Freude bewältigt, d. h. angesprochen werden müssen, da dies andernfalls die Interaktion in der Gruppe hindert.[27]
- **Nonverbale Signale durch Mimik und Gestik:** Die Funktion und Bedeutung von Mimik und Gestik als Steuerungsinstrument menschlicher Interaktion sind

27 Vgl. Cohn, R. (2016): Von der Psychoanalyse zur themenzentrierten Interaktion.

Lehrenden bekannt. Sie beeinflussen zuweilen sogar die Motivation für den Lehrberuf in der positiven Annahme, man beherrsche diese Signale sicher und perfekt und gewinne mit ihrem souveränen Umgang Anerkennung und Bewunderung. Von dieser Selbstwahrnehmung ausgehend muss angenommen werden, dass nonverbale Signale bei Bedarf auch als spontane Intervention professionell eingesetzt werden können, da die Bestärkung des gesprochenen Wortes durch Unterstützung von Mimik, Gestik, Körper- und Handbewegungen der Illustration sprachlicher Äußerungen dienen. Sie können bekanntlich auch Ersatz für sprachliche Äußerungen sein, wie bei der Gebärdensprache, und sind damit willkürlich. Auf der anderen Seite zeigen sie auch Gefühlszustände, die die Lehrperson möglicherweise verbergen will.

- **Die Unterrichts- bzw. Seminareinheit spontan umorganisieren durch Stillarbeit, Partnerarbeit, Gruppenarbeit etc.:** Oftmals beeinflusst eine unerklärbare Unruhe das Gruppenklima. Die minutiös geplante Seminareinheit ist damit undurchführbar, was für den Lehrenden von zu nicht beantworteten Fragen bis hin zu Selbstzweifeln führen kann. So kann ein didaktisches Konzept selbst bei ein und derselben Gruppe sehr unterschiedlich funktionieren: von perfekt bis gar nicht. Solche Situationen erfordern eine schnelle Umentscheidung hin zu Stillarbeit mit entsprechend für diesen Fall vorbereiteten Aufgabenstellungen. Zweiergespräche sind angezeigt, wenn ein Partneraustausch der Klärung weiterführender Fragen dient. Gruppenarbeiten eignen sich i. d. R. immer dann, wenn es um das Resümee einer diskutierten Sequenz kontroverser Meinungen geht. Zur Vorbereitung hierfür sollte neben einer Eingangsfrage wie etwa „Wie stehe ich dazu?" ein Moderationskoffer und Papier für das Flipchart bereitstehen. Ebenso wichtig sind eindeutige Aufgabenformulierungen für die Gruppen.
- **Kurze persönliche Zuwendung signalisieren:** Mit einer persönlichen Zuwendung ist ein positiv bestärkendes, verbales Echo auf den Beitrag des Schülers oder Studierenden gemeint. Oft gelingt dies durch gezieltes Nachfragen „Wie darf ich das verstehen?" oder auch in die Gruppe gefragt „Wie sehen Sie das?". Die persönliche Zuwendung ist im Gegensatz zur allgemein bestätigenden Floskel überzeugender, wenn sie direkt und zweiseitig, d. h. bilateral geschieht.[28] Dadurch kann ein Dialog zwischen Gesprächspartnern, eine Diskussion oder ein Austausch zustande kommen, dem sich im Prinzip alle anderen Gruppenteilnehmer anschließen können.
- **Spontan ein „Blitzlicht" durchführen:** Nicht immer spiegeln Einzelmeinungen auch die Gruppenmeinung wider. Um die Gruppenmeinung spontan zu eruieren, ist die Methode „Blitzlicht" geeignet. Die Lehrkraft fragt die Gruppe direkt nach ihrer Einschätzung. Das Blitzlicht kann verwendet werden, um schnell eine

---

28 Bilaterale Kommunikation verläuft im Gegensatz zur unilateralen, also zur einseitigen Kommunikation wechselseitig.

Meinung zu einem Thema von jedem Unterrichtsteilnehmer zu bekommen oder auch um eine Zwischenevaluation durchzuführen. Die Methode kann zu Beginn, während oder am Ende einer Lerneinheit eingesetzt werden. Jeder Teilnehmer äußert sich reihum kurz in ein bis zwei Sätzen zu der gestellten Frage, so z. B. „Was halte ich von dieser oder jener Theorie?". Dabei sollte eine Ich-Botschaft formuliert werden, z. B. „Ich finde die Theorie verständlich, weil sie den Sachverhalt gut erklärt." Alle anderen Teilnehmer sind während der Äußerung nur Zuhörer, es dürfen lediglich Verständnisfragen gestellt werden. Hat jeder seine Meinung geäußert, kann über die angesprochenen Probleme diskutiert werden und darüber, was im Verlauf der Lerneinheit geändert werden kann.

- **Appelle an das Wir-Gefühl und deren Zielerreichung richten:** Jede Profession verbindet Gemeinsamkeiten. Jedoch sind diese Gemeinsamkeiten nicht immer gleichermaßen sichtbar. Beispielsweise gibt es in der Pflege einen neuen, gesetzlich festgelegten Pflegebedürftigkeitsbegriff. Nachgefragt in einer Lehrveranstaltung, stellt man schnell fest, dass es große Unterschiede in der Frage nach dem Gegenstand der Pflege und noch größere Differenzen in Hinblick auf die Klärung von Pflegebedürftigkeit gibt. Ein Appell an das Wir-Gefühl setzt aber mindestens ein Nachdenken über die gemeinsame „Minimalplattform" voraus. Nur auf Basis dieser Plattform wird die Anerkennung der Profession der Pflege gefördert. Dann wirkt sie auch weiterführend für die Entwicklung des berufseigenen Wir-Gefühls.
- **Stille- und Entspannungsübungen einbauen:** Stilleübungen können beispielsweise mithilfe von Bildkarteien mit entsprechenden Arbeitsaufträgen durchgeführt werden. So kann etwa ein Bild aus einer vorbereiteten Sammlung themenbezogener Motive ausgewählt werden, das die aktuelle Stimmung in der Gruppe am besten zum Audruck bringt. Wer will, kann sein ausgewähltes Bild dann in der Gruppe vorstellen. Für die persönliche Konzentration gut geeignet sind Arbeitsaufträge mit akustisch kombinierten Entspannungssequenzen. „Bevor Sie diese Powerpoint weiter mitlesen: Hören Sie auf die Musik und schreiben Sie auf, was Sie unter ‚Pflege' verstehen!" Dazu eignet sich beispielsweise ein Youtubevideo von Hildegard von Bingen (Heaven and Earth). Somit haben Sie einen direkten Bezug zum Thema „Pflege" hergestellt, weil Hildegard von Bingen bereits im 12. Jahrhundert geistliche Mediations- und Entspannungsmusik für ihr Klosterleben komponiert hat und selbst eine Heilerin im besten Sinne der Pflege war. (Kemser 2015: 97 ff)
- **Vorwarnen und im Wiederholungsfall sanktionieren:** Viele Lehrende haben mit mangelnder Disziplin der Schüler zu kämpfen.. Es mag selbstverständlich erscheinen, aber Sanktionen sind meist selbstschädigend, geschweige denn rechtlich wirksam, wenn sie ohne Vorwarnung erfolgen. Die Aufforderung „Bitte schalten Sie Ihre Handys aus!" ist nur so lange effektiv, solange die Teilnehmer wissen, was im Falle einer Nichtbefolgung passiert. Sanktionen können jedoch auch gnadenlos direkt und streng erfolgen: „Sie verlassen jetzt bitte den Raum!", oder auch mit ironischem Unterton: „Sie können gerne Ihrer unaufschiebbaren

Lust weiterhin nachkommen, wenn Sie ihr außerhalb dieses Raumes nachgehen!". Nur wenn auf Sanktionen schon zu Beginn einer Lerneinheit hingewiesen wird und sie dann auch vollzogen werden, erreichen sie ihre gewünschte Wirkung.

6.3 Kooperationsmaßnahmen

- **Das konstruktive Konfliktgespräch:**[29] Ein Konflikt besteht, wenn Bedürfnisse oder Wertvorstellungen auseinandergehen. Eine leider gängige Methode im Unterricht mit Minderjährigen ist nach Gordon das Prinzip „Sieg oder Niederlage". Gewinnt der Lehrer, setzt er seine Lösung durch. Beim Sieg des Schülers verliert der Lehrer, dem dann nachgesagt wird, antiautoritär zu sein. Schlimmstenfalls setzt die Lehrkraft manchmal auf Sieg, manchmal auf Niederlage. Lehrende sind manchmal streng, dann wieder nachgiebig. Dies führt dazu, dass die Schüler beginnen, die Lehrkraft zu testen. Besonders kompliziert wird es, wenn in einer Klasse verschiedene Lehrkräfte mit unterschiedlichen Erziehungsstilen unterrichten. Unterrichtet ein Lehrer streng nach der Methode „Sieg", fällt es den Schülern schwer, einen anderen Lehrer zu akzeptieren. Sie setzen Autorität mit Macht gleich, und diese bleibt nur bestehen, solange die Schüler hilflos und abhängig sind. Sie reagieren mit Widerstand, Trotz, Rache, Lügen oder mit dem Tyrannisieren von schwächeren Mitschülern. Als Ausweg aus dieser Situation schlägt Gordon eine Konfliktlösung ohne Niederlagen vor. Die beteiligten Personen schließen sich zusammen und suchen gemeinsam eine Lösung.[30]
- **Klare Definition der Störung:** „Worin besteht das Problem?", ist eine nur dann zu beantwortende Frage, wenn vorher eine möglichst genaue Beschreibung der Störung erfolgt. Entscheidend für eine gute Zusammenarbeit in der Lerngruppe ist eine Verständigung auf eine Definition, die von allen Beteiligten akzeptiert werden sollte. Je mehr man sich jedoch der allgemein akzeptierten Definition nähert, umso zielsicherer wird der zu beschreitende Weg sein, die Störung zu beseitigen. Oft beinhaltet das Aussprechen der vermeintlichen Störquelle und

---

29 Vgl. auch: Gordon, Th. (1989): Lehrer-Schüler-Konferenz. Wie man Konflikte in der Schule löst.
30 Eine Lösungsstrategie für ein bestehendes Problem könnte nach Gordon folgendermaßen aussehen:
- Definition des Problems
- Sammlung möglicher Lösungen
- Auswertung der Lösungsvorschläge
- Entscheidungsfindung
- Realisierung der Entscheidung
- Beurteilung des Erfolgs

damit die klare Definition der Störung bereits die Lösung. Eine Störung kann vielfältig sein. Nehmen wir das Beispiel einer Störung im Unterrichts- bzw. Lernprozess wie Lautstärke durch Außenlärm, Licht oder Dunkelheit, die die Raumatmosphäre beeinträchtigen, unverständliche Sprache, zu hohe oder niedrige Temperatur oder einen kontinuierlichen Geräuschpegel durch Motoren oder Maschinen. Mit der kollektiven Verständigung auf eine Begriffsklärung ist das Problem, das die Störung verursacht, bereits gehörig abgefedert.

- **Gemeinsame Sammlung von Problemlösungsmöglichkeiten:** Um ein Problem zu lösen, braucht es mehrere Handlungsalternativen, weil es meistens nicht nur eine Lösung gibt. Hier nähern wir uns der Methode „Kollegiale Beratung", bei der dieser Schritt der gemeinsamen Sammlung von Problemlösungsmöglichkeiten als struktureller Punkt zwingend erforderlich, häufig auch der umfangreichste ist. Dieses Vorgehen setzt Offenheit des Fallgebers, Kooperationsfähigkeit der Beratungsgruppe sowie Loyalität und Wertschätzung aller Beteiligten voraus. Die anspruchsvolle, aber höchst effiziente Methode der „Kollegialen Beratung" eignet sich besonders gut im Bereich der Erwachsenenbildung. (Kerres 2010: 9–11)
- **Zeit- und Arbeitsplan für die Realisierung dieser Lösung:** Je konkreter die Lösung angepackt wird, desto realistischer ist das positive Ergebnis. Dafür ist ein übersichtlich strukturierter Zeitplan hilfreich, der überschaubar und umsetzbar ist. Mit dem Zeitplan sind Arbeitsschritte zu benennen, die, je nach Wichtigkeit, eine Rangreihe im Sinne erforderlicher aufeinanderfolgender Schritte bilden – eigentlich selbstverständlich, dennoch oft vernachlässigt oder nicht abgerufen.
- **Evaluation:** „Wie war es für Sie?", „Wie ging es Ihnen als ‚Fallgeber'?", „Wie haben Sie als zukünftiger Kollege die Lerneinheit wahrgenommen?" Mit solchen offen formulierten Fragen lassen sich Evaluationen problemlos einführen. Eine Seminar- oder Unterrichtsauswertung sollte aber nicht nur mündlich erfolgen. Erst durch die schriftliche Form erhält sie den Charakter von Nachhaltigkeit und kann auch für andere Kollegen als Orientierung genutzt werden. Allerdings sind auch die differenziertesten Evaluationsbögen letztlich nur eine Spontanantwort aus der unmittelbaren Situation und somit immer auch nur eine Fixierung des Augenblicks.

Wie wir das Fazit vor dem Hintergrund des Zeitgeists auch ziehen, es wird den einheitlich als gut bezeichneten Lehrer nicht geben. Auch neuere Quellen tragen hier nicht zur Erhellung oder zu spektakulär innovativer Hypothesenbildung bei. Gleichwohl gibt es erprobte, überprüfbare und damit auch anwendbare Kriterien, die hier nur grob angerissen werden konnten.

Literatur

Altenpflege heute: IV/4 Berufsgesetze (2010), München. 9. Aufl. Stuttgart.

Cohn, Ruth C. (2016): Von der Psychoanalyse zur themenzentrierten Interaktion. 18. Aufl. Stuttgart.

Göttler, Hans (Hrsg.) (2001): Wilhelm Diess Ein eigener Mensch. Der Schüler Stephan und wie wir das erste Mal Fußball spielten. 3. Aufl. Tiefenbach.

Götze, Herbert (2007): Probleme integrativer Beschulung von Schülern mit Verhaltensstörungen. In: Sonderpädagogik in Brandenburg, Heft 1.

Gordon, Thomas (1989): Lehrer-Schüler-Konferenz. Wie man Konflikte in der Schule löst. München.

Höhle, Gerhard (2014): Was sind gute Lehrerinnen und Lehrer? Zu den professionsbezogenen Gelingensbedingungen von Unterricht. In: Schriftenreihe „Theorie und Praxis der Schulpädagogik", Band 20, Immenhausen.

Kemser, Johannes (2015): Jeder kann Musik – Musik ist mehr als ich höre. Stuttgart.

Kendon, Adam (1973): The role of visible behavior in the organization of social interaction. In: Von Cranach, Mario; Vine, Ian (Hrsg.): Social Communication and Movement: Studies of Interaction and Expression in Man and Chimpanzee. New York, S. 29–74.

Kerres, Andrea (2010): Instrument zur Konfliktbewältigung – Kollegiale Beratung. In: Teamkommunikation und -gespräche. Hrsg.: A. Kerres. CNE. Fortbildung. Stuttgart.

Kerres, Andrea (2017): Der Lehrer als Beziehungsspezialist – Was kann Hochschulbildung dazu beitragen? In: Kemser J; Kerres A. (Hrsg.) (2017): Lehrkompetenz lehren. Berlin.

Moegling, Klaus; Bosse, Dorit (2015): Was sind gute Schulen? In: Schriftenreihe „Theorie und Praxis der Schulpädagogik", Bände 36–38. Immenhausen.

Petermann, Franz (Hrsg.) (2002): Klassifikation und Epidemiologie psychischer Störungen. In: Ders. (Hrsg.): Lehrbuch der Klinischen Kinderpsychologie und –psychotherapie, Göttingen.

Ständige Konferenz der Kultusminister der Länder in der Bundesrepublik Deutschland: Lehrereinstellungsbedarf und Lehrereinstellungsangebot in der Bundesrepublik Deutschland. Modellrechnung 2010–2020, Juni 2011.

Watzlawick, Paul et al. (2002): Menschliche Kommunikation. Formen, Störungen, Paradoxien, 13. unveränderte Aufl. Bern.

Wicki, Werner; Kappeler, Silvana (2007): Beobachtete Unterrichtsstörungen bei erfahrenen Lehrpersonen im Spiegel subjektiver Ursachenzuschreibungen, Stiftung RADIX Gesunde Schulen, Institut für Lehren und Lernen, Hochschule Luzern (CH), in: URL: http://www.phlu.ch/fileadmin/media/phlu.ch/fe/ILeL/Manuskript_Unterrichtsstoerungen.pdf (letzter Aufruf: 26.02.2017).

Internetquellen

URL: http://www.faz.net/aktuell/wirtschaft/wirtschaftspolitik/wie-sich-das-ansehen-verschiedener-berufe-aendert-13785696.html (letzter Aufruf: 20.07.2016).

URL: http://www.ifd-allensbach.de/uploads/tx reportsndocs/PD2013.pdf (letzter Aufruf: 14.07.2016).

URL: http://www.spiegel.de/schulspiegel/ausland/weltweite-umfrage-deutsche-lehrer-werden-kaum-respektiert-a-925826.html (letzter Aufruf: 20.07.2016).

URL: https://karriere.vitos.de/uploads/tx_gpocareer/17116_HE_Lehrer_SGB_Frist_07.09.2016.pdf (letzter Aufruf: 20.07.2016).

Andrea Kerres
Der Lehrer als Beziehungsspezialist

Was kann Hochschulbildung dazu beitragen?

1 Ausgangssituation

Die Katholische Stiftungshochschule München bietet seit dem WS 2005/2006 den Studiengang „Pflegepädagogik" an. Hochschulzugangsvoraussetzung für die Aufnahme des Studiums ist eine abgeschlossene Ausbildung in einem Gesundheitsberuf und die Fachhochschulreife.[1] Aus Rückmeldungen der Studierenden ist bekannt, dass die erste Lehrprobe im dritten Semester und das Praxismodul im fünften Semester Schlüsselsituationen für das berufliche Selbstverständnis darstellen.

Die Lehrproben werden i. d. R. von Vertretern der Hochschule besprochen und beurteilt. Dabei ist es in variierender Form immer wieder zu folgenden Begebenheiten gekommen:

1. Die Lehrprobe war an sich durchaus als gut zu bewerten, bis auf eine Sequenz: In der Nachbesprechung der Lehrprobe wurde die Wahl der Methode bezogen auf den Inhalt und die Zielgruppe angesprochen. Sie erschien ungünstig, zudem wirkte die betreffende Studierende bei der Durchführung der Methode sehr unsicher, wodurch das Ergebnis deutlich beeinträchtigt wurde. Die Studierende erlebte ebenfalls ihre Unsicherheit und machte nach einigem Zögern deutlich, dass ihre Praxisanleiterin in der Schule die Methode für geeignet empfand und meinte, sie sollte sie anwenden. Die Studierende selbst war der Methode aus den verschiedensten Gründen gegenüber skeptisch, schaffte es aber nicht, sich hier entsprechend durchzusetzen.

2. Bei einer Lehrprobe in einer Klasse, in der sowohl Dual-Studierende als auch Gesundheits- und Krankenpflegerinnen ausgebildet werden, fand eine Lehrprobe statt. Der Unterricht war nach knapp 60 Minuten beendet, geplant waren aber 90 Minuten. Im anschließenden Reflexionsgespräch wurde deutlich, dass die Studierende gerne die Inhalte „schwerer", das heißt wissenschaftlicher ausgerichtet hätte, da sie dann auch entsprechend mehr Zeit benötigt hätte. Die Praxisanleiterin der Berufsfachschule allerdings war der Ansicht, dies sei nicht nötig. Die Studierende gab schließlich nach.

3. In einer „Kollegialen Beratung" – das Modul findet im siebten Semester bei den Pflegepädagogen statt – erzählt eine Studierende, dass sie nicht wusste, wie sie als künftige Lehrerin mit diskriminierenden Äußerungen einer Gruppe von Schülern gegenüber einer muslimischen Schülerin umgehen sollte. Sie habe einfach

1 Vgl. www.ksfh.de.

DOI 10.1515/9783110500707-006

ihren Mund gehalten und versucht, den Unterricht fortzuführen. Danach habe sie sich ganz schlecht gefühlt.

Aus diesen drei Situationen ergeben sich für die drei Gruppen von Akteuren folgende Anforderungen:
- Die Studierenden müssen für sich klären, was zu lernen ist, um sich entspre-chend durchzusetzen bzw. dem eigenen Gefühl zu vertrauen.
- Der Praxisort selbst könnte lernen, was benötigt wird, um den Studierenden mehr zu vertrauen.
- An der Hochschule muss die Frage gestellt werden, wie die Studierenden gestärkt werden können, um sie in ihrer Klarheit und Authentizität zu unterstützen.

So kam es zu dem vorliegenden Beitrag, der unter der Überschrift steht: „Was kann eine Hochschule leisten, um diesen Prozess der Persönlichkeitsbildung zu unterstüt-zen?"

2 Der Lehrer: Was zeichnet ihn aus?

Der theoretische Rahmen für die Beantwortung der Frage wird mit dem Modell von Helmke (2009) gesetzt. Helmke beschreibt in seinem Angebot-Nutzungs-Modell des schulischen Lernens eine Vielzahl von Variablen und Wechselwirkungen, die einen Einfluss auf schulische Leistung von Lernenden haben können. Eine Variable ist die Lehrperson, die ihre fachliche, didaktische und diagnostische Kompetenz mit-bringt, die sie im Studium erworben und im Laufe ihrer beruflichen Tätigkeit weiter ausgebaut hat. Sie bringt ihre Erfahrungen mit, die sie selbst als Schüler gemacht hat, ebenso bringt sie ihre Beziehungskompetenz in das Klassenzimmer mit, die sich durch die Biografie entwickelt hat.

Was macht nun einen Lehrer aus? Brühwiler (2014) schreibt dazu: „In den fünfziger und sechziger Jahren des letzten Jahrhunderts ging es im Rahmen des Lehrerpersönlichkeits-Paradigmas um die wenig ertragreiche Suche nach allgemei-nen Persönlichkeitseigenschaften von Lehrpersonen, die für den erzieherischen Erfolg ausschlaggebend sein sollten. Dieser Ansatz zur Erklärung von schulischen Leistungen gilt heute als gescheitert, weil Unterrichtsbedingungen und -prozesse weitgehend ausgeblendet blieben." Heute verfolgt man nach Brühwiler eher den Personenansatz, der Merkmale einer Lehrperson in den Mittelpunkt stellt, wie z. B. das Wissen und Können für die Gestaltung von Lerngelegenheiten bzw. die Kom-petenz von Lehrpersonen.[2] Brühwiler (2014: 30) definiert Kompetenz wie folgt: „Professionelle Handlungskompetenz umfasst neben den kognitiven Kompetenzen

---

2 Im Rahmen dieses Beitrags kann der Kompetenzbegriff nicht weiter diskutiert werden.

(Professionswissen) auch Überzeugungen und Werthaltungen, motivationale Orientierung und selbstregulative Fähigkeiten."

Es gibt eine Vielzahl von Publikationen, die Forschungsergebnisse zu diesem Bereich zusammengetragen haben (vgl. Hattie et al. 2013, Brühwiler 2014, Klein 2011). Es sollen hier lediglich einige wenige Befunde hervorgehoben werden, die für den weiteren Verlauf von Bedeutung sind.

- Betrachtet man die Unterrichtswahrnehmungen von Experten und Novizen, dann fällt auf, dass Experten über andere Kategorien zur Unterrichtswahrnehmung verfügen als Novizen. Nach Bromme/Haag (2004, zitiert nach Brühwiler 2014) kategorisieren unerfahrene Lehrpersonen vorgelegte Unterrichtssequenzen eher nach äußerlichen Details wie z. B. der räumlichen Anordnung im Klassenzimmer. Erfahrene Lehrpersonen bilden dagegen komplexe Analyseeinheiten, mit denen sie das Unterrichtsgeschehen strukturieren und interpretieren können. Die Grundlage für solche Analyseeinheiten sind i. d. R. subjektive Überzeugungen und Werthaltungen der Lehrperson (Calderhead 1996). Dadurch werden kognitive Dissonanzen reduziert, die Spannung innerlich abgebaut und somit ein positives Gefühl erzeugt.
- Staub/Stern (2002) konnten zeigen, dass Schüler(innen) von konstruktivistisch orientierten Lehrpersonen anspruchsvollere Textaufgaben lösen konnten als Schüler(innen) von eher assoziationistisch orientierten Lehrpersonen.
- Helmke (2009) weist zudem auf die Bedeutung des Engagements der Lehrperson für den Unterrichtserfolg hin. Zu vergleichbaren Ergebnissen kommt auch Hattie in seiner Metaanalyse (2009).

Einige Ergebnisse aus der Metaanalyse von Hattie (2009) zum Beitrag der Lehrperson am Lernerfolg der Schüler werden hier vorgestellt.[3] Die Frage, der in diesem Zusammenhang nachgegangen wird, lautet: Auf welche Art und Weise unterscheiden sich Lehrpersonen in ihrem Einfluss auf die Schülerleistung. Was macht den größten Unterschied aus?

- Die Lehrereffekte sind wesentlich höher in Schulen mit geringem sozioökonomischem Status.
- Die Metaanalysen, die sich auf die Lehrerbildung beziehen, zeigen, dass die Effektstärke der Lehrerbildung auf spätere Schüler-Outcomes zu vernachlässigen ist. In dem Zusammenhang ist der Vergleich von Lehrpersonen, die über eine vollwertige Qualifikation und über mehrjährige Berufserfahrung verfügen, im Vergleich zu Aushilfslehrern von Bedeutung. Hier steigt der Effekt an. Dies spiegelt vermutlich die Einflüsse der praktischen Lehrererfahrung wider, nicht so sehr die Frage des Fachwissens an sich. Die Lehrerausbildung könnte erfolgreicher sein, wenn sowohl die Lern- und Lehrstrategien mehr betont werden würden als auch

---

3 Ich beziehe mich im Folgenden auf die deutsche Übersetzung von Hattie/Beywl/Zierer (2013: 129 ff).

die Vorstellung der Lehrperson über das Unterrichten als evidenzbasierte Tätigkeit.

– Eine Studie, die am Lernort „Hochschule" durchgeführt wurde, zeigt, dass Micro-Teaching einschließlich Analyse und Durchführung von videografierten Rollenspielen samt Nachbereitung einen nachhaltigen Effekt auf das Lehrerverhalten hat.[4] Es scheint zudem so zu sein, dass eher Fähigkeiten der angehenden Lehrpersonen verstärkt werden, als dass sich diese mit neuen Unterrichtsmethoden auseinandersetzen müssen. So wird schlussgefolgert, dass die Effekte der Lehrerbildung auf die Lernenden eher schwach sind, sie aber starken Einfluss auf die Konzeption von Unterricht – bezogen auf die Frage „Was macht Unterricht aus?" – besitzen. In einer Untersuchung von Brookhart/Freeman (1992, hier zitiert nach Hattie) wird berichtet, dass die Unterrichtsvorstellungen den Wert der interpersonalen Aspekte betonen, dagegen die Bedeutung der akademischen Ziele der schulischen Bildung gering einschätzen. Die Rolle des Lehrers besteht darin, Unterrichtssequenzen so zu erstellen, dass komplexe Themen für Lernende gut nachvollziehbar sind. Dies wird von den Autoren kritisch gesehen. Unterrichtsvorstellungen sollten sich deren Meinung nach darauf beziehen, angemessene und anspruchsvolle Lernintentionen und Erfolgskriterien zu wählen und die Lernenden in die Lage zu versetzen, diese Ziele zu erreichen. In diesem Zusammenhang wurde der oft zitierte Satz geprägt: Lernen ist, mit den Augen der Lernenden zu sehen.

Zusammenfassend kann gesagt werden, dass diejenigen Lehrpersonen, die bestimmte Unterrichtsmethoden verwenden, die hohe Erwartungen an alle Lernenden stellen und eine positive Lehrer-Schüler-Beziehung aufbauen, mit einer hohen Wahrscheinlichkeit überdurchschnittliche Effekte im Bereich der Schülerleistungen erzielen.

Das heißt, Lehrende und Lernende haben im Laufe ihres Lebens durch unterschiedliche Erfahrungen ihre Persönlichkeit entwickelt, die sich wiederum in unterschiedlichen Handlungsmustern und Emotionen zeigt. Diese Handlungs- und Deutungsmuster sind über die Zeit hinweg auf ihre Funktionalität hin überprüft worden und tragen so zur Identität bei. Diese sind bei erfahrenen Lernenden deutlich rigider als bei jungen Lernenden (Schüßler 2008). Dazu kommt nach Schüßler, dass die Aneignungsform von der Eigenlogik des Subjekts bestimmt wird und nicht von der Vermittlungslogik einer didaktischen Planung. Entsteht in diesem Zusammenhang eine Irritation oder Störung, dann versucht der Lernende diese zu verringern im Sinne der Reduktion von kognitiven Dissonanzen. Schüßler geht in diesem Zusammenhang noch weiter, indem sie schreibt: „Nachhaltiges Lernen im Sinne der Entwicklung reflexiver Kompetenz basiert demnach auf negativem Wissen. Negatives Wissen wird allerdings nur aufgebaut, wenn Emotionen beteiligt sind, wobei die

---

4 Unter Microteaching versteht man, dass Studierende eine kurze Lehrsequenz für Lernende durchführen, die auf Video aufgezeichnet und im Anschluss analysiert wird.

emotionale Intensität den Grad der Tiefe und Nachhaltigkeit eines damit zusammen-
hängenden Erlebnisses steuert. Gleichzeitig wirkt negatives Wissen wiederum affektiv stabilisierend und somit Gewissheit vermittelnd, nämlich durch den Ausschluss
des Falschen, also durch das Gefühl das Richtige zu tun." (Schüßler 2008: 5)

Wie können also nun Irritationen als Lernanlass genommen werden, um einen
entsprechend tief angelegten Lernprozess anzuregen? Schüßler meint, dass Diskre-
panzerfahrungen nur dann lernförderlich sind, wenn sie als solche auch erkannt und
reflexiv verarbeitet werden. Da der Mensch dazu nach Siebert (zit. nach Schüßler
2008: 14) in der Lage ist „[...] wird das Lernen selbst zum Lerngegenstand, bei dem
der Erwachsene seine eigenen Lernmotive, Lernstile, Lerngewohnheiten und Lern-
barrieren sowie die eigenen affektiven Vorurteile reflektiert." Eine Irritation kann also
dann erst einen nachhaltigen Lernprozess anstoßen, wenn – nach Schüßler – eine
Unterbrechung von Routinen als Nichtwissen gedeutet wird und wenn die eigene
kognitive und emotionale Irritation versprachlicht wird durch einen inneren und/
oder äußeren Dialog. Das heißt für die Lehre, den Lernenden in der Versprachlichung
der emotionalen Erfahrung zu unterstützen und Sprachbewusstsein zu fördern im
Sinne von Sprache schafft Bewusstsein bzw. Wahrnehmung von subjektiver Realität.
Dieser Prozess wird eher möglich, wenn der Lehrende über die Fähigkeit verfügt, in
eine gute Beziehung zu den Lernenden zu treten und möglicherweise den Prozess
über den Einsatz entsprechender Methoden zu unterstützen. Voraussetzung dafür ist
eine Auseinandersetzung mit der eigenen Lernbiografie. Im Folgenden sollen daher
drei Aspekte betrachtet werden:

1. Die Beziehungskompetenz im Lehrerberuf: Ist diese lernbar? (siehe Kap. 2.1)
2. Authentizität als ein möglicher Baustein der Beziehungskompetenz (siehe
   Kap. 2.2)
3. Eine Auseinandersetzung mit der eigenen Biografie – will man das? (siehe
   Kap. 2.3)

2.1 Die Beziehungskompetenz im Lehrerberuf: Ist diese lernbar?

Über die Lehrer-Schüler-Beziehung wird viel geschrieben und leicht „dahergeredet".
Wir brauchen nur eine gute Lehrer-Schüler-Beziehung, dann gelingt Unterricht. Wenn
das nur so leicht wäre, wie es gesagt wird! Was tragen wir als Hochschullehrende
dazu bei, diese Kompetenz – eine gute Beziehung eingehen zu können – zu unterstützen oder zu fördern? Können wir etwas anbieten, ohne therapeutisch zu arbeiten?

Zu den wichtigsten Erkenntnissen der Neurobiologie gehört, dass Erfahrungen,
die wir mit anderen Menschen gemacht haben, in unserem Körper biologische Auswirkungen haben. Nach Bauer (2006) kann man sagen, dass das, was wir mit anderen
Menschen erleben, Einfluss auf die Aktivität unsere Gene und auf die neuronale Architektur unseres Gehirns hat. Schauen wir uns das Berufsfeld eines Lehrers an, dann ist
dies ein Beziehungsberuf. Es geht um die Gestaltung von menschlichen Beziehungen.

Das macht den Beruf spannend und anstrengend zugleich. Die Möglichkeit zur gelungenen sozialen Interaktion basiert – so Bauer (2006: 45 ff) – auf der Funktion der Spiegelneuronen. Der Lehrer vermag das Anliegen der Lernenden zu erkennen, gleichzeitig muss er aber auch die Gruppe führen und deutlich machen, worauf der Unterricht abzielt. Es gilt, die Balance zwischen Verstehen und Führen herzustellen.

Aus der Funktion und Wirkungsweise der Spiegelneuronen ergibt sich nach Bauer (2006) auch ein pädagogisch-didaktisches Plädoyer für das Lernen am Modell.[5] Mittels der Spiegelneuronen beobachte man Handlungen und kann diese nachvollziehen und intuitiv erfassen. Je häufiger wir etwas beobachten können, umso besser können wir die Handlung ausführen. Dadurch findet der Erwerb von kognitiven und emotionalen Kompetenzen statt. Unterstützend für den Prozess sind Reaktionen, Rückmeldungen von Mitmenschen wie Lehrern, Partnern, Eltern usw. Dadurch wird der Lernende gestärkt und unterstützt. Das heißt, wenn man weiß, wie Spiegelneuronen menschliche Beziehungen modellieren, hilft das – so Bauer – den Pädagogen bei der täglichen Arbeit, vor allen Dingen dann, wenn es Probleme in der Schule gibt, die dann entstehen, wenn es Eltern oder dem Lehrer nicht gelingt, in eine gute Beziehung miteinander zu treten.

Chronisches Scheitern der Beziehungsgestaltung führt zu gesundheitlichen Belastungen (Bauer 2006, 2009). Nach Bauer (2009) gehören schulische Lehrkräfte zu der am stärksten vom Burnout betroffenen Berufsgruppe. Seinen eigenen Studien zufolge sind dies etwa zwischen 20 und 30 % der Befragten. Lehrkräfte brauchen Beziehungskompetenz. Dies wird aber nach Bauer kaum im Studium gelernt. Auf der anderen Seite gilt auch, dass Lehrer, die mit lustlosen Schülern zu tun haben, deren Eltern die Zusammenarbeit verweigern oder Lehrkräfte „herabsetzen", im Unterricht wenig Resonanz erzeugen bzw. Begeisterung entfachen können. Damit Beziehungsgestaltung gelingen kann, werden Lehrkräfte benötigt, die über ein hohes Maß an Beziehungskompetenz verfügen, aber auch Lernende, die ihren Spiegelneuronen eine Chance geben.

Wie kann das gehen? Ist Hochschule dafür ein guter Lernort? Eine Variable, die in diesem Zusammenhang von Bedeutung sein könnte, ist die Frage nach der Authentizität im Rahmen der Lehrerrolle.

---

5 Spiegelneuronen sind ein Resonanzsystem im Gehirn, das Gefühle und Stimmungen anderer Menschen beim Empfänger zum Erklingen bringt. Das Einmalige an den Nervenzellen ist, dass sie bereits Signale aussenden, wenn jemand eine Handlung nur beobachtet. Die Nervenzellen reagieren so, als ob man das Gesehene selbst ausgeführt hätte. Die Spiegelneuronen im Gehirn sind spezielle Nervenzellen, die den Menschen zum mitfühlenden Wesen machen. Wenn man beobachtet, dass sich jemand beim Gemüseschnippeln in den Finger schneidet, erlebt man selbst Unbehagen und kann nachempfinden, wie sich der Schmerz anfühlt. Wir werden vom Gefühl des anderen „angesteckt", d. h., unsere Spiegelneuronen reagieren nicht nur, wenn wir selbst Leid, Schmerz oder Freude erfahren, sondern diese Nervenzellen werden auch dann aktiv, wenn wir diese Empfindungen bei jemand anderem wahrnehmen (vgl. http://www.planet-wissen.de/natur/forschung/spiegelneuronen/ (letzter Aufruf: 7.3.2017)).

2.2 Authentizität als ein möglicher Baustein der Beziehungskompetenz

Das Wort „authentisch" stammt vom griechischen *authentikos* und heißt zu Deutsch „zuverlässig, verbürgt". Ursprünglich war damit gemeint, die Echtheit und Gültigkeit einer Urkunde und nicht die Kopie. Authentizität entsteht durch ein Gegenüber. Was echt ist, liegt im Auge des Betrachters.

Jean-Jacques Rousseau (1712–1778) wird die Übertragung des Konzepts „Authentizität auf dem Menschen" zugeschrieben (Ullrich 2011). Umgangssprachlich wird der Begriff der Authentizität als die für Dritte feststellbare Übereinstimmung von innerem Wollen und äußerem Handeln verstanden (Ullrich 2011).

Entsprechend dem Konzept von Kernis/Goldman (2006) erlebt sich der Mensch selbst als authentisch, wenn vier Bedingungen erfüllt sind (Mohrs 2014):

1. Bewusstheit über die eigenen Stärken und Schwächen, Gefühle und Motive für das eigene Verhalten, bewusstes Erleben und Handeln auf der Basis von Selbstreflexion
2. Unvoreingenommenheit/Ehrlichkeit und Akzeptanz gegenüber Rückmeldungen bezogen auf die eigenen Person
3. Konsequente Übereinstimmung des Verhaltens mit den eigenen Werten, Vorlieben und Bedürfnissen, unabhängig davon, ob es anderen gefällt, belohnt wird oder ob man dadurch Nachteile erfährt
4. Offenheit und Wahrhaftigkeit bezogen auf die Stärken und Schwächen der eigenen Persönlichkeit

Wichtig ist, dass dies keine selbst definierten Eigenschaften eines Menschen an sich sind, sondern eine Zuschreibung anderer, die man bekommt oder auch nicht.

Nach welchen Kriterien beurteilen Menschen, ob jemand für sie authentisch ist oder nicht? Nach Kelley (1973) werden Menschen dann als authentisch wahrgenommen, wenn sie ein konsistentes Verhalten zeigen, wenn also das Verhalten beständig bezüglich der Situationen und Personen ist und wenn die eigene Meinung standhaft vertreten werden kann. Authentizität wird erst dann ein Thema, wenn sie infrage gestellt wird. Sie ist für das Miteinander wichtig, weil sie uns Sicherheit gibt. Wir sind berechenbar, wir erahnen, wie unser Gegenüber sich verhält. Das ist die Grundlage für Vertrauen.

Schulz von Thun hat in seinem Buch „Das innere Team" (1998) darauf hingewiesen, dass sich der Mensch für eine wirkungsvolle Kommunikation in Übereinstimmung mit sich selbst befinden muss, mit seiner inneren Vielfalt, die jedem inne sei. Voraussetzung für Authentizität sei die Übereinstimmung mit sich selbst und der jeweils systemisch geprägten Situation.

Nach Roth (2006) haben Emotionspsychologen und Neuropsychologen herausgefunden, dass zu Beginn einer jeden Begegnung oder eines Gesprächs innerhalb von wenigen Sekunden die Glaubhaftigkeit eines Gegenübers abgeschätzt wird. Dabei werden unbewusst Gesichtsausdruck, Stimmfarbe und Körperhaltung analysiert. Die Forschung zeigt also, dass dieser erste Sympathie-/Antipathie-Eindruck in ca. 70 % der Fälle Bestand hat, d. h., wir werden in sieben von zehn Fällen auch nach einem Jahr die Person sympathisch bzw. unsympathisch finden (Roth 2007: 198). Der Grund für diese Verlässlichkeit des ersten Eindrucks liegt darin, so Roth, „[...] dass Gefühle der Sympathie und Antipathie durch sehr einfache Merkmale der Mimik, der Gestik, des Blickkontaktes, der Körperhaltung, des Körpergeruchs und des emotionalen Gehalts der Sprache bestimmt werden."

Dies gilt auch für die Lernsituation zwischen Schülern und Lehrern. Schüler stellen sehr schnell fest, ob der Lehrer motiviert ist, seinen Stoff beherrscht und sich mit dem Gesagten identifiziert. Vielfach sind dem Lehrer diese Signale nicht bewusst und nach Roth (2006) kann er sie deshalb auch nur sehr schlecht steuern. Nicht immer ist Lehrpersonen bewusst, wie sie wirken oder welche Ausstrahlung sie haben, also: wie authentisch sie sind.

2.3 Eine Auseinandersetzung mit der eigenen Biografie: Will man das?

Der Bereich der Authentizität wird auch durch den Umgang mit den eigenen Emotionen für die Lehrperson spürbar. Seit einigen Jahren befasst sich die Forschung mit dem Thema „Auswirkung von Emotionen auf Lehrerhandeln". Ein Auslöser dafür sind die steigenden Zahlen der Aussteiger und eine ungewöhnlich hohe Quote von Burnout (Hascher/Krapp 2014). Lehreremotionen wird in der Unterrichtsforschung zunehmend Bedeutung beigemessen, weil sie „[...] als Quelle der Wirksamkeit des Lehrerhandelns verstanden werden. Grundannahme ist dabei, dass Lehrpersonen in der Vorbereitung und Gestaltung des Unterrichts nicht nur von Kompetenzen, sondern auch von ihren Emotionen geleitet werden." (Hascher/Krapp 2014: 90) Befunde zeigen u. a., dass eine positive Lehreremotion eine günstige Voraussetzung für das Lehren und Lernen bietet: Lehrer sind kreativer, sie unterstützen Lernende intensiver beim Lernen, sie stecken Lernende mit ihrer Freunde an, was einen positiven Einfluss auf das Selbstkonzept der Lernenden hat (Hascher/Krapp 2014).

Hochfeld (zit. nach Hascher/Krapp 2014: 690) hat 1983 in diesem Zusammenhang den Begriff „Emotionsarbeit" geprägt. Er versteht darunter das Management der eigenen Gefühle bzw. die Art und Weise, wie Gefühle zum Ausdruck gebracht werden. Ein Ziel der Emotionsarbeit ist es, die Beziehungsqualität im beruflichen wie privaten Bereich herzustellen bzw. zu sichern. Diese Fähigkeit gilt in vielen beruflichen Bereichen als eine der wichtigsten Voraussetzungen für erfolgreiches Arbeiten (Hascher/Krapp 2014: 691). Wenn Lehren in erster Linie auch über Beziehung geht, dann ist dies ein „bedeutsames Qualifikationsmerkmal für den Lehrerberuf". Die Regulation der eigenen Gefühle in der Interaktion im pädagogischen Setting wird somit zu einer wichtigen Aufgabe für Lehrpersonen. Der „angemessene" emotionale Ausdruck – egal in welche Richtung – scheint ein Kriterium für sog. Lehrergesundheit zu sein. Daher sollte das Studium eine Möglichkeit bieten, genau das zu lernen. Es wird erwartet, dass Lehrpersonen das können – so Hascher/Krapp (2014). Es ist allerdings „[...] weitgehend ungeklärt, unter welchen Voraussetzungen und in welcher Weise emotionale Arbeit in der Schule effektiv eingesetzt werden kann und mit welchen Problemen dabei zu rechnen ist." (Hascher/Krapp 2014: 691)

Eine weitere Variable, die bei der Regulation von Emotionen von Bedeutung sein kann, ist die Selbstwirksamkeit. Selbstwirksamkeit wird definiert „[...] als die subjektive Gewissheit, neue oder schwierige Anforderungssituationen aufgrund von eigener Kompetenz bewältigen zu können." (Schwarz/ Warner 2014: 662) Das auf Bandura basierende Konzept meint u. a., dass emotionale Prozesse durch subjektive Überzeugungen gesteuert werden können.

Diese subjektiven Theorien, die in der Literatur auch häufig als „teacher beliefs" oder nach Siewert (2015) als „Bauchentscheidungen" bezeichnet werden, sind für das praktische Handeln viel wirkmächtiger als wissenschaftliche Theorien. Diesen berufsbezogenen Überzeugungen wird nach Reusser/Pauli (2014: 642 ff) eine „[...] bedeutsame Rolle für die Qualität ihres Berufshandelns zugeschrieben." Reusser/ Pauli definieren Überzeugungen von Lehrpersonen als „[...] affektiv aufgeladene, eine Bewertungskomponente beinhaltende Vorstellung über das Wesen und die Natur von Lehr-Lernprozessen, Lerninhalten, die Identität und Rolle von Lernenden und Lehrenden (sich selbst) sowie den institutionellen und gesellschaftlichen Kontext von Bildung und Erziehung, welche für wahr oder wertvoll gehalten werden und welche ihrem berufsbezogenen Denken und Handeln Struktur, Halt, Sicherheit und Orientierung geben." Berufsbezogene Überzeugungen stehen u. a. für die sich entwickelte Identität und das Berufsethos von Lehrpersonen. Auch wenn die empirischen Befunde für die Bedeutsamkeit der berufsbezogenen Überzeugungen auf die Qualität des Handelns von Lehrpersonen nach Reusser/Pauli (2014: 655) außer Frage stehen, so wirken „[...] handlungsleitende Kognitionen oftmals über ein dynamisches Zusammenspiel mehrerer Faktoren, woraus sich auch immer wieder beobachtete Inkonsistenzen zwischen Überzeugungen und Handeln erklären lassen." Handlungsleitende Kognitionen und Emotionen sind lebensgeschichtlich erworben worden, wirken vielfach implizit, sind uns oft nicht bewusst, insbesondere dann nicht, wenn es keinen Rahmen zur Selbstreflexion gibt. Das führt dazu, dass Handeln und das Äußern einer Meinung nicht kongruent sind. Dieses Problem wurde nach Reusser/Pauli (2014: 655) „[...] u. a. durch die als empirisch sich als produktiv erweisende Unterscheidung zwischen (bewusstseinsfähigen, jedoch begrenzt wirksamen) handlungsfernen und handlungsnahen (verdichteten, dem Bewusstsein nicht ohne weiteres zugänglichen, aber hochwirksamen) Kognitiven" aufgegriffen.

In diesem Zusammenhang sei das Konzept der Deutungsmuster erwähnt. Nach Arnold/Schüßler (2015: 66) versteht man darunter Kognitionen, die im alltäglichen Handeln erworben wurden, sich verändern können, gefestigt werden und selbst wieder Handeln anleiten. „Sie sind lebensgeschichtlich verankert und eng mit der eigenen Identität verwoben und insofern auch affektiv besetzt." Auch Arnold/ Schüßler sind der Meinung, dass Deutungsmuster handlungsorientierende und identitätsstabilisierende Funktionen haben und dem Einzelnen u. a. Sicherheit geben, allerdings dem Einzelnen nur eingeschränkt bewusst sind und somit nur bedingt reflexiv sind. Zur Verringerung der inneren Verunsicherung ist der Mensch bestrebt, die Umwelt so zu deuten, dass die eigenen Ansichten möglichst bestehen können. Die Veränderungsresistenz ist daher bei den Deutungsmustern besonders hoch, die bereits in frühester Kindheit grundgelegt wurden. Nach Arnold/Schüßler (2015: 66) sind dies u. a. „[...] selbstbezogene Deutungsmuster zu den Themen ‚Umgang mit Anerkennung‘, ‚Umgang mit Abhängigkeit‘, ‚Umgang mit Zuwendung‘ und ‚Umgang mit Unwirksamkeit‘". Diese Themen sind im pädagogischen Handeln von großer Wichtigkeit. Es gilt sich daher die Frage zu stellen: Wie können diese gewachsenen Haltungen sichtbar gemacht werden und im zweiten Schritt – bei Bedarf – verändert werden. Arnold/Schüßler (2015: 69) schreiben dazu: „Denn Menschen lernen nicht das, was gelehrt wird, und sie folgen auch nicht automatisch den besser begründeten Einsichten und Argumentationen [...], sie möchten viel mehr auch in neuen Lagen möglichst so bleiben (dürfen), wie sie sind."

Über konstruktive Rückmeldungen, Videoanalysen von Unterrichtseinheiten oder Teamteaching – Methoden, die positiv unter die Haut gehen können, wenn sie gut angeleitet sind, oder wie Roth (2006: 64) sagen würde: „Lernen muss als positive Anstrengung empfunden werden", – könnten sich Strukturen im Gehirn neu anordnen lassen, und damit könnte eine Verbesserung der Authentizität erlangt werden.

Wenn also bis hierher konstatiert werden kann, dass der Lehrerberuf ein Beziehungsberuf ist, der sich äußerst komplex im System gestaltet, dann schließt sich als Nächstes die Frage an: Wie kann Hochschule diesen Prozess unterstützen? Eine Antwort könnte der Einsatz einer identitätstheoretischen Didaktik im Rahmen der Hochschullehre sein.

3 Möglichkeiten in der Hochschullehre

Wir lernen – so Hüther (2011) –, indem sich neuronale Verknüpfungen unseres Gehirns bilden. Diese Verknüpfungen passen sich den jeweiligen Besonderheiten unseres Lebens an. Deshalb ist auch jedes Gehirn anders. Wir lernen das, was für uns wichtig ist, wofür wir uns begeistern können. Diese Entscheidung trifft jeder von uns, in jedem Moment und in jedem Alter. Wenn etwas wirklich wichtig ist, dann strengen wir uns an, um unser Ziel zu erreichen. Diese Begeisterung ist „Dünger fürs Gehirn" (Hüther 2011: 92). Immer dann – so Hüther weiter –, wenn wir uns für etwas begeistern, wenn es „unter die Haut geht", dann werden neuroplastische Botenstoffe wie Adrenalin, Noradrenalin oder Dopamin oder Peptide wie Endorphine und Enkephaline ausgeschüttet, die veranlassen, dass neue Fortsätze wachsen und sich neue Nervenzellenkontakte herausbilden. Somit wird das neuronale Netzwerk ausgebaut. Das heißt, unser Gehirn formt sich entsprechend so, wie wir es nutzen (Hüther 2011: 93). Er meint dazu: „Wenn wir also wissen wollen, wieso Menschen so werden, wie sie werden, oder wie sie so geworden sind, wie sie sind, müssen wir herausfinden, was ihnen in der Vergangenheit wichtig war, was ihnen jetzt wichtig ist und was ihnen in Zukunft möglicherweise besonders wichtig sein wird."

Diesen Prozess – im Sinne von Hüthers „Dünger fürs Gehirn" – anzustoßen oder aufrechtzuerhalten, ist für eine Hochschule von großer Wichtigkeit. Die Begeisterung zu entfachen für sich selbst und das Fach – und somit gleichzeitig die eigene Rolle zu professionalisieren, d. h. die eigenen subjektiven Theorien zu reflektieren –, wird erfolgreich Studierende zu erfolgreichen Absolventen machen. Wenn wir verstehen, warum wir so sind, wie wir sind, dann erleichtert uns das das Lernen. Wir verstehen, warum wir manches leichter oder schwerer lernen. Wenn Lernen – so Siebert (2011) – eine Auseinandersetzung mit Neuem ist, so kann damit eine Infragestellung bisheriger Gewohnheiten und tradierter Ansichten verbunden sein. Solche Lernprozesse können, müssen aber nicht, bedrohlich wahrgenommen werden. Sie können auch als Gewinn und Bereicherung erlebt werden. Dies ist eine Frage der jeweiligen individuellen Biografie.

Ob man sich dem Entwicklungsmodell von Erikson aus den 1960er-Jahren oder dem Ansatz von Filipp aus den 1980er-Jahren zum Thema „Umgang mit kritischen Lebensereignissen" anschließt, beide Ansätze gehen davon aus, dass die Bewältigung von Krisen einen wesentlichen Einfluss auf die Identitätsentwicklung hat. Kritische Lebensereignisse können zu jedem Zeitpunkt eintreten. Ist es aber nun eine Aufgabe der Erwachsenenbildung, diese Entwicklungen zu begleiten? Griese schreibt dazu (zit. nach Siebert 2011: 46): „Wenn Lernen Hauptinhalt von Bildungsprozessen ist, Veränderung der Identität und des Verhaltens beim Erwachsenen vor allem an sog. Schaltstellen gekoppelt sind, dann müssen Lern- bzw. Bildungsprozesse dort ansetzen, weil das Individuum damit sensibilisiert und offen ist, da eine Störung zwischen Persönlichkeit und Umwelt vorliegt."

Das Bildungsangebot der Hochschule kann ein Rahmen sein, indem der Lernende möglicherweise erstmalig Menschen mit ähnlichen Biografien kennenlernt und die Solidarität Gleichgesinnter erfährt. Die Anzahl der Gruppenarbeiten z. B. in Hochschulseminaren hebt vielfach die Vereinzelung auf, versucht, aus den Einzelpersonen eine Gruppe zu bilden, mit dem Ziel, das Studium erfolgreich abzuschließen u. a. nach dem Motto: Die Summe der Teile ist mehr als das Ganze. Sicherlich entscheidet jeder Einzelne, welches Gesprächs- und Lernangebot er wahrnimmt, – aber es sollte ein Angebot geben!

Zwei Ansätze zur Förderung dieser Haltung sollen kurz dargestellt werden. Neben der „Identitätstheoretischen Didaktik" bietet sich der Einsatz der „Kollegialen Beratung" an.

3.1 Identitätstheoretische Didaktik

Nach Siebert (2011, 2012) steht unsere Identität nicht ein für allemal fest. Sie ist veränderbar. Identität ist das Ergebnis von biografischen Erfahrungen, von Lebensgeschichten und kritischen Lebensereignissen. Siebert schreibt (2011: 38): „Diese ständigen Konstruktions- und Rekonstruktionsprozesse unseres Lebens und unseres Selbst bezeichnet P. Allheit (1990) als ‚Biographizität'. Biographizität ist auch eine Lernherausforderung: die Entdeckung biographischer Möglichkeiten und Chancen, die Auseinandersetzung mit der Vergangenheit, aber auch mit der Endlichkeit des Lebens. Identitätslernen ist somit auch biographisches Lernen und reflexives Lernen. Das Selbst wird selbst zum Lerninhalt."

Die Selbstreflexion, das Nachdenken über die eigenen Entscheidungen, ist eine Grundvoraussetzung, um als authentisch angesehen zu werden. Je weniger diese Aufgabe – so Siebert (2011: 41) – von u. a. Bezugspersonen wahrgenommen wird, „[...] desto mehr wird die Identitätsvergewisserung zur ständigen Lernaufgabe des Einzelnen." Demnach ist Identitätslernen ein reflexives Lernen, indem durch das Reflektieren von Schlüsselereignissen, über persönliche Freude und Ängste, eigene Stärken und Schwächen, das eigene Handeln verstanden wird. Nach Siebert (2011: 43) gehört aber auch „die Auseinandersetzung mit generativen und öffentlichen Themen dazu. Identität ist so gesehen nicht nur beschreibend, sondern auch normativ, also eine verantwortungsvolle Kategorie. Diese Themen müssen allerdings biografisch ‚synthetisiert' werden, sie müssen lebensgeschichtlich verankert werden, sie müssen affektiv besetzt werden können."

Nur wenn der Lernende Themen kognitiv und affektiv besetzen kann, werden sie zum Bestandteil seiner Identität. Ohne Engagement, ohne Begeisterung erfolgt allenfalls eine Art Training, nicht aber Bildung. Eine vergleichbare Äußerung macht Hattie (2009) über die Bedeutung von Lehrpersonen, wenn sie einen Effekt bzw. eine Wirkung bei den Schülern hinterlassen wollen.

Welche Inhalte/Module eignen sich dazu? Wo ist der Raum an einer Hochschule, sich diesen Fragen zu stellen bzw. wo ist der Raum für Schüler einer Berufsfachschule, sich diesen Fragen zu stellen?

Es ist zu vermuten, dass – wenn die Hochschule diese Prozesse bei den angehenden Pädagogen unterstützt und sie gespürt haben, wie hilfreich es für die Lehre und für sie als Person ist – sie diese Erfahrung in ihren Lehrsituationen z. B. an einer Berufsfachschule entsprechend fördern und unterstützen, im Sinne von Modelllernen. Das heißt, die Hochschule hat hier eine gewisse Mitverantwortung für den Prozess. Die Hochschule kann als Lernort den Rahmen bzw. das Angebot schaffen, identitätsfördernde Prozesse an sich als angehender Pädagoge zu erleben, um damit eine zukünftige Lehrkraft zu werden, die diese Erfahrung entsprechend an ihre Schüler in ihrem Berufsfeld weitergeben kann.

Betrachten wir den Lernort „Hochschule": Menschen unterschiedlichen Alters und Geschlechts, mit den unterschiedlichsten Beziehungserfahrungen, mit verschiedensten Biografien kommen freiwillig an den Lernort „Hochschule". Mein Ansinnen ist es im Folgenden nicht, die Modulhandbücher verschiedener Hochschulen zu analysieren, um gar Empfehlungen auszusprechen. Ganz allgemein gibt es Inhalte, die sich anbieten, eine Verknüpfung zwischen kognitivem Wissen und emotionalem Erleben herzustellen – ohne Anspruch auf Vollständigkeit. Lehrinhalte wie Kommunikation, Konfliktmanagement, Personalmanagement oder ethische Fragestellungen eignen sich ebenso wie Feedbackgespräche nach Lehrproben. Jede Situation, die eine Rückmeldung erfordert, kann hier genutzt werden, wie z. B. die Praxisbegleitung, das Rollenspiel oder Videoanalysen unterschiedlichster Situationen, Debriefing, ergo Situationen in einem Skills Lab oder einem Planspiel.

Auf die Kollegiale Beratung – als Methode zur Unterstützung vergleichbarer Prozesse – soll im Folgenden eingegangen werden.

3.2 Kollegiale Beratung als Methode zur Identitätsförderung

Das Modell der Kollegialen Beratung zeichnet sich dadurch aus, dass die eigenen Ressourcen – nämlich die der Lernenden – gut genutzt werden. Es wird davon ausgegangen, dass die Teilnehmer über die Fähigkeiten verfügen, das Problem bzw. eine Fragestellung selbstständig definieren und lösen zu können bzw. dass sie in der Lage sind, einen entsprechenden Prozess in Gang zu bringen (Macha/Bauhofer/ Rehm 2005; Kerres/Bauhofer 2004). Die Reflexion des eigenen Handelns in einer positiv zugewandten Gruppe ermöglicht es dem Ratsuchenden, sein eigenes Handeln kritisch zu hinterfragen und die Rückmeldungen der Kollegen im Sinne einer konstruktiven Kritik anzunehmen (Kerres 2010). Die Durchführung kollegialer Beratungssitzungen mit Studierenden im 7. Semester an der KSFH München hat gezeigt, wie schwierig es ist, den Grad zwischen unterstützendem Nachfragen und erlebter Konfrontation mit dem eigenen Handeln zu finden. Oftmals ist es für Studierende das erste Mal, sich mit seinem eigenen Handeln biografisch und professionell auseinanderzusetzen. Sie erleben in den Sitzungen eine hohe Emotionalität. Die Rückmeldungen der Studierenden – oft auch noch Jahre später – zeigen, dass es genau diese Emotionalität ist, die es ihnen ermöglicht, etwas Neues zu erfahren und zu lernen (Kerres/Kemser 2015).

4 Fazit

Kommen wir dazu noch einmal auf die drei Anfangsbeispiele zurück. Gleich ist den Beispielen, dass die Studierenden gespürt haben, dass sie sich unwohl fühlen, dass irgendwas „nicht richtig" ist. In allen drei Beispielen wird die Beziehung berührt: die Beziehung zwischen dem angehenden Pflegepädagogen und der Lehrkraft als

Praxisanleiterin im Praktikum oder die Beziehung zwischen angehendem Pädagogen und der Klasse. Es handelt sich also immer um eine Lehrer-Schüler-Konstellation bzw. Beziehung. In den ersten beiden Szenen haben die Studierenden etwas gegen ihren Willen praktiziert. In der dritten Szene hat die Situation die Lernende überfordert bzw. sie hat möglicherweise Angst vor Konflikten bekommen.

Was hätte der Lernort „Hochschule" tun können, damit die Studierenden ihren Wahrnehmungen vertrauen, sie den Mut haben, sich anders zu positionieren als die erfahrenen Kollegen? Hier werden u. a. subjektive Theorien über Novizen und Experten angetriggert ebenso wie subjektive Theorien über die Rolle des Praktikanten. Was hätten der Lernort „Hochschule" bewirken können, damit der Lernende konfliktfähiger wird und sich die Diskussion über diskriminierende Äußerungen zutraut?

Es wird davon ausgegangen, dass in allen drei Situationen biografische Erlebnisse im Gehirn verankert sind, die zu diesen Verhaltensweisen geführt haben – Autoritätspersonen wie Eltern haben das Sagen; der Lernende fühlt sich als Kind und ordnet sich mit einem gewissen Groll unter; der Lernende hat die Erfahrung gemacht, dass er in Konflikten den Kürzeren zieht; seine Überlebensreaktion ist es daher, eher nichts zu sagen. Es geht nicht darum, diese biografischen Situationen aufzulösen, sondern darum, reflexive Prozesse des Lehrerhandelns in Bezug zur Biografie anzuregen und daraus zu einer Veränderung der subjektiven handlungsleitenden Theorien zu gelangen, die gleichzeitig die Lehrerrolle in eine gute Richtung für Lehrer und Schüler professionalisiert. Kleine Studiengruppen, die von entsprechenden Mentoren begleitet werden, haben die Chance, entsprechende Lernfelder über Nachfragen aufzuzeigen. Dabei geht es wiederum nicht darum, dass das Gegenüber immer antworten muss oder soll. Es reicht, wenn das Gehirn die Frage „gehört" und abgespeichert hat. Entsprechende Prozesse werden beizeiten ausgelöst.

Die Erfahrung zeigt, dass sich viele Problemfelder in den Studierendengruppen wiederholen, wie z. B. Konfliktfähigkeit, Vertrauen in die eigenen Wahrnehmungen oder auch Autoritätsprobleme usw. Es wäre daher durchaus angebracht, z. B. Rollenspiele mit entsprechenden Inhalten vorzubereiten, da davon ausgegangen werden kann, dass eine Vielzahl von Studierenden vergleichbare Situationen als schwierig erachten. Eine entsprechende Videoaufzeichnung und anschließende Besprechung würde den Prozess nachhaltig unterstützen.

Was kann der Lernort „Schule" lernen, an dem diese Situationen vom Anfang des Beitrags stattgefunden haben? Zweierlei Aspekte sind hier zu erwähnen. Zum einen sollte die Schule ihr Selbstverständnis von Praxisanleitung eines Pflegepädagogikstudierenden konzeptionell deutlich machen, sodass die Lernenden hier Sicherheit finden. Und zum anderen lautet die Frage: Wird diese Situation für Praxisanleitung überhaupt als schwierig wahrgenommen? Wo ist der Reflexionsraum in einer Schule für solche Situationen? Auch hier bietet Kollegiale Beratung neben Supervision ein entsprechendes Setting.

Zusammenfassend kann also zu den drei Beispielen gesagt werden, dass die Beziehungsebene die entscheidende Komponente für erlebten Erfolg ist. Vergleichbares hat Hattie in seiner Metaanalyse gezeigt. Fachwissen ist im Zeitalter der vielfältigen Technologien jederzeit verfügbar. Die Schüler-Lehrer-Beziehung kann nicht in der Bibliothek nachgeschlagen werden, spielt aber für den Lernerfolg eine entscheidende Rolle. Der Begriff „Beziehung" ist ein Konstrukt, das es sowohl für die Forschung als auch für jeden von uns zu operationalisieren gilt. Nach Esslinger/Hinz (2016) verstehen befragte Experten darunter das „Interesse am Lernprozess der Schülerinnen und Schüler", „Zuwendung" oder „Authentizität". Außer Frage steht dabei die Bedeutung dieser Variablen für den Lernprozess.

Diese Beziehung wird in erster Linie von der Lehrperson gestaltet. Je authentischer diese im oben beschriebenen Sinne ist, desto eher ist eine aufrechte Kommunikation möglich. Dabei bedeutet es eine Gratwanderung zwischen Offenheit – analog dem Roger'schen Kongruenzbegriff – und der eigenen professionellen Rolle, für die die Lehrperson letztes Endes bezahlt wird. Siebert (2011: 48) kommt in seinem Beitrag zu dem Schluss, dass „Identität nicht direkt gelernt und erst recht nicht intentional gelehrt werden" kann. Dennoch gibt es Methoden, die die autobiografische Reflexion anregen oder die Verknüpfung von Lerninhalten mit biografischen Erfahrungen erleichtern. Die Einordnung, die Bewertung dieser Erfahrung muss jeder selbst vornehmen. Diese Prozesse benötigen Mut und Vertrauen. Diese Variablen sind die Basis, um schwierige Situationen meistern zu können. Lehrer, die selbst verunsichert sind oder ständig verunsichert werden, bieten die schlechtesten Voraussetzungen dafür, dass Vertrauen wachsen kann (vgl. Hüther 2011: 125). Was Kinder/Lernende (Ergänzung der Autorin) stark und offen macht, hängt in vielfacher Weise von der Stärke und Offenheit der Erwachsenen/des Gegenübers (Ergänzung der Autorin) ab. „Vielleicht ist es dieses intuitive Wissen über die eigene Bedürftigkeit und Begrenztheit, was Eltern, Erzieher und Pädagogen Angst macht." Wir verhalten uns vielfach so, wie wir es gewohnt sind. Wir ändern uns nur schwer. Nach Hüther können wir mutiger und zuversichtlicher werden, wenn wir innere Anteile, die wir in unserem Sozialisationsprozess unterdrückt haben, wieder aktivieren. Wenn Mut im biografischen Prozess weder von den Eltern noch von Lehrern gefördert oder sogar bestraft wurde, dann geht er verschütt. Lernende passen sich dann eher an, gehen den Weg des geringeren Widerstands. Wer andere aber auf einen mutigen Weg bringen will, muss in der Lage sein, eine neue Erfahrung mit sich oder mit anderen zu machen, zu inspirieren, in der Schule, an einer Hochschule, im Beruf. Leider versuchen viele Führungskräfte und auch Lehrer ständig, Menschen zu „motivieren". Dies ist nach Hüther „hirntechnischer Unsinn" (2011: 126).

Als an einer Hochschule Lehrende sehen wir uns hier in einem Dilemma. Auf der einen Seite müssen wir Prüfungen abnehmen, zum Teil mit Fragen, die eine Wiedergabe von Wissen erfordert. Das hat wahrlich nicht viel mit Inspiration zur Potenzialentfaltung zu tun. Auf der anderen Seite gibt es auch Studierende, die wir auf dem Weg der Potenzialentfaltung „verlieren". Bei anderen wiederum spüren wir, wie gut ihnen dieser Weg tut. Sie blühen im Studium auf, eine deutliche Veränderung bzw. Weiterentwicklung ist spürbar und sichtbar. Damit diese Prozesse häufiger stattfinden, müssen sie „berühren". Es geht nicht um Bloßstellen, um Beschämung in einer Gruppe – dies ist eben jene Gratwanderung zwischen „berührt" werden und der Überflutung von Gefühlen, die möglicherweise Irritation, Verunsicherung oder auch Angst auslösen. Damit wir uns „berühren" lassen, brauchen wir die Gelegenheit, etwas wiederzufinden, was wir „verloren" haben, so etwas wie die Fähigkeit, „[...] die Welt wieder mit den Augen des Kindes zu betrachten [...] so vorurteilsfrei und so neugierig, wie das noch immer als frühe Erfahrung in den damals heraus geformten und inzwischen ‚nach unten abgesackten' und von anderen Erfahrungen überlagerten Schichten seines Gehirns verankert – und deshalb auch jederzeit wieder reaktivierbar – ist" (Hüther: 2011).

Nach Spitzer (2006) zeigt die Gehirnforschung, dass wir zum Lernen geboren sind und gar nicht anders können als lebenslang zu lernen. Sie zeigt auch auf, welche Bedingungen notwendig sind, um die Lernprozesse in verschiedenen Phasen optimal zu gestalten. Wir wissen über viele Prozesses unseres Gehirns Bescheid – aber nutzen wir sie optimal? In weiten Teilen fehlt nach Spitzer eine evidenzbasierte Pädagogik. „Es gilt nicht nur, die Grundlagen von Lernprozessen mit Hilfe der Gehirnforschung aufzuspüren, sondern auch die sich hieraus ergebenen Schlussfolgerungen auf ihre Anwendbarkeit, Wirksamkeit und vielleicht auch Nebenwirkungen hin ‚klinisch', d. h. in der Praxis des Lehrens, zu überprüfen." (Spitzer 2006: 34)

Diese Überprüfung könnte sich durchaus auf die gesamte Lehrerausbildung beziehen, aber bleiben wir bei den Pädagogen im Gesundheitsbereich: eine Lehrerausbildung also, die sicherlich Fachlichkeit vermittelt. Auch wenn Hattie sagt, das habe nicht so einen wesentlichen Einfluss auf die Schülerleistung, sollte sie aber neben pädagogischen und psychologischen Inhalten insbesondere in der Kunst des Unterrichtens, des Anleitens für den Umgang mit Lernschwierigkeiten, also mit berufsbezogenen Inhalten, versehen sein. Vielfach passiert realiter aber genau das Gegenteil. Es wird Wissen vermittelt, das nach dem Abprüfen beispielsweise einer Klausur wieder vergessen wird. Diese Form und zudem die hohe Anzahl an Modulprüfungen ermöglicht es nur sehr schwer, Lernende zu begeistern.

Unterstützend für einen möglicherweise alternativen Ausbildungsprozess wäre es, angehenden Lehrenden in Modulen die Möglichkeit zu geben, ihre eigene Biografie reflektieren zu dürfen und dadurch zu verstehen. Das geht jedoch nicht in modularer Form, die zudem noch benotet wird. Eine Auseinandersetzung gerade mit eigenen Irritationen kann dazu beitragen, sowohl Konflikte später im Klassenraum konstruktiver und wertschätzender zu leiten, als auch, sich mit Lehrkräften auseinanderzusetzen.

Wenn der Lehrerberuf also ein Beziehungsberuf ist, dann muss diese Kompetenz gefördert werden und zwar in dem Rahmen, in dem Beziehungskompetenz lernbar ist. Denn – wie wir gesehen haben – ist diese Kompetenz an biografische Erfahrungen gebunden und wird erst dann ein stabiles Persönlichkeitsmerkmal. Hochschule kann hier Methoden anbieten, in der der Lernende versuchen kann, sich mit seiner Beziehungskompetenz auseinanderzusetzen. Letztlich muss man sich als

Hochschullehrender wohl eingestehen, dass hier nur begrenzte Möglichkeiten vorhanden sind. Studierende, die entweder selbst merken oder spüren oder von ihren Professoren erfahren, dass ihre Lehrproben an ihrer Beziehungskompetenz zu den Schülern scheitern, sollten sich spätestens an dieser Stelle überlegen, ob eine berufliche Umorientierung nicht angezeigt ist.

Hochschule kann Reflexionsprozesse anbieten, die über das Stellen „richtiger" Fragen zu Entscheidungsprozessen angeregt werden. Methoden wie die der Gruppen- oder Projektarbeit sind eine effektive Handlungsform, die eigene Beziehungskompetenz kennen- und reflektieren zu lernen. Das wäre ein praktikabler Beginn, aber nur ein mäßiger Anfang, insbesondere dann, wenn die Gruppenzusammensetzung häufig nach dem Muster läuft: „Mit wem kann ich gut?". Studierende erleben den wiederholten Einsatz zudem oft als ein „Schon wieder!".

Als Hochschullehrende sind wir in einem ähnlichen Zwiespalt wie die Lehrer in ihren Klassen. Auch Professoren wägen ab zwischen Inhalt, Methode und Prozess, geben dem Inhalt oft den Vorrang. Wir versuchen dann, unsere kognitiven Dissonanzen möglichst gering zu halten.[6] Warum passieren solche Entscheidungen? Die Vermittlung von Theorie gibt jedem Lehrenden Sicherheit. Sich einzulassen auf möglicherweise emotionale Prozesse, die durchaus zur Verunsicherung des Lehrenden beitragen können, braucht es eine innere Lehrbereitschaft, die aus den unterschiedlichsten Gründen eben nicht passiert, wie z. B. „Ich mag heute nicht, ich bin nicht gut drauf, ich mag mich nicht auf die Gruppe einlassen." usw.

Unterstützend wären kleinere Gruppen, die z. B. von Mentoren durch das Studium begleitet werden, sodass auf individuelle Situationen, Konflikte und Möglichkeiten besser reagiert werden kann. Diese Kleingruppen könnten dann beispielsweise den Rahmen für Supervision geben oder für Videoauswertungen von Unterricht herangezogen werden. Die Angst und Scham der Studierenden könnte so reduziert werden.

In der Psychologie würde man sagen, der Lernort muss ein „sicherer Ort" werden, in dem es für Lernende und Lehrende möglich ist, authentisch zu sein. Das heißt z. B. für Lehrende, Interesse am jeweiligen Gegenüber zu zeigen, indem wir Fragen stellen: Warum, wieso und weshalb welche methodisch didaktischen Entscheidungen getroffen wurden, wieso diese oder jene Literatur gewählt wurde oder wieso diese und keine andere Entscheidung getroffen wurde. Das Erstellen eines Portfolios könnte diese Prozesse unterstützen. Das heißt wiederum für Lehrende, sich mit eigenen Irritationen, die in Vorlesungen oder Seminaren geschehen, auseinanderzusetzen,

---

6 Zur Verdeutlichung ein Beispiel: Im Modul „Kommunikation" soll die Theorie von Sigmund Freud im Ansatz vorgestellt werden. Aus der Erfahrung ist bekannt, dass die Studierenden ein hohes Interesse an diesem Ansatz haben, allerdings das Konstrukt oft schwer zu verstehen ist. Das sieht man u. a. in den Prüfungen. Trotzdem wird oft der Theorie der Vorrang vor anwendungsorientierten Methoden oder reflexiven Prozessen gegeben. Zur Verringerung dieser erlebten Dissonanz kommt es dann zu Rationalisierungen wie „Ich habe zu wenig Zeit für die wichtigen Inhalte". Hier weichen zwangsläufig die wichtigen Methoden und der ebenso wichtige Lernprozess dem Inhalt.

alleine oder besser noch mit Kollegen. Das kann auch heißen, Teamteaching vorzuleben, um als Vorbild zu agieren und die eigene Entwicklung zu fokussieren. Diese Prozesse fördern daher die authentische Lehrerrolle und somit ihre Professionalität. Das eine wird nicht ohne das andere zielführend sein.[7]

Das heißt für Lernende etwa, ihre eigene Lernbiografie zu reflektieren, um sich dann ggf. mit neuem Mut an Situationen zu wagen. Das kann auch heißen, Fragen und Rückmeldungen nicht als Angriff, sondern als Entwicklungschance zu sehen. Das kann im Äußersten sogar bedeuten, zu erkennen, dass der angestrebte Beruf nicht oder gerade doch der Richtige ist.

Beziehungskompetenz ist dennoch lernbar. Ob dieser lernbare mögliche Weg reicht, um ein guter Lehrer zu werden, dazu gibt es noch keine aussagekräftigen wissenschaftlichen Ergebnisse. So wie nicht jeder gut pflegen kann, so kann auch nicht jeder gut lehren. Insgesamt kann konstatiert werden, dass die Haltung zu sich und sich der Aufgabe zu stellen, authentisch zu sein, den Mut für Veränderungen zu haben – „to make change", wie Hattie sagt, eine der größten Herausforderungen sowohl für Lehrende wie Lernende ist.

Literatur

Arnold, R.; Schüßler, I. (2015): Deutungsmuster. In: Dinkelaker, J.; von Hippel, A. (Hrsg): Erwachsenenbildung in Grundbegriffen. Stuttgart, S. 66–74.

Bauer, J. (2006): Spiegelneuronen. In: Caspary, R. (Hrsg.): Lernen und Gehirn. Der Weg zu einer neuen Pädagogik. Freiburg, S. 36–53.

Bauer, J. (2009): Burnout bei schulischen Lehrkräften. PID 3/2009, S. 251–255.

Bauhofer W.; Macha, H.; Rehm, S. (2005): Kollegiale Unterrichtsbeobachtung als Instrument zur Evaluation der eigenen Berufspraxis. Beschreibung der Pilotgruppe „critical friends" im Rahmen des Modell-Projekts „Kollegiale Beratung". In: Die Schulleitung, Beilage zur Zeitschrift Pädagogische Führung.

Brühwiler, C. (2014): Adaptive Lehrkompetenz und schulisches Lernen. Münster.

Calderhead, J. (1996): Teachers: Beliefs and Knowledge. In: Berliner, D. C.; Calfee, R. C. (Hrsg.): Handbook of Educational Psychology. New York, S. 709–725.

Esslinger-Hinz, I. (2016): Gut vorbereitet in die Lehrprobe. Weinheim.

Hascher, T.; Krapp, A. (2014): Forschung zu Emotionen von Lehrerinnen und Lehrern. In: Terhart, E.; Bennewitz, H.; Rothland, M. (Hrsg.): Handbuch der Forschung zum Lehrerberuf. Münster, S. 679–697.

Hattie, J. (2009): Visible Learning. In deutscher Übersetzung von Hattie, J., Beywl, W., Zierer, K. (2013): Lernen sichtbar machen. Baltmannsweiler.

Hattie, J., Beywl, W., Zierer, K. (2013): Lernen sichtbar machen. Baltmannsweiler.

---

7 Die Frage ist hier eher, was bedingt was? Authentizität Professionalität oder umgekehrt? Im Gegensatz zu Siewert (2015) wird hier die Ansicht vertreten, dass die Begrifflichkeiten einander bedingen und es keine Reihenfolge gibt.

Helmke, A. (2009): Unterrichtsqualität und Lehrerprofessionalität. Diagnose, Evaluation und Verbesserung des Unterrichts. Seelze.

Hüther, G. (2011): Was wir sind und was wir sein könnten. Frankfurt.

Kelley, H. (1973): The Processes of Causal Attribution. In: American Psychologist (28) 2, S. 107–128.

Kernis, M.; Goldman B. (2006): A multicomponent conceptualization of authenticity. Theory on research. In: Zanna, M. (Hrsg.) (2006): Advances in Experimental Social Psychology. New York, S. 283–357.

Kerres, A.; Bauhofer, W.: Kollegiale Beratung. Vortrag auf dem 3. Pflegekongress in München, 10/2004.

Kerres, A. (2010): Instrument zur Konfliktbewältigung – Kollegiale Beratung. In: Teamkommunikation und -gespräche. Hrsg.: A. Kerres. CNE. Fortbildung. Stuttgart, S. 9–11.

Kerres, A.; Kemser, J. (2015): Interne Evaluation der Veranstaltung: Beratung und Anleitung. Unveröffentlichtes Skript.

Klein, S. (2011): Wirksamkeitserwartungen an Einflüsse auf den Wissenserwerb erwachsener Lernender - Herleitung eines Modells für die berufliche Weiterbildung aus der Schulforschung. Dissertation zur Erlangung des akademischen Grades. Freie Universität Berlin.

Mohrs, T. (2014): Mut zum Ich – Authentizität als professionelles Leitprinzip. Vortrag auf Tagung: Tage der Diversity vom 10.–13.11.2014 PH Oberösterreich. Unveröffentlichtes Manuskript.

Reusser, K.; Pauli C. (2014): Berufsbezogene Überzeugungen von Lehrerinnen und Lehrern. In: Terhart E.; Bennewitz, H.; Rothland, M. (Hrsg.): Handbuch der Forschung zum Lehrerberuf. Münster, S. 642–661.

Roth, G. (2006): Möglichkeit und Grenzen von Wissensvermittlung und Wissenserwerb. In: Caspary, R. (Hrsg.): Lernen und Gehirn. Der Weg zu einer neuen Pädagogik. Freiburg, S. 54–69.

Roth, G. (2007): Persönlichkeit, Entscheidung und Verhalten. Warum es so schwierig ist, sich und andere zu ändern. Stuttgart.

Schüßler, I. (2008): Reflexives Lernen in der Erwachsenenbildung – zwischen Irritation und Kohärenz. In: Bildungsforschung, Jahrgang 5, Ausgabe 2.

Schulz von Thun, F. (1998): Das innere Team. Reinbek.

Siebert, H. (2011): Theorien für die Praxis. Studientexte für Erwachsenenbildung. Deutsches Institut für Erwachsenenbildung. Bonn.

Siebert, H. (2012): Didaktisches Handeln in der Erwachsenenbildung. Augsburg.

Siewert, J. (2015): Sich mit der eigenen Lehrerrolle wahrnehmbar identifizieren. Pädagogik 6/15, S. 44–47.

Spitzer, M.: (2006): Medizin für die Schule. Plädoyer für eine evidenzbasierte Pädagogik. In: Caspary, R. (Hrsg.): Lernen und Gehirn. Der Weg zu einer neuen Pädagogik. Freiburg, S. 23–36.

Staub, F.; Stern, E. (2002): The Nature of Teachers' Pedagogical Content Beliefs Matters for Students' Achievement Gains: Quasi Experimental Evidence From Elementary Mathematics. Journal of Educational Psychology, 94 (2), S. 101–130.

Schwarz, R.; Warner, L. (2014): Forschung zur Selbstwirksamkeit bei Lehrerinnen und Lehrern. In: Terhart, E.; Bennewitz, H.; Rothland, M. (Hrsg.): Handbuch der Forschung zum Lehrerberuf. Münster, S. 662–678.

Ullrich, T. (2011): Authentizität – Alles außer authentisch. http://www.webosoph.de/2011/07/08/authentizitat-alles-auser-authentisch-betrachtung-eines-buzzwords/ (letzter Aufruf am 12.3.2017).

Teil 3: **Die richtige Auswahl**
Didaktik und Methodik als Basis für Lehrkompetenz

Astrid Herold-Majumdar

Ein Kompetenzmodell für die ko-kreative Lehre

1 Vom Zuchtmeister zum Design Thinker – Wandel des Selbstverständnisses der Lehrenden

Die Lehrperson tritt schon lange nicht mehr als Zuchtmeister(in) der „Zöglinge" auf, sondern als Promotor(in) und Moderator(in) des Erkenntnisprozesses, der selbstbestimmt von den Lernenden mitgestaltet wird (Weimer 2002, Johnson-Farmer/Frenn 2009). Dabei darf und soll der Wissensbestand, der vermittelt werden soll, kritisch überprüft und hinterfragt werden. In vielen Bereichen ist ein Wettbewerb zwischen den Bildungseinrichtungen entstanden, nicht zuletzt, weil sich der Staat immer mehr aus der Finanzierung der Bildungseinrichtungen zurückzieht (Biggs/Tang 2007: 2). Dies führt dazu, dass die „Bildungsanbieter" zunehmend mehr um die Nutzer(innen) von Bildungsangeboten werben müssen. Schon der Begründer des Social Marketings, Philip Kotler, argumentiert mit der Anforderung der Bildungseinrichtungen, sich am Markt im Wettbewerb um die Student(inn)en zu behaupten. Dabei würden Hochschul- und Fakultätsverantwortliche Marketing, oft ohne es zu wissen, umsetzen, und es wäre nur logisch, die Gewinnung und Bindung von Student(inn)en strategisch zu planen und den Marketingmix auch für Bildungseinrichtungen gezielt einzusetzen (Kotler 1979: 38 f.). Kotler überträgt dabei das klassische Marketingkonzept und die Instrumente zur Marktbearbeitung, den sog. Marketingmix, auf den Bildungsbereich. Dieser Ansatz ist kritisch zu beurteilen, wenn das Gut „Bildung" zunehmend privatisiert wird. Stellt Bildung doch die Voraussetzung für freies und selbstständiges Entscheiden, für freie Meinungsbildung, für berufliche Chancen und letztlich, wie zahlreiche Studien belegen, für bessere Gesundheit (Schott/Hornberg 2011: 311 ff.) dar. Wettbewerb schadet den Bildungseinrichtungen jedoch nicht, vor allem wenn es darum geht, den nach Wissen und Erkenntnis Suchenden ein passendes und effektives Angebot zu unterbreiten. Die politische Frage der gerechten Verteilung von Bildungschancen kann hier nicht erörtert werden, darf aber nicht unerwähnt bleiben. Es soll klar Stellung bezogen werden dafür, dass gut designte Bildungsangebote nicht nur einer elitären, finanziell gut ausgestatteten kleinen Gruppe zur Verfügung stehen dürfen. Der Design-Thinking-Ansatz fördert vielmehr eine Demokratisierung der Lehre und die Diversität der Studierenden, wie nun nachfolgend erläutert wird.

Dem Marketing nahe verwandt ist der Ansatz des Service Designs. Dieser scheint für Güter wie Bildung, die von allgemeinem Interesse und für die menschliche Existenz grundlegend ist, viel besser geeignet als das Marketing, wenn es darum geht, das Angebot an den Nutzer(inne)n auszurichten. In der Literatur zum Service Design finden sich viele Verknüpfungen zum Marketing (Meffert/Bruhn 2012). In den ersten Beiträgen zum Service Design Anfang der 1980er-Jahre (Shostack 1984) wurde das Design als

DOI 10.1515/9783110500707-007

Bestandteil des Marketings und Managements betrachtet, wobei bereits die immateriellen Produktkomponenten (Dienstleistungen) beleuchtet wurden. Service Design ist ein relativ junges Feld, das auf eine etwa 20-jährige Entwicklung zurückblicken kann, wobei seine Methoden und Tools bis in die frühe Menschheitsgeschichte zurückgehen. In den 1950er-Jahren wurden viele kreative Techniken entwickelt und in den 1960er-Jahren entstand die methodengestützte Designforschung mit Erklärungsansätzen für den Designprozess (Curedale 2013: 4; KISD 2017). Service Design verfolgt weniger die klassischen Marketingziele wie Kundenneugewinnung und -bindung sowie Absatzsteigerung, sondern die Idee, für den Menschen in seiner jeweils individuellen Lebenswelt und Lebenssituation dienliche und das Personsein (Kitwood 2013) förderliche Produkte und (Dienst-)Leistungen mithilfe diverser – auch kreativer – Methoden zu entwickeln. Neben der Kognition beinhaltet der Begriff des „Personseins" Gefühle, Handlungen, Zugehörigkeit, Bindungen an andere Personen und Identität (Welling 2004: 1), also Dimensionen, die vom Lern- und Erkenntnisprozess einbezogen werden.

Im Design Thinking, also der Haltung hinter dem Service Design, stehen Lebensqualität und Nachhaltigkeit eher im Vordergrund als Umsatz- und Gewinnziele, die das klassische Marketing anstrebt. In der Logik des Service Designs zu denken (Design Thinking) bedeutet, die (Dienst-)Leistung, hier die Lehre bzw. das Bildungsangebot, konsequent an den Student(inn)en auszurichten. Das Erleben in dem ganz persönlichen Bedeutungssystem, so wie sich die nach Bildung bzw. Erkenntnis suchende Person selbst in der Welt und in ihrer Situation versteht und an die eigene Bildungsbiografie anknüpft, steht dabei im Mittelpunkt. Die Lehrperson als Konstrukteurin des Programms nimmt empathisch die Sichtweise der Studierenden ein, um kreativ an die Lebenswelt der nach Wissen und Erkenntnis suchenden Person anschließende Erlebenswelten im Lernprozess zu entwickeln. Dies erfordert von den Lehrenden ein vertieftes Verstehen, wie Bildungsprozesse von den Lernenden vor dem Hintergrund ihrer biografisch gewachsenen Überzeugungen und Bedeutungen erlebt und erfahren werden. Lernangebote werden dann an diesem Erleben ausgerichtet, weiterentwickelt oder ganz neu, d. h. innovativ gestaltet. Die Lehrperson wechselt ihre Rolle von der unantastbaren Autorität, die ihr Wissen vermittelt, über die Moderatorin hin zur Designerin eines individuell ausgerichteten Lern- und Erkenntnisprozesses, bei dem das Lernerleben und die Beziehung zwischen lehrender und lernender Person im Mittelpunkt stehen. Es wird nicht für das Leben gelernt, sondern schon das Lernen ist sinnerfülltes Leben, in dem sowohl die Studierenden, als auch die Lehrenden Wertschätzung, Sinn und die Förderung des Personseins erfahren. Kritiker mögen an dieser Stelle einwenden, dass eine so individuelle Abstimmung des Bildungsangebots aufgrund der Rahmenbedingungen gar nicht möglich ist. In Kapitel 2 soll jedoch gezeigt werden, dass ein hoher Grad an Nutzerorientierung des Angebots möglich ist durch bewusst geplante Wahlmöglichkeiten, das Zulassen von neuen Wegen zur Erschließung von Wissen und zur Entwicklung von Erkenntnis, durch Lehrevaluation und die aktive Beteiligung und Mitgestaltungsmöglichkeiten der Studierenden. Lehrende müssen jedoch in ihrer Ausbildung darauf vorbereitet werden.

Design Thinking bedeutet, die Nutzer(innen) der Leistung zu ermächtigen, indem ihre Perspektive gezielt und systematisch in den Leistungserstellungsprozess, hier in den Lern- und Erkenntnisprozess, einbezogen wird. Es ist ein demokratischer Ansatz, der Hierarchien abflacht und der Nutzer(innen) von Bildungsangeboten Gestaltungsfreiheit und Macht verleiht. Lern- und Erkenntnisprozesse werden zu Wert generierenden Prozessen. Die Interaktion mit der Lehrperson und den Kommiliton(inn)en wird als wertschöpfend aufseiten der Nutzer(innen) des Bildungsangebots („customer-perceived value", Zeithaml 1988, zit. in Horbel/Weismann 2013: 185) erfahren, was in der Sprache des Service Designs als „learner-perceived value" zu bezeichnen wäre. Der Nutzen bzw. der Wert der Leistung ist hier nicht in erster Linie im monetären Sinne zu verstehen. Der Lernprozess selbst wird schon positiv und sinnstiftend erlebt. Zudem sind auf diese Weise gestaltete Lern- und Erkenntnisprozesse dann nachhaltiger im Sinne von Wissen, das langfristig zur Verfügung steht und in Handlungszusammenhänge integriert werden oder im Sinne der Motivation zu lebenslangem Lernen führen kann. Schließen Bildungsangebote an der Lebenswelt und an dem Wissensbestand des Lernenden nahtlos an, so kann dieser effektiv genutzt werden, was schließlich auch zu monetär messbaren Ergebnissen führen kann, wenn z. B. eine bestimmte berufliche Position mit entsprechendem Einkommen erreicht wird. Das Erleben der Studierenden, den Horizont erweitert und die Sicht auf die Welt und die Dinge im Sinne einer Erkenntnis verändert zu haben, stellt schon im Moment des Erkenntnisgewinns einen Mehrwert dar. Denken wir an unsere eigenen Lernerfahrungen zurück, so haben uns solche „Aha-Erlebnisse" sehr geprägt und manchmal auch unseren Lebensweg entscheidend beeinflusst. Wir erinnern uns zurück an das Lesen lernen in der Grundschule und wie sich einzelne Buchstaben zu einem Wort und Satz in einem Sinnzusammenhang zusammenfügten.

Einstellungen zu Lehren und Lernen und das Verhältnis von Lehrer(in) zu Student(in) werden von zeitgeschichtlichen Ereignissen, der persönlichen sowie beruflichen Sozialisation und der Kultur beeinflusst. Lehrende müssen sich darüber im Klaren sein, dass auch ihre Haltungen und Einstellungen lebensgeschichtlich gewachsen sind und nicht mit denjenigen der Generation, die sie unterrichten, übereinstimmen müssen. Gibson (2009) schlägt deshalb Lehr- und Motivationsstrategien für die unterschiedlichen Generationen vor und hebt die Notwendigkeit einer intergenerationalen Kommunikation hervor, bei der die Dozent(inn)en und Student(inn)en, die meist unterschiedlichen Generationen angehören, sich über Strategien verständigen. Lehren lernen bedeutet hier, dass die eigenen Einstellungen und Haltungen, beispielsweise in Bezug auf die Arbeitshaltung reflektiert und nicht als allgemeingültig gesehen werden. Die Professor(inn)en, die heute in den Universitäten lehren, gehören meist der „Generation Babyboomer" (Nachkriegsgeneration) oder der „Generation X" (1960–1980) an. Sie unterrichten in berufsbegleitenden Studiengängen ggf. nicht wesentlich Jüngere, aber in grundständigen Studiengängen Angehörige einer ganz anderen, viel jüngeren Generation.

Die Babyboomer sind im Spannungsverhältnis zwischen Autorität und Befreiung in den 1960er- und 1970er-Jahren aufgewachsen. Sie mussten sich bei großer Konkurrenz in Ausbildung, Studium und Beruf durchsetzen und zeigen in der Regel einen großen Willen zum Erfolg. Mit Optimismus und Idealismus werden Werte und Rechte insbesondere für benachteiligte Gruppen respektiert und vertreten. Bildung wird als Grundrecht für jeden gesehen. Die „Generation X" wuchs während des ersten Golfkriegs auf. Familienstrukturen sind von hohen Scheidungsraten und alleinerziehenden Eltern geprägt. Die technologische Innovation nimmt ihren Lauf und die Generation zählt zu den ersten, die mit Videospielen und Computern aufwächst. Die „Xler" sind eher skeptische, unabhängige Arbeiter, die versuchen, zwischen ihrem Privat- und Berufsleben die Balance zu halten. Dies haben sie bereits mit der „Generation Y" oder den „Millennials" (1981–2002) gemeinsam, für die die Work-Life-Balance ein wichtiges Lebensziel ist. Die Millennials werden auch als „Digital Natives" bezeichnet, was zum Ausdruck bringen soll, dass für sie Technologie und soziale Medien ganz selbstverständlich zum Leben dazugehören. Sie sind Teamplayer und nutzen die Medien, um sich in der sozialen Gruppe zu organisieren und auszutauschen. Kulturelle Diversität ist für sie selbstverständlich und sie erleben deren Möglichkeiten und Grenzen. Sie suchen nach kreativen Lösungen für Probleme und haben dabei gelernt, eine große Menge an Informationen schnell aufzunehmen und zu verarbeiten. Nicht immer gelingt eine kritische Bewertung und Priorisierung dieser Informationen. Aus diesen Charakteristika können Lehr-, Lern- und Motivationsstrategien abgeleitet werden.

Nachfolgend werden aus der Übersicht von Gibson (2009) nur diejenigen ab der „Generation Babyboomer" aufgeführt und den Charakteristika der Generation „Millennials" gegenübergestellt (siehe Tab. 1).

Tab. 1: Lern- und Motivationsstrategien unterschiedlicher Generationen (eigene Darstellung in Anlehnung an Gibson 2009, S. 39).

„Baby Boomers"	„Millennials"
– Verlangen nach positiver Bestärkung – Fokus auf Herausforderungen – Orientierung an Aufgabenstellungen, welche die Kompetenzentwicklung gezielt fördern – Flexibilität in Bezug auf Lerngelegenheiten – Bevorzugung von Face-to-face Kommunikation	– Mut zur Kreativität durch Technologieunterstützung und Lob – Verlangen nach Balance zwischen didaktischen und kreativen Elementen sowie der Möglichkeit, Fragen zu stellen – Suche nach Nahzielen mit klaren Aufgabenstellungen – Interaktives Lernen in Teams und Gruppen wird als hilfreich und motivierend erlebt
„Generation Xers"	
– Bevorzugung von kurzen Lernaktivitäten gefolgt von Gruppeninteraktionen – Suche nach Nahzielen mit herausfordernden Aufgaben – Die Hervorhebung wichtiger Inhalte z. B. über Spiegelstriche wird als hilfreich erlebt. – Motivation durch die Integration von Online-Tools zur Präsenzlehre – Coaching und Mentoring werden als unterstützend wertgeschätzt	

Diese Kategorien können keinesfalls individuelle, lebensgeschichtlich gewachsene Bedeutungszuschreibungen und Haltungen in Bezug auf das Lernen und Lehren abbilden. Jedoch trägt eine solche Typisierung dazu bei, sich grundsätzlich über die Bedingungen, unter denen die Menschen aufgewachsen sind, Gedanken zu machen und wie diese Bedingungen ggf. Einstellungen zum Lernen beeinflusst haben können. Hier kann auch von Biografiearbeit gesprochen werden, die im Rahmen der pädagogischen Ausbildung geleistet werden muss, um die eigene Lernbiografie und die der anderen besser zu verstehen. Dies ist eine Voraussetzung für einen gelingenden Verständigungsprozess, der darüber hinaus die Annäherung an den jeweils individuellen, Erkenntnis suchenden Menschen verlangt. Lehrpersonen und Studierende können unterschiedlichen Generationen angehören. Häufig finden wir jedoch heutzutage die Konstellation, Lehrperson als Angehörige der „Generation Babyboomer" oder „X" und Student(inn)en als Angehörige der „Generation Millennials".

Wir bewegen uns in einer interaktiven, webbasierten Ära und die Fakultäten müssen sich dafür rüsten (Gibson 2009: 38). Der Ausbildung des kritischen Denkens ist besondere Aufmerksamkeit zu widmen, um bei der Informationsflut, die das Internet und die neuen sozialen Medien liefern, die wichtigen von den unwichtigen Informationen zu unterscheiden und die Zuverlässigkeit der Informationen kritisch zu überprüfen. Für den selbstbestimmten, politischen Meinungsbildungsprozess wird die Fähigkeit des „critical thinking" zukünftig sehr bedeutend sein und letztlich darüber entscheiden, ob sich die Bürger(innen) von Kurzbotschaften in sozialen Medien in die eine oder andere Richtung widerstandslos lenken lassen. Die neuen Medien bieten aber auch Chancen, über die Präsenzphasen des Studiums an der Hochschule hinaus zu interagieren.

Fakultätsangehörige, und hier vor allem die Verantwortlichen für die Lehre wie z. B. die Studiendekane und hauptamtlich lehrenden Professor(inn)en, müssen einige Voraussetzungen mitbringen oder entwickeln, um sich an diese Ära anzupassen und sie mitzugestalten. Die nachfolgende Aufzählung kann somit als Agenda für das Lehren lernen im digitalen Zeitalter verstanden werden:

- Motivation, selbst ein Leben lang zu lernen, beispielsweise Erlernen neuer (z. B. Kommunikations-)Technologien
- Geduld und Neugier mit neuen, ggf. noch nicht ausgereiften Technologien
- Aushalten, dass die Kontrolle über den Lehr-/Lernprozess zumindest zum Teil verlorengeht
- Fähigkeit und Bereitschaft, mit Expert(inn)en zu kooperieren, auch wenn diese Expert(inn)en nicht der gleichen Hierarchiestufe angehören oder den gleichen akademischen Grad innehaben
- Bereitschaft und Fähigkeit, die Rolle als Lehrende zu reflektieren, zu wechseln und stellenweise aufzugeben, bis hin zum Rollenwechsel zwischen Lehrenden und Lernenden
- Fähigkeit, ein Unterstützungssystem aufzubauen, das den Lern- und Erkenntnisprozess der Studierenden fördert, dabei aber nicht unmittelbar beeinflusst oder steuert

Gibson schlägt folgende Fragen vor, um die Entwicklung hin zu einer interaktiven, webbasierten Ära mit generationenübergreifender Kommunikation zu fördern (Gibson 2009: 39, frei übersetzt durch die Autorin):

1. Welche Erfahrungen bringen Studierende in das Lernsetting mit?
2. Was sind ihre Werte, Lernstile und wie kommunizieren die Studierenden?
3. Was erwarten die Studierenden von der Lernumgebung und den Lernbedingungen?

Sollen die Beziehungen zwischen Lehrer(inn)en und Student(inn)en gelingen (Allen et al. 2012; Paige/Smith 2013) und die Grundlage für einen erfolgreichen Lehr-/ Lernprozess bilden, sind diese Fragen im Rahmen der Entwicklung von Bildungsangeboten und deren Evaluation relevant, um einen ko-kreativen Prozess im Sinne des Design Thinkings zu gestalten. Wenn wir nun als Lehrende unser didaktisches Konzept an diesen Prinzipien ausrichten, woher wissen wir, ob unser Bildungsangebot überhaupt zum Lernerfolg führt? Die Pädagogik ist nicht nur an dem Anspruch der selbstbestimmten und aktiven Mitgestaltung durch die Studierenden auszurichten (Xu 2016), sondern auch an dem aktuellen Stand des Wissens, welche Strategien und Methoden wirkungsvoll sind. Der Lernerfolg kann dabei aus Sicht der Studierenden selbst eingeschätzt oder von außen anhand von Lernzielkontrollen bzw. der Messung der Kompetenzentwicklung beurteilt werden. Schließlich zeigt sich dieser auch darin, wie Absolvent(inn)en beruflich einmünden und motiviert sind, ein Leben lang weiterzulernen.

1.1 Bedeutsame Erkenntnisse der Lernforschung

John Hattie hat mit seiner umfassenden Metaanalyse den Forschungsstand zu wirksamem Lernen systematisch zusammengetragen (Hattie 2009), indem er mehr als 800 Studien ausgewertet hat. Daraus entwickelte er das Konzept des „Visible learning" (Hattie 2009: 25 ff.), in dem Lehr- und Lernprozesse sichtbar und zwischen Lehrenden und Lernenden kommuniziert werden sollen. Lehrende wirken dabei als Anreger („Activator", 25), Begleiter eines Entwicklungsprozesses („Change Agent", 25) und Leiter des Lernprozesses („Director of learning", 25). Nach Hattie ist effektive Lehre nicht durch Drill, sondern vielmehr durch die Motivation auf beiden Seiten, der Lehrenden und der Lernenden, gekennzeichnet. Effektive Lehre hält nach Hattie die Balance zwischen Faktenwissen, konzeptuellem Wissen, prozessualem Wissen und Metakognition, also der Reflexion über das eigene Denken und Lernen. Selbstgesteuertes Lernen für ein besseres und tieferes Verstehen, Evaluation des Lernerfolgs und die Vermeidung von Fehlern werden angestrebt (Hattie 2009: 30). Die Einflussfaktoren für den so definierten Lernerfolg und seine Outcome-Faktoren wurden in Hatties Metaanalyse anhand der Effektstärke bewertet. Dabei zieht Hattie das Effektstärkenmaß „d" heran und definiert in Anlehnung an Cohen (1992), ab welchem Wert von einem geringen (0.2 ≤ d < 0.4), einem mittleren (0.4 ≤ d < 0.6) und einem starken (d ≥ 0.6) Effekt auszugehen ist. Es werden Einflussfaktoren vonseiten der Student(inn)en und ihres sozioökonomischen Hintergrunds, der Bildungseinrichtung, dem Curriculum und vonseiten der Lehrenden im Hinblick auf den Lernerfolg untersucht. Obwohl jeder einzelne Faktor hinsichtlich seines Zusammenhangs mit dem Lernerfolg überprüft wurde, betont Hattie, dass es auch Wechselwirkungen zwischen diesen Faktoren geben kann. Das Wissen der Lehrenden über das Fachgebiet und die didaktischen Konzepte tragen nach Hattie kaum zum Lernerfolg bei (d = 0.09), während das Verhältnis zwischen Lehrer(in) und Student(in) einen starken Effekt auf den Lernerfolg hat (d = 0.72). Microteaching-Methoden, also Lehre in kleinen Gruppen mit problemorientierten Ansätzen und Debriefing, Videoanalyse und Diskussion im Anschluss an die Lehrveranstaltung sowie Reflexion über die Lehrveranstaltung, besitzen nach Hattie einen großen Effekt (d = 0.88).

In einem Sonderheft der *Zeitschrift für Erziehungswissenschaften* fassen Meyer und Kolleg(inn)en aktuelle Erkenntnisse zu erfolgreichen Lehr-/Lernstrategien zusammen. Dabei interessiert sie insbesondere, wie sich die Grundorientierung bzw. die Haltung der Lehrenden auf deren Verwendung von Lehr-/Lernstrategien und auf den Lernerfolg auswirkt. Es wird zwischen zwei Grundhaltungen unterschieden, die „lehrendenfokussierte" und die „studierendenfokussierte" Orientierung. Die lehrendenfokussierte Orientierung bedeutet, dass die Lehrperson ihre Aufgabe überwiegend darin sieht, ihr Wissen an die Studierenden zu übermitteln. Die Lehrperson behält das Heft in der Hand und steuert den Lernprozess. Dem Vorwissen und der Eigenaktivität der Studierenden wird kaum Bedeutung beigemessen. Wesentlich für den Lernerfolg wird eine angemessene Vermittlung fachlich relevanten Wissens erachtet, wobei als Garant für den Lernerfolg die fachliche Kompetenz der Lehrperson stehe. Die studierendenfokussierte Orientierung bedeutet hingegen, dass die Lehrperson ihre Aufgabe überwiegend darin sieht, die Eigenaktivität der Studierenden anzuregen. Durch die aktive Einbindung der Studierenden soll Wissen und Erkenntnis in der Interaktion konstruiert werden. Dabei spielt die Interaktion unter den Studierenden ebenfalls eine bedeutende Rolle. Kompetenzen werden aktiv erworben, indem Dinge ausprobiert und selbst umgesetzt werden. Meyer und Kolleg(inn)en gehen davon aus, dass diese Grundorientierungen die Gestaltung der Lehre und die Verwendung von Methoden beeinflussen. Dabei wird angenommen, dass eine studierendenfokussierte Orientierung mit einer stärker aktivierenden Gestaltung der Lehre einhergeht als eine lehrendenfokussierte Orientierung (Meyer et al. 2008: 279). Auch Edith Braun und Bettina Hannover (zit. in Meyer et al. 2008), *Freie Universität Berlin*, zeigen in einer Stichprobe von 68 Lehrveranstaltungen (68 Lehrende, 451 Studierende), dass Dozierende in Abhängigkeit ihrer Lehrorientierung ihre Hochschullehre unterschiedlich gestalten. Die Lehrorientierung wird mit der deutschsprachigen Version des im angelsächsischen Raum am häufigsten verwendeten Messinstruments zur Erfassung der Lehrorientierung von Hochschuldozierenden, dem „Approaches to Teaching Inventory" beurteilt. In einem mehrebenenanalytischen Design wird nachgewiesen, dass sich die Lehrorientierung der Dozierenden im subjektiven Kompetenzgewinn der Studierenden niederschlägt, wobei dieser bei einer studierendenfokussierten Orientierung nachweisbar höher liegt als bei einer lehrendenfokussierten Orientierung (Meyer et al. 2008: 277 ff.). Weiter wird auf eine Studie aus Belgien Bezug genommen. Gijbels und Kolleg(inn)en (zit. in Meyer et al. 2008) untersuchten, wie sich die Gestaltung der Hochschullehre auf die Einstellung der Studierenden gegenüber Lernen und Wissenserwerb auswirkt. „Im Vergleich zu Studierenden, die ein herkömmlich vermittlungsorientiertes Curriculum wahrgenommen hatten, verstanden Studierende nach dem Besuch eines konstruktivistisch (problem-based) ausgelegten Seminars Wissenserwerb stärker als einen aktiven, kumulativen und kooperativen Prozess, der sich in Abhängigkeit von eigenen Bedürfnissen unterschiedlich gestaltet und bei dem die präsentierten Informationen nicht unbedingt immer als gesichert gelten können." (Meyer et al. 2008: 281) Erkenntnis und Lernen werden dadurch im Verständnis des Service Designs zu ko-kreativen Prozessen, in denen sich Hierarchien abflachen und in denen die nach Wissen und Erkenntnis suchende Person sich selbstbestimmt und aktiv einbringt. Die Annahme von Meyer und Kolleg(inn)en, dass sich die Lehrorientierung in der Verwendung von unterschiedlichen Lehrmethoden niederschlage, wurde durch mehrere Studien bestätigt. Lehrende mit zunehmend starker studierendenfokussierter Orientierung scheinen mehr aktivierende und sozial-interaktive Lehrmethoden in der Hochschullehre einzusetzen. Der Einsatz des klassischen „Lehrvortrags" scheint ein Indikator für die Lehr-Orientierung zu sein. Je stärker Dozierende lehrendenfokussiert waren, desto häufiger trugen sie selbst vor – zugleich trugen Lehrende mit zunehmend starker studierendenfokussierten Orientierung weniger häufig selbst vor (Meyer et al. 2008: 289). In der Konsequenz schlagen Meyer und Kolleg(inn)en vor, hochschuldidaktische Fortbildungsangebote danach auszurichten, dass Dozierende ein konstruktivistisches Verständnis von Lernen und Wissenserwerb entwickeln. Sie sollen die Gestaltung von Lernräumen unterstützen und die konstruktiven, kognitiven Eigenaktivitäten der Studierenden anregen (Meyer et al. 2008: 289).

Zusammenfassend kann festgehalten werden, dass aufgrund der Erkenntnisse der Lernforschung der Beitrag der Lehrenden zum erfolgreichen Lernen weniger ihr eigenes Wissen über das Fachgebiet, das sie lehren, ist, als ihre Fähigkeit, mit den Lernenden eine auf Vertrauen basierende Beziehung einzugehen und deren Eigenaktivität zu fördern. Ihre Motivation, den Stoff zu erklären und den Lernenden zu helfen, sowie ihr Talent, die Studierenden für das Fach zu begeistern, scheinen nach dem aktuellen Wissensstand (Johnson-Farmer/Frenn 2009, Lerret/Frenn 2011; Valiee et al. 2016) wesentliche Kompetenzen der Lehrenden zu sein. Das bedeutet für die pädagogische Ausbildung der Lehrer(innen), dass über das Fachwissen und Methoden hinaus vor allem persönliche Kompetenzen (wie z. B. Empathie und Kritikfähigkeit, Fähigkeit, Kontrolle über den Lernprozess an die Studierenden abzugeben) und Talente (wie etwa Kreativität, Fähigkeit für das Fach begeistern zu können) zu entwickeln sind. Professionelle Lehre zeichnet sich somit nicht nur durch geplante, konzeptionalisierte und kognitiv gesteuerte Prozesse, sondern auch durch affektive und zwischenmenschliche Interaktion aus.

Wie kann aber diese Art zu lehren gelernt werden? Welche Kompetenzen benötigen Lehrende, um den Lehr-/Lernprozess als interaktiven, ko-kreativen und demokratischen Prozess umzusetzen? Welche konkreten Fähigkeiten und Fertigkeiten werden benötigt, um Lernräume aktivierend zu gestalten? Diesen Fragen soll nun in den Kapiteln 1.2 bis 2.2 nachgegangen werden.

1.2 Bedeutung der Lehrevaluation für die Ko-Kreation von Wissen und Erkenntnis

Der Überprüfung des Lehr-/Lernprozesses noch während des laufenden Programms (formative Evaluation) scheint eine bedeutende Rolle zuzukommen. Für die formative Evaluation stellt Hattie einen sehr starken Effekt (d = 0.90) für den Lernerfolg fest, ebenso wie für das Feedback (d = 0.73). Insbesondere die Angehörigen der „Generation Millennials" brauchen Feedback und positive Bestärkung, um mutig im Lernprozess voranzuschreiten. Auch die Lehrenden werden durch fortlaufendes Feedback von den Studierenden in ihrem Bemühen motiviert, eine lernförderliche Umgebung und ansprechende Inhalte zu gestalten. Effektives Feedback wirkt auf drei Ebenen: 1. der Aufgabe, 2. dem Lernprozess und 3. der Selbstregulation. Feedback sollte nicht nur eine Rückmeldung über die Inhalte umfassen, sondern vor allem auch den Lern- und Erkenntnisprozess (Metaebene) und die Lernatmosphäre reflektieren. Nur so kann der Lernende seinen Prozess wirksam und selbstbestimmt steuern und der Lehrende sein Konzept weiterentwickeln. Feedback ist zudem ein Akt der Wertschätzung und menschlichen Zuwendung, der zu einem guten Lernklima beiträgt.

Beispiele aus der Lehrpraxis

One-Minute-Papier zur formativen Lehrevaluation
Das sog. „One-Minute-Paper" (Stehling et al. 2013: 13) kann hier im dichten Praxisalltag die Lehre unterstützen. Mit drei, maximal vier Fragen und einer offenen Frage werden Inhalt und Atmosphäre bewertet, Probleme in Erfahrung gebracht, der aktuelle Veranstaltungsverlauf reflektiert und der Erfahrungsaustausch über den Lernprozess angebahnt. Wie schon die Bezeichnung des Tools vermuten lässt, beträgt der Aufwand für die Seminarteilnehmer(innen) eine Minute. Auch die Kursleitung kann die Rückmeldungen sehr schnell auswerten, indem z. B. nicht jeder/jede Teilnehmer(in) ein Blatt ausfüllt, sondern die Rückmeldungen beim Verlassen des Kursraums auf einem Plakat als Portfolio gesammelt werden. Hierbei kann die Anonymität gut gewahrt werden, indem die Stellwand oder das Flipchart am Ausgang, nicht in Blickrichtung der Kursleitung platziert wird und auch die Teilnehmer(innen) nacheinander ihre Anmerkungen beim Verlassen des Kursraums auf das Paper schreiben. Mithilfe von Klebepunkten können Bewertungen bestärkt werden, sodass auch eine einfache, quantitative Auswertung möglich ist. Insgesamt ist dieses Tool im Lehr-/Lernalltag ein sehr handhabbares und praktikables Instrument zur formativen Lehrevaluation.

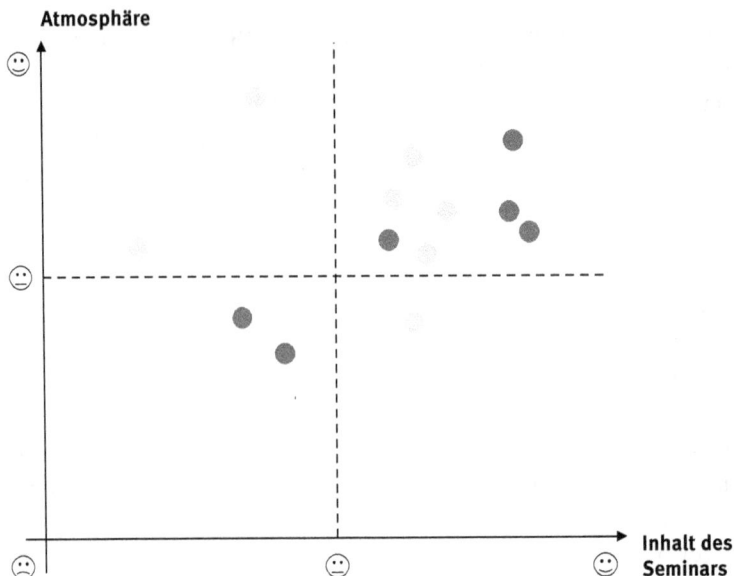

Was ich sonst noch anmerken möchte:

Macht Spaß, ich wünsche mir aber noch mehr Stoff.

Könnten Sie das mit der Analyse noch einmal erklären?

Abb. 1: „One Minute, please!". Formative Lehrevaluation mit Portfolioanalyse (eigene Darstellung in Anlehnung an Stehling et al. 2013).

Erkenntnisgeologie

Die sog. „Erkenntnisgeologie" oder der „Baum der Erkenntnis" (Frisk & Berger 2012) wendet den Blick noch stärker auf den metakognitiven Prozess, indem die Student(inn)en reflektieren, welche Inhalte sich schon als Wissen gefestigt haben, sich „noch an der Oberfläche schwimmend" befinden oder einen Diskussionsbedarf erzeugt haben und welche neuen Erkenntnisse gewonnen wurden. Der Lernfortschritt wird von den Student(inn)en selbst definiert und gesteuert. Dazu wird das Bild eines Baumes, der in verschiedenen Erdschichten verwurzelt ist, verwendet. Die Teilnehmer(innen) können in das Bild den Stand ihres Erkenntnisprozesses in Bezug auf die unterschiedlichen Inhalte eintragen. Die Lehrperson kann die Lehre an den individuellen Lernfortschritt anpassen, indem sie beispielsweise Themen, die „von unteren Erdschichten aufgewühlt" wurden, in der Diskussion aufgreift.

Wie die Student(inn)en die Qualität der Lehre wahrnehmen und einschätzen, ist von der Lehrperson kontinuierlich aufzunehmen und in die Weiterentwicklung des Lehrkonzepts und der eigenen Lehrkompetenz einzubeziehen. Bildungseinrichtungen bieten dazu häufig EDV-gestützte Systeme an, die eine anonymisierte Rückmeldung ermöglichen. Diese Lehrevaluationssysteme sind unterschiedlich zuverlässig und geeignet, das jeweils spezifische Lehrangebot zu überprüfen. Einzelmaßnahmen der Lehrenden können hochschulweit angelegte, generalistische Evaluations-tools ergänzen und unterstützen. Demokratisierung der Bildung bedeutet hier, dass die programm-verantwortlichen Lehrenden im unmittelbaren Kontakt mit den Student(inn)en die Art und Weise der Lehrevaluation mitbestimmen und zusammen mit den Studierenden gestalten. Das Verhältnis zwischen Lehrer(in) und Student(in) kennzeichnet sich durch ein aufgabenbezogenes Rollen-verständnis und einen personenzentrierten Bezug. Lehrer(innen) versuchen, das Lernen durch die Augen der Student(inn)en zu sehen („Lerner-centered Teaching" nach Ellis 2016: 66), und umge-kehrt sollen die Student(inn)en auch die Perspektive wechseln und den Lernprozess aus der Sicht des Lehrenden beleuchten. Die Transparenz und die Metakommunikation über den Lernprozess erhöhen den Lernerfolg und das Vertrauen.

1.3 Lehren und Lernen als ko-kreativer Prozess im digitalen Zeitalter

Für die heutige „Spielergeneration", die als sog. „Digital Natives" mit Video- und Com-puterspielen groß geworden sind, erschließen sich Lerninhalte häufig auf andere Weise als dies noch von Angehörigen früherer Generationen praktiziert wurde. Abstrakte und theoretische Inhalte sowie Rollenkonzepte und Selbstverständnisse können oft über sog. „Serious Games" besser verstanden werden als über den klassischen Lehr-vortrag oder das Textstudium. Day-Black und Kolleg(inn)en (2015) haben hierzu mit Bachelorstudent(inn)en im Rahmen eines Public-Health-Seminars eine Studie durch-geführt, bei der zwei sog. „Serious Games" getestet und der Lernerfolg auf der meta-kognitiven Ebene reflektiert wurde. Dabei sollten komplexe Inhalte wie Grundlagen der Epidemiologie und verschiedene Rollen in der öffentlichen Gesundheitsfürsorge mit einem interaktiven Spiel, das nicht zur Unterhaltung, sondern zur Erreichung von Bildungszielen entwickelt wurde (Serious Game), vermittelt werden. Häufig werden in solchen Spielen typische Situationen in unterschiedlichen Aufgabenfeldern der Pflege simuliert, um Rollen, Verhaltensweisen und Fertigkeiten für den Ernstfall zu üben (Day-Black 2015: 90). Die Spieletechnologie, eingesetzt zur Erreichung didaktischer Ziele, nimmt den kinästhetischen und taktilen Lernstil der sog. „Digital Nursing Students" auf, um komplexe Pflegekonzepte und Organisationssysteme didaktisch zu vermitteln (Day-Black 2015: 90). Bildungsangebote auf diese Generation der „Digital Natives" zuzu-schneiden, bedeutet, zu akzeptieren, dass diese Student(inn)en andere Wege gefunden haben, um Informationen aufzunehmen, zu verarbeiten und in ihr Bedeutungs- und Wissenssystem zu integrieren. Day-Black stellen mit Verweis auf die Erkenntnisse der

Forschung über diese digitale Generation fest, dass die kognitiven Prozesse der „Digital Natives" geprägt sind von Multitasking, kurzen Aufmerksamkeitsspannen und forschendem, spielerischem Verhalten (Day-Black 2015: 91). Bildungsangebote sind an diese neue Art der Erschließung von Lerninhalten durch die „Digital Natives" auszurichten, indem beispielsweise mobile Endgeräte wie Smartphone und Tablet-PC in die Lehre gezielt integriert werden. Es können Schnittstellen zwischen den unterschiedlichen Netzwerken, der E-Learning-Plattform mit beschränktem und gesichertem Zugang nur für die Seminarteilnehmer(innen) und dem täglich genutzten sozialen Netzwerk entstehen. Unterschiedliche Nutzergruppen, Zugangsmöglichkeiten und verschiedene Funktionen machen die Netzwerke und Onlineplattformen eingeschränkt kompatibel. Diese Schnittstellen müssen von der Lehrperson und Programmverantwortlichen mit den Teilnehmer(innen) identifiziert und sinnvoll in das didaktische Konzept integriert werden. So ist beispielsweise klarzustellen, welche Inhalte und Kommunikationsprozesse über privat genutzte soziale Medien und welche über die geschützte und für die Seminarleitung sichtbare E-Learning-Plattform ausgetauscht werden sollen. Eine Projektgruppe kann sich z. B. über die sozialen Netzwerke organisieren. Die inhaltliche Diskussion sollte jedoch auf der E-Learning-Plattform, z. B. im Forum für die Kursleitung sichtbar, erfolgen. Student(inn)en müssen heute mehrere Kommunikationsforen gleichzeitig bedienen (WhatsApp©, Facebook©, Email usw.). Bei Projekt- und Gruppenarbeiten greifen die Student(inn)en hierbei auf bewährte Kommunikationskanäle und Gruppen, z. B. WhatsApp©-Gruppen, zurück, um sich zu organisieren und auszutauschen. Stellt nun die Seminarleitung ein weiteres Forum zur Verfügung, kann dies zu einer Überforderung führen oder für die Nutzer(innen) nicht anwenderfreundlich sein. Die Seminarleitung möchte ggf. aber nicht gezwungen sein, sich informalen Gruppen anzuschließen und sich in bestimmten sozialen Netzen zu registrieren. Bei der Lernzielkontrolle kann das Problem entstehen, dass Einzelleistungen nicht nachvollziehbar oder Beiträge gar nicht auf der E-Learning-Plattform sichtbar sind. Für solche Probleme sind – jeweils für das spezifische Lehrangebot – kreative Lösungen von der verantwortlichen Lehrperson in Zusammenarbeit mit den Kursteilnehmer(inne)n zu entwickeln.

Das Design Thinking setzt genau hier an, indem zunächst aus der Sicht des Lernenden zu verstehen ist, wie dieser seinen Lernprozess und das Bildungsangebot selbst erlebt. Die Perspektive zu wechseln, kann hier hilfreich sein. Dazu bietet das Service Design vielfältige Methoden, um „in den Schuhen" der Lernenden „zu wandern" (Mager 2007). Die Lernplattform „Moodle" bietet hier beispielsweise die Möglichkeit, den digitalen Lernraum aus der Sicht der Nutzer(innen) zu betreten, indem die „Rolle" gewechselt wird. Auf E-Learning-Plattformen können über Rollenformate unterschiedliche Rechte vergeben werden. Diese Rechte ermöglichen u. a., die Einschreibemethoden festzulegen, Dateien hochzuladen, zu löschen oder zu verlinken. Hier kann sich die Kursleitung in ihrer Rolle als „Trainer", die mit umfassenden

Funktionen und Berechtigungen verbunden ist, ihr Konzept durch die Brille der Lernenden ansehen und verbessern. Die Kursteilnehmer(innen) verfügen über weniger Rechte im virtuellen Kursraum, indem sie beispielsweise keine Dateien hochladen oder löschen können. Die Lehrevaluation sollte die Überprüfung der Anwenderfreundlichkeit der auf der E-Learning-Plattform angebotenen Foren und Funktionen und der Vereinbarkeit mit den im Alltag genutzten sozialen Netzwerken und Kommunikationsforen berücksichtigen. Ziel dabei ist die Ausrichtung der Gestaltung des virtuellen Kurses an den Bedürfnissen und Bedarfen der Kursteilnehmer(innen). So können in einem Projektseminar beispielsweise den Kursteilnehmer(inne)n, die als Projektleiter(innen) fungieren, weiterführende Rechte als „Kotrainer" eingeräumt werden, die es ihnen ermöglichen, Projektdokumente, wie z. B. den Projektschienenplan, auf die E-Learning-Plattform hochzuladen.

Den Stoff erlebbar und greifbar zu machen, bedeutet in der Arbeit mit den „Digital Natives", dass altbewährte Lernstrategien wie Spielen, Simulieren und Ausprobieren mithilfe digitaler Medien wieder vermehrt zur Anwendung kommen. Dabei kann bei traditionell ausgebildeten Lehrenden Irritation entstehen, ob ein solches Lernen vielleicht weniger ernsthaft und zielorientiert ist. Diese Irritationen können vermieden oder bewältigt werden, indem die Lehrenden mit den Student(inn)en und untereinander in den Dialog gehen, um über die didaktischen Ziele und metakognitiven Prozesse zu kommunizieren.

2 Umsetzung in die Lehrpraxis und in die Lehrerbildung

Aus der Lernforschung wurden nun die Ansprüche an eine effektive, also zum Lernerfolg führende Didaktik zusammengetragen. Das Design Thinking wurde in diesem Zusammenhang als hilfreiche Haltung und Orientierung vorgestellt. Anhand von Lehrbeispielen, die durch Serious Games und neue Medien unterstützt werden, wurde in Kapitel 1 ausgeführt, was ko-kreative Lehre in der Gegenwart und Zukunft bedeuten kann. Nachfolgend soll nun anhand der Konzeption eines IT-unterstützten Planspiels „QM-Audit in der Pflege" beispielhaft veranschaulicht werden, wie die Umsetzung ko-kreativer und evidenzbasierter Lehre in der Praxis konkret aussehen kann. Damit wird deutlich gemacht, welche Kompetenzen dies von der Lehrperson erfordert. Um diese z. T. abstrakten Kompetenzbereiche in konkrete Inhalte der Lehrerausbildungscurricula übersetzen zu können, wird ein Modell entwickelt, das von den Anforderungen der Studierenden ausgehend Fähigkeiten und Fertigkeiten der Lehrperson ableitet.

2.1 Übersetzung in didaktische Konzepte für ein positives Lernerleben – Beispiel aus der Lehrpraxis

Der Anwendungsbezug spielt in dualen Studiengängen und in praxisorientierten Fächern wie beispielsweise der Pflegewissenschaft eine große Rolle. Ausbildungskonzepte müssen an die Fallkonstellationen der klinischen Praxis anschließen (Lauver et al. 2009; Minks et al. 2011; Paige/Smith 2013). Das IT-unterstützte Planspiel[1] wird im Seminar „Evaluation im Gesundheitswesen" des achten Semesters im dualen Studiengang „Pflege" (B. Sc.) an der *Hochschule für Angewandte Wissenschaften München, Fakultät für Angewandte Sozialwissenschaften* eingesetzt. In dem auf neun Semester angelegten Studiengang erwerben die Student(inn)en bis zum Ende des sechsten Semesters den Berufsabschluss als „Gesundheits- und (Kinder-)Krankenpfleger(in)". In dieser ersten Studienphase erfolgt die Lehre an der Hochschule blockweise und die Student(inn)en besuchen parallel zur praktischen Berufsausbildung die Berufsfachschule. Ab dem siebten Semester wird im Vollzeitstudium bis zum neunten Semester der erste akademische Grad Bachelor of Science erreicht. Das Planspiel wird also in der zweiten Studienphase im Rahmen eines wöchentlich stattfindenden Seminars durchgeführt. Zur Simulation eines Qualitätsmanagement(QM)-Audits in der Pflege wurde von der Kursleitung, selbst langjährig erfahrene QM-Auditorin, ein Planspiel speziell für die Situation einer Langzeitpflegeeinrichtung konzipiert. Die unterschiedlichen Rollen der Pflege als Pflegefachperson und Mitarbeiter(in), als verantwortliche Pflegefachkraft und Pflegedienstleiter(in) oder als Auditor(in) können von den Student(inn)en ausprobiert und eingeübt werden. Die Simulation ermöglicht das Testen von unterschiedlichen Verhaltensweisen, ohne dass Konsequenzen wie im Ernstfall zu befürchten wären. Dadurch, dass auch die Rollen der Patient(inn)en oder der Angehörigen eingenommen werden müssen, werden diese Sichtweisen „am eigenen Leib" von den Student(inn)en erfahren. Kurzfristige Spielanweisungen werden in das Spiel gegeben, um die unvorhergesehenen Ereignisse des Alltagslebens zu simulieren. Hier können mobile Endgeräte genutzt werden, um beispielsweise einen Anruf oder einen Alarm zu fingieren.

Die eigentliche Spielphase in der Präsenzveranstaltung an der Hochschule wird mit digitalen Videoanalysen und einem virtuellen Klassenraum unterstützt. Die Studierenden können im Planspiel in der Präsenzzeit den Ablauf eines QM-Audits selbst erleben, in verschiedene Rollen „schlüpfen", ihr Interaktionshandeln mit digitalen Videoanalysen unterstützt im Debriefing reflektieren und spielerisch erweitern. Für den Austausch in der Seminargruppe über die Präsenzphase hinaus steht ein Forum der Lernplattform des parallel eingerichteten Moodle-Kurses (virtueller Kursraum) zur Verfügung. Die Texte zu den fachlichen Grundlagen und die Planspielunterlagen

---

1 Die Konzeption dieses mittlerweile mehrfach erprobten Planspiels wurde mit dem *IT-Innovationspreis für Bildungseinrichtungen im Gesundheitswesen* 2014 des *Deutschen Pflegerats* ausgezeichnet.

werden auf der Lernplattform eingestellt. In der aktiven Spielphase wird das Skills Lab (ein voll eingerichtetes Patienten- bzw. Bewohnerzimmer mit Simulationsgeräten) genutzt, um die Situation bei der Bewohnervisite im Rahmen des Audits zu simulieren. Die Konzeption stellt somit ein ausgewogenes Arrangement dar aus E-Learning, E-Portfolio, digitaler Videoanalyse, Simulationslernen in der Präsenzveranstaltung und durch ein Moodle-Forum unterstütztes Gruppenlernen. An dem Kursbeispiel wird exemplarisch ausgeführt, wie Informationstechnologie in ein Lehrgebiet mit hohen Anforderungen an die Ausbildung sozialer und persönlicher Kompetenzen sinnvoll und lernfördernd eingesetzt werden kann. Die Kursleitung ist in der Vorbereitungsphase sehr aktiv. Zunächst ist das Planspiel zu konzipieren und zu organisieren. Neben der inhaltlichen Ausarbeitung, beispielsweise der Rollenkonzepte und der Szenarien, sind Räume zu buchen und Hilfskräfte für die Kameraführung zu gewinnen. Das Planspiel muss den Teilnehmer(inne)n erklärt werden, wobei auch der geschichtliche Hintergrund und die Bedeutung des Planspiels in anderen Branchen zu erläutern ist. Die Teilnehmer(innen) entwickeln die vorskizzierten Rollenkonzepte entsprechend ihrer Erfahrungen und ihrer Erkenntnisziele weiter und legen Spielmaterialien wie beispielsweise einen Auditplan an.

In der aktiven Spielphase tritt die Kursleitung in den Hintergrund und achtet auf die Einhaltung der Spielregeln, dass beispielsweise während der aktiven Spielphase nicht über die Rolle und die Situation reflektiert bzw. gesprochen wird. Die Kursleitung gibt sog. „Ereigniskarten" ins Spiel, welche die unvorhergesehenen Dinge des Lebens simulieren. Sie sorgt für einen geschützten Rahmen, was bedeuten kann, dass an die Tür ein Schild gehängt wird, welches das Eintreten von Nichtteilnehmenden während der aktiven Spielphase verhindert oder dass Teilnehmer(innen), die das wünschen, nicht bei den Videoaufnahmen zu sehen sind. Erst in der Auswertungsphase (Debriefing) übernimmt die Kursleitung erneut eine aktivere Rolle, indem sie Schlüsselszenen auswählt und Reflexionsfragen stellt. Im Debriefing sind die Teilnehmer(innen) ebenfalls sehr aktiv beteiligt, indem sie das Handeln in der jeweiligen Rolle reflektieren und sich Feedback geben, wie Handlungen erlebt wurden. Spielerisches Simulationslernen erfordert von dem Lehrenden eine hohe Sensibilität dafür, wann seine Aktivität gefragt ist und wann Zurückhaltung mehr zum Lernerfolg beiträgt. Häufig wirken direkte Rückmeldungen von Kommiliton(inn)en auf Mitstudent(inn)en mehr als das Feedback durch die Lehrperson. Kreative Spielphasen, in denen die Teilnehmer(innen) tief in die Rollen hineingehen und unterschiedliche Verhaltensweisen ausprobieren, sollen durch die Kursleitung nicht gestört werden. Das bedeutet, dass die Lehrperson sich manchmal bewusst zurücknehmen muss, um Erkenntnisprozesse zu ermöglichen. Sich nicht als Dreh- und Angelpunkt in der Lehre zu verstehen, sondern als „Ermöglicher" und „Geburtshelfer(in)" von Erkenntnissen zu wirken, ist hier die Kunst des Lehrens. In Abb. 2 ist das Aktivitätsniveau von Kursleitung und Studenten(innen) dargestellt. Es wird aufgezeigt, wie sich dieses Aktivitätsniveau im Verlauf des Planspiels verändert und gegenseitig ergänzt.

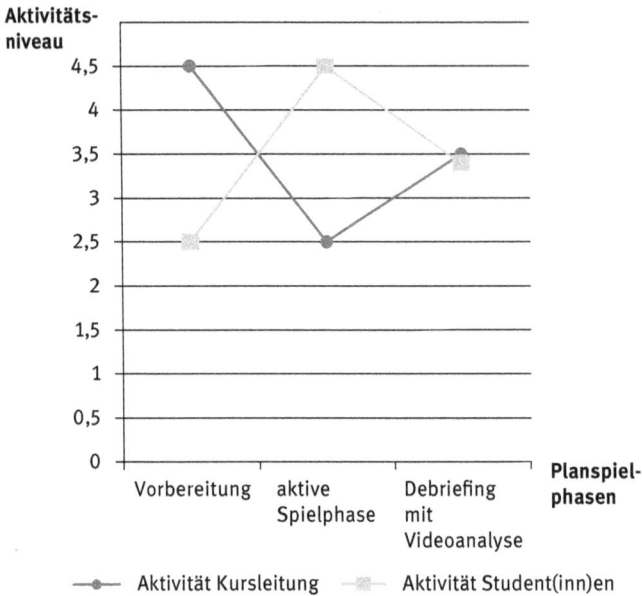

Abb. 2: Aktivitätsniveau Kursleitung und Student(inn)en im Planspiel (eigene Darstellung).

2.2 Entwicklung eines evidenzbasierten Kompetenzmodells für die Lehre als ko-kreativer Prozess

Das Beispiel aus der Lehrpraxis konnte zeigen, dass neben fachlichem Wissen weitere, vor allem persönliche Kompetenzen der Lehrperson gefragt sind. Sich zurückzunehmen und nicht in der Frontline zu agieren, es aushalten zu können, dass die geplante Konzeption von den Studierenden kreativ genutzt wird und somit neue Inhalte in das Planspiel hineinkommen, erfordert persönliche Kompetenzen, die es möglichst konkret zu formulieren und in curriculare Inhalte der Lehrerausbildung zu transformieren gilt.

Kompetenz bezogen auf die Lehrenden kann verstanden werden als die Voraussetzung dafür, dass Aufgaben im Zusammenhang mit der Lehre erkannt, adäquat eingeschätzt und Fähigkeiten und Fertigkeiten entwickelt werden können, diese Aufgaben sachgerecht zu erfüllen. Kompetenzen stellen somit die Voraussetzung für professionelles Handeln dar. Das Kompetenzprofil der Lehrenden umfasst auch die Fähigkeit, sich selbst in der Rolle als Lehrperson zu reflektieren und weiterzuentwickeln. Der Kompetenzbegriff ist übergreifender und oft auch abstrakter als die Begriffe „Fähigkeit" und „Fertigkeit". Er kann auch Einstellungen und Hintergrundüberzeugungen der Lehrenden umfassen. Diese können der Entwicklung von Kompetenzen vorausgehen. Das bedeutet, dass die konsequente Entwicklung von

Kompetenzen und ihre Beurteilung komplex sind. Für die zielgerichtete Ausbildung pädagogischer Kompetenz bedarf es jedoch möglichst konkreter Kompetenzbeschreibungen, um entsprechende Ausbildungskonzepte entwickeln zu können. Deshalb wird ein zirkuläres Modell entwickelt, in dessen Zentrum die lernende Person als Wissens- bzw. Erkenntnissuchende mit ihren Anforderungen steht. Darauf aufbauend werden in den beiden äußeren Radien (Kreise um das Zentrum, Abb. 3) die Kompetenzen der Lehrperson dargestellt, wobei der innere Radius die jeweils gefragten Dimensionen des Personseins der Lehrperson aufzeigen. Diese Dimensionen sind in das Modell zu integrieren, weil im Ansatz der ko-kreativen Lehre im Sinne des Designs die gemeinsame Sinnkonstruktion von Lehrperson und Erkenntnis suchender Person eine große Rolle spielt. Die Radien können noch weiter nach außen hin fortgeführt werden. Dabei werden die abstrakt formulierten Kompetenzen im inneren Radius mit konkreten Fähigkeiten und Fertigkeiten im äußeren Radius verbunden. Diese sind dann in konkrete Lehrkonzepte für pädagogische Ausbildungs- und Studiengänge zu übersetzen. Dieses Lehrkompetenzen-Kreismodell kann auch die Basis für weiterführende Studien in der Bildungsforschung liefern, indem Zusammenhänge zwischen Kompetenzen und Outcomes bei den Lernenden oder zwischen Kompetenzen der Lehrenden und einzelnen Fähigkeiten und Fertigkeiten erforscht werden.

Die Inhalte des Kreismodells sind nicht abschließend, sondern beispielhaft zu verstehen. Sie orientieren sich an den in Kapitel 1 beschriebenen Erkenntnissen der Lernforschung und am Verständnis der Lehrperson als Design Thinker, die den Lehr-/Lernprozess als ko-kreativen Prozess mit den Studierenden gestaltet.

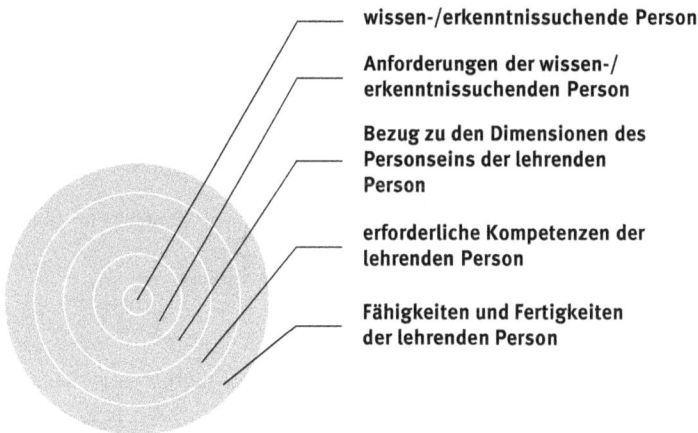

wissen-/erkenntnissuchende Person

Anforderungen der wissen-/erkenntnissuchenden Person

Bezug zu den Dimensionen des Personseins der lehrenden Person

erforderliche Kompetenzen der lehrenden Person

Fähigkeiten und Fertigkeiten der lehrenden Person

Abb. 3: Zirkuläres Lehrkompetenzmodell – grundsätzlicher Aufbau (eigene Darstellung).

Im Zentrum des Kreises steht jeweils die nach Wissen und Erkenntnis suchende Person. Aus ihrer Sicht werden Anforderungen an den Lern- bzw. Erkenntnisprozess formuliert, um dann im weiter außen liegenden Radius den Bezug zu den Dimensionen des Personseins und zum Selbstverständnis der Lehrperson herzustellen. Daraus können persönliche Kompetenzen abgeleitet werden, die es zu entwickeln gilt. Schließlich erfolgt im nächsten Radius die Identifikation der erforderlichen Kompetenz der lehrenden Person, die dann weiter in einzelne Fähigkeiten und Fertigkeiten konkretisiert wird, um darauf aufbauend schließlich die Lehrkompetenz gezielt fördern zu können. Nachfolgend wird das zirkuläre Modell der Lehrkompetenz beispielhaft an den generalisierten Anforderungen der „Millennials" ausgeführt (siehe Abb. 4). Dieses Modell lässt sich auch für jeweils individuelle Anforderungen bestimmter Gruppen oder einzelner Studierender anwenden.

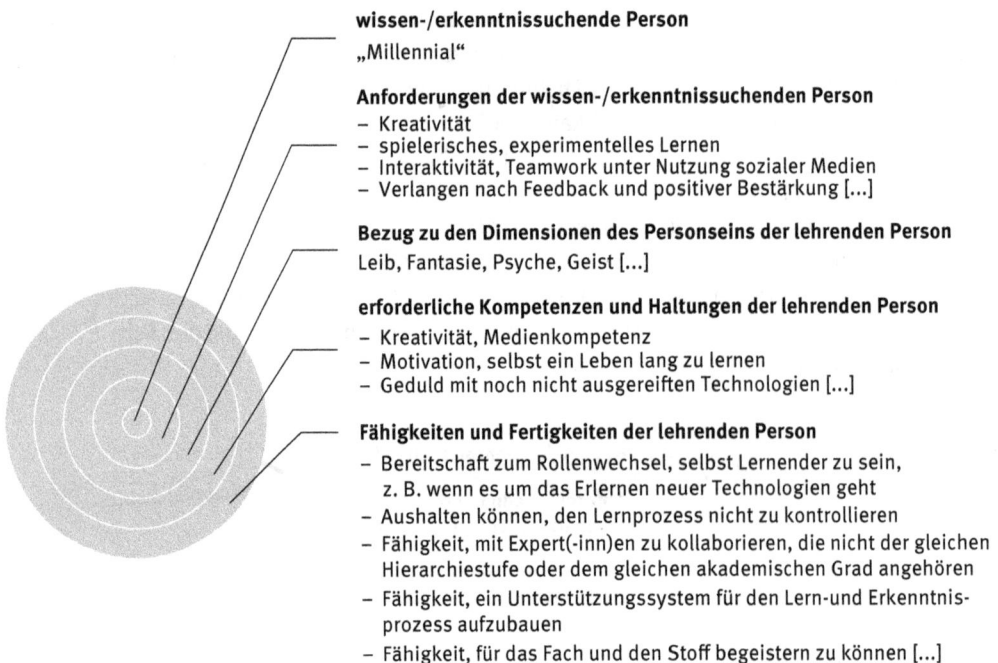

wissen-/erkenntnissuchende Person
„Millennial"

Anforderungen der wissen-/erkenntnissuchenden Person
– Kreativität
– spielerisches, experimentelles Lernen
– Interaktivität, Teamwork unter Nutzung sozialer Medien
– Verlangen nach Feedback und positiver Bestärkung [...]

Bezug zu den Dimensionen des Personseins der lehrenden Person
Leib, Fantasie, Psyche, Geist [...]

erforderliche Kompetenzen und Haltungen der lehrenden Person
– Kreativität, Medienkompetenz
– Motivation, selbst ein Leben lang zu lernen
– Geduld mit noch nicht ausgereiften Technologien [...]

Fähigkeiten und Fertigkeiten der lehrenden Person
– Bereitschaft zum Rollenwechsel, selbst Lernender zu sein,
  z. B. wenn es um das Erlernen neuer Technologien geht
– Aushalten können, den Lernprozess nicht zu kontrollieren
– Fähigkeit, mit Expert(-inn)en zu kollaborieren, die nicht der gleichen
  Hierarchiestufe oder dem gleichen akademischen Grad angehören
– Fähigkeit, ein Unterstützungssystem für den Lern-und Erkenntnis-
  prozess aufzubauen
– Fähigkeit, für das Fach und den Stoff begeistern zu können [...]

Abb. 4: Zirkuläres Lehrkompetenzmodell – Anforderungen „Millennial" (eigene Darstellung).

Im Zentrum des Kreises steht jeweils die nach Wissen und Erkenntnis suchende Person, die der „Generation Millennials" angehört, hier als „Millennial" bezeichnet. Dabei handelt es sich um eine „Persona". „Persona" bezeichnete ursprünglich eine im antiken, griechischen Theater von den Schauspielern verwendete Maske, welche die Rolle des Schauspielers typisierte. Im Service Design wird mit solchen Personae gearbeitet, um prägnante, für den Dienstleistungsprozess relevante Eigenschaften eines bestimmten Kunden- bzw. Adressatenkreises zu definieren und danach schließlich das Produkt bzw. die Dienstleistung auszurichten. Es entsteht ein Typus.

Dabei darf jedoch die jeweils einzigartige Person im spezifischen Einzelfall nicht aus den Augen verloren werden. Dennoch helfen Personae, zunächst einen „Rohling" für bestimmte Personengruppen zu entwerfen, der dann an die jeweils individuellen Anforderungen des Einzelnen weiter angepasst werden kann. Im folgenden Radius werden die Anforderungen des „Millennials" an den Lern- bzw. Erkenntnisprozess formuliert.

Im weiter außen liegenden Radius wird der Bezug zu den Dimensionen des Personseins der Lehrperson hergestellt. Die Anforderungen Kreativität, spielerisch-experimentelles Lernen, Teamwork und Interaktivität sowie das Verlangen nach Feedback und positiver Bestärkung fordern die Lehrperson in ihrer ganzen Person. Sie muss sich sozusagen mit Leib und Seele der Lehre widmen und dem „Millennial" aufrichtiges Interesse entgegenbringen. Ihre Fantasie und auch ihre Offenheit für neue Technologien und neue Formen der Kommunikation und Interaktion sind gefordert. Diese persönlichen Kompetenzen sind in der Lehrerausbildung weiterzuentwickeln. Pädagogische Programme wären daraufhin zu prüfen, ob sie geeignet sind, beispielsweise Fantasie, Neugierde und Offenheit der Lehrenden zu fördern.

Schließlich erfolgt im nächsten Radius das Herunterbrechen der noch abstrakt gefassten Kompetenzen in möglichst konkrete Fähigkeiten und Fertigkeiten. Sich auf neue Formen und Medien der sozialen Interaktion und Kommunikation einlassen zu können, bedeutet, bereit zu sein, selbst als Lehrender ein Leben lang zu lernen, Geduld zu haben mit noch nicht ausgereiften Technologien und ggf. auch einen Rollenwechsel zwischen Lehrenden und Lernenden zuzulassen und auszuhalten, wenn beispielsweise Lernende mehr Wissen und Erfahrung mit einer neuen Technologie haben als Lehrende. Dazu gehört auch die Bereitschaft und Fähigkeit, mit Fachpersonen zu kooperieren, die einer anderen Disziplin oder einer anderen Hierarchiestufe in der Organisation angehören und über einen anderen akademischen Grad verfügen. Die enge und gute Zusammenarbeit mit EDV-Expert(inn)en und Moodle-Beauftragten ist für Professor(inn)en wichtig, um die vielfältigen Funktionen der Lernplattform optimal für das didaktische Konzept nutzen zu können. Häufig sind dazu von beiden Seiten Übersetzungsleistungen zu erbringen, um ein optimales Blended-Learning-Programm/-Arrangement zusammenzustellen. Nicht nur durch die technologische Entwicklung, sondern auch durch die Entwicklung der Lehrphilosophie und der grundsätzlichen Einstellungen, die vom gesellschaftlichen Wandel beeinflusst sind, wird die Lehre verändert. Die hohe Anforderung an die Lehre von heute, Anschluss zu finden an aktuelle, gesellschaftliche Entwicklungen – wie Digitalisierung, Globalisierung, Vernetzung der Kommunikation, Dynamisierung von Wissen, Information und Meinungsbildung – ist nicht alleine durch die Anwendung neuer Methoden zu erfüllen. Hintergrundüberzeugungen und Selbstverständnisse der Lehrenden sowie Schlüsselkompetenzen sind zu entwickeln, die meist die personale Kompetenz betreffen. Dazu kann das Kreismodell der Lehrkompetenz einen Beitrag leisten, indem komplexe und abstrakte Kompetenzbegriffe in konkrete Fähigkeiten und Fertigkeiten übersetzt werden.

3 Fazit

Der Anspruch der wissenschaftlichen Fundierung ist nicht nur an die Inhalte, die gelehrt werden, zu richten, sondern auch an die Curricula der pädagogischen Ausbildung. Wir wissen aus der Lernforschung, dass Lehrpersonen die Potenziale der nach Wissen und Erkenntnis Suchenden umso stärker fördern können, je weniger sie ihren Fokus auf das eigene Wissen und dessen Vermittlung richten, als auf den Wissensbestand und die Erfahrungswelt der Lernenden. Das Design Thinking kann hier Ansatzpunkte liefern, um von einer lehrendenfokussierten zu einer lernendenfokussierten Orientierung zu gelangen. Dies beinhaltet die Bereitschaft der Lehrperson, sich als „ganzer Mensch" auf die Beziehung mit den Studierenden einzulassen, somit Lehre und Lernen als ko-kreativen, zwischenmenschlichen Prozess zu verstehen, den die Studierenden aktiv und selbstbestimmt mitgestalten. Es sind also vor allem die personalen Kompetenzen der Lehrperson gefragt, die allerdings in ihrer Abstraktion nur schwer in pädagogischen Ausbildungsprogrammen zu übersetzen sind. Dazu wurde in dem Beitrag das zirkuläre Modell der Lehrkompetenz entwickelt, das bei diesem Übersetzungsproblem unterstützen kann.

Literatur

Allen, Dianne E.; Ploeg, Jenny; Kaasalainen, Sharon (2012): The relationship between emotional intelligence and clinical teaching effectiveness in nursing faculty. In: J Prof Nurs 28, S. 231–240.

Biggs, John; Tang, Catherine (2007): Teaching for Quality Learning at University. What the Student Does. 3. Aufl. Berkshire, England.

Cohen, Jacob (1992): Statistical Power Analysis. In: American Psychological Society 1 (3), S. 98–101.

Curedale Robert (2013): Service Design. 250 essential methods. 1. Aufl. Los Angeles.

Day-Black, Crystal; Merrill, Earline B.; Konzelman, Lois; Williams, Tammie T.; Hart, Natalie (2015): Gamification: An Innovative Teaching-Learning Strategy for the Digital Nursing Students in a Community Health Nursing Course. In: The ABNF Journal, S. 90–94.

Ellis, Michele D. (2016): The role of nurse educators' self-perception and beliefs in the use of learner-centered teaching in the classroom. In: Nurse Education in Practice 16, S. 66–70.

Frisk Göran, Berger Lasse (2012): Der Baum der Erkenntnis: für Kinder und Jugendliche im Alter von 1 – 16 Jahren. 6. Ausg. Bremen: Berger (Eigenverlag)

Gibson, Sandra E. (2009): Intergenerational Communication in the Classroom: Recommendations for Successful Teacher-Student Relationships. In: Nursing Education Perspectives 3 (1), S. 37–39.

Hattie, John (2009): Visible learning. A synthesis of over 800 meta-analyses relating to achievement. 1. Aufl. London.

Horbel, Chris; Weismann, Friederike (2013): Wert für den Kunden – Ein Überblick über begriffliche Konzeptionen. In: Roth Stefan (Hrsg.): Aktuelle Beiträge zur Dienstleistungsforschung. Wiesbaden, S. 173–191.

Johnson-Farmer, Barbara; Frenn, Marilyn (2009): Teaching excellence: What great teachers teach us. In: J Prof Nurs 25, S. 267–272.

KISD Köln International School of Design (Hrsg.) (2017): Die KISD. Geschichte. Online verfügbar unter URL: https://kisd.de/kisd (letzter Aufruf: 23.01.2017).

Kitwood, Tom M.; Müller-Hergl, Christian; Hermann, Michael; Güther, Helen (Hrsg.) (2013): Demenz. Der person-zentrierte Ansatz im Umgang mit verwirrten Menschen. 6. erw. Aufl. Bern.

Kotler, Philip (1979): Strategies for Introducing Marketing into Nonprofit Organizations. In: Journal of Marketing 43 (1), S. 37–44.

Lauver, Lori S; West, Margaret Mary; Campbell, Timothy B.; Herrold, Jennifer; Wood, Craig (2009): Toward evidence-based teaching: evaluating the effectiveness of two teaching strategies in an associate degree nursing program. In: Teaching and Learning in Nursing 4, S. 133–138. DOI: 10.1016/j.tet.2009.03.001.

Lerret, Stacee M.; Frenn, Marilyn (2011): Challenge with care: reflections on teaching excellence. In: Journal of Professional Nursing 27 (6), S. 378–384. DOI: 10.1016/j.profnurs.2011.04.014.

Mager Birgit (2007): Von Obdachlosen lernen. Was haben eine Wärmestube für Obdachlose, das Angebot einer Bank und Hilfe für schwangere Frauen miteinander zu tun? All dies sind Dienstleistungen. In: BRAND EINS 05/07 05, S. 112–116.

Meffert Heribert, Bruhn Manfred (2012): Dienstleistungsmarketing. Grundlagen – Konzepte – Methoden. 7. Aufl. Wiesbaden.

Meyer, Meinert A.; Prenzel, Manfred; Hellekamps, Stephanie (2008): Perspektiven der Didaktik. In: Zeitschrift für Erziehungswissenschaft 10 (Sonderheft 9), S. 277–291.

Minks, Karl-Heinz; Netz, Nicolai; Völk, Daniel (2011): Berufsbegleitende und duale Studienangebote in Deutschland: Status quo und Perspektiven. Hrsg. v. HIS Hochschul-Informations-System GmbH. Hannover. URL: http://www.chemienord.de/fileadmin/ACU-Nord/Rundschreiben/2011/ACU-informiert_06-2011/Studie_HIS_Bachelor.pdf (letzter Aufruf: 05.02.2017).

Paige, Jane B.; Smith, Regina O. (2013): Nurse Faculty Experiences in Problem-Based Learning: An interpretive Phenomenologic Analysis. In: Nursing Education Perspectives 34 (4), S. 233–239.

Schott, Thomas; Hornberg, Claudia (Hg.) (2011): Die Gesellschaft und ihre Gesundheit. 20 Jahre Public Health in Deutschland: Bilanz und Ausblick einer Wissenschaft. Wiesbaden.

Shostack Lynn G. (1984): Designing Services that Deliver. In: Harvard Business Review HBR (84115), S. 132–139.

Stehling, Valerie; Schuster, Katharina; Bach, Ursula; Richert, Anja; Isenhardt, Ingrid (Hrsg.) (2013): VorlesBAR. Methodenhandbuch für Vorlesungen mit Großen Hörerzahlen (TeachING-LearnING. EU 2013). URL: http://www.teaching- learning.eu/fileadmin/documents/Publikationen/VorlesBAR.pdf (letzter Aufruf: 9.02.2017).

Valiee, Sina; Mridi, Glorokh; Khaledi, Shahnaz; Garibi, Fardin (2016): Nursing students' perspectives on clinical instructors' effective teaching strategies: A descriptive study. In: Nurse Education in Practice 16, S. 258–262.

Weimer, Maryellen (2002): Lerner-Centered Teaching. Five Key Changes to Practice. 1. Aufl. San Francisco.

Welling, Karin (2004): Der person-zentrierte Ansatz von Tom Kitwood. In: Nachdruck aus Unterricht Pflege 9 (5), S. 1–12.

Xu, Jie-Hui (2016): Toolbox of teaching strategies in nurse education. In: Chinese Nursing Research. DOI: 10.1016/j.cnre.2016.06.002.

Martin Knoll
Methodenkompetenz als Teil der Lehrkompetenz in der Pflegebildung

Versuch eines anwendungsorientierten Einsatzes der
phänomenologisch-hermeneutischen Methode

1 Menschliche Erkenntnis – Versuch einer pflegewissenschaftstheoretischen Annäherung

Eine Grundfrage des Menschen ist die Frage nach menschlicher Erkenntnis, die besonders in der Sozialwissenschaft wiederum als Grundlage und Erklärung für menschli-
ches Handeln (Handlungstheorie) gilt. Dabei gilt es ebenso zu klären, was Gewissheit
und Rechtfertigung determiniert, als auch, ob Überzeugungen mittels einer Überprüfung durch irgendeine Art von Zweifel objektiviert werden können.

Es verwundert daher nicht, dass diese Frage nach menschlicher Erkenntnis ein
Hauptgebiet der Philosophie und (nachfolgend) der Wissenschaftstheorie darstellt
und als Erkenntnistheorie, Epistemologie oder Gnoseologie in die wissenschaftliche
Betrachtung und Literatur Einzug gehalten hat. Seit der Antike (vgl. Sokrates, Platon,
Aristoteles) wurde diese Fragestellung aus verschiedenen Blickrichtungen unter-
sucht und unterschiedlichste Interpretationen, Betrachtungsweisen und Erklä-
rungsansätze wurden beschrieben, wie beispielsweise im Rationalismus (besonders
Descartes, Hobbes, Spinoza, Leibnitz), Empirismus (Locke, Hume), Idealismus
(Berkeley, Kant, Hegel, Schopenhauer), im Dialektischen Materialismus (Marx, Lenin)
und Positivismus (Comte, Mach, Wittgenstein).

Dabei gilt es, die Natur, den Ursprung und den Umfang menschlicher Erkenntnis zu klären, basierend auf der Annahme, dass der Mensch über Erkenntnis verfügt.
Ebenso soll die Möglichkeit der Erkenntnis erklärt (und verteidigt) werden als Reak-
tion auf Zweifel an der Möglichkeit der Erkenntnis.

Als klassische methodentheoretische Zugänge gelten die induktive und die
deduktive Generierung bzw. Überprüfung und Bestätigung von Erkenntnis, die in
der Pflegewissenschaft gemeinhin auch als die „Säulen der Wissensgenerierung"
beschrieben werden können.

Auch in der Pflegewissenschaft sind die Fragen nach dem Zustandekommen von
Wissen, Überzeugungen und Zweifel als Voraussetzung für Erkenntnis evident. In
der pflegewissenschaftlichen Forschung haben sich in den letzten drei Dekaden in
Deutschland der Einsatz quantitativer Methoden, die auf einer logisch-deduktiven
Betrachtung basieren, sowie der Einsatz qualitativer Methoden, denen eine logisch-
induktive Betrachtung zugrunde liegt, als Goldstandard herausgebildet, wobei

DOI 10.1515/9783110500707-008

aufgrund der deutlichen Nähe der Pflegewissenschaft zur Medizin die Tendenz zu quantitativen Verfahren aktuell noch überwiegt.

Erst in den letzten Jahren ist eine größere Anzahl von Publikationen nachzuweisen, die auf den phänomenologischen und/oder hermeneutischen Zugang fokussiert.

1.1 Phänomenologischer Zugang

Ein mit den Sinnen wahrnehmbares Ereignis wird im Altgriechischen als Phänomen bezeichnet, was als Erscheinung transferiert und interpretiert werden kann. Die Auseinandersetzung mit diesen Phänomenen erlangte in der Denkschule der Skeptiker erstmals Bedeutung (Schischkoff 1982).

In der Neuzeit erlangte die Begrifflichkeit der Phänomenologie im 18. Jahrhundert zunehmend Beachtung und findet sich bei Friedrich Christoph Oetinger als „Phaenomenologische Denkungs-Art" (Spindler 1982) sowie bei Johann Heinrich Lambert als „phaenomenologia" oder „optica transcendentalis" (Schuhmann 2010) wieder. Der Letztgenannte unterscheidet 1764 die Lehre des Scheins von der Lehre der Wahrheit. Zur Benennung der Lehre von den Grenzen der Rezeptivität greift Immanuel Kant den Begriff der Phänomenologie auf und entwickelt unter anderem daraus seine Kritik der reinen Vernunft (Bokhove 1991). Auch Georg Wilhelm Friedrich Hegel setzt sich mit dem Begriff der Phänomenologie auseinander und beschreibt diesen als Gesamtheit der Erscheinungen des Geistes in Bewusstsein, Geschichte und Denken, wobei sich die Phänomenologie des Geistes als Wissenschaft der Erfahrung des Bewusstseins manifestiert, welches zunächst noch absolute Unmittelbarkeit ist, später jedoch zum absoluten Wissen zurückkehrt (Jaspers 1973).

Franz Brentano und Oskar Kraus (1955) verwenden den Begriff zur Beschreibung der phänomenologischen oder deskriptiven Psychologie und versteht darunter psychische Phänomene, die unabhängig von den sie erzeugenden physischen Reizen sind.

Jedoch erst mit Edmund Husserl und Martin Heidegger wird die Phänomenologie 1927 zur eigenständigen philosophischen Methode. Danach basiert die naturalistische oder experimentelle Philosophie auf Vorurteilen und Existenzannahmen, die dazu führen, dass sie sich nicht „[...] an den Sachen selbst [...]" (Husserl und Heidegger 1927) orientiert. Hingegen erfüllt ausschließlich die phänomenologische Philosophie die Vorbedingungen einer wahrlich strengen Wissenschaft, d. h. sie leitet sich von Evidenzen ab, die dem unmittelbaren Bewusstseinserleben entstammen.

In dem gemeinsamen Artikel Husserls und Heideggers in der Encyclopædia Britannica (1927) konkretisieren sie: „[...] Phänomenologie bezeichnet eine an der Jahrhundertwende in der Philosophie zum Durchbruch gekommene neuartige deskriptive Methode und eine aus ihr hervorgegangene apriorische Wissenschaft, welche dazu bestimmt ist, das prinzipielle Organon für eine streng wissenschaftliche Philosophie zu liefern und in konsequenter Auswirkung eine methodische Reform aller

Wissenschaften zu ermöglichen [...]" (Husserl und Heidegger 1927). Auch finden sich in diesem Artikel die drei wesentlichen Aspekte der Phänomenologie Husserls:

1. Deskription als Methode
2. Apriorität der Phänomenologie (wissenschaftlicher Anspruch)
3. Fundament für alle anderen Wissenschaften

Diese drei Aspekte gelten als grundlegende und verbindliche Strukturmerkmale der Phänomenologie (Husserl 2002), sind aber auch in der weiteren Entwicklung deutlich kritisiert worden (Gordina 2012).

Nach 1927 setzt sich Martin Heidegger verstärkt mit der Phänomenologie Husserls auseinander. Für Heidegger ist der Gedanke zentral, dass der Mensch selbst nicht in der phänomenologischen Epoche beschrieben werden könne, da gerade dann von seiner ihn determinierenden Existenz abgesehen werde (Heidegger 1927). Heidegger bezeichnet das Phänomen als das „Sich-an-ihm-selbst-Zeigende", als das, was sich am Seienden selbst zeigt, als das, was es ist: Das Sein des Seienden. Daraus folgert er, dass die Ontologie nur als Phänomenologie möglich ist (Heidegger 1927). Der entscheidende Entwicklungsschritt in Heideggers Verständnis von Phänomenologie und im Unterschied zu Husserl besteht darin, dass die „Gegebenheitsweisen der Gegenstände" in den Blick gefasst werden und „[...] unter dem Titel Erschlossenheit und Lichtung nach der Möglichkeit der Dimension von Gegebenheit und Wahrheit als solcher [...]" fragt (Tugendhat 1967).

In der Folge haben sich viele zeitgenössische Philosophen mit der phänomenologischen Betrachtung auseinandergesetzt, exemplarisch seien Hans Lipps, Max Scheler, Eugen Fink, Michel Foucault, Jean-Paul Sartre, Maurice Merleau-Ponty, Emmanuel Lévinas und Jürgen Habermas genannt.

1.2 Hermeneutischer Zugang

Ob das Modell der kausalanalytischen Wissenschaft für alle Wissenschaftsdisziplinen im Allgemeinen und für die Geistes-, Kultur- und Sozialwissenschaften im Besonderen gilt, wurde von den Vertretern der Geisteswissenschaften, wie beispielsweise Johann Gustav Droysen, Wilhelm Dilthey und Max Weber, mit dem Verweis auf die Unterschiede des Forschungsgegenstandes verneint. Sie zeigten als Alternative die hermeneutische Methode auf, die „[...] auf einem nicht psychologischen Begriff des Verstehens von Sinn beruht" (Bender 2012).

Liegt der Fokus der Forschung auf der Erläuterung der Bedeutung menschlichen Handelns, sind Verhaltensbeobachtungen unzureichend. Vielmehr geht es um „[...] das Verstehen des subjektiven Sinns, den ein Handelnder mit seinem Handeln verbindet" (Bender 2012). Zudem ist zu berücksichtigen, dass „[...] ein bestimmtes Handeln von einem oder von mehreren Menschen zwar vor einem historischen Hintergrund erfolgt, der durch allgemeine Strukturen geprägt wird, dass ein solches Handeln jedoch eine Besonderheit darstellt, die durch eine nomologische Erklärung gerade nicht erkannt und verstanden wird" (Bender 2012).

Im Gegensatz zu den Naturwissenschaften, die beobachtbares und regelmäßiges Verhalten erfassen, steht in den Sozialwissenschaften regelgeleitetes Handeln im Mittelpunkt der Betrachtung, da Menschen begründet, beabsichtigt, gezielt sowie reflexiv handeln und mit ihrer historischen und soziokulturellen Umwelt, die für sie Bedeutung hat, interagieren (Bender 2012).

Hans-Georg Gadamer (1990) verweist darauf, dass Wissenschafts-, Alltags- und Stammeskulturen auf traditionell bedingten kohärenten Realitätsdeutungen gründen und folgert, dass es keine kontextfreien Theorie- und Empiriebegriffe geben kann.

> [...] Für Gadamer ist Verstehen nicht nur Nachvollzug des subjektiven Sinns, den ein Autor mit seinem Werk verbindet, sondern ‚Einrücken in ein Überlieferungsgeschehen, in dem sich Vergangenheit und Gegenwart beständig vermitteln'. In jeder Deutung findet eine Horizontüberschneidung statt. Der Interpret bezieht das symbolische Objekt auf den kulturhistorischen Kontext, in welchem es etwas bedeutet. Diese Deutung kann der Interpret aber nur aufgrund seiner eigenen Bildungsgeschichte vornehmen. (Bender 2012)

Nach Gadamer, der Hermeneutik als Interpretation von (überlieferten) Texten auffasst, ist das Sinnverstehen von einer dialogischen Struktur geprägt, so ist die Auseinandersetzung mit seinem eigenen Verständnis Voraussetzung, um einen fremden Text zu verstehen. Für die Hermeneutik folgt daraus, dass Verstehen „[...] innerhalb eines im Prinzip unabgeschlossenen historischen, sprachvermittelten Deutungsprozesses [...]" (Bender 2012) und im Kontext des entsprechenden Bildungshorizonts des Interpretierenden stattfindet. Hingegen vertreten Jürgen Habermas (1973) und Karl-Otto Apel (1973) die Auffassung, dass „[...] Interpreten die Geltung von sprachlichen Äußerungen auch dann kritisch beurteilen können, wenn ihnen das Wissen über die entsprechenden Tatsachen fehlt" (Bender 2012).

1.3 Neue Phänomenologie (Leibphänomenologie) und Pflegebildung

Für die moderne Pflegewissenschaft in Deutschland gewinnt die leibphänomenologische Betrachtung in den vergangenen Jahren immer mehr an Bedeutung. Maurice Merleau-Ponty hat bereits 1933 ein Modell einer Leibphänomenologie entwickelt, in welchem der Leib als Vollzugsinstanz eines „sinnhaft-wahrnehmenden und aktiven Zur-Welt-Sein" fungiert. Dieser Dichotomie von Körper und Geist stellt er die phänomenologische Reflexion gegenüber (Merleau-Ponty 2003; Weber 2003).

Mit Hermann Schmitz (2007) zieht ein neues Verständnis in die Phänomenologie ein, das er als Neue Phänomenologie bezeichnet. Er verweist darauf, dass seit der Antike (Platon, Demokrit) das menschliche Denken von der unwillkürlichen Lebenserfahrung abgetrennt und damit reduziert betrachtet wird. Er konstatiert, dass dadurch wichtige Facetten des menschlichen Lebens in Vergessenheit geraten: „Phänomenologie ist ein Lernprozess der Verfeinerung der Aufmerksamkeit und Verbreiterung des Horizontes für mögliche Annahmen" (Schmitz 2009: 14). Daraus folgert er, dass die traditionelle Annahme, dass alle Fakten objektive Fakten sind (sein müssen), unzureichend ist. Vielmehr ist der Fokus auf subjektive Fakten zu legen, die ausschließlich durch eine Person (individuell) festgestellt werden können. Folglich sind objektive Fakten bloße Residuen der fundamentalen subjektiven Fakten (Schmitz 2009).

Fühlt sich ein Mensch von etwas betroffen, beispielsweise in einem Moment des großen Schrecks, beeinflusst das die Pole „Engung" und „Weitung", der vitale Antrieb des Menschen wird modifiziert und leiblich spürbar. Aus der Enge, die für Schmitz die Grundvoraussetzung für alle Leiblichkeit ist, entstehen fünf Dimensionen: (1) das Hier (der absolute Ort), (2) das Jetzt (der absolute Zeitpunkt), (3) das Dasein (die Existenz), (4) das Dieses (die Identität/die Verschiedenheit) und (5) das Ich (die Subjektivität) (Preusker 2014). Das zeitgleiche Zusammentreffen dieser fünf Dimensionen in einem Punkt bezeichnet er als „primitive Gegenwart" (Schmitz 2009: 34). In diesem Zustand befinden sich nach seiner Auffassung viele Tiere und menschliche Babys.

> Ich spreche, wenn ich „leiblich" sage, nicht vom sichtbaren und tastbaren Körper, sondern vom spürbaren Leib als dem Inbegriff solcher leiblicher Regungen wie z. B. Angst, Schmerz, Wollust, Hunger, Durst, Ekel, Frische, Müdigkeit, Ergriffenheit von Gefühlen. Eine definitorische Eingrenzung kann lauten: Leiblich ist, was jemand in der Gegend (nicht immer in den Grenzen) seines Körpers von sich selbst, als zu sich selbst gehörig, spüren kann, ohne sich der fünf Sinne, namentlich des Sehens und Tastens, und des aus deren Erfahrungen gewonnenen perzeptiven Körperschemas (der habituellen Vorstellung vom eigenen Körper) zu bedienen. Der spürbare Leib hat eine eigentümliche Dynamik, deren Achse der vitale Antrieb ist, gebildet aus Tendenzen der Engung und Weitung, die in einander verschränkt sind, sich aber auch teilweise von einander lösen können. (Schmitz 2009: 34–35)

Die Auszubildenden zur modernen Pflegefachkraft, aber auch die Studierenden der grundständigen Pflegestudiengänge werden in der Regel eher naturwissenschaftlichmedizinisch sozialisiert. Der Fokus liegt hier verstärkt in der Einzelbetrachtung der Organe, also der einzelnen Bestandteile des Menschen, anstelle einer Gesamtbetrachtung. Dieser einseitige Fokus wurde bereits als nicht zielführend identifiziert, da er den Menschen und dessen Körper auf das reine Funktionieren reduziert. Zur Verdeutlichung dieser Problematik wird in der einschlägigen Pflegeliteratur hierfür oft das (verkürzte) Aristoteles-Zitat „Das Ganze ist mehr als die Summe seiner Teile" in der adaptierten Variante „Der Mensch ist mehr als die Summe seiner Teile" bemüht. Dieser Transfer, der die grundsätzlich wünschenswerte Betrachtungsweise des Menschen in der Pflege beschreibt, hat sich jedoch weit entfernt vom Original: „Das was aus Bestandteilen so zusammengesetzt ist, dass es ein einheitliches Ganzes bildet, nicht nach Art eines Haufens, sondern wie eine Silbe, das ist offenbar mehr als bloß die Summe seiner Bestandteile" (Aristoteles VII. Buch (Z) 1041 b 10). Waldenfels (1999) verweist ebenfalls auf die Bedeutung, dass sich der Leib sowohl vom bloßen Ding als auch von der Seele bzw. vom Ich unterscheidet (weiterführend siehe hierzu auch Schischkoff 1982 sowie Uzarewicz und Uzarewicz 2005).

Im naturwissenschaftlichen Denken sowie in der Medizin mag die organbezogene Betrachtung durchaus sinnvoll erscheinen. Uzarewicz und Moers (2012: 101–102) beschreiben, dass „[d]er Körper überwiegend als möglichst reibungslos funktionierendes Organsystem gesehen [wird] und darüber schwebt unverbunden das vermeintlich körperlose ‚Ich‘, die Person mit ihrem Denken, Fühlen und Wollen" und verweisen darauf, dass dieser Denkansatz nicht berücksichtigt, dass der Mensch beispielsweise Stimmungen empfindet, die eine Skala „von himmelhoch jauchzend" bis „zu Tode betrübt" vollständig und im Extremfall innerhalb einer nur kurzen Zeitspanne abzudecken vermag. Uzarewicz und Moers (2012) konstatieren daher, dass dies über das reine Funktionieren des Körpers weit hinausgeht und bezeichnen es als „leiblich" (Uzarewicz und Moers 2012: 102).

Dieses Denken, das Denken des Leibes, ist in der Pflege ein zentrales Thema, und es ist in der Lage, innerhalb der Pflegewissenschaft eine eigenständige theoretische anthropologische Basis zu generieren. Es beschreibt damit die *conditio humana*, also die Bedingung des Menschseins und die der Natur des Menschen, wobei sich in der philosophischen Betrachtung „Pflege" wiederum unter dem ambivalent-intentionalen Begriff der Sorge (*cura*) wiederfindet (Uzarewicz und Uzarewicz 2005). Moers und Uzarewicz (2012) haben darauf hingewiesen, dass sich der Fokus auf bzw. die Bedeutung von Leiblichkeit in vielen Modellen und Theorien der Pflege, die das theoretische Fundament für Pflege und Pflegehandlung bilden, nachweisen lassen. So finden sich Bezüge, beispielsweise bei Virginia Henderson, Dorothea Orem, Hildegard Peplau, Nancy Roper, Alison Tierney und Winifred Logan, Imogene M. King, Joyce Travelbee, Josephine G. Paterson und Loretta T. Zderad, Betty Neuman, Sr. Callista Roy, Margaret Newman, Rosemarie Rizzo-Parse sowie Patricia Benner und Judith Wrubel.

Das Verstehen und Wahrnehmen der Leiblichkeit des Selbst und der des zu pflegenden Menschen bildet für Pflegende eine theoretische Handlungsbasis, um Pflege auszuüben. Nach Fuchs (2000) ist der Leib ein Resonanzkörper für Atmosphären, Stimmungen und Gefühle.

> Diese leibliche Resonanz lässt sich in der Pflege nutzbar machen, indem der Eindruck, den der andere macht, von mir leiblich in pathischem Wahrnehmen gespürt wird, anders als kognitive Urteile zustande kommen. Diese pathische Wahrnehmung trifft den Anderen als Person [...], nicht nur zufällige Teile von ihm. Das kann insbesondere bei Patienten mit kognitiven oder verbalen Einschränkungen genutzt werden. Leiblich begründete Pflegeerfahrungen können somit theoretisch fundiert und empirisch verifiziert werden. (Uzarewicz und Moers 2012: 109)

Diaconu (2013) beschreibt einen für die Pflege ebenso wichtigen Fokus, nämlich das Spannungsfeld zwischen Sinnestäuschung und Gewissheit. So ist in der Betrachtung zwischen der Illusion, also der inadäquaten Wahrnehmung realer Sachverhalte, und der Halluzination bei psychischen Störung oder nach Einnahme halluzinogener Substanzen zu differenzieren. Das Phänomen der Sinnestäuschung manifestiert sich beispielsweise in Einschätzung der Farbe, der Beleuchtung, der Ferne, der Durchsichtigkeit, der Dauer und dem Schmerzempfinden (z. B. Phantomschmerz). Vom Betrachter wird diese Sinnestäuschung als vollständig real wahrgenommen. Daher kann das Phänomen der Sinnestäuschung dazu dienen, die Wahrnehmung von der Einbildung abzugrenzen. „Bei der subjektiven Gewissheit [...] handelt es sich streng genommen um die Evidenz der Empfindungen und nicht der Wahrnehmung. Empfindungen können weder wahr noch falsch sein, sondern werden einfach erlebt" (Diaconu 2013: 39).

Fallschessel (2016) setzt sich mit der Bedeutung des leiblichen Spürens für soziales Handeln auseinander:

> Inzwischen gibt es aber sozialwissenschaftliche Forschungsansätze zu verschiedenen Themenbereichen, die das leibliche Spüren – das sich, anders als Schmitz suggeriert, auch auf die klassischen fünf Sinne stützt, ohne freilich in mess- und explizierbaren Sinnesdaten aufzugehen – als nicht nur das Handeln begleitende, sondern dieses in vielen Fällen maßgeblich beeinflussende und steuernde [als] Erfahrungsdimension untersuchen. Sie zeigen empirisch die Unersetzbarkeit des leiblichen Spürens für einen erfolgreichen Handlungsvollzug bzw. eine intersubjektive Handlungskoordination, wobei es nicht nur um den affektiven Hintergrund von Gefühlen, Stimmungen und Atmosphären, sondern um eine sehr spezifische Rolle von Formen des Spürens und der leibbasierten Intuition für soziales Handeln geht. Diese aktuelle Erweiterung des sozial- und kulturwissenschaftlichen Forschungsinteresses auf die Spürensdimension der Wahrnehmung und des Handelns als zentrales Medium unseres Weltbezugs weist zugleich der Leibphänomenologie und ihrer Erste-Person-Perspektive eine neue Bedeutung zu. (Fallschessel 2016: 186)

Es ist zu konstatieren, dass die ausschließlich medizinische und naturwissenschaftliche Betrachtung von Teilen des menschlichen Körpers für den Bereich der Pflege und der Pflegewissenschaft als nicht ausreichend angesehen werden kann. Vielmehr bildet das Verständnis der Leiblichkeit eine professionelle Basis und damit einen Zugang für die adäquate Betreuung des Menschen, der Pflege bedarf. Dieser Zugang ist lehr- und lernbar, er bedarf der Vermittlung und des Trainings, um Pflegende zu Pflegeexperten im Sinne Benners (1982) zu qualifizieren.

1.4 Bedeutung der phänomenologischen und hermeneutischen Betrachtung in der Pflege: Pflegephänomene

Pflege als Humanwissenschaft nutzt unter anderem die Beobachtung des Patienten als Mittel, um den Patienten einzuschätzen, um so seinen Bedarf an Pflege zu identifizieren und adäquat zu reagieren. Wahrnehmbare Reaktionen des Menschen auf seinen Gesundheitszustand werden in der Pflegewissenschaft als Pflegephänomene bezeichnet. Sie begründen Pflegehandlungen, die sich im Rahmen des helixartig verlaufenden Pflegeprozesses wiederum in die prozessualen Ablaufschritte „Anamnese/Assessment", „Diagnose", „Planung", „Intervention" und „Evaluation" praktisch umsetzen und damit standardisieren lassen (Gordon 1994). Entscheidend dabei ist, dass das Identifizieren und Analysieren dieser Pflegephänomene lehr- und lernbar ist (Marriner-Tomey 1992).

Die Identifizierung dieser Pflegephänomene ist Gegenstand pflegerischer Ausbildung und pflegerischen Studiums: Konkrete Phänomene können im Umgang mit pflegebedürftigen Menschen beobachtet werden. Hierunter subsumieren sich beispielsweise Pflegephänomene wie Angst, Hoffnung, Trauer, Verlust, Ungewissheit oder Schmerz. Sie sind individuelle Reaktionen des Menschen auf die Erfahrung eines veränderten Gesundheitszustands und können dadurch in ihren spezifischen Ausdrucksformen höchst unterschiedlich sein. Ebenso können auch kulturelle Determinanten Pflegephänomene beeinflussen (Leininger 1991).

Sylvia Käppeli (1996) sieht Pflegephänomene als zentral und hoch spezifisch für die pflegerische Tätigkeit an. Sie beschreibt pflegerische Themen anhand von verschiedenen Achsen, wobei der Fokus der pflegerischen Praxis die zentrale Achse eines Pflegephänomens bildet. Sie erläutert dies anhand der Beispiele Atmung, Familie, Körpertemperatur und Schmerz. In der Folge beschreibt Käppeli (2000) nahe an der beobachteten Wirklichkeit bleibende Systematisierungen verschiedener im Alltag wahrnehmbarer Pflegephänomene und findet entsprechende Lösungsansätze. Sie definiert diese als Pflegekonzepte, welche die Wirklichkeit derjenigen erfassen, die Pflege benötigen, deren subjektive Wahrnehmung und deren Befindlichkeit ebenso wie die Wirklichkeit der Pflegenden. Pflegekonzepte beschreiben Begebenheiten, Phänomene und Probleme, die häufig in der Pflegearbeit vorkommen. Sie sind eine wichtige Grundlage für Pflegende, um wirkungsvoll mit Pflegediagnosen arbeiten zu können, indem sie die unspezifische Lehre der Krankenbeobachtung durch eine pflege- und patientenorientierte Sichtweise ersetzen (Käppeli 1996). Käppeli fokussiert dabei auf die Phänomene im Erleben von Krankheiten und Umfeld. Sie widmet sich spezifisch den Pflegephänomenen Leiden, Krise, Hilflosigkeit, Angst, Hoffnung, Hoffnungslosigkeit, Verlust/Trauer, Einsamkeit, Selbstkonzept, Selbstpflegedefizit, Immobilität, Ermüdung/Erschöpfung, Schlafstörungen und Inkontinenz (Käppeli 1996, 1999, 2000).

In der Pflegewissenschaft werden bislang unterschiedliche Auffassungen zur Identifizierung und zum Umgang mit Pflegephänomenen diskutiert (Bartholomeyczik 2003). So definiert die International Classification of Nursing Practice (ICNP) beispielsweise Pflegephänomene als einen für die pflegerische Praxis relevanten Aspekt der Gesundheit und damit eher allgemein (Hinz 2003). Bei der ICNP handelt es sich um eine auf internationaler Ebene entwickelte Klassifikation von Pflegephänomenen, Pflegeinterventionen und Pflegergebnissen, die ihren strukturellen Ursprung in dem von McCloskey und Bulechek (1992) entwickelten und breit akzeptierten Triptychon Pflegephänomen – Intervention – Ergebnis hat. Die ICNP bildet eine Rahmenklassifikation, die „[...] eine Zuordnung bestehender Vokabularien und Klassifikationen sowie den Vergleich von Pflegedaten ermöglichen soll. Entsprechende Verweisstrukturen (Mappings) sollen die internationale Vergleichbarkeit pflegerischer Dokumente sichern [...]" (Dörre et al. 1998). Die ICNP fungiert dabei als Referenzklassifikation, die es Pflegenden ermöglicht, trotz nationaler und internationaler Unterschiedlichkeiten die spezifischen, regionalen oder einrichtungsspezifischen Begriffe weiterzuverwenden (Müller Staub 2004).

Einen anderen Zugang bilden Pflegediagnosen, die Pflegephänomene beschreiben, auf welche anhand definierter Kennzeichen und Ursachen geschlossen wird. Entsprechend signalisieren und rechtfertigen Pflegediagnosen den Ausgangspunkt und Anlass für entsprechende pflegerische Maßnahmen (Pflegeinterventionen). Dieses Modell geht von der Grundannahme aus, dass Pflegeprobleme (Pflegediagnosen mit ihren spezifischen Merkmalen und Ursachen) durch pflegerische Maßnahmen gelindert oder beeinflusst werden können (McFarland und McFarlane 1997). Es basiert auf dem Pflegeprozess, der helixartig eine prozessuale Abfolge von Pflegehandlungen am Rezipienten von Pflege beschreibt. Auch dieses Modell ist standardisierbar, beispielsweise im System der North American Nursing Diagnosis Association (NANDA) in Pflegediagnosen und Pflegezielen (Nursing Diagnosis), Pflegemaßnahmen (Nursing Intervention Classification, NIC) und erwünschten Pflegeergebnissen (Nursing Outcome Classification, NOC).

Die Information, die Pflegenden zur Verfügung steht, ist ein Kriterium, das die Qualität von Pflege determiniert. Bei der Sammlung von Informationen, dem Beobachten der zu Pflegenden und im Generieren von fallspezifischem Wissen kommt Pflegenden eine Schlüsselrolle zu. Damit richten sich die Klassifikationen nach den theoretischen Auffassungen von Pflege (Bartolomeyczik 2003). Die professionelle Entwicklung der Pflege führt zur Akzeptanz der Pflegediagnostik als wichtige Komponente und Schnittstelle im Pflegeprozess (McFarland und McFarlane 1997).

Die Deutsche Gesellschaft für Pflegewissenschaft (DGP) sieht es als notwendig an, die Thematik der Pflegephänomene „[...] in ihrer pflegerischen Fachlichkeit, ihrer Versprachlichung und in ihrem Diskurs zwischen Pflegepraxis und Pflegewissenschaft weiterzuentwickeln" (DGP 2017) und hat hierzu eine eigene Sektion „Pflegephänomene" ausgegründet.

Die phänomenologische (Patienten-)Betrachtung in der Pflege fokussiert dabei stark auf beobachtbare (Pflege-)Phänomene, die analog der medizinischen Tradition als Abweichungen von der Norm, also als pathologisch im Sinne einer Abwesenheit von Gesundheit, verstanden werden. Diese stark reduzierte Sicht wird jedoch der phänomenologischen Betrachtung nicht gerecht:

> Wenn Pflegestudierende in Seminaren zur Leibphänomenologie aufgefordert werden, Übungen zum eigenleiblichen Spüren zu machen, gilt es zunächst einmal zu klären, dass damit nicht der sicht- und tastbare Körper gemeint ist, sondern das, was ich an mir selbst spüre: ein Gefühl der Enge, des Unwohlseins, vielleicht auch des Schmerzes, oder ein Gefühl der Entspannung, der Weite, des Angenehmen, der Stimmigkeit, das sich auch in freierer Atmung und dergleichen zeigt. (Moers 2012)

Andererseits weist Eberlein (2016) auch darauf hin, dass

> [d]as Verstehen und Erkennen des anderen in seiner prinzipiellen Unauslotbarkeit [...] so auch immer ein „Nicht-Verstehen", ein Verkennen [ist], das jedoch auf beiden Seiten zu Prozessen der

Veränderung und neuen Möglichkeiten führen kann: Sich an das eigene Fremde in der Begegnung mit dem anderen Fremden zu überlassen, kann zu einem Prozess der Transformation führen und eine neue Qualität von „Verstehen" eröffnen: Es wäre die Qualität, im eigenen wie im Fremden nicht nur das Bedrohliche zu sehen, das es auszugrenzen oder zum „Selben" zu machen gilt, sondern sich in der Begegnung mit ihm zu einem „Wohin" tragen zu lassen, dessen Möglichkeiten noch nicht gekannt werden können. (Eberlein 2016: 246)

Die Kompetenz, pflegerische Phänomene zu erkennen, muss also Gegenstand der Pflegebildung sein. Dabei ist das Erleben exemplarischer Pflegephänomene ein Zugang, um diese Kompetenz zu erwerben und weitergeben zu können.

2 Übertragung in die akademische Lehre

Die Objektivierung der Wissenschaft unter gleichzeitiger Eliminierung der Subjektivität gilt auch in der Pflegewissenschaft als *lege artes*. Gerade deshalb ist es interessant, im Rahmen der hochschulischen Lehre den Fokus auch auf die Subjektivität zu lenken und die „[...] phänomenologische Denkungsart begreifbar und erlebbar [...]" (Uzarewicz 2010: 6) zu machen. Uzarewicz (2010) hat sich mit der Frage auseinandergesetzt, wie man im Rahmen der akademischen Lehrveranstaltung einen spürbaren Zusammenhang zwischen subjektiv Erlebtem und Erkenntnisgewinn herstellen kann. Sie beschreibt dabei den Weg von der Identifizierung der eigenen Denkart über das Verlassen von gewohnten Bahnen hin zum Einlassen auf Neues, dem anschließenden Gewinn von Sicherheit durch prozesshaftes und erlebendes Lernen mit dem Ziel der Generierung neuer Erkenntnisse. Auch finden sich weitere Beispiele in der pflegerischen Anwendung der phänomenologischen Betrachtung, wie beispielsweise von Sabine Dörpinghaus (2010), die sich mit der Leibphänomenologie in der Geburtshilfe auseinandersetzt, von Charlotte Uzarewicz (2012), die die Situation im Altenheim analysiert, und von Michael Bossle und Kollegen (2010), die sich mit der Anwendung in der Pflegebildung beschäftigen.

Den Prozess des Erkenntnisgewinns durch den Einsatz der phänomenologischen Betrachtung sollte jeder Studierende, aber auch jeder Lehrende selbst durchlaufen haben, um die Kompetenz zu erwerben, diese Erfahrung und Technik in der Folge weitergeben zu können.

2.1 Didaktisches Konzept: Projektlernen

Dem anwendungsorientierten Einsatz der phänomenologischen Betrachtung in der Pflege liegt das didaktische Konzept des Projektlernens zugrunde (Bossle 2008). Das Konzept des Projektlernens hat bereits lange Tradition in der Pädagogik, beispielsweise bei William Heard Kilpatrick (1918) oder Karl Frey (1982). In den 1970er-Jahren gewann es besonders durch die Arbeit von Warwitz und Rudolf (1977) verstärkt an Bedeutung. Im Lehr- und Lernbereich findet sich Projektlernen heute auch unter den Spezifizierungen Projektmethode, Projektarbeit, Projektunterricht oder Lernprojekt sowie im tertiären Bildungsbereich als Projektstudium wieder (Knoll 2011).

Das zugehörige didaktische Modell, besonders das der Geschichtsdidaktik, ist auf Erich Weniger (1969) zurückzuführen, der vom philosophischen Ansatz Wilhelm Diltheys ausgeht. Das Didaktikmodell umfasst das Wer (Akteure), das Was (Inhalte), das Warum (Begründungen), das Wozu (Zielsetzungen), das Wann (Zeitplanung) und das Wie (Methoden) eines Vorhabens.

2.2 Praktische Übertragung und Anwendung des phänomenologischen Ansatzes zu Phänomenen in der Pflege

Für die praktische Anwendung im Rahmen einer akademischen Lehrveranstaltung an der Hochschule entwickelte Uzarewicz (2010) ein Vorgehen in drei Schritten. Im ersten Schritt erfolgen die Auswahl und ein erster Umriss des Phänomens sowie die Einordnung bzw. das Erkennen der jeweils dominanten Denkstrukturen (meist funktionalistische, psychologistische, naturwissenschaftliche Ebenen). Der zweite Schritt dient der Konkretisierung der Fragestellung/Problemstellung bezüglich des ausgewählten Phänomens. Ebenso erfolgt in diesem Schritt die Transformation; andere als die eigenen gewohnten Denkmuster und Verständnisweisen werden erkannt, bisher Gekanntes wird relativiert. Dies führt zu einer Erweiterung der eigenen Denkperspektiven sowie zum Erkennen der Grundzüge des Phänomens. Im dritten Schritt erfolgt der eigentliche Erkenntnisgewinn. Hier bildet sich die Fähigkeit heraus, Innovationen zu erkennen, einzuleiten und umzusetzen im didaktisch-pädagogischen, steuernd-managenden und theoretisch-wissenschaftlichen Bereich.

In Anlehnung an Uzarewicz (2010) empfehlen Bossle und Kollegen (2010) am Beispiel des Phänomens „Licht/Farbe" und exemplarisch für Studierende der Pflegepädagogik und des Pflegemanagements ein Vorgehen in sechs Arbeitsabschnitten, das den Studierenden als Orientierungs- und Arbeitshilfe dient.

Arbeitsabschnitt 1:
Einführung in das Thema – theoretische Grundhaltung einer phänomenologischen Arbeitsweise kennen lernen

Arbeitsabschnitt 2:
Finden Sie sich in Kleingruppen zu spezifischen Phänomenen zusammen, die Sie jeweils ansprechen – Fernziel: Präsentieren Sie Zugangswege und Handlungsoptionen für „Pädagogen/-innen und Manager/-innen von morgen" zu Ihrem pflegerelevanten Phänomen. Es besteht in der Orientierungsphase die Möglichkeit, sich in verschiedenen Gruppen „umzusehen". Spätestens nach der zweiten Sitzung sollten Sie sich allerdings festgelegt haben! Vorschläge für Phänomene sind:
- Haltung, Gang, Bewegung, Bewegungslosigkeit, Bettlägerigkeit
- Ekel

- Macht/Gewalt
- Scham
- Leiden/Schmerz
- Angst
- Trost
- Humor
- Essen und Trinken
- Nähe und Distanz
- Licht usw.

Arbeitsabschnitt 3:
Um sich an Ihr Phänomen anzunähern, können Ihnen folgende Fragen helfen (hier bereits bezogen auf die folgenden Phänomene „Farbe" und „Licht"):
- Was ist Farbe/Licht?
- Wozu gibt es Farbe/Licht?
- Welche Spielräume hat Farbe/Licht?
- Welche Alternativen gibt es zu Farbe/Licht?
- Welche angrenzenden/verwandten Phänomene gibt es?

Sie können verschiedene Methoden anwenden: Schreiben, Spielen (szenische Darstellungen), kontrastierende Gedankenspiele, Überziehen, fantastische Thesen entwickeln, ins Gegenteil verkehren usw. (alles optional).

Arbeitsabschnitt 4:
Literaturstudium – theoretischer Hintergrund (ausführliche Literaturliste wird mit ausgegeben):
- interdisziplinäre Analyse des Phänomens (mit den für Sie relevanten Begleitdimensionen)
- Interpretation und Reflexion
- je nach Studienschwerpunkt: Konsequenz für Management und Pädagogik

Arbeitsabschnitt 5:
Präsentationsphase vorbereiten, welche Form der Präsentation bietet sich an?

Arbeitsabschnitt 6:
Reflexion der Präsentationsphase (gruppeninterne Feedbacks mit Lernbegleiter)
(Bossle et al. 2010)

2.3 Erweiterung des phänomenologischen Ansatzes durch hermeneutisches Vorgehen in der historischen Pflegeforschung

Charlotte Uzarewicz (2012) hat eine neophänomenologische Betrachtung über das Altenheim veröffentlicht, in der sie die „Kultur der Gefühle im umfriedeten Raum" (Schmitz 2009) auf den Bereich des Altenheims überträgt. Sie setzt sich dabei detailliert mit dem umfriedeten Raum selbst, der Gestaltung des Wohnens, den Übergangszonen, Fluren, Türen und Bewohnerzimmern aus phänomenologischer Sicht auseinander. Sie konstatiert, dass Altenheime als Arbeitsräume entworfen und gebaut werden, nicht als Lebensräume. Sie wirken als institutionelle Zwitter zwischen Diesseits und Jenseits, nicht als Wohn- und Lebensorte, die entsprechend gestaltet sein sollten und verweist darauf, dass es „[...] um nichts Geringeres als um die Synchronisierung von Ortsraum und Leibraum" (Uzarewicz 2012: 133) geht, was Voraussetzung dafür ist, dass aus der Institution „Heim" ein neues Zuhause wird.

Einen anderen Zugang hat Søren Nagbøl (2015) gewählt, der sich mit dem Phänomen der Macht im Kontext der Architektur beschäftigt hat. Nagbøl geht also der Frage nach, wie Macht im Raum qua Architektur erlebt und erfahren werden kann mit dem Fokus der tiefenhermeneutischen Interpretation nach Alfred Lorenzer (1986). Analog zur Phänomenologie geht es dabei weniger um die Frage der Darstellung einer Technik (Westphal 2015). „Hermeneutische Verfahren müssen vorgestellt werden und Aussagen über die Technik des Vorgehens können nur metahermeneutisch den konkreten Analysen abgewonnen werden" (Lorenzer 1986: 7).

Die Betrachtung des Phänomens der Macht hat Nagbøl (2015) exemplarisch an einem ganz besonderen (weil negativ belasteten) architektonischen Bau dargestellt, nämlich an der Neuen Reichskanzlei, die der Architekt Albert Speer 1934–1943 für Adolf Hitler errichtet hat. Nagbøl versucht, den Raum zu erleben. Es sollen „[...] Sinnzusammenhänge sichtbar gemacht werden, deren Symbolisierung als Erlebnismuster, als manifeste oder latente Praxisentwürfe und Lebensskizzen Bedeutung gewinnt, indem sie Verhaltensformen und Interaktionsfiguren produziert" (Nagbøl 2015: 117). Nagbøl ist es wichtig, „[...] die Wechselwirkung zwischen menschlichem Erleben und konkreten Gegenständen, die zu diesen Erlebnissen in Beziehung stehen und die, indem sie Symbolcharakter annehmen, prägend sind für Situationserwartungen, Hoffnungen, Lebensentwürfe – für menschliche Praxis und Lebenszusammenhänge" (Nagbøl 2015: 117). Daher ist die architektonische Gestalt als Ensemble realer Symbole für die Lebenssituation von Menschen zu verstehen. Nagbøl (2015) beschreibt das Vorgehen in vier Stufen:

1. **Kritisch-hermeneutisches Vorgehen:** Dieses „[...] Verfahren soll vielmehr einen Prozess einleiten, in dessen Verlauf die Wirkung des zu interpretierenden Materials zur Sprache gelangen soll. Das Material selbst soll lebendig werden im Wechselspiel mit der Interpretation." (Nagbøl 2015: 118)

2. **Szenisches Verstehen hat szenisches Engagement zur Voraussetzung:** „Man muss zu dem Material in eine unmittelbar sinnliche Beziehung eintreten. Es handelt sich nicht darum, sich wie ein Zuschauer im Theater zu verhalten und das Spiel von einer Loge aus zu verfolgen. Vielmehr gilt es, sich selbst in die Szenerie zu versetzen und mitzuspielen, sich zu öffnen für Gefühle, Assoziationen, Funktionen und Bilder, die im Laufe des Interpretationsprozesses wachgerufen werden. Die vielen spontan auftauchenden Splitter formieren sich allmählich zu ersten Mustern eines Mosaiks; so öffnen sie den Zugang zu latenten Sinn-Bildern, zu Bedeutungsskizzen und ihren Sinnfiguren, die diese Methode zu verstehen sucht." (Nagbøl 2015: 118–119)

3. **Das szenische Verstehen:** „Das szenische Verstehen, also die verstehende Rekonstruktion eines Lebensvorgangs in seiner räumlich-zeitlichen Entfaltung, dem Spiel von Interagierenden in Interaktionsräumen, geht darauf aus, den

pragmatischen Sinn der in die Architektur eingeschlossenen Mitteilungen aufzugreifen. Diese Mitteilungen werden als Ausdruck von und Hinweise auf Lebenspraxis verstanden und sozialwissenschaftlich ausgewertet." (Nagbøl 2015: 119)

4. **Rekonstruktion:** „Wir müssen in unserer Rekonstruktion versuchen, nicht nur die Widersprüche dieser räum-/zeitlichen Darstellung aufzudecken, sondern auch hinter die Widersprüche zu kommen. Der manifeste Entwurf muss ergänzt werden durch die Imagination von Lebensentwürfen jeweils des konsensuell Verregelten. Diese szenische Imagination soll nicht nur Lücken in unserer Darstellung füllen, sondern sich zu Figuren zusammenschließen – wie die Straßenzüge eines versunkenen Dorfes auf dem Grunde eines Sees." (Nagbøl 2015: 119)

Nagbøl (2015) erarbeitet Leitfragen zur erlebnisorientierten Interpretation des Gebäudes, mittels derer er sich dem Grundriss, den Schnitten und der Fassade nähert. „Was setzen diese Entwürfe bei mir in Bewegung? Welche Räume stoßen mich ab oder ziehen mich an? Gibt es irritierende Widersprüche in der Raumaufteilung oder innerhalb des Verhältnisses von Grundriss, Schnitt und Fassade? Komme ich ihnen nur ganz allmählich auf die Spur, oder springen sie mir sogleich ins Auge?" (Nagbøl 2015: 119).

Dieses hermeneutische Vorgehen Nagbøls erscheint geeignet, um auch in die phänomenologische Forschung übertragen werden zu können. Im Kontext der phänomenologischen Betrachtung, beispielsweise in der Verknüpfung eines pflegerelevanten historischen Ortes mit einem pflegerelevanten Phänomen, entstehen vollständig neue Sichtweisen, die das Verstehen und das Nachvollziehen der Pflegephänomene besser ermöglicht und damit zu einem Kompetenzerwerb bei den Studierenden führt.

2.4 Beispiel Pflegephänomen „Angst"

Zu Beginn der phänomenologischen Betrachtung steht ein praxisrelevantes Pflegephänomen, hier wurde exemplarisch das Phänomen „Angst" gewählt. Für die Pflege ist das Phänomen Angst von besonderer Bedeutung: Zum einen ist es ein vitales Grundgefühl des Menschen und eine psychische Grundfunktion (Bühlmann 1996), zum anderen beschäftigt sich die Pflegewissenschaft bereits seit 1952 mit diesem Phänomen (Peplau 1952, Roper et al. 1985).

Neben dem Schrecken beschreibt Heidegger die Angst als Urphänomen der Leiblichkeit (Schmitz 2009), die sich aus einer Zeit heraus begründet, in welcher der Mensch noch Beute oder Opfer von wilden Tieren war (Uzarewicz und Uzarewicz 2005). Der Mensch reagiert darauf mit dem Bedürfnis nach Distanz, zwischen sich und den anderen Distanz zu schaffen, sich, seine Wohnung und seinen Besitz von anderen abzugrenzen, Abstand zu schaffen. Dies bezieht sich ebenso auf den Rang, den er innerhalb einer Hierarchie einnimmt oder nach dem er strebt (Canetti 1984).

Nach Doenges et al. (2002) lassen sich subjektive und objektive Merkmale der Angst messen. Zu den subjektiven Merkmalen zählen erhöhte Anspannung, Verängstigung, Zittrigkeit, Übererregtheit, Erschütterung, Verzweiflung, Besorgnis, Unsicherheit, Furchtsamkeit, Unzulänglichkeit, Furcht vor unklaren Folgen, ausgedrückte Besorgnis um Veränderung der Lebensumstände, Beunruhigung, Ängstlichkeit, Nervosität, schmerzvolle und anhaltend zunehmende Hilflosigkeit, somatische Beschwerden, Schlaflosigkeit, Hoffnungslosigkeit sowie Gefühl eines drohenden Unheils. Zu den objektiven Merkmalen zählen sympathotone Stimulation (kardiovaskuläre Erregung, periphere Vasokonstriktion, erweiterte Pupillen), erhöhte Vorsicht, umherschauen, wenig Augenkontakt, fahrige Bewegungen (Herumschieben der Füße, Arm-/Handbewegungen), vermehrtes Schwitzen, Zittern, Tremor der Hände, Ruhelosigkeit, Schlaflosigkeit, angespannte Gesichtszüge, zitternde Stimme, Ichbezogenheit, häufiges Wasserlassen, wiederholtes Fragen sowie beeinträchtigtes Funktionieren und Immobilität.

Übertragen in die Pflege bezieht sich Angst auf die Situation, bettlägerig zu sein, sich nicht bewegen zu können, am Weggehen gehindert zu sein (oder zu werden), der Angst ausgesetzt zu sein, eingesperrt zu sein, ans Bett gefesselt zu sein, sich nicht mehr wehren zu können, abhängig zu sein, Unbilden und Widerfahrnissen hilflos ausgesetzt zu sein. Die Situation als ausweglos begreifen, es gibt kein Entrinnen, keinen Spielraum, wohin der sich Ängstigende ausweichen kann, das an dem Weglaufen gehindert sein treibt die Angst weiter an (Uzarewicz und Uzarewicz 2005). Nach Schmitz (2009) gibt es zwei Lösungsalternativen: den Impuls des Weglaufens unterdrücken oder dem Impuls des Weglaufens nachgeben. Ersteres würde ein sich Fügen, ein sich dem Schicksal ergeben oder sich der Bedrohung selbst zu stellen bedeuten. Für Zweiteres würde bereits Schreien eine Form des Weglaufens bedeuten, die Linderung verschafft. Auch eine Möglichkeit ist, sich an andere zu klammern, dort Schutz und Asyl zu suchen, vorausgesetzt, dass der andere nicht in die Situation der Angst mit hineingezogen wird. Uzarewicz und Uzarewicz (2005) führen zum sich Ängstigenden aus:

> Er will nur raus aus der ihn bedrückenden Situation. Kontexte, Raum und Zeit werden umso bedeutungsloser, je größer die Angst wird. Die Angst ist Regression, für die es kein früher oder später gibt. Die Zeit der Angst ist ein dauerhaftes Jetzt und Hier. Sie ist insofern zeitlos, als dass sie sich unendlich auszudehnen scheint. In der Angst stehen wir nicht neben uns; in ihr gibt es keine exzentrische Position, kein reflektieren über das eigene Verhalten. Völlig isoliert und auf uns zurückgeworfen, reduziert sie uns auf unseren archaischen Kern. (Uzarewicz und Uzarewicz 2005: 130)

In der Pflegesituation bedeutet dies, dass die Pflegenden „dem Betroffenen Asyl gewähren und eine Atmosphäre im Raum zu schaffen, die Weitung ermöglicht: durch eine beruhigende Stimme (Stimmung), durch vorsichtige Berührung oder andere ihn unterstützende Handlungen, wie etwa den (leiblichen) Raum zu öffnen und zu erweitern und alles zu vermeiden, was ihn beengen könnte" (Uzarewicz und Uzarewicz 2005: 130). Der hilflose Mensch, der Bettlägerige, ist nicht nur zum bloßen

Zuschauen, sondern zum untätigen Erleben verdammt, was mit ihm passiert. In totalen Institutionen (Goffman 1973) wie Altenheim oder Krankenhaus wird dies auch noch durch Entprivatisierung, Entpersonalisierung und Entindividualisierung verstärkt. Jedes Bedürfnis der Bewohner und Patienten nach Abgrenzung und Distanz ist hier annulliert, wohingegen das Personal das Recht auf Distanz für sich in Anspruch nimmt. Uzarewicz und Uzarewicz (2005) weisen weiterhin auf die Situation der Nacktheit hin, die gerade vor Bekleideten – wie in der Pflege, der Medizin oder dem Strafvollzug üblich – als eine der größten Demütigungen angesehen werden kann: „Das Bedecken der Blöße von Adam und Eva war der erste Akt der defensiven Bewaffnung. Wer nicht mehr nackt ist, ist nicht mehr schutzlos" (Uzarewicz und Uzarewicz 2005: 131). Für die Bewohner wird diese Distanz im semiöffentlichen Raum von Pflegeeinrichtungen teilweise aufgehoben, Pflegenden ist es jederzeit möglich, in diesen Raum einzudringen und zuzusehen. In Krankenzimmern hingegen ist diese Distanz vollständig aufgehoben, da auch ein Paravent nur visuellen Schutz bietet, jedoch für akustische und olfaktorische Signale durchlässig ist. Damit wird der Patient beengt, er kann nicht sehen, was ihn erwartet, wohl aber akustisch und olfaktorisch wahrnehmen, dass etwas vorgeht. Dies kann angststeigernd wirken bis hin zur Desorientierung (Uzarewicz und Uzarewicz 2005).

Die bedeutende Pflegetheoretikerin Hildegard Peplau (1952) definiert vier Grade der Angst, nämlich milde, gemäßigte, starke Angst und Panik. Sie verweist darauf, dass Angst auch in der zwischenmenschlichen Beziehung zwischen Pflegendem und zu Pflegendem entstehen kann, da es sich hierbei um Abhängigkeitsverhältnisse handelt. So kann die Würde und das Prestige des anderen verletzt werden, ohne dass dieser sich der Situation entziehen kann. Für die Pflegesituation sieht Peplau (1952) das beobachtbare Verhalten des Betroffenen als sehr wichtig an, um einschätzen zu können, wie sich die Wahrnehmung des Betroffenen bei zunehmender Angst verändert. Roper und Kolleginnen (1985) reflektieren das Phänomen Angst besonders vor dem Hintergrund des Sterbens als Angst vor Schmerzen, Leiden und Tod, als Angst, die Kontrolle und die Würde zu verlieren, auch als Angst vor Einsamkeit und Zurückweisung. Die NANDA hat Angst als Pflegediagnose in ihr Klassifikationsschema aufgenommen (Doenges et al. 2002).

Das Pflegephänomen Angst, reduziert auf die Sicht derer, die Pflege empfangen, soll im Weiteren nun übertragen werden auf einen pflegehistorisch relevanten Ort.

2.5 Anwendungsorientierte Übertragung des Pflegephänomens „Angst" auf einen pflegehistorisch relevanten Ort: Lern- und Gedenkort Schloss Hartheim

Der Lern- und Gedenkort Schloss Hartheim liegt in Alkoven, Österreich. Alkoven ist ein landschaftlich idyllisch gelegener Ort mit ca. 5800 Einwohnern im Bezirk Eferding in der Nähe von Linz im Bundesland Oberösterreich. Das dort im 17. Jahrhundert im Stil der Renaissance als Jagdschloss errichtete Schloss Hartheim zählt zu den bedeutendsten Renaissancebauten Oberösterreichs. Der damalige Besitzer, Fürst Starhemberg, hat es Ende des 19. Jahrhunderts dem Oberösterreichischen Landeswohltätigkeitsverein übereignet mit dem Ziel, dort eine Pflegeeinrichtung für geistig und körperlich behinderte Menschen einzurichten. 1898 wurde die „Anstalt für Schwach- und Blödsinnige, Idioten und Cretinöse" unter der Leitung der Barmherzigen Schwestern vom Hl. Vinzenz von Paul eröffnet.

Nach dem Anschluss Österreichs an das Deutsche Reich 1938 wurden analog zu Deutschland Vereine aufgelöst oder „gleichgeschaltet", die Leitung der Pflegeeinrichtung Schloss Hartheim ging in die Fürsorgeabteilung der Gauselbstverwaltung über (Lern- und Gedenkort Schloss Hartheim 2017).

2.5.1 Historischer Hintergrund und pflegehistorische Relevanz

Bereits im Jahr 1920 erreichte mit der Veröffentlichung des Buches „Die Freigabe zur Vernichtung lebensunwerten Lebens. Ihr Maß und ihre Form" der Professoren Karl Binding (Jurist) und Alfred Hoche (Mediziner) die öffentlich geführte Diskussion um Sterbehilfe, Tötung auf Verlangen und Euthanasie von unheilbar Kranken ihren Höhepunkt.

Die Autoren Karl Lorenz Binding (1841–1920) und Alfred Erich Hoche (1865–943) sprechen sich 1920 für die Tötung nicht therapierbarer Kranker, Verwundeter, Behinderter sowie „unheilbar Verblödeter" (Hoche bezeichnet diese auch als „geistig Tote") aus mit der Argumentation, dass diese nicht in der Lage seien, durch Gefühlsbeziehungen mit der Umwelt zu interagieren oder einen eigenen Willen zu bilden. In der medizinisch-psychiatrischen Nomenklatur der damaligen Zeit werden diese Menschen als „Vollidioten" bezeichnet. Nach Binding und Hoche (1920) ergibt sich der Unwert eines Lebens daraus, dass es sowohl „[…] für die Lebensträger wie für die Gesellschaft […]" keinen (Mehr-)Wert hat, also faktisch wertlos ist. Sie bezeichnen diese als gesellschaftliche „Ballastexistenzen", daher soll deren Tötung nach Maß und Form im Sinne einer Erlösung von Leiden umgesetzt werden. Hoche verweist allerdings abschließend darauf, dass die Mehrzahl der Menschen ohne gesellschaftlichen Nutzen (vulgo „Ballastexistenzen") sind, jedoch für die vorgeschlagene „Freigabe der Vernichtung lebensunwerten Lebens" nicht in Betracht kommen.

Wie sich gezeigt hat, wurde diese Schrift zum Wegbereiter der industriellen Massenermordung von Menschen. Die Idee, Menschen, die entweder nicht in das Bild der Gesellschaft passen oder die nichts zur Gesellschaft beitragen (können), zu töten, wurde in die NS-Ideologie integriert. Mit dem Schreiben vom 01.09.1939 (Kriegsbeginn) auf Hitlers privatem Briefpapier und dem Wortlaut „Reichsleiter Bouhler und Dr. med. Brandt sind unter Verantwortung beauftragt, die Befugnisse namentlich zu bestimmender Ärzte so zu erweitern, dass nach menschlichem Ermessen unheilbar Kranken bei kritischster Beurteilung ihres Krankheitszustandes der Gnadentod gewährt werden kann. A. Hitler" (Nürnberger-Prozess-Dokument Nr. 630-PS) leitete Hitler die „Aktion Gnadentod" ein. Er beauftragte den Chef der Kanzlei des Führers (KdF), Philipp Bouhler, sowie Hitlers chirurgischen Begleitarzt und späteren General-kommissar für das Sanitäts- und Gesundheitswesen, Dr. Karl Brandt, mit der organi-satorischen Durchführung der Tötung von „lebensunwertem Leben". Damit begann 1939 die „Aktion Gnadentod", die unter dem euphemistischen Begriff „Euthanasie" verschleiert wurde und die in der Geschichtsschreibung nach 1945 auch als „NS-Krankenmorde" oder „Aktion T4" (für die in der Tiergartenstrasse 4 in Berlin-Mitte ansässige koordinierende Behörde) bezeichnet wird (Klee 2010).

1940 wurden in Grafeneck (Stadt Gomadingen, Bundesland Baden-Würt-temberg, Tarnbezeichnung „A", Betrieb 20. Januar 1940 bis Dezember 1940), Bran-denburg (Stadt Brandenburg, Bundesland Brandenburg, Tarnbezeichnung „B", Betrieb 8. Februar 1940 bis Oktober 1940), Hartheim (Stadt Alkoven, Bundesland Oberösterreich, Tarnbezeichnung „C", Betrieb 6. Mai 1940 bis Dezember 1944), Son-nenstein (Stadt Prina, Bundesland Sachsen, Tarnbezeichnung „D", Betrieb Juni 1940 bis September 1942), Bernburg (Stadt Bernburg (Saale), Bundesland Sachsen-Anhalt, Tarnbezeichnung „Be", Betrieb 21. November 1940 bis 30. Juli 1943) und Hadamar (Stadt Hadamar bei Limburg, Bundesland Hessen, Tarnbezeichnung „E", Betrieb Januar 1941 bis 31. Juli 1942) Tötungsanstalten eingerichtet und betrieben (Klee 2010).

Die „Aktion Gnadentod" war ein komplex organisierter Prozess mit dem Ziel der „Vernichtung lebensunwerten Lebens", beginnend bei der Identifizierung und Erfas-sung der Opfer, der Erstellung der ärztlichen Begutachtung, der Abholung und dem Transport zur Tötungsanstalt, der Vergasung durch Kohlenmonoxid-Gas, dem Aus-brechen von Zahngold, der Verbrennung der Leichen und der Entsorgung der Asche einschließlich der Verschleierung der Aufenthaltsorte der Opfer, beispielsweise durch Zwischenanstalten sowie der Fälschung von Sterbeurkunden durch die Angabe natür-licher Todesursachen und Sterbeorte (Friedlander 2001; Morsch und Perz 2011).

Zur Identifizierung „lebensunwerten Lebens" wurden die infrage kommenden Heil- und Pflegeanstalten durch Runderlass vom 09.10.1939 der Abteilung IV des Reichsministeriums des Innern zur Benennung bestimmter Patienten mittels Melde-bögen aufgefordert und auf folgende Kriterien hin überprüft:

1. Menschen mit den (in den 1930er-Jahren nicht therapierbaren) Krankheitsbildern Schi-zophrenie, Epilepsie, Encephalitis, Schwachsinn, Paralyse, Chorea Huntington, senile Demenz oder anderen neurologischen Endzuständen, wenn sie nicht oder nur noch mit mechanischen Arbeiten beschäftigt werden konnten;

2. Menschen, die aufgrund ihrer Erkrankung bereits länger als fünf Jahre in einer Anstalt untergebracht waren und damit als nicht heilbar galten;

3. „Geisteskranke", die straffällig geworden sind;

4. Anstaltsinsassen, die nicht die deutsche Staatsangehörigkeit besaßen oder nicht „deut-schen oder artverwandten Blutes" waren.
   (Landeszentrale für politische Bildung Baden-Württemberg 2000)

Die befragten Anstalten wurden lediglich auf die Notwendigkeit einer planwirt-schaftlichen Erfassung hingewiesen, über den Zweck der Tötung wurden sie nicht informiert. Die Akten der identifizierten Patienten wurden drei von vierzig deutsch-landweit zur Verfügung stehenden Gutachtern unabhängig voneinander vorgelegt, im Mittelpunkt stand die Frage nach der Arbeitsfähigkeit und der Heilbarkeit der Erkrankung. Stimmten die Gutachter in ihrem Urteil überein, erfolgte die Abholung und Tötung der Patienten (Hinz-Wessels 2015).

Die Patienten wurden von Bussen aus den Anstalten abgeholt und zu den ent-sprechenden Tötungsanstalten gebracht. Auf dieser Fahrt wurden sie von Pflege-kräften betreut, ihnen wurde ein Ausflug oder eine Verlegung suggeriert. In der Tötungsanstalt angekommen, wurden die Patienten entkleidet, ärztlich untersucht, ggf. zu Forschungs- oder Dokumentationszwecken fotografiert und vergast. Bei diesem gesamten Prozessablauf war Pflegepersonal unterstützend anwesend. Die Gaskammern waren als Brausebäder getarnt, um Panik unter den Opfern zu vermei-den. Die Gaskammern waren von ihrer Kapazität her so ausgelegt, dass immer der vollständige Bustransport, also ca. dreißig Personen, durch Kohlenmonoxid-Gas auf einmal getötet werden konnte. Das Gas durfte ausschließlich durch den Anstaltsarzt oder seinen ärztlichen Vertreter eingeströmt werden, der Raum wurde wieder belüf-tet, sobald keine Regung der in der Gaskammer befindlichen Patienten mehr zu sehen war, in der Regel innerhalb von etwa dreißig Minuten (Kepplinger und Leitner 2012).

Nach dem von Hitler angeordneten Euthanasie-Stopp vom 24.08.1941 folgte von 1941 bis 1944 die „Aktion 14f13", die auch als „Sonderbehandlung 14f13" oder „Invali-den- oder Häftlings-Euthanasie" bezeichnet wurde und die Selektion und Tötung von als „krank", „alt" und „nicht mehr arbeitsfähig" klassifizierten Konzentrationslager-Häftlingen im Deutschen Reich (Morsch und Perz 2011).

Der organisatorische Ablauf der „Aktion Gnadentod" wurde derart perfektioniert, dass er an einen (pervertierten) industriellen Produktionsprozess erinnert, einen nahezu fließbandartigen Ablauf, beginnend bei der Erfassung der Patienten über die Tötung bis zur Verschleierung gegenüber den Angehörigen. Bekannt ist, dass die Organisatoren und Leitungsverantwortlichen der Tötungsanstalten der „Aktion Gna-dentod" später „Karriere" in den Tötungsanlagen der Konzentrations- und Vernich-tungslager Ausschwitz, Birkenau, Belzec, Sobibor, Treblinka und Majdanek gemacht haben (Aly 1989; Matzek 2002).

Schloss Hartheim, das sich aufgrund der ländlich-abgelegenen Lage hervorra-gend für die „Aktion Gnadentod" eignete, wurde ab 1940 zur Tötungsanstalt modi-fiziert. Hierfür wurde ein 30 mal 8 Meter langer Bereich im Erdgeschoss des Schlosses umgestaltet (Matzek 2002: 59). Am 20.05.1940 erfolgte die erste fließbandartige Tö-tung von geistig und/oder körperlich Behinderten sowie psychisch Erkrankten. Bis August 1941 („Aktion Gnadentod") wurden rund 18.269 Patienten aus psychiatri-schen Anstalten und Bewohner aus Behinderteneinrichtungen und Fürsorgeheimen und im Anschluss daran bis 1944 („Sonderbehandlung 14f13") knapp 12.000 arbeits-unfähige Häftlinge aus den Konzentrationslagern Mauthausen, Gusen und Dachau sowie Zwangsarbeiterinnen und Zwangsarbeiter ermordet. Ende 1944 und Anfang 1945 wurden alle Einrichtungen, die im Rahmen der „Aktion Gnadentod" installiert wurden, entfernt und das Gebäude in den Zustand vor 1940, also vor Beginn der „Aktion Gnadentod", rückgebaut (Kepplinger und Leitner 2012).

Nach dem Zweiten Weltkrieg diente das Schloss als Flüchtlingsunterkunft, 1948 wurde es an den Oberösterreichischen Landeswohltätigkeitsverein rückübereignet. Ab 1954 wurde das Schloss für Hochwassergeschädigte genutzt, bis zu 30 Mieter wohnten im Schloss. 1968 eröffnete der Oberösterreichische Landeswohltätigkeitsvereins (heute GSI Gesellschaft für soziale Initiativen) das Institut Hartheim, eine Einrichtung für körperlich und geistig Behinderte, nahe dem Schloss als „lebende Sühnestätte für alle Opfer im Schloss Hartheim". 1969 wurde im Schloss eine Gedenkstätte errichtet. 1997 fasste das Land Oberösterreich den Beschluss, Schloss Hartheim zu einem Lern- und Gedenkort zu machen, ab 1999 wurde die Vermietung von Wohnraum eingestellt und das Schloss bis 2003 restauriert. Der „Lern- und Gedenkort Schloss Hartheim" ist öffentlich zugänglich und beherbergt heute die Gedenkstätte mit der historisch rekonstruierten Bausubstanz, die Ausstellung zum Thema „Wert des Lebens" sowie eine Dokumentationsstelle des oberösterreichischen Landesarchivs mit umfangreicher Sammlung und Bibliothek (Lern- und Gedenkort Schloss Hartheim 2017).

Pflegehistorisch besondere Bedeutung erhält Schloss Hartheim, da hier im Rahmen der fließbandartig umgesetzten Euthanasie von Kranken und Behinderten auch Pflegekräfte eingesetzt wurden und sich schuldig gemacht haben.

Das War Crimes Investigating Team No. 6824 der U.S. Army unter der Leitung von Charles Haywood Dameron hat am 17.07.1945 einen umfangreichen und ausgesprochen detaillierten Bericht, den sog. Dameron-Report, vorgelegt, der nicht nur zur Dokumentation des Aufgefundenen dienen, sondern auch als Material, das die Anklage der Täter vor dem Alliierten Kriegsverbrechertribunal in Nürnberg ermöglichen sollte (Kepplinger und Leitner 2012). Dieser Dameron-Report enthält neben zahlreichen Fotografien auch Verhörprotokolle der Täter, denen das Crimes Investigating Team No. 6824 habhaft werden konnte.

In diesem Dokument findet sich die dreiseitige handschriftliche Zeugenerklärung des Johann Anzinger, Fahrer und Bürokraft in Hartheim: „[...] wie ich angekomen bin mußten ich 2 u. 3 Stock schäuern u putzen von Malerarbeiten, nach zirka 8 Tagen kamen Transporte mit Kranke, samt Pflege Personal [...]" (Kepplinger und Leitner 2012: 269). Ebenso ist in diesem Dokument die 18-seitige maschinenschriftliche „Eidesstattliche Zeugenerklärung" der Schreibkraft Helene Hintersteiner vom 29.06.1945 archiviert. Daher ist bekannt, dass neun Krankenschwestern und sieben Krankenpfleger in Schloss Hartheim beschäftigt waren:

> [...] Hier in Hartheim war Dr. Rudolf Lonauer, Neuhofen a. d. Krems Direktor und Leiter, sein Stellvertreter war Dr. Georg Renno aus Leipzig-Dösen, derzeit in der Schweiz. Beide Herren waren im Aufnahmeraum bei der Ankunft der Patienten anwesend, sahen die Krankengeschichten durch

und Forschungsfälle wurden mit einem Kreuz bezeichnet. Nachdem die Patienten ausgekleidet, fotografiert und in den Gasraum gebracht wurden, hat Dr. Lonauer oder in seiner Vertretung Dr. Renno den Gashahn aufgedreht. Die Auskleidung der Patienten und Patientinnen wurde durch die Schwestern Gertrud Blanke, Gertrud Klähn, Elisabeth Vallaster, Maria Raab, Maria Hammelsböck, Maria Wittmann, Maria Gruber [richtig: Annemarie Gruber], Lotte Zeitz, Grete Heider [richtig: Margarethe Haider], durch die Pfleger Anton Schrottmeier [richtig: Schrottmayr], Franz Gindl, Karl Steubl, Karl Harrer, Hermann Michel, Hermann Wentzel und Bruno Kochan durchgeführt [...]. (Kepplinger und Leitner 2012: 116)

Aus der Zeugeneinvernahme der Annelisa Gindl, Bürokraft und Sekretärin des Anstaltsleiters Dr. Lonauer, vom 17.07.1945 ist bekannt, „[...] Gertrude Blanka [richtig: Gertrud Blanke] was head nurse [...]" (Kepplinger und Leitner 2012: 159). Tom Matzek (2002: 64) beschreibt Karl Harrer als Oberpfleger, Gertrud Blanke als Oberschwester der Nervenheilanstalt Linz-Niedernhart, dessen Einrichtungsleiter Dr. Lonauer auch in Personalunion Leiter der Tötungsanstalt Hartheim war (Matzek 2002: 64).

Aus diesen Aussagen ergibt sich die hohe Pflegerelevanz in der historischen Betrachtung: Pflegende waren auch Täter. Zum Transport der Kranken und Behinderten wurden Busse eingesetzt. Aus der handschriftlichen Zeugenerklärung der Maria Straßmayr, einer Nachbarin des Schlosses, vom 05.07.1945 ist bezeugt: „[...] Durch Zufall konnte man feststellen, daß in den mit Vorhang verdunkelten Fenstern die Insaßer zivil war [...]. In zivil war die Begleitung von Pfleger u. Pfleger in weißen Mäntel" (Kepplinger und Leitner 2012: 235–236). Offensichtlich war die Aufgabe des Pflegepersonals das Ruhighalten der Patienten (Matzek 2002: 65), wobei das Pflegepersonal schroff und unfreundlich gegenüber den Kranken und Behinderten agierte (Matzek 2002: 87).

Der Lern- und Gedenkort Schloss Hartheim ist also ein Ort von hoher pflegehistorischer Relevanz. Daher ist er auch hervorragend geeignet, den Studierenden zu ermöglichen, sich im historischen Kontext Pflegephänomenen phänomenologisch oder phänomenologisch-hermeneutisch zu nähern, diese zu analysieren und zu interpretieren. Studierende sollen im didaktischen Modell des Projektlernens die Kompetenz erwerben, pflegerische Phänomene zu erkennen, im historischen Kontext zu bearbeiten und pflegeprofessionelle Lösungswege zu identifizieren sowie diese zu realisieren.

2.5.2 Phänomenologisch-hermeneutische Betrachtung in Anlehnung an Søren Nagbøl (2015): Der Praxistransfer

Nachdem die Studierenden mit der phänomenologischen und hermeneutischen Vorgehensweise wie auch mit dem historischen Hintergrund vertraut gemacht wurden und diese in Kleingruppen unter Anleitung eingeübt haben (siehe Kap. 2.1, 2.2 und 2.3), erfolgt nunmehr der Schritt der Praxisübertragung.

In strenger Adaptation an die ungewöhnliche und sicherlich nicht alltägliche Betrachtung Nagbøls (2015) zum Phänomen „Macht" wenden wir uns exemplarisch dem Phänomen „Angst" zu. Die Studierenden haben bezüglich des pflegerelevanten Phänomens Angst recherchiert und wurden zum historischen Kontext des Lern- und Gedenkortes Schloss Hartheim informiert.

Ziel dieser Lehrmethode ist es nicht, in einer spektakulären Vorstellung à la Jahrmarktveranstaltung die Opfer der „Aktion Gnadentod" oder der „Sonderbehandlung 14f13" zu verunglimpfen, um die banale Sensationsgier etwaiger Konsumenten trivial zu befriedigen. Vielmehr geht es um einen Perspektivenwechsel und um die Erweiterung der eigenen Vorstellungskraft von Studierenden der Pflegepädagogik und des Pflegemanagements, also derer, die sich entweder die Ausbildung zukünftig Pflegender zum Beruf gemacht haben oder zukünftig bezüglich der Steuerung von Einrichtungen des Gesundheitswesens entscheiden: Beide Berufsgruppen sollen die Kompetenz erlernen, Pflegephänomene zu identifizieren und fachlich-adäquat darauf zu reagieren. Ebenso sollen sie erlernen, diese Kompetenz weiterzuvermitteln, wozu es u. a. nötig ist, sich selbst in die Situation der zu pflegenden Menschen hineinzuversetzen.

Für den Bereich der Gesundheits- und Kinderkrankenpflege, der Gesundheits- und Krankenpflege und der Altenpflege sowie der akademisierten Pflege ist kaum ein extremeres Beispiel als der Lern- und Gedenkort Schloss Hartheim, Alkoven, Österreich, vorstellbar, um sich mit dem Pflegephänomen Angst auseinanderzusetzen:

Wie ist es den körperlich und/oder geistig Behinderten und den psychisch Kranken ergangen, als sie nach langer Busreise am Zielort Schloss Hartheim angekommen sind? Als sie erwartungsvoll aus dem Bus gestiegen sind? Durch eine enge Tür in das Schloss geführt wurden? Neugierig? Freudig? Unsicher? Ängstlich? Aber es war ja Pflegepersonal anwesend, hauptsächlich Krankenschwestern, und das bereits während der langen Busfahrt. Das Pflegepersonal war an der Schwesterntracht erkennbar, die gleiche oder zumindest ähnlich Kleidung, welche die Patienten und Bewohner bereits aus der Einrichtung, in der sie zuvor jahrelang gelebt hatten, kannten; der sie vertrauten, auch wenn andere Personen in der Schwesterntracht steckten; die sie als beschützend, Hilfe gebend, aber sicherlich auch als leitend und bestimmend erfahren und erlebt hatten.

Als sich Søren Nagbøl (2015) mit dem Phänomen der Macht im Kontext der Architektur der Neuen Reichskanzlei beschäftigt hat, war er auf Grundrisse, Baupläne und Fotografien angewiesen, da das Gebäude im Krieg zu großen Teilen zerstört und die Ruinen 1946 abgetragen und überbaut wurden (Nagbøl 2015: 116). Daher war er gezwungen, sich der tiefenhermeneutischen Methode (Lorenzer 1986) zu bedienen, um das Phänomen „Macht" im Raum erlebbar und erfahrbar machen zu können.

Versuchen wir doch, einen Teil des letzten Weges gemeinsam mit den Kranken und Behinderten zu gehen. Dieser Weg ist gut dokumentiert durch den Dameron-Report (Kepplinger und Leitner 2012). Uns liegt heute ein genauer Raumplan des Schlosses Hartheim vor (siehe Abb. 1), den die Spurensicherung der Kriminalpolizei

Linz am 06.09.1945 erstellt hat und welcher die 1940 vorgenommenen und Ende 1944 bis Anfang 1945 wieder rückgebauten Umbauten zur Euthanasieanstalt zeigt (Matzek 2002: Bildteil). Dies ist auch der letzte Weg, den die Kranken und Behinderten genommen haben.

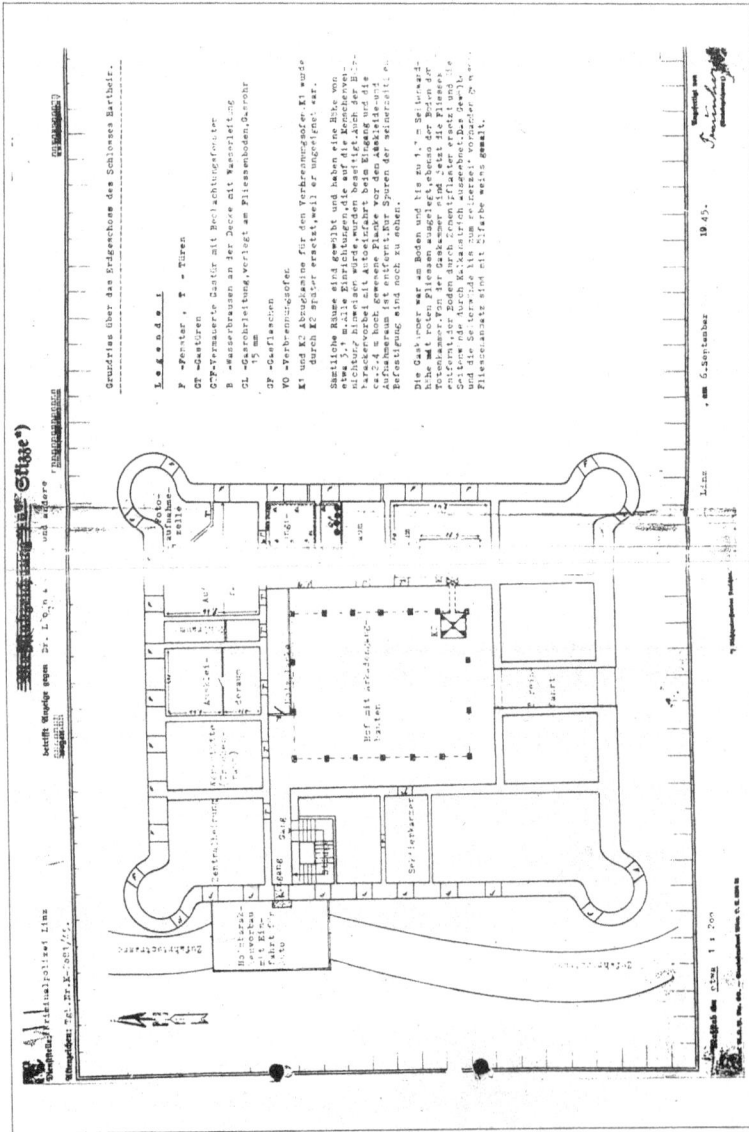

Raumplan von Schloss Hartheim. Die Spurensicherung der Kriminalpolizei Linz erstellte am 6. September 1945 diese Skizze vom Erdgeschoss des Schlosses nach einem Lokalaugenschein und nach Angaben des Heizers Vinzenz Nohel. Faksimile. Archiv des Museums Mauthausen/BMI

Abb. 1: Raumplan der Spurensicherung der Kriminalpolizei Linz vom 06.09.1945 (Matzek 2002: Bildteil).

- **1. Station: Die Abholung:** Es ist Sommer 1940. Die Menschen sind zwischen 17 und 65 Jahre alt, als sie mit dem Bus von ihrer Klinik oder von ihrem Behindertenheim abgeholt werden. Das Personal hatte ihnen vorher erzählt, dass ein Ausflug oder eine Reise in ein Erholungsheim (Matzek 2002: 87) anstehe, sie haben je einen Koffer dabei, in den Kleidung und persönliche Gegenstände für wenige Tage eingepackt worden sind. Im Bus ist eine seltsame Atmosphäre, denn die vertrauten Pflegekräfte der Klinik oder des Heimes steigen nicht mit ein. Es sind andere Pflegekräfte, jeweils zwei, die den Bus begleiten (Matzek 2002: 135). Und meistens ist ein Arzt oder ein Verwaltungsbeamter mit im Bus (Matzek 2002: 87). Alle tragen lange weiße Kittel. Die Aufgabe der Pflegenden ist es, dafür zu sorgen, „[...] dass die Insassen ruhig bleiben" (Matzek 2002: 135). Die Vorhänge des Busses sind vorgezogen, manchmal sind die Fenster auch mit weißer Farbe überstrichen, sodass die Menschen nicht hinaussehen und die Reise genießen können. Ein seltsamer Ausflug. Das Pflegepersonal ist schroff und unfreundlich (Matzek 2002: 87) und sorgt für Ruhe und Ordnung im Bus. Die Menschen sind eingeschüchtert, haben sie doch schon frühzeitig erfahren, welche Konsequenzen das Nichtbefolgen von Anweisungen des Personals haben kann. Für die Jugendlichen ist es eine spannende und abenteuerliche Reise, den Älteren und Alten, gerade den Kriegsversehrten und den psychisch unter den Folgen des Ersten Weltkriegs Leidenden schwant nichts Gutes. *Warum sind die Busfenster verhängt oder sogar getüncht? Warum reist anderes Personal mit?*
- **2. Station: Die Ankunft in Hartheim:** Als der Bus nach einer langen Fahrt vor einem großen Holztor mit der Aufschrift „Erholungsheim" hält (Matzek 2002: 70), wächst die Spannung der Reisenden. Das Holztor öffnet sich, der Bus fährt in eine Garage ein und stoppt, wobei sich das Holztor wieder schließt. Halbdunkel, gefangen. Es breitet sich Aktivität und Unruhe im Bus aus: *Gleich geht's ans Aussteigen nach der langen Reise!* Die Türen werden geöffnet, die hölzerne Garage wird nur von wenigen Lampen erhellt, es ist düster, als die ersten Reisenden endlich aussteigen dürfen. An der Bustür werden sie bereits von mehreren Pflegekräften erwartet, die in strengem Ton Kommandos geben. Über eine Stufe, die den Gehbehinderten Schwierigkeiten bereitet, und durch eine kleine Tür gelangen die Menschen einzeln in einen kalten hohen Gang, die Decke besteht aus einem Gewölbe und der Boden ist mit großen alten Steinplatten ausgelegt. Voraus geht eine Krankenschwester oder ein Pfleger, der sie zur Eile antreibt, ebenso verhält es sich am Schluss des Zuges, wo die letzten vorwärts gescheucht werden. Halb gezogen, halb geschoben gelangen sie so einzeln hintereinander herlaufend an das Ende des Ganges, der in einen Flur mit runden Säulen mündet, die Arkadenbögen tragen. Die Menschen sind verängstigt und verunsichert, vielleicht eingeschüchtert, sie wissen nicht, wie ihnen geschieht. Sie haben Angst, einige weinen. Plötzlich wird auf der rechten Seite ein rechteckiger heller Hof sichtbar,

der von dem Arkadengang vollständig eingefasst wird. Darüber sind noch zwei weitere Galerien mit schmäleren Arkaden zu sehen. Die Menschen befinden sich in einem schönen und hohen Gebäude mit leuchtend roten Dächern, einem Schloss in den Ausmaßen von etwa 30 auf 40 Meter (Matzek 2002: 56). Sie sehen das erste Mal seit der Abreise wieder die Sonne, hell steht sie am Himmel, die warmen Strahlen wirken beruhigend und besänftigend. Aus der gegenüberliegenden Ecke des Schlosses strömt ein herrlicher Duft nach frischem Essen, es sind das Klappern des Geschirrs und die Stimmen des Küchenpersonals zu hören. Die Angst weicht der Neugierde: *Vielleicht gibt es bald etwas zu trinken und zu essen?* Seit der Abreise gab es nichts mehr.

- **3. Station: Auskleiden:** Ganz benommen von diesen Eindrücken treten sie wie im Gänsemarsch einzeln durch eine Holztür, sie befinden sich wieder in einem Gang, es wird wieder dunkler, und dann werden sie durch eine weitere Tür links in einen Raum geführt. Auch dieser wird von einem Gewölbe überspannt, er ist durch eine Holzwand mit Tür abgetrennt. Die Frauen werden in den Teil des Raumes hinter der Holztür gebracht, der Raum ist 4,66 mal 4,90 Meter groß und hat zwei hohe Fenster (Spurensicherung 1945). Die Männer bleiben im 3,70 mal 4,90 Meter großen, fensterlosen Teil vor der Holzwand (Spurensicherung 1945). Als sich alle in den beiden Räumen gesammelt haben, befiehlt das Pflegepersonal, sich nackt auszuziehen, denn es finde eine genaue ärztliche Untersuchung statt. Danach sollten alle geduscht werden und neue Kleidung erhalten, ein wahrer Luxus in diesen Zeiten, in denen der Krieg tobt und es an allem knapp ist. Darauf freuen sich die Kranken und die Behinderten, ist ihre eigene Kleidung doch bereits alt und vielfach geflickt. Das Auskleiden sind sie gewohnt, sie kennen den Badetag aus ihrer Einrichtung. Vielen ist es unangenehm, nackt mit anderen in einem Raum zu stehen, denn Kleidung ist ein Schutz, der nun fehlt. Sie sind verängstigt, was kommt nun? *Tut die ärztliche Untersuchung weh? Ist das Badewasser schön warm?* Das Pflegepersonal hilft denjenigen beim Auskleiden, die das nicht selbst können, sicherlich etwas ruppig, denn Eile ist geboten. Der steinerne Fußboden ist kalt, es riecht nicht so besonders angenehm, und das Pflegepersonal treibt die Menschen zur Eile an.

- **4. Station: Die Aufnahmeuntersuchung:** Wieder werden sie wie im Gänsemarsch aus dem Raum heraus in den Flur geführt, der mit einem 3,10 Meter hohen Gewölbe überspannt ist (Spurensicherung 1945). Sie sind nackt, es ist kalt und dunkel. Viele haben Angst, nackt sind sie ihrer Würde beraubt, weinen vielleicht. Auf der Seite zum Hof, wo vorher noch Arkaden waren, ist eine Holzwand, 3,40 Meter hoch (Spurensicherung 1945), die den Blick in den Hof verwehrt, durch deren Ritzen jedoch einzelne Sonnenstrahlen scheinen. Vielleicht dringt der Geruch des Essens durch die Ritzen der Bretterwand. Vorbei geht es an einer verschlossenen Tür auf der rechten Seite, der Gang endet, und die Menschen werden einzeln durch eine weitere Tür nach links in einen weiteren Raum geführt. Der Raum ist größer als jener, in dem sie sich ausziehen mussten. Er ist von einem hohen Gewölbe überspannt, und eine Ecke des Raumes ist wieder mit einer Holzwand abgetrennt. *Ob dahinter auch eine Küche ist?* Im Raum wartet bereits weiteres Pflegepersonal und ein oder zwei Ärzte sitzen an je einem Schreibtisch. Der Raum ist groß, 8,36 Meter lang (Spurensicherung 1945), hell erleuchtet, und Tageslicht fällt zusätzlich durch die beiden Fenster. Das Pflegepersonal weist die Menschen an, sich in einer Reihe jeweils vor einem Schreibtisch aufzustellen, damit die Ärzte mit der Untersuchung beginnen können. Die Ärzte haben Akten in den Händen, in denen sie lesen und hin und wieder zu den Patienten aufsehen. Vielleicht reden sie auch das eine oder andere Wort mit ihnen, fragen nach dem Namen, vergleichen die Nummer, die ihnen vor der Abreise auf den Rücken gemalt wurde (Matzek 2002: 88), mit dem Namen auf dem Transportschein und versichern sich, dass sie die richtige Person vor sich haben. Nach einem Blick in den Mund, der zur Feststellung des Zahnstatus dient, klebt das Pflegepersonal auf Anweisung des Arztes denjenigen, die Zahnersatz aus Gold besitzen, zwei gekreuzte Pflasterstreifen auf das Schulterblatt (Nohel 1945). Vielleicht sagt man ihnen, dass sie gekennzeichnet werden, weil sie der Zahnarzt nach dem Duschen noch untersuchen möchte. *Hoffentlich tut das nicht weh!* Nichts Böses ahnend lassen die Menschen es mit sich geschehen, sie können nicht wissen, dass die Kennzeichnung nicht für den Zahnarzt gedacht ist, sondern für den Brenner (Nohel 1945), den Leichenverbrenner, der ihnen vor der Kremierung noch schnell das Zahngold ausbrechen soll, wäre doch schade um das wertvolle Metall. Bei einigen dient es auch als Hinweis, dass sie anatomische Besonderheiten aufweisen; daher möchte man den Leichnam gerne einer genaueren pathologischen Untersuchung oder einer medizinischen Sammlung zuführen.

- **5. Station: Die fotografische Dokumentation:** Nach der eher oberflächlichen ärztlichen Untersuchung hält das Pflegepersonal die Menschen an, sich wieder in Reih und Glied vor der Holztür aufzustellen, die sich in der Bretterwand befindet, welche die Ecke des Raumes abtrennt. Dort sollen Fotos gemacht werden. Einer nach dem anderen wird in den Raum gerufen. Erstaunt stellen sie fest, dass der Raum rund ist, ein alter Turm, durch die beiden Fenster fällt Licht in den Raum. Der Fotograf, der ebenfalls einen langen weißen Kittel trägt, fertigt von jedem drei Fotos an, zwei Profil- und ein Portraitfoto, denen einer Verbrecherkartei zum Verwechseln ähnlich. Bei einigen hat er die Anweisung der Ärzte erhalten, anatomische Besonderheiten oder körperliche Entstellungen zu fotografieren, die zu Forschungszwecken dokumentiert werden sollen (Bruckner 1962). Auch hier ist das Pflegepersonal hilfsbereit anwesend. Wenn ein Mensch sich beim Fotografieren nicht ruhig hält oder aufgrund seiner Behinderung nicht stehen kann, helfen sie mit, damit das Fotografieren auch erfolgreich verläuft.
- **6. Station: Das Brausebad:** Das Pflegepersonal schickt diejenigen, die bereits fotografiert worden sind, durch eine weitere Tür in das Brausebad. Dieser Raum ist etwa 6 mal 4 Meter und damit kleiner als die Räume, welche die Menschen vorher durchlaufen haben. Auch er hat eine Gewölbedecke. Der Boden bestand

ursprünglich aus Holzplanken, jetzt ist er mit roten Kacheln gefliest, ebenso wie die Wände bis zu einer Höhe von 1,70 Meter. Oberhalb der Fliesen sind die Wände bis zum Deckenansatz mit weißer Ölfarbe gestrichen, auf der Decke verlaufen Wasserleitungen, die zu den drei Brauseköpfen der Duschen führen. In dem Raum befinden sich hölzerne Sitzgelegenheiten. Das einzige Fenster im Raum ist von einem mit Ölfarbe weiß gestrichenen Scherengitter versperrt. Für die Belüftung sorgen Ventilatoren. Die beiden Türen im Raum sind aus Stahl (Nohel 1945; Spurensicherung 1945). Das Pflegepersonal erklärt denjenigen, die schon im Raum sind, dass mit dem Duschen erst begonnen werden kann, nachdem alle, die im Bus waren, untersucht und fotografiert wurden. *Vielleicht reicht sonst das warme Wasser nicht? Hoffentlich sind die anderen bald da, der Boden ist kalt und der Raum nicht geheizt.* Die Jüngeren hoffen, dass das Duschen bald beginnt, *das wird ein Spaß!* Die Älteren freuen sich auf die neue Kleidung, die ihnen versprochen wurde, *endlich neue Kleider!*

Niemand kann sich vorstellen, was passiert, als die Türen zum Brausebad geschlossen werden. Von der Ankunft des Busses in der Holzgarage bis zum Ausräumen des Krematoriumofens durch die Brenner dauert es nur drei bis fünf Stunden (Nohel 1945).

3 Kompetenzerwerb – oder: Warum Studierende der Pflegepädagogik und des Pflegemanagements mit klassischen Phänomenen der Pflege an einem pflegehistorisch belasteten Ort konfrontieren?

Anders als in den Konzentrations- und Vernichtungslagern des NS-Regimes waren in den Anlagen der „Aktion Gnadentod" auch Pflegende Täter. Sie waren Helfer der eigentlichen Täter, der Ärzte, die als einzige autorisiert waren und damit die Macht hatten, den Gashahn zu öffneten und wieder zu schließen. Pflegende haben geholfen, dass die Vernichtung „lebensunwerten Lebens" in nahezu industrieller Perfektion in einem zeitoptimierten, fließbandartigen Ablaufprozess überhaupt umgesetzt werden konnte; das macht sie zu Tätern. Aus heutiger Sicht erscheint es egal, aus welcher Motivation heraus sie gehandelt haben.

Das Ziel ist nicht, dass sich die Studierenden ihrer historischen Verantwortung bewusst werden; diese Aufgabe sollten bereits Eltern und Schule erfüllt haben. Ziel ist es vielmehr, einen am individualisiert-personalisierten Einzelschicksal orientierten Perspektivenwechsel zu vollziehen und damit beginnende Pflegemanager und Pflegepädagogen für ethisch-moralische Herausforderungen des beruflichen Alltags in der Pflege vor dem Hintergrund der eigenen Pflegegeschichte zu sensibilisieren. Nach Schwerdt (2005) ist der Erfolg des Transfers einer gezielten ethisch-moralischen

Kompetenzentwicklung für Pflegende abhängig von der Fähigkeit, aus dem Wissenskörper der Pflege eine personen- und situationsangepasste Auswahl zu treffen und diese im Rahmen des Partizipationsgeschehens anzubieten. Pflege als Handlungswissenschaft ist eine Disziplin, die als reflektierend und analysierend wahrgenommen werden sollte (Dornheim et al. 1999). Der Lern- und Gedenkort Schloss Hartheim bietet hierzu unterstützend ein vom Pflegepädagogen Michael Bossle und der Historikerin Irene Leitner entwickeltes modulares Begleit- und Vertiefungsprogramm „BerufsbildMenschenbild" an, das beide als Werkzeug der ethisch-moralischen Vorbereitung Pflegender auf den beruflichen Alltag verstanden haben wollen (Bossle und Leitner 2012). Dieses Vertiefungsprogramm bietet einen phänomenologischen Zugang zu den Phänomenen „Scham", „Nähe/Distanz", „Macht/Ohnmacht", „Sprache" und „Verantwortung". „Methodisch-didaktisch ist das Lernprogramm am selbstorganisierten, forschenden und assoziativen Lernen" (Bossle und Leitner 2011: 46) ausgerichtet. Es richtet sich dabei jedoch nicht ausschließlich an Lernende, sondern auch an Lehrende. „Auch die Lehrpersonen der heutigen Zeit sollten immer sensibilisiert sein für Zuschreibungen wie ‚Leistungsfähigkeit oder Leistungsschwäche', ‚abweichendes Verhalten' oder ‚der/die ProblemschülerIn'. Der Humanismus muss gezielt in der Ausbildung Platz finden, denn berufliche Identität und eine zukünftig professionelle Haltung konstituiert sich auch durch die individuellen Erfahrungen, die Schülerinnen und Schüler in ihren Lernprozessen am Lernort Schule machen!" (Bossle 2008: 26).

Welche Kompetenzen erwerben die Studierenden durch den Einsatz der phänomenologisch-hermeneutischen Betrachtung von Pflegephänomenen vor pflegehistorisch relevantem Hintergrund? Der Begriff der Kompetenz wird in den unterschiedlichen Wissenschaftsdisziplinen heterogen definiert. Für das vorliegende Beispiel steht der pädagogisch-didaktische Kompetenzbegriff im Vordergrund. Nach Weinert (2001) sind Kompetenzen die bei Individuen verfügbaren oder durch sie erlernbaren kognitiven Fähigkeiten und Fertigkeiten, um bestimmte Probleme zu lösen. Eine wichtige Voraussetzung bilden dabei die damit verbundenen Motive (Beweggründe), die eine entsprechende Handlungsbereitschaft begründen. Der Fokus liegt hier auf dem Streben des Menschen nach Zielen oder wünschenswerten Zielobjekten und beruht auf emotionaler und neuronaler Aktivität (Motivation). Die daraus resultierende bewusste und willentliche Umsetzung von Zielen und Motiven in Ergebnisse (Resultate) erfolgt durch zielgerichtetes Handeln (Volition, auch Umsetzungskompetenz) (Erpenbeck und von Rosenstiel 2003). Motivationale, volitionale und soziale Bereitschaften und Fähigkeiten dienen also dazu, um Problemlösungen in variablen Situationen erfolgreich und verantwortungsvoll nutzen zu können (Weinert 2001). Hierin ist auch die Grundlage für lebenslanges Lernen zu sehen. In der Folge führt nach Erpenbeck und von Rosenstiel (2003) die fachliche Kompetenz, die soziale Kompetenz und die Selbstkompetenz zur Handlungskompetenz. Diese gilt in der grundständigen, anwendungsorientierten Pflege, die sich nach Dornheim und Kollegen (1999) als Handlungswissenschaft versteht, als das erstrebenswerte Ziel.

Einen anderen Ansatz verfolgt Wolfgang Klafkis (1996) Kompetenzmodell der kritisch-konstruktiven Didaktik. Der Fokus ist gerichtet auf die Fähigkeit und Fertigkeit, in den genannten Gebieten Probleme zu lösen, sowie die Bereitschaft, dies auch zu tun. Es handelt sich also um eine Verknüpfung von sachlich-kategorialen, methodischen und volitionalen Elementen, die auf ganz unterschiedliche Gegenstände angewendet werden. Voraussetzungen dafür sind Fähigkeit, Bereitschaft und Zuständigkeit. In dieser Adaptation zum Pflegephänomen „Angst" erwerben Studierende die Kompetenz im Sinne Klafkis (2013), Phänomene als pflegerelevant zu erkennen und darauf adäquat zu reagieren. Sie erwerben damit die Fähigkeit und Fertigkeit in den Gebieten, für die sie aus berufsprofessioneller Sicht zuständig sind, Probleme zu identifizieren und zu lösen. Darüber hinaus soll die Bereitschaft geweckt werden, vor dem Hintergrund pflegehistorisch relevanter Ereignisse ethisch und moralisch entsprechend zu handeln. Damit ist die phänomenologisch-hermeneutische Betrachtung pflegerelevanter Phänomene auch zum Erwerb selbstregulatorischer Kompetenzen angelegt, die das Bewusstmachen von (Lern-)Prozessen und den Erwerb von kognitiven, metakognitiven und motivationalen Strategien umfassen.

Gerade in der Pflegepädagogik sind drei Basisanforderungen (besser: Qualitätsmerkmale akademischer Lehre) zu beschreiben: 1. die Vermittlung von Wissen und Unterstützung von Verstehen, 2. die Motivierung der Lernenden zur Aneignung des Lerngegenstands und 3. die Steuerung der Interaktion in der Kleingruppe (Lerngruppe). Diese können auch als die drei Dimensionen erfolgreicher Lehre bezeichnet werden, welche die Grundlage für folgende Kompetenzfelder (Lehrkompetenzen) bilden: Didaktische Kompetenzen, Methoden- und Medienkompetenzen, Planungskompetenzen, Kreative Kompetenzen, Gruppenleitungskompetenzen, Gesprächs- und Beratungskompetenzen, Moderations- und Präsentationskompetenzen sowie Selbst- und Sozialkompetenzen (Thiel et al. 2012).

Die phänomenologisch-hermeneutische Betrachtung von für die pflegerische Berufspraxis relevanten Pflegephänomenen und deren Spiegelung vor dem pflegehistorischen Hintergrund kann dazu beitragen, dass Studierende der Pflegepädagogik in diesem Studienabschnitt die entsprechenden Lehrkompetenzen erwerben. Eine wissenschaftliche Evaluation der Lehrveranstaltung, z. B. mittels des Evaluationsinstruments „LeKo – Fragebogen zur Erfassung der Lehrkompetenz" (Thiel et al. 2012), würde die Nachweisführung im Sinne eines Wirksamkeits- oder Kausalitätsnachweises erleichtern. Eine entsprechende Umsetzung ist bereits für den nächsten Vorlesungszyklus geplant.

Als Surrogat zu einem Ausblick soll auf eine Aussage verwiesen werden, die Tom Matzek in seinem Buch „Das Mordschloss" über die NS-Verbrechen in Schloss Hartheim wiedergibt: Er schreibt, dass auch noch heute Sätze zu hören seien wie „Die Depperln haben eh wegg'hört" (Matzek 2002: 268). Die durch die phänomenologische und hermeneutische Betrachtung im pflegehistorischen Setting gewonnene Kompetenz sollte die Studierenden auch dazu motivieren und befähigen, auf derartige Aussagen adäquat reagieren zu können.

Literatur

Aly, Götz (Hrsg.) (1989): Aktion T4 1939–1945. Die Euthanasie-Zentrale in der Tiergartenstraße 4. 2. Aufl. Berlin.

Apel, Karl-Otto (1973): Transformation der Philosophie. 2 Bände. Band 1: Sprachanalytik, Semiotik, Hermeneutik. Band 2: Das Apriori der Kommunikationsgesellschaft. Frankfurt am Main.

Aristoteles (2003): Metaphysik. Übersetzt und kommentiert von Hans Günter Zekl. Würzburg.

Bartholomeyczik, Sabine (2003): Zur Formalisierung der Sprache. In: Hinz, Matthias; Dörre Franz; König, Peter; Tackenberg, Peter (Hrsg.): ICNP. Internationale Klassifikation für die Pflegepraxis. Bern, Göttingen, Toronto, Seattle, S. 196–203.

Bender, Christiane (2012): Wissenschaftstheorie und Hermeneutik. Erklären und verstehen. URL: http://universal_lexikon.deacademic.com/320333/Wissenschaftstheorie_und_Hermeneutik%3A_Erklären_und_Verstehen (letzter Aufruf: 08.10.2017).

Benner, Patricia (1982): From novice to expert. American Journal of Nursing 82 (3): S. 402–407.

Binding, Karl; Hoche, Alfred (1920): Die Vernichtung lebensunwerten Lebens. Ihr Maß und ihre Form. Leipzig.

Bokhove, Niels W. (1991): Phänomenologie. Ursprung und Entwicklung des Terminus im 18. Jahrhundert. Quaestiones infinitae 1. Diss. Utrecht.

Bossle, Michael (2008): Leben ist Lebenswert! Projekt Pflege im Nationalsozialismus. Padua 3 (4): S. 20–26.

Bossle, Michael; Beer, Monika; Geyer, Maren; Grünfeldt, Lena; Stark, Jessica; Zeller, Sabine (2010): Licht und Farbe. Phänomenologie in Anwendung. Arbeitsergebnisse und Reflexionen. Padua 5 (1): S. 14–22.

Bossle, Michael; Leitner, Irene (2011): Prägendes Erlebnis. Lernprogramm „BerufsbildMenschenbild" an einem historischen Ort der NS-Euthanasie. Padua 6 (2): S. 43–49.

Bossle, Michael; Leitner, Irene (2012): Historisches Wissen erfahren, Werte vermitteln. Das Vertiefungsprogramm BerufsbildMenschenbild für Pflege- und Sozialberufe am Lern- und Gedenkort Schloss Hartheim. Pflegewissenschaft 15 (01): S. 51–56.

Brentano, Franz; Kraus, Oskar (Hrsg.) (1955): Psychologie vom empirischen Standpunkt. Band 2. Hamburg.

Bruckner, Bruno (1962): Aussage des Bruno Bruckner bei seinem Verhör durch die Kriminalpolizei am 24.05.1962. DÖW E 20712/8. In: Matzek, Tom: Das Mordschloss. Auf der Spur von NS-Verbrechen in Schloss Hartheim. Wien.

Bühlmann, Josi (1993): Angst. In: Käppeli, Silvia (Hrsg.): Pflegekonzepte. Phänomene im Erleben von Krankheiten und Umfeld: Leiden, Krise, Hilflosigkeit, Angst, Hoffnung, Hoffnungslosigkeit, Verlust/Trauer, Einsamkeit. Bern, Göttingen, Toronto, Seattle, S. 81–93.

Canetti, Elias (1984): Masse und Macht. München.

DGP Deutsche Gesellschaft für Pflegewissenschaft (Hrsg.) (2017): Pflegephänomene. URL: http://www.dg-pflegewissenschaft.de/2011DGP/sektionen/klinische-pflege/pflegephanomene (letzter Aufruf: 08.10.2017).

Diaconu, Madalina (2013): Phänomenologie der Sinne. Reihe Grundwissen Philosophie. Stuttgart.

Doenges, Marilynn E.; Moorhouse, Mary Frances; Geissler-Murr, Alice C. (2002): Pflegediagnosen und Maßnahmen. Bern, Göttingen, Toronto, Seattle.

Dörpinghaus, Sabine (2010): Dem Erspürten vertrauen. Leibphänomenologie in der Geburtshilfe. Dr. med. Mabuse Nr. 183, 15 (1): S. 40–44.

Dörre, Franz; Hinz, Matthias; König, Peter (1998): Konzepte der Deutschsprachigen Nutzergruppe zur Weiterentwicklung der ICNP. URL: http://wayback.archive.org/web/20070427232516/http://www.health-informatics.de:80/icnp/icnp_freiburg/doerre.htm (letzter Aufruf: 08.10.2017).

Dornheim Jutta; van Maanen, Hanneke; Meyer, Jörg Alexander; Remmers, Hartmut; Schöniger, Ute; Schwerdt, Ruth; Wittneben, Karin (1999): Pflegewissenschaft als Praxiswissenschaft und Handlungswissenschaft. Pflege & Gesellschaft. Zeitschrift für Pflegewissenschaft 4 (4): S. 73–79.

Eberlein, Undine (2016): Zwischenleiblichkeit. Formen und Dynamiken leiblicher Kommunikation und leibbasiertes Verstehen. In: Eberlein, Undine (Hrsg.): Zwischenleiblichkeit und bewegtes Verstehen. Intercorporeity, Movement and Tacit Knowledge. Bielefeld, S. 215–248.

Erpenbeck, John; von Rosenstiel, Lutz (2003): Handbuch Kompetenzmessung. Erkennen, verstehen und bewerten von Kompetenzen in der betrieblichen, pädagogischen und psychologischen Praxis. Stuttgart.

Fallschessel, Helmut (2016): Von der Körperlichkeit sozialen Handelns zur leiblichen Intersubjektivität. In: Eberlein, Undine (Hrsg.): Zwischenleiblichkeit und bewegtes Verstehen. Intercorporeity, Movement and Tacit Knowledge. Bielefeld, S. 175–213.

Frey, Karl (1982): Die Projektmethode. Der Weg zum bildenden Tun. Weinheim, Basel.

Friedlander, Henry (2001): Der Weg zum Genozid. Von der Euthanasie zur Endlösung. Berlin.

Fuchs, Thomas (2000): Leib, Raum, Person: Entwurf einer phänomenologischen Anthropologie. Stuttgart.

Gadamer, Hans-Georg (1990): Wahrheit und Methode. Hermeneutik I und II. Band I: Grundzüge einer philosophischen Hermeneutik. Band II: Wahrheit und Methode. Ergänzungen. Register. Tübingen.

Goffman, Erving (1973): Asyle. Über die soziale Situation psychiatrischer Patienten und anderer Insassen. Frankfurt am Main.

Gordina, Borjan (2012): Die Phänomenologische Methode Husserls für Sozial- und Geisteswissenschaftler: Ebenen und Schritte der Phänomenologischen Reduktion. Wiesbaden.

Gordon, Marjory (1994): Pflegediagnosen. Berlin.

Habermas, Jürgen (1973): Erkenntnis und Interesse. 16. Aufl. Frankfurt am Main.

Heidegger, Martin (1927): Sein und Zeit. Tübingen.

Hinz, Matthias; Dörre, Franz; König, Peter; Tackenberg, Peter (Hrsg.) (2003): ICNP. Internationale Klassifikation für die Pflegepraxis. Bern, Göttingen, Toronto, Seattle.

Hinz-Wessels, Annette (2015): Tiergartenstraße 4. Schaltzentrale der nationalsozialistischen Euthanasie-Morde. Berlin.

Husserl, Edmund (2002): Phänomenologie der Lebenswelt. Ausgewählte Texte II. Universal-Bibliothek Nr. 8085. Stuttgart.

Husserl, Edmund; Heidegger, Martin; Cristin, Renato (Hrsg.) (1999): Phänomenologie (1927). Philosophische Schriften. PHS 34. Berlin.

Jaspers, Karl (1973): Allgemeine Psychopathologie. Berlin.

Käppeli, Silvia (1996): Pflegekonzepte. Phänomene im Erleben von Krankheiten und Umfeld: Leiden, Krise, Hilflosigkeit, Angst, Hoffnung, Hoffnungslosigkeit, Verlust/Trauer, Einsamkeit. Bern, Göttingen, Toronto, Seattle.

Käppeli, Silvia (1999): Pflegekonzepte 2. Phänomene im Erleben von Krankheiten und Umfeld. Selbstkonzept, Selbstpflegedefizit, Immobilität, Ermüdung/Erschöpfung, Schlafstörungen, Inkontinenz. Bern, Göttingen, Toronto, Seattle.

Käppeli, Silvia (2000): Pflegekonzepte 3. Phänomene im Erleben von Krankheiten und Umfeld: Angehörige, Ungewißheit, Verwirrung, Kommunikation, Bewältigung, Schuld, Stigma, Macht, Aggression, Compliance, Humor. Bern, Göttingen, Toronto, Seattle.

Kepplinger, Brigitte; Leitner, Irene (Hrsg.) (2012): Dameron Report. Bericht des War Crime Investigating Teams No. 6824 der U.S. Army vom 17.07.1945 über die Tötungsanstalt Hartheim. Innsbruck.

Klafki, Wolfgang (1996): Neue Studien zur Bildungstheorie und Didaktik. 5. Aufl. Weinheim, Basel.

Klafki, Wolfgang (2013): Kategoriale Bildung: Konzeption und Praxis reformpädagogischer Schularbeit zwischen 1948 und 1952. Bad Heilbrunn.

Klee, Ernst (2010): Euthanasie im dritten Reich. Die Vernichtung lebensunwerten Lebens. 2. Aufl. Frankfurt am Main.

Kilpatrick, William Heard (1918): The project method. The use of the purposeful art in the educative process. New York.

Knoll, Michael (2011): Dewey, Kilpatrick und „progressive" Erziehung. Kritische Studien zur Projekt-pädagogik. Bad Heilbrunn.

Lambert, Johann Heinrich (1764): Neues Organon oder Gedanken über die Erforschung und Bezeich-nung des Wahren und dessen Unterscheidung von Irrtum und Schein. Theil 4: Phänomenologie oder Lehre vom Schein. Leipzig.

Landeszentrale für politische Bildung Baden-Württemberg (2000): Meldebogen. URL: http://www.lpb-bw.de/publikationen/euthana/euthana34.htm (letzter Aufruf: 08.10.2017).

Leininger, Madeleine M. (1991): Culture Care Diversity & Universality: A Theory of Nursing. National League for Nursing Press. New York.

Lern- und Gedenkort Schloss Hartheim (Hrsg.) (2017): URL: http://www.schloss-hartheim.at (letzter Aufruf: 08.10.2017).

Lorenzer, Alfred (Hrsg.) (1986): Kultur-Analysen. Psychoanalytische Studien zur Kultur. Frankfurt am Main.

Marriner-Tomey, Ann (1992): Pflegetheoretikerinnen und ihre Werke. Basel.

Matzek, Tom (2002): Das Mordschloss. Auf der Spur von NS-Verbrechen in Schloss Hartheim. Wien.

McCloskey, Joanne Comi; Bulechek, Gloria M. (1992): Nursing Interventions Classification. St. Louis.

McFarland, Gertrude K., McFarlane, Elizabeth A. (1997): Nursing Diagnoses & Interventions. 3rd ed. St. Louis.

Merleau-Ponty, Maurice; Wiesing, Lambert (Hrsg.) (2003): Das Primat der Wahrnehmung. Frankfurt am Main.

Moers, Martin (2012): Leibliche Kommunikation, Krankheitserleben und Pflegehandeln. Pflege & Gesellschaft: Zeitschrift für Pflegewissenschaft 17 (2): S. 111–119.

Moers, Martin; Uzarewicz, Charlotte (2012): Leiblichkeit in Pflegetheorien. Eine Relektüre. Pflege & Gesellschaft: Zeitschrift für Pflegewissenschaft 17 (2): S. 135–148.

Morsch, Günther; Perz, Bertrand (2011): Neue Studien zu nationalsozialistischen Massentötungen durch Giftgas. Berlin.

Müller Staub, Maria (2004): Pflegeklassifikationen im Vergleich. Teil 1. PrInternet 6 (5): S. 296–312.

Nagbøl, Søren (2015): Macht und Architektur. Versuch einer erlebnisanalytischen Interpretation der Neuen Reichskanzlei. In: Brinkmann, Malte; Westphal, Kristin (Hrsg.): Grenzerfahrungen. Phä-nomenologie und Anthropologie pädagogischer Räume. 2. Aufl. Weinheim, Basel, S. 115–140.

Nohel, Vinzenz (1945): Verhörprotokoll des Vinzenz Nohel bei seinem Verhör durch die Kriminalpoli-zei Linz am 04.09.1945. Vg VR 2407/46. In: Matzek, Tom: Das Mordschloss. Auf der Spur von NS-Verbrechen in Schloss Hartheim. Wien.

Nürnberger-Prozess-Dokument 630-PS (1947): Internationaler Militärgerichtshof Nürnberg, Der Nürnberger Prozess gegen die Hauptkriegsverbrecher vom 14. November 1945 bis 1. Oktober 1946: Urkunden und anderes Beweismaterial. Veröffentlicht in Nürnberg 1947. München 1989. Band XXVI: Amtlicher Text – Deutsche Ausgabe, Nummer 405-PS bis Nummer 1063(d)-PS. Dokument 630-PS, S. 169. URL: http://germanhistorydocs.ghi-dc.org/sub_document.cfm?document_id=1528&language=german (letzter Aufruf: 08.10.2017).

Peplau, Hildegard (1952): Interpersonal Relations in Nursing: A Conceptual Frame of Reference for Psychodynamic Nursing. New York.

Preusker, Johannes (2014): Die Gemeinsamkeit der Leiber. Eine sprachkritische Interexistenzial-analyse der Leibphänomenologie von Hermann Schmitz und Thomas Fuchs. Frankfurt am Main.

Roper, Nancy; Tierney, Alison J.; Logan, Winifred W. (1985): The Elements of Nursing. 2nd ed. Edinburgh, London.

Schischkoff, Georgi (Hrsg.) (1982): Philosophisches Wörterbuch. 21. Aufl. Stuttgart.

Schmitz, Hermann (2007): Der Leib, der Raum und die Gefühle. Bielefeld, Basel.

Schmitz, Hermann (2009): Kurze Einführung in die Neue Phänomenologie. Freiburg, München.

Schuhmann, Karl; Leijenhorst, Cees; Steenbakkers, Piet (Hrsg.) (2010): Karl Schuhmann, Selected papers on phenomenology. Dordrecht Netherlands.

Schwerdt, Ruth (2005): Die Bedeutung ethischer und moralischer Kompetenz in Rationalisierungs- und Rationierungsentscheidungen über pflegerische Interventionen. Zeitschrift für Gerontologie und Geriatrie 38 (4): S. 249–255.

Spindler, Guntram (1982): Zum Himmelreich gelehrt: Friedrich Christoph Oetinger 1702–1782. Württembergischer Prälat, Theosoph und Naturforscher. Eine Ausstellung von Eberhard Gutekunst und Eberhard Zwink in der Württembergischen Landesbibliothek Stuttgart vom 30. Sept. bis 26. Nov. 1982. Ausstellungsband, Stuttgart.

Spurensicherung (1945): Spurensicherung der Kriminalpolizei Linz. Faksimile. Archiv des Museums Mauthausen/BMI.

Thiel, Felicitas; Blüthmann, Irmela; Watermann, Rainer (2012). Konstruktion eines Fragebogens zur Erfassung der Lehrkompetenz (LeKo). 27 S. In: Berendt, Brigitte; Voss, Hans-Peter; Wildt, Johannes (Hrsg.): Neues Handbuch Hochschullehre, Loseblattsammlung. 55. Ergänzungslieferung, Beitrag I 1.13. Stuttgart.

Tugendhat, Ernst (1967): Der Wahrheitsbegriff bei Husserl und Heidegger. Berlin.

Uzarewicz, Charlotte (2010): Zwischen Subjektivität und Wissenschaftlichkeit. Phänomenologische Methode in der Pflegebildung. Eine Annäherung. Padua 5 (1): S. 6–13.

Uzarewicz, Charlotte (2012): Neophänomenologische Betrachtungen über das Altenheim. Pflege & Gesellschaft. Zeitschrift für Pflegewissenschaft 17 (2): S. 120–134.

Uzarewicz, Charlotte; Moers, Martin (2012): Leidphänomenologie für Pflegewissenschaft. Eine Annäherung. Pflege & Gesellschaft. Zeitschrift für Pflegewissenschaft 17 (2): S. 101–110.

Uzarewicz, Charlotte; Uzarewicz, Michael (2005): Das Weite suchen. Eine Einführung in eine phänomenologische Anthropologie für Pflege. Reihe Dimensionen Sozialer Arbeit und Pflege Band 7. Stuttgart.

Waldenfels, Bernhard (1999): Sinnesschwellen. Studien zur Phänomenologie des Fremden. Band 3, Frankfurt am Main.

Warwitz, Siegbert; Rudolf, Anita (1977): Projektunterricht. Didaktische Grundlagen und Modelle. Schorndorf.

Weber, Barbara (2003): Leib-Erleben und Körperwahrnehmung als Faktoren beruflicher Professionalität. Leibphänomenologische Theoreme der französischen Intersubjektivitätsphilosophie (J.-P. Sartre, M. Merleau-Ponty, E. Lévinas) in kritischer Diskussion mit den Frankfurter Körperkonzeptskalen (FKKS). Regensburg.

Franz E. Weinert (Hrsg.) (2001): Leistungsmessung in Schulen. Weinheim, Basel.

Weniger, Erich (1969): Neue Wege im Geschichtsunterricht. 4. Aufl. Frankfurt am Main.

Westphal, Kristin (2015): Macht im Raum erfahren. Eine Einführung zum Beitrag von Søren Nagbøl. In: Brinkmann, Malte; Westphal, Kristin (Hrsg.): Grenzerfahrungen. Phänomenologie und Anthropologie pädagogischer Räume. 2. Aufl. Weinheim, Basel, S. 111–114.

Katharina Lüftl
Aus Praxissituationen Ziele einer Lehrveranstaltung entwickeln

Wie die Pflegedidaktik die Lehre in dualen Pflegestudiengängen bereichern kann

1 Einleitung

Im Sommersemester 2016 sah ich mich das erste Mal vor die Herausforderung gestellt, eine Lehrveranstaltung zum Thema der Dekubitusprophylaxe im zweiten Semester des dualen Bachelorstudiengangs „Pflege" zu gestalten. Während ich bisher in meiner Lehrtätigkeit für duale Pflegestudiengänge primär Module zu Kompetenzen der Kommunikation und Beratung sowie zu Forschungskompetenzen gestaltet hatte, besaß ich noch keine Erfahrung mit der Lehre zu Pflegephänomenen und pflegerischen Interventionen. Meine eigene Praxiserfahrung als ausgebildete Krankenschwester lag schon lange zurück und stammte aus einer Zeit, in der Dekubitusprophylaxe noch mit zweistündigen Lagerungsintervallen und der routinemäßigen Applikation eines intensiv riechenden Öls auf Gesäß und Fersen bettlägeriger Patienten verbunden war. Mein Selbstverständnis war inzwischen nicht mehr das einer Expertin für pflegerisches Handeln, sondern war sukzessive von einem neuen Selbstverständnis als Expertin für die Gestaltung von Lernsituationen abgelöst worden. Ich hatte deshalb Bedenken, ob es mir angesichts dieses Mangels an aktueller Praxiserfahrung gelingen könne, realistische Praxisbezüge herzustellen. Mir war bewusst, dass die Studierenden bereits an den Lernorten „Berufsfachschule" und „Pflegepraxis" erworbene Kenntnisse und Erfahrungen in die Lehrveranstaltung mitbringen und meine Aussagen vor diesem Hintergrund besonders kritisch auf ihre Praxisorientierung abklopfen würden.

Je länger ich überlegte, umso mehr reizte mich die neue Aufgabe jedoch, da sie mir die Möglichkeit bot, am Beispiel eines – nach Büscher/Blumberg (2014: 50) – Kernbereichs pflegerischen Handelns daran mitzuwirken, bei Studierenden ein Bewusstsein für wissenschaftsbasiertes Pflegehandeln zu schaffen.

Dass Lehrende in der Pflegebildung spüren, wie die Aktualität ihrer Pflegeerfahrung sukzessive nachlässt, scheint typisch. Brühe etwa zeigt in einer qualitativen Untersuchung[1] aus dem Jahr 2008, dass Pflegelehrende an Gesundheits- und

---

1 Brühe (2008: 28–29) setzt sich in seiner qualitativen Studie mit der Identität von Lehrenden an Berufsfachschulen für Gesundheits- und Krankenpflege auseinander und untersucht dabei, welchen Einfluss ihre eigenen Ausbildungserfahrungen auf ihre Einstellung als Lehrende ausüben, welche Leitvorstellungen sie vertreten und wie sie ihre berufliche Situation erleben. Zur Beantwortung seiner

DOI 10.1515/9783110500707-009

Krankenpflegeschulen, die durch ihre Lehrerrolle bedingte Verringerung pflege-praktischer Kompetenz als schmerzhaften Verlust wahrnehmen und sich dadurch in dem Dilemma sehen, „zwischen dem Anspruch, an der Pflegepraxis orientiert [...] zu lehren und der Feststellung, dass die eigene pflegerische Praxis [...] nicht ausreichend aktualisiert werden kann" (Brühe 2008: 46). Die Konsequenz dieses inneren Konflikts sind Selbstzweifel der Lehrenden, ob sie den beruflichen Anforderungen überhaupt gewachsen sind (Brühe 2008: 76).

Und auch in Großbritannien wird die praktische Pflegeerfahrung von Lehrenden diskutiert, allerdings im Kontext der hochschulischen Pflegeausbildung. Gillespie und McFertridge zeichnen in einer Literaturstudie aus dem Jahr 2006 eine Debatte um die sog. „clinical credibility" (Gillespie/ McFertridge 2006: 639) von Lehrenden nach, welche in Großbritannien mit der Akademisierung der Pflegeausbildung in den 1990er-Jahren eingesetzt hat. Nachfolgend wird dieser Begriff als „Glaubwürdigkeit in Praxisfragen" übersetzt. Während Lehrende vor der Akademisierung immerhin noch regelmäßige, allerdings im vorliegenden Beitrag nicht näher spezifizierte Auf-enthalte in der Pflegepraxis absolvierten, war dies in der Hochschulbildung aufgrund veränderter Ausbildungsstrukturen nicht mehr möglich. Kritiker sahen darin einen deutlichen Glaubwürdigkeitsverlust Lehrender in Praxisfragen und warnten vor Qua-litätsdefiziten der hochschulischen Pflegeausbildung. Sie zweifelten insbesondere an der Fähigkeit Lehrender, die Verknüpfung von Theorie und Praxis herzustellen (Gillespie/McFertridge 2006: 641–642). Festzuhalten ist, dass eine differenzierte Definition pflegepraktischer Glaubwürdigkeit unterbleibt und keine Vorschläge for-muliert werden, wie Lehrende den Praxisbezug ihrer Lehre trotz abnehmender Pra-xiserfahrung gewährleisten können.

Die Forderung nach gezielter und kontinuierlicher Förderung von Praxisbezü-gen gilt nicht nur für Pflege-, sondern für alle Studienangebote und ist, Schubarth/ Speck (2014: 7, 9–10) zufolge, aus der Employability-Debatte hervorgegangen. Bei dieser schon vor dem Bologna-Prozess begonnenen, aber durch ihn stark angefach-ten Diskussion, handelt es sich um eine Auseinandersetzung zwischen Vertretern von Bildungspolitik, Hochschule und Wirtschaft. Während die Arbeitgeberseite fordert, dass ein Studium anwendungsorientierte und somit in ihren Augen berufsrelevante Fähigkeiten vermittelt, befürchten u. a. Repräsentant(inn)en von Hochschulen eine Determinierung der Hochschulbildung durch den Arbeitsmarkt und stellen sich deshalb vehement gegen diese Forderung. In einem Fachgutachten für die Hoch-schulrektorenkonferenz stellen Schubarth/Speck (2014: 65–67, 89–93, 101) fest, dass in dieser Auseinandersetzung ein einheitliches Begriffsverständnis von Employa-bility fehlt. Sie distanzieren sich von einer Auslegung als rein an den Bedarfen des

---

Forschungsfragen führt er Interviews mit fünf Lehrenden, die Pflegepädagogik an einer Fachhoch-schule studiert und mindestens drei Jahre Berufserfahrung haben (Brühe 2008: 30–31, 43). Die Er-gebnisse werden zu einem Modell biografiebedingten Berufserlebens von Lehrenden im Berufsfeld „Pflege" gebündelt (Brühe 2008: 75).

Arbeitsmarkts orientierte Beschäftigungsfähigkeit, sondern plädieren stattdessen dafür, einen differenzierteren Terminus wie den der professionellen, wissenschaftsbasierten Handlungskompetenz einzuführen. Um diese zu erreichen, muss ihnen zufolge auf curricularer und hochschuldidaktischer Ebene thematisiert und reflektiert werden, wie berufs- und arbeitsmarktrelevante Aspekte in das Studium integriert werden können (Schubarth/Speck 2014: 9–10, 12). Ihre Empfehlungen richten sich darauf, „die Verknüpfung von Theorie und Praxis in den […] Studiengängen stärker ins Zentrum zu rücken" und „Praxisbezüge […] in ihrer ganzen Breite und Vielfalt zu berücksichtigen und vorzuhalten" (Schubarth/Speck 2014: 101). Was bedeutet dies für die Konzeption von Zielen und Inhalten einer Lehrveranstaltung zur Dekubitusprophylaxe, und wie lässt sich bei der Lehre zu Pflegephänomenen und wissenschaftsbasierten Pflegeinterventionen der Anspruch einer praxisbezogenen Hochschuldidaktik realisieren? Wie lässt sich vermeiden, dass die Lehrveranstaltung sich zu sehr an der Pflegepraxis orientiert und dadurch möglicherweise die Bildungsziele eines Pflegestudiums aus dem Blick verliert?

Im vorliegenden Beitrag soll aufgezeigt werden, dass die Disziplin der Pflegedidaktik Orientierungs- und Unterstützungshilfe dafür bietet, diese und weitere elementare Fragen zur Gestaltung von Lern- und Bildungsprozessen in pflegewissenschaftlich orientierten Studiengängen theoriegeleitet zu reflektieren und zu klären. Es wird dargestellt, wie auf Basis eines ausgewählten Modells der Pflegedidaktik, der interaktionistischen Pflegedidaktik nach Darmann-Finck (2010) vorgegangen wurde, um für die Lehrveranstaltung begründete Ziele zu formulieren. Dafür erfolgt zunächst eine Einführung in die Pflegedidaktik als Disziplin. Im Anschluss daran wird die interaktionistische Pflegedidaktik vorgestellt und es wird herausgearbeitet, dass dabei pflegeberufliche Schlüsselprobleme identifiziert werden, um aus ihnen Curricula oder curriculare Elemente zu entwickeln. Dies geschieht durch Anwendung eines Fragenkatalogs, der als pflegedidaktische Heuristik bezeichnet wird. Es folgt die Übertragung dieser Arbeitsschritte auf das Modul „Dekubitusprophylaxe", wobei aus Platzgründen die Beschreibung des Arbeitsprozesses nur bis zur Zielformulierung stattfindet. Auf eine detaillierte Darstellung der Lehrveranstaltungsplanung muss verzichtet werden. Der Beitrag endet mit einer Reflexion der Arbeitsergebnisse und einem Fazit.

2 Theorie

Bei der Pflegedidaktik handelt es sich um eine junge Disziplin, die in der Fachliteratur auch als „Fachdidaktik Pflege", „berufliche Didaktik Pflege" oder „Didaktik des Berufsfelds Pflege" bezeichnet wird und die sich erst innerhalb der letzten 25 Jahre entwickelt hat (Ertl-Schmuck et al. 2009: 25; Dütthorn et al. 2013: 170). In Kapitel 2.1 werden die Ziele, aber auch die Probleme dieser Disziplin dargestellt. Ein ausgewähltes pflegedidaktisches Modell, die interaktionistische Pflegedidaktik nach Darmann-Finck, wird in Kapitel 2.2 beschrieben.

2.1 Die Disziplin „Pflegedidaktik"

Ertl-Schmuck et al. (2009: 45–46) definieren die Pflegedidaktik als Handlungswissenschaft, die pflegerelevante Lehr-Lernprozesse beschreibt und analysiert, um Begründungs- und Reflexionsrahmen zur zielgerichteten und strukturierten Gestaltung von Lern- und Bildungsprozessen in der Pflege sowie zur Gestaltung ihrer Bedingungsgefüge hervorzubringen. Zu diesem Bedingungsgefüge zählen z. B. Lehrpläne, Curricula sowie Lernräume. Dadurch unterstützt die Pflegedidaktik Pflegelehrende bei der Bewältigung von Problemstellungen des Lernens und Lehrens, wie z. B. der Auswahl geeigneter Lerninhalte und der angemessenen Integration Lernender in den Unterricht. Darmann-Finck (2010b: 604) zufolge handelt es sich bei pflegedidaktischen Modellen um normative Konzepte vom idealen Pflegeunterricht, die auf unterschiedlichen wissenschaftlichen Begründungen beruhen. Lehr-lerntheoretische Modelle orientieren sich am Lernbegriff und identifizieren Ansatzstellen für wirksame Lernprozesse, z. B. durch Veränderung subjektiver Theorien der Lernenden bei Schwarz-Govaers (2005). Bildungstheoretische Modelle zielen darauf ab, durch Auseinandersetzung mit bestimmten Inhalten Bildung zu ermöglichen und bieten Lehrenden Kategorien zur Auswahl bildungsermöglichender Inhalte (Darmann-Finck 2010b: 605). Darmann-Fincks eigene pflegedidaktische Arbeiten zählen zu den bildungstheoretischen Modellen. Sie begründet ihre Orientierung damit, dass das Lernen von Lerngegenständen zwar notwendig, aber nicht ausreichend sei und stellt fest: „Bildung beinhaltet auch Lernen aber Lernen nicht Bildung." (Darmann-Finck 2010b: 605) Der verwendete Bildungsbegriff orientiert sich an Klafki (2007: 19), der „Bildung als Befähigung zu vernünftiger Selbstbestimmung" bezeichnet und dabei besonders die Freiheit eigenen Denkens sowie eigener moralischer Entscheidungen hervorhebt. Neben der Fähigkeit zur Selbstbestimmung zählen zu Klafkis Vorstellung von Bildung die Fähigkeit sowie Verantwortung zur Mitbestimmung gesellschaftlicher Verhältnisse und die Fähigkeit zu Solidarität, um sich für solche Personen einsetzen zu können, denen die Entwicklung der anderen Fähigkeiten erschwert wird. Unterricht kann dann zu Bildungsprozessen beitragen, wenn eine gezielte Auseinandersetzung Lernender mit elementaren Schlüsselproblemen der Gegenwart und Zukunft initiiert wird. Klafki betrachtet etwa die Umwelt- und die Friedensfrage als Schlüsselproblem für die Entwicklung von Allgemeinbildung. Durch Bearbeitung von Schlüsselproblemen sollen Lernende u. a. zu der Erkenntnis gelangen, dass es unterschiedliche Handlungsoptionen zur Problembewältigung gibt, aus denen mittels Reflexion eine ausgewogene Auswahl zu treffen ist (Klafki 2007: 97–98, 56, 61).

Da die Pflegedidaktik bisher aus Einzelarbeiten, beispielsweise Dissertationen, entstanden ist, fehlte es lange an einer Systematisierung des pflegedidaktischen

Entwicklungsstands und an entsprechenden Lehrbüchern (Dütthorn et al. 2013: 173; Ertl-Schmuck et al. 2009: 8). Pflegelehrende konnten nur schwer einen Zugang und Überblick gewinnen, was dazu führte, dass sie in ihrem beruflichen Alltag kaum auf diese Arbeiten zurückgriffen (Dütthorn et al. 2013: 168). Erst Ertl-Schmuck et al. (2009), Olbrich (2009) und Dütthorn et al. (2013) legten eine Analyse, Strukturierung und Zusammenfassung pflegedidaktischer Arbeiten vor, um mehr Transparenz für die Fachöffentlichkeit herzustellen und Pflegelehrenden greifbar zu machen, dass pflegedidaktische Modelle für die Lösung ihrer Problemstellungen des Ausbildungs-alltags hilfreich sind. Die Arbeitsergebnisse von Dütthorn et al. (2013: 169–170) sind auch als Basis eines Kerncurriculums pflegepädagogischer Studiengänge gedacht. Sahmel (2015: 174–175) wendet ein, dass auch diese Systematisierung zu wenig Struk-tur schafft, da sie alles pflegepädagogische Handeln unter dem Begriff der Pflegedi-daktik subsumiert. Er schlägt eine Untergliederung pflegedidaktischer Arbeiten nach ihrem Anwendungsbereich vor, z. B. für die Gestaltung von Curricula, von Unterricht und von praktischem Lernen.

Lehrende machen sich aber selten pflegedidaktische Modelle zunutze, da die Pflegedidaktik in vielen Bachelorstudiengängen der Pflegepädagogik nicht curricular verankert ist. Dies ist u. a. darauf zurückzuführen, dass es für die Lehrerausbildung in der Pflege keine Standards gibt und dass in der bundesdeutschen Hochschulaus-bildung von Pflegelehrern häufig das konsekutive Studienmodell realisiert wird. Dabei findet bis zum Bachelorabschluss ein primär fachwissenschaftlich bzw. pflege-und gesundheitswissenschaftlich ausgerichtetes Studium statt. Eine fachdidakti-sche bzw. pflegedidaktische Ausbildung ist erst für das Masterstudium vorgesehen (Bischoff-Wanner 2008: 27–29). Dass Pflegelehrende über ihren Bachelorabschluss hinaus ein Masterstudium absolvieren, ist für eine Lehrtätigkeit an Berufsfachschu-len für Pflegeberufe nicht verpflichtend und deshalb eher selten anzutreffen. Die bis-herige Gesetzeslage fordert von Lehrenden an Krankenpflegeschulen nur eine nicht näher definierte Hochschulbildung (siehe KrPflG § 4 (3) 2.), das Altenpflegegesetz verlangt nicht einmal diese. Angesichts dieses geringen Stellenwerts, den politische Instanzen pflegedidaktischen Kompetenzen beimessen, verwundert es kaum, dass Lehrende selbst deren Bedeutung unterschätzen. Dies könnte sich mit dem Pflege-berufereformgesetz ändern, denn der Gesetzesentwurf sieht für Lehrende erstmals eine pflegepädagogische Hochschulausbildung auf Masterniveau vor (siehe PflBerfG § 9). Einschränkend muss jedoch festgestellt werden, dass dies nur für Lehrende gilt, die in den theoretischen Unterricht involviert sind. Für die Gestaltung praktischer Unterrichte soll immer noch der Bachelorabschluss ausreichen. Es stellt sich die Frage, warum die Vermittlung praktischer Lerninhalte als weniger komplex angesehen wird, wo doch Erfahrungen aus der Pflegeausbildung unterstreichen, dass der Transfer theoretischer Inhalte in praktisches Handeln mit besonderen Schwierigkeiten verbun-den ist, und dass in praktischen Unterrichten allzu schnell die Gefahr besteht, dass Lehrende vermeintliche Patentlösungen demonstrieren. Die Reflexion praktischer Unterrichte anhand pflegedidaktischer Modelle scheint deshalb besonders wichtig.

Wittneben (2003: 179), die als erste deutsche Pflegedidaktikerin gilt, sieht die Pflegedidaktik in einer Mittlerrolle zwischen Erziehungswissenschaft und Pflegewissenschaft, da sie sowohl den Ansprüchen der Lernenden als auch den Ansprüchen der Pflegebedürftigen verpflichtet ist. Ertl-Schmuck et al. (2009: 29–30) erweitern dieses Bild zu einem teils spannungsgeladenen Anforderungsgefüge: Erstens soll die Pflegedidaktik Ergebnisse generieren, auf deren Grundlage Lernende dazu befähigt werden, mit Widersprüchen umzugehen, wie sie z. B. zwischen dem Ziel einer patientenzentrierten Pflege und der Limitierung durch ökonomische Zwänge aufklaffen. Sie sollen lernen, Gestaltungsspielräume für professionelles Pflegehandeln auszuloten und diese in interdisziplinären Teams auszuhandeln (Ertl-Schmuck et al. 2009: 33, 35). Pflegedidaktische Forschung soll die pflegerische Bildungspraxis wissenschaftlich erkunden, Begriffe zur Verfügung stellen, Zusammenhänge aufdecken und diese in Theorien beschreiben. Lehrende wünschen sich als Forschungsresultat Handlungsanleitungen für ihren Unterrichtsalltag. Spannungen ergeben sich hier z. B. dadurch, dass nur Ausschnitte des gesamten Feldes untersucht werden können und der Wunsch nach einfachen Handlungsempfehlungen nicht erfüllt werden kann, weil Unterrichtspraxis nicht standardisierbar ist (Ertl-Schmuck et al. 2009: 31–32).

Dieses Spannungsfeld verschärft sich durch Entwicklungsprozesse in der Erziehungswissenschaft, die mit einem bildungstheoretischen Verständnis kollidieren. Ertl-Schmuck et al. (2009: 39–40, 42) sowie Sahmel (2015: 150) beklagen, dass im erziehungswissenschaftlichen Diskurs der Bildungsbegriff durch konstruktivistische Ansätze verdrängt werde und dass in der Debatte um selbstorganisiertes Lernen primär Methodenfragen in den Vordergrund rücken. Befürchtet wird, dass dadurch wesentliche Elemente der Bildungsarbeit aus dem Blick geraten, insbesondere das Thematisieren von Widersprüchen, das kritische Hinterfragen gesellschaftlicher Implikationen für die Pflege und das kritische Hinterfragen wissenschaftlicher Erkenntnisse.

Eigene Beobachtungen zeigen, dass viele Lehrpersonen in der Pflege ihr didaktisches Handlungsrepertoire vollständig aus der Allgemeinen Didaktik speisen. Sie stellen infrage, wozu es überhaupt eine Fachdidaktik für die Pflege braucht. Wittneben (2003: 178–179) argumentiert, dass Ergebnisse der Pflegewissenschaft nur dann Einzug in die Pflegepraxis halten und dort zur Weiterentwicklung der Pflegequalität beitragen können, wenn sie praxiswirksam vermittelt werden. Vermittlungsfragen werden zwar von der Didaktik behandelt, für pflegewissenschaftliche Vermittlungsfragen hält sie jedoch die Verbindung der Didaktik mit pflegewissenschaftlichen Ansprüchen zu einer Pflegedidaktik für nötig.[2] Wittneben zufolge sind Pflegewissenschaft, Pflegedidaktik und Pflegelehrerbildung voneinander abhängig. Pflegewissenschaft und Pflegedidaktik müssen ihr zufolge Kernfächer der Pflegelehrerbildung sein.

---

2 Vor diesem Hintergrund könnte die mangelnde Implementierung pflegewissenschaftlicher Ansätze in die Pflegepraxis darauf zurückgeführt werden, dass Lehrende zu wenige pflegedidaktische Kompetenzen haben.

Der Allgemeindidaktiker Peterßen (2001: 29–30) hält es für eine Verkürzung, Fachdidaktik als Lehre von der Vermittlung fachwissenschaftlicher Inhalte zu definieren, also der Pflegedidaktik nur die Funktion zuzuschreiben, Inhalte und Verfahren zur Vermittlung der Pflegewissenschaft zu definieren. Unter dieser Voraussetzung wäre sie „wurmfortsatzähnlicher Anhang" (Peterßen 2001: 30–31) der Pflegewissenschaft und würde ihre Fragen nur von der Pflegewissenschaft aus beantworten, statt die Perspektive des Lernenden zu berücksichtigen. Unterrichte würden dann nur Inhalte vermitteln statt ihrem übergeordneten Bildungsauftrag nachzukommen. Als Aufgabe der Fachdidaktik betrachtet Peterßen es, auch „vom Schüler her" (Peterßen 2001: 31) danach zu fragen, wie im vorliegenden Unterricht sein Lernen oder seine Bildung besonders gefördert werden kann. Deshalb orientiert sich die Fachdidaktik einerseits an ihrer Fachwissenschaft und andererseits am jeweiligen Schulfach. Für die Pflegedidaktik bedeutet dies, dass sie sich auf die Pflegewissenschaft und die Lernfelder der Pflegeausbildung bzw. Module von Pflegestudiengängen bezieht, weil diese Konstrukte die Schulfächer abgelöst haben.

Während Gegenstandsfeld der Pflegedidaktik das Lernen in der Pflegebildung ist, richtet sich die Allgemeine Didaktik auf das „Lernen und Lehren schlechthin" bzw. die „Totalerfassung aller Erscheinungen und Faktoren des Lehrens und Lernens" (Peterßen 2001: 22). Ihre allgemeinen Erkenntnisse müssen deduktiv auf Pflegebelange übertragen werden, um sie nutzen zu können. Dies lässt sich am Beispiel des Berliner Modells darstellen, das eigener Beobachtung zufolge von Pflegelehrenden häufig angewendet wird. Das Berliner Modell stellt ein offenes, flexibles Instrument der Unterrichtsplanung dar, welches außer der Stimmigkeit aller unterrichtlichen Entscheidungen keinerlei Vorgaben macht, also auch keinen Wertmaßstab liefert (Heimann 1976a: 111, 113). Als Maßstab professioneller Pflege kann ihre doppelte Handlungslogik gewertet werden, bei der Pflegende wissenschaftliches Wissen mit hermeneutischem Fallverstehen des individuellen Pflegebedürftigen verbinden sollen (Friesacher 2015: 213). Sie geraten dabei häufig in das Dilemma zwischen einer aus fachlichen Gesichtspunkten erforderlichen Pflege einerseits und dem Patientenwillen andererseits. Der Umgang mit solchen Dilemmata müsste also als übergeordnete Zielkategorie in das Planungsschema des Berliner Modells integriert werden, um Unterricht zu pflegerischen Interventionen konsequent im Sinne professionellen Pflegehandelns zu gestalten. Ansonsten besteht die Gefahr, dass die fachgerechte Durchführung von Pflegemaßnahmen Priorität erhält, aber ausgeklammert wird, wie etwa damit umgegangen werden kann, wenn Patienten diese verweigern.

Auch der induktive Transfer von fachdidaktischen Erkenntnissen auf die Allgemeine Didaktik hat sich bewährt. Dieser geschah z. B. beim Prinzip des Exemplarischen Lernens, welches aus der naturwissenschaftlich-physikalischen Fachdidaktik stammt und inzwischen weite Verbreitung gefunden hat (Peterßen 2001: 32). Der Transfer pflegedidaktischer Modelle in die Allgemeine Didaktik steht aus und ist als weiterer Schritt in der Disziplinentwicklung zu werten.

Plaumann (2015: 16) stellt fest, dass die Allgemeine Didaktik übergeordnete Fragestellungen behandelt, die nicht fachspezifisch beantwortet werden können oder müssen. Weil jedoch in unterschiedlichen Gruppen, an unterschiedlichen Orten und unter unterschiedlichen fachlichen Gesichtspunkten gelernt werde, bedarf es ihr zufolge der jeweiligen Fachdidaktik, um spezielle Lern- und Lehrprobleme lösen. Bei der weiteren Entwicklung der Pflegedidaktik sind ihr zufolge unterschiedliche Ebenen zu berücksichtigen: auf der Makroebene die Gestaltung institutioneller, ökonomischer, personeller und konzeptioneller Rahmenbedingungen, auf der Mesoebene die Gestaltung von Schulkonzepten und Lehrplänen sowie auf der Mikroebene die Gestaltung von Lernbereichen, Unterrichtskonzepten und Lehr-Lernsituationen (Plaumann 2015: 15).

Vor diesem Hintergrund kann die Frage, ob es die Pflegedidaktik überhaupt brauche, klar mit Ja beantwortet werden. Ihre Aufgabe ist es, Ansatzpunkte für die Persönlichkeitsentwicklung von Lernenden in der Pflege aufzuzeigen und zu begründen. Ziel ist dabei eine umfassende, autonome pflegeberufliche Handlungskompetenz (Darmann 2001: 1). Die beispielhafte Anwendung des Modells der interaktionistischen Pflegedidaktik bei der Planung der Lehrveranstaltung Dekubitusprophylaxe (siehe Kap. 3) soll die dargestellten Vorüberlegungen veranschaulichen und untermauern. Deshalb wird dieses Modell in Kapitel 2.2 zunächst vorgestellt.

2.2 Die interaktionistische Pflegedidaktik

Die interaktionistische Pflegedidaktik nach Darmann-Finck[3] beruht auf den Ergebnissen einer qualitativen Studie zur Interaktion zwischen Lehrenden und Lernenden im Pflegeunterricht (Darmann 2005: 656–657). Um das didaktische Modell verstehen und einordnen zu können, sind Einblicke in seinen Entstehungshintergrund nötig. Deshalb werden zunächst wesentliche Untersuchungsergebnisse vorgestellt, um dann die auf dieser Grundlage erarbeiteten Instrumente der interaktionistischen Didaktik zu erläutern.[4]

Die Untersuchung lässt sich der interpretativen Unterrichtsforschung[5] zuordnen, die anhand von Video- oder Audioaufzeichnungen der Unterrichtsrealität Handlungsmuster von Lehrenden beschreibt und analysiert, um Handlungsprinzipien zu

---

3 Als Darmann-Finck mit der Arbeit an der interaktionistischen Didaktik begonnen hat, hieß sie noch Darmann. Im Folgenden wird jedoch nur ihr aktueller Name verwendet.

4 Diese Elemente der interaktionistischen Pflegedidaktik bilden diese nicht vollständig ab. Aus Platzgründen musste eine Auswahl getroffen werden.

5 Zweite Richtung der Unterrichtsforschung ist die Unterrichtswirksamkeitsforschung, die der Frage nachgeht, welche Faktoren den Unterrichtserfolg beeinflussen. Daraus entstehen Wirkungsmodelle wie z. B. das Angebots-Nutzungsmodell nach Helmke (2009) oder das systemische Rahmenmodell von Reusser/Pauli (2010).

identifizieren. Ziel ist es, unbewusste aber handlungsprägende Strukturen aufzudecken, sie kritisch daraufhin zu überprüfen, inwiefern sie Lernen fördern, und diese dann gezielt weiterzuentwickeln (Darmann-Finck 2010b: 607). Positiv hervorzuheben ist, dass Handlungsschemata aufgegriffen und so modifiziert werden, dass die neuen Empfehlungen an das Handlungsrepertoire Lehrender anschlussfähig sind.

Insgesamt wurden 16 Unterrichtseinheiten von neun Lehrenden aufgezeichnet und die darin enthaltenen Gesprächspassagen mittels Konversationsanalyse ausgewertet.[6] Dabei wurden drei Prinzipien Lehrender identifiziert, die Rückschlüsse auf ihr Verständnis von Bildung erlauben und deshalb von Darmann-Finck „Bildungskonzepte" genannt werden. Anhand von Textpassagen wird belegt, dass diese Bildung jedoch nur in begrenztem Maße fördern. Deshalb werden sie zu Konzepten professionellen Lehrerhandelns weiterentwickelt, wobei u. a. eine Orientierung an Oevermanns Strukturlogik professionellen Lehrerhandelns stattfindet (Darmann 2005: 655–657). Dieser sieht die Aufgabe von Lehrenden darin, Lernenden Normen und Wissen zu vermitteln (Oevermann 1996: 143–144). Normen dienen der „Bildung des mündigen Bürgers in der Befähigung zur selbstverantwortlichen Verfolgung des Eigeninteresses [...] und der Verpflichtung gegenüber dem Gemeinwohl" (Oevermann 1996: 145). In der beruflichen Bildung kommt es Oevermann zufolge (1996: 144) zu einer Verschmelzung von Wissen und Normen, da beide auf eine bestimmte berufliche Position ausgerichtet sind. Professionelles Lehrerhandeln führt Lernende mit Methoden selbstständigen Lernens zu Einsichten, was Oevermann (1996: 156–157) als mäeutische Pädagogik bezeichnet. Dabei erarbeiten Lernende für Situationen eigene Lösungsstrategien, damit sie ein Problembewusstsein entwickeln und ihre Haltung hinterfragen.

Darmann-Finck ermittelt als Prinzipien von Pflegelehrenden die Regelorientierung, die Fallorientierung und die Meinungsorientierung. Diese werden unter Zuhilfenahme der wissenschaftlichen Erkenntnisinteressen nach Habermas umgestaltet. Darmann-Finck (2010: 172–173) hält sie für geeignete Zieldimensionen der Pflegebildung, greift allerdings auf eine pflegetheoretische Erweiterung durch Friesacher (2008) zurück.

Als erstes Handlungsprinzip von Pflegelehrenden zeigt sich eine ausgeprägte Regelorientierung, die sich darin äußert, dass sie Handlungsregeln für Pflegesituationen aufstellt und diese als „Ge- oder Verbote" (Darmann 2005: 657) vermittelt, statt sie wissenschaftlich zu begründen (Darmann 2005: 658, 661). Lehrende messen die Qualität der Pflegepraxis sogar daran, inwieweit diese ihren Handlungsregeln entspricht (Darmann-Finck 2010: 76, 84). Auf diese Art tragen Lehrende jedoch dazu bei, dass unzureichend begründete Standards tradiert werden und Lernende eine unkritische

---

6 Die Ergebnisse zeigen nicht, ob es sich bei den teilnehmenden Schulen nur um Berufsfachschulen für Gesundheits- und Krankenpflege gehandelt hat oder ob auch Schulen dabei waren, die in anderen Pflegeberufen ausbilden. Die teilnehmenden Lehrenden besaßen entweder eine Weiterbildung zum Lehrer für Pflegeberufe oder hatten unterschiedliche pädagogische Studiengänge absolviert (Darmann 2005: 662).

Haltung gegenüber Regeln entwickeln (Darmann 2005: 658). Damit Lernende nachvollziehen können, wie pflegerisches Wissen generiert wird und dass pflegerisches Handeln wissenschaftlich zu begründen ist, erweitert Darmann-Finck (2010: 172) die Regelorientierung zum Prinzip wissenschaftsbasierter Erklärung und instrumenteller Lösung für pflegerische und gesundheitsbezogene Problemlagen. Dabei betont sie, dass Regelorientierung vor allen Dingen zu Beginn der Pflegeausbildung ihre Berechtigung hat. Lehrende sollten ihre Aussagen aber – soweit möglich – mit aktuellem und wissenschaftlich fundiertem Wissen aus Fachzeitschriften und Datenbanken belegen (Darmann 2005: 658). Das modifizierte Prinzip korrespondiert mit dem technischen Erkenntnisinteresse und zielt auf externe Evidenz pflegerischen Handelns bzw. den Einsatz von wissenschaftlich als wirksam belegten Pflegeinterventionen (Darmann-Finck 2010: 175–176). In Darmann-Fincks Veröffentlichungen wird der Begriff der instrumentellen Lösung nicht konkretisiert. Im vorliegenden Beitrag wird davon ausgegangen, dass Lehrende wissenschaftsbasierte Instrumente zur Lösung von Pflegeproblemen vermitteln sollen.

Das zweite Handlungsprinzip von Pflegelehrenden wird Fallorientierung genannt, da diese mittels Fallarbeit Praxissituationen vorstellen und Lernende im Sinne des Theorie-Praxis-Transfers Lösungen dafür erarbeiten lassen. Obwohl es aber für jede Pflegesituation verschiedene Deutungsmöglichkeiten und deshalb auch verschiedene pflegerische Handlungsoptionen gibt, beharren Lehrende meistens auf einer richtigen Lösung (Darmann 2005: 658–659). Hinzu kommt, dass die präsentierten Fälle primär klassische Symptome beschreiben, um Lernende die dahinterstehende Erkrankung ermitteln zu lassen und ihnen dann primär an der medizinischen Therapie orientierte, allgemeine Handlungsregeln zur Pflege von Menschen mit dieser Erkrankung aufzuzeigen. Die Komplexität von Pflegesituationen kommt dabei zu kurz (Darmann-Finck 2010: 103). Damit Lernende „die Multiperspektivität von Pflegesituationen erkennen [...] und auf der Basis der unterschiedlichen Perspektiven [...] eine fallangemessene Problemlösung finden" (Darmann 2005: 659) sowie Urteilsfähigkeit entwickeln, sollen Lehrende mit den Lernenden verschiedene Deutungsmöglichkeiten für Pflegephänomene oder Patientenverhalten erarbeiten (Darmann 2005: 659, 663). Dieses erweiterte Handlungsprinzip wird als Verstehen von und Verständigung in Pflegesituationen bezeichnet (Darmann-Finck 2010: 178). Dies entspricht dem praktischen Erkenntnisinteresse, welches auf Sinn- bzw. Fallverstehen beruht. Anzumerken ist, dass die Situationswahrnehmung Pflegender alleine noch keine Grundlage pflegerischer Entscheidungen sein kann, sondern zunächst mit den Pflegebedürftigen abzustimmen ist (Friesacher 2008: 274; Darmann-Finck 2010: 179–180).

Als Prinzip der Meinungsorientierung wird bezeichnet, dass Lehrende ihre Klassen zur Diskussion über gesellschaftliche Konflikte anregen, die Diskussionsbeiträge der Lernenden dabei aber meistens unkommentiert stehenlassen. Darmann-Finck erkennt darin die eigentlich positive Absicht, verschiedene Meinungen aufzuzeigen und Lernende im Vertreten eigener Argumente zu stärken. Es fehlt jedoch die Reflexion widersprüchlicher Anforderungen und das Ausloten von Handlungsfreiräumen. Deshalb sollen anhand von Fallbeispielen Dilemmata des pflegerischen Alltags, z. B. Konflikte zwischen Patientensicherheit und Patientenautonomie, aufgezeigt und Erfahrungen aus den Praxiseinsätzen der Auszubildenden auf ähnliche Konflikte hin untersucht werden (Darmann 2005: 660–661). Ziel ist es, Widersprüche nicht einseitig aufzulösen, sondern Handlungsoptionen hinsichtlich ihrer potenziellen Folgen zu bewerten (Darmann-Finck 2010: 182). Dabei geht es auch um gesellschaftlich geprägte Widersprüche in Pflegesituationen, wie sie z. B. durch ein funktionales Menschenbild entstehen können. Wenn Menschen diesem nicht mehr entsprechen, da sie etwa ihre Ausscheidungen nicht mehr kontrollieren können, kann dies bei ihnen große Angst hervorrufen, von der Gesellschaft verachtet zu werden. Die damit verbundenen inneren Konflikte von Patienten sollten Lernenden deshalb bewusst gemacht werden (Darmann-Finck 2010: 183–184). Das erweiterte Prinzip wird deshalb als kritische Reflexion der paradoxen und restriktiven gesellschaftlichen Strukturen bezeichnet (Darmann-Finck 2010: 172). Hier spiegelt sich das emanzipatorische Erkenntnisinteresse, das sich auf Reflexion richtet. Indem Entstehungszusammenhänge von Situationen gezielt reflektiert werden, soll für das handelnde Individuum die Möglichkeit entstehen, sich von äußeren Abhängigkeiten zu befreien (Friesacher 2008: 274–275). Friesacher (2008: 275–276) hält das emanzipatorische Erkenntnisinteresse für besonders geeignet, um verzerrte Kommunikation und Machtverhältnisse in der Pflegepraxis aufzudecken. Er belegt dies mit empirischen Befunden, die darauf hindeuten, dass sich pflegerische Kommunikation in existenziellen Krisensituationen auf technische Verrichtungsaspekte beschränkt.

Tabelle 1 visualisiert die Zuordnung der analysierten Bildungskonzepte und der weiterentwickelten Prinzipien professionellen Lehrerhandelns.

Tab. 1: Zuordnung der analysierten Bildungskonzepte Lehrender und der weiterentwickelten Prinzipien (eigene Darstellung in Anlehnung an Darmann-Finck 2010: 172).

Bildungskonzepte der Pflegelehrenden (Studienergebnisse, Ist-Zustand)	Erkenntnisinteressen als Zieldimensionen der Pflegebildung	Prinzipien professionellen Lehrerhandelns (Soll-Zustand)
Regelorientierung	technisches Erkenntnisinteresse	wissenschaftsbasierte Erklärung und instrumentelle Lösung pflegerischer und gesundheitsbezogener Problemlagen
Fallorientierung	praktisches Erkenntnisinteresse	Verstehen und Verständigen in Pflegesituationen
Meinungsorientierung	emanzipatorisches Erkenntnisinteresse	kritische Reflexion der paradoxen und restriktiven gesellschaftlichen Strukturen der Pflege

In Kapitel 2.1 wurde die Pflegedidaktik als Handlungswissenschaft beschrieben, die Pflegelehrende bei der Bewältigung ihrer beruflichen Fragestellungen, wie z. B. bei der Curriculumentwicklung oder der Unterrichtsplanung, unterstützt, indem sie ihnen geeignete Begründungs-und Reflexionsrahmen für eine zielgerichtete und bildungsförderliche Vorgehensweise liefert. Wie aber lässt sich aus den erarbeiteten Bildungskonzepten ein pflegedidaktisches Modell generieren, das dieser Anforderung nachkommt und Lehrende dabei unterstützt, professionell zu handeln? Dies geschieht in einem Operationalisierungsprozess, bei dem die professionellen Handlungsprinzipien Lehrender in grundlegende Unterrichtsthemen übersetzt werden. Diese werden weiter ausdifferenziert, indem sie auf die verschiedenen Personen und Institutionen übertragen werden, die an Pflegesituationen beteiligt sind. Hierzu zählt Darmann-Finck Pflegende, Patienten und ihre Angehörigen sowie die jeweilige Einrichtung, in der agiert wird. Da Pflege- und Gesundheitseinrichtungen von den Rahmenbedingungen des Gesundheitswesens beeinflusst werden, ergänzt sie auch diese Perspektive. Je nach Pflegesituation ist eine Ergänzung oder etwa die Differenzierung der Pflegendenperspektive in Lernende, Praxisanleitende, examinierte Pflegende usw. vorgesehen. Der Integration der verschiedenen Perspektiven liegt die Überlegung zugrunde, dass Lernende in der Pflegebildung zu einem systematischen Perspektivwechsel befähigt werden sollen (Darmann-Finck 2010: 173–174). Neben den personen- und institutionenbezogenen Unterrichtsthemen entsteht die Kategorie des pflegerischen Handelns, in der alle Perspektiven zusammenlaufen und in der Fähigkeiten benannt werden, die Pflegende zur Bewältigung der jeweiligen Pflegesituation benötigen (Darmann 2005: 662; Darmann-Finck 2010: 177). Die Ergebnisse des Operationsalisierungsvorgangs finden sich in Tab. 2. Bei dieser Matrix handelt es sich um eines der Herzstücke der interaktionistischen Pflegedidaktik. Sie benennt Kriterien, die zu unterschiedlichen Zwecken dienen können: Erstens lassen sie sich für die Evaluation von Unterricht und Curricula heranziehen. Zweitens sollten sie bei der Formulierung von Unterrichtszielen, -inhalten und -methoden berücksichtigt werden (Muths 2013: 152).

Damit Lehrende mit der Matrix arbeiten und z. B. Lernziele generieren können, werden alle Felder mit Fragen hinterlegt. Darmann-Finck bezeichnet ihr Instrument als pflegedidaktische Heuristik, da es sich bei der Beantwortung der Fragen um einen ausführlichen Analyseprozess der Lehrenden handelt. Dieser wird in Kapitel 3 am Beispiel einer Lehrveranstaltung zur Dekubitusprophylaxe dargestellt. Dort finden sich auch die leitenden Fragestellungen.

Die Heuristik kann entweder deduktiv oder induktiv eingesetzt werden: Deduktiv lassen sich aus Unterrichtsthemen Bildungsziele und -inhalte ableiten. Darmann-Finck (2010: 169, 190) betont, dass die Heuristik ihre Stärken aber besonders gut entfalten kann, wenn sie induktiv zur Konstruktion curricularer Einheiten oder Lernsituationen eingesetzt wird, die auf sog. pflegeberuflichen Schlüsselproblemen beruhen (Muths 2013: 152).

Tab. 2: Operationalisierung der professionellen Handlungsprinzipien Lehrender zu Lernzielen (eigene Darstellung in Anlehnung an Darmann-Finck 2010: 175).

Bildungskonzepte	Erkenntnisinteressen	Pflegende	Patienten/ Angehörige	Institution/ Gesundheitswesen	Pflegerisches Handeln
wissenschaftsbasierte Erklärung und instrumentelle Lösung pflegerischer und gesundheitsbezogener Problemlagen	technisch	Erklären von Pflegendenverhalten und Ableiten von Lösungen für Probleme Pflegender	Erklären des Patientenverhaltens und Ableiten von Lösungen für die Selbstpflege von Patienten oder die Pflege durch Angehörige	Erklären und Ableiten von Lösungen für die Aufgaben der Institution bzw. des Gesundheitswesens	Erklären und Ableiten von Lösungen im Hinblick auf die professionelle pflegerische Unterstützung des Patienten bei seinen Selbstpflegeaufgaben
Verstehen und Verständigen in Pflegesituationen	praktisch	Verstehen der und Verständigung über die eigenen biografisch geprägten Interessen, Gefühle, Motive, Werte der Pflegenden	Verstehen der und Verständigung über die biografisch geprägten Interessen, Gefühle, Motive, Werte der Patienten	Verstehen der und Verständigung über die Interessen und Motive der Institution bzw. des Gesundheitswesens	Fallverstehen Urteilsbildung Kommunikation
kritische Reflexion der paradoxen und restriktiven gesellschaftlichen Strukturen der Pflege	emanzipatorisch	Aufdecken von gesellschaftlich geprägten inneren Konflikten der Pflegenden	Aufdecken von gesellschaftlich geprägten inneren Konflikten der Patienten	Aufdecken von gesellschaftlichen/ institutionellen Widersprüchen	Aufdecken von widersprüchlichen Strukturgesetzlichkeiten pflegerischen Handelns

Die Schlüsselprobleme sind ein weiteres Herzstück der interaktionistischen Pflegedidaktik. In Anlehnung an Klafkis Modell der epochaltypischen Schlüsselprobleme (siehe Kap. 2.1) geht Darmann-Finck (2010: 186–187) davon aus, dass Lernende sich in der Pflegebildung mit authentischen Berufssituationen auseinandersetzen sollen, die pflegeberufliche Schlüsselprobleme repräsentieren. Vor Darmann-Finck hat schon Wittneben (2009: 117–119) in ihrem Modell der kritisch-konstruktiven Pflegedidaktik pflegerische Problemsituationen aufgegriffen und diese aus Schülererzählungen extrahiert (Darmann-Finck 2010: 188–199). Bei den Schlüsselproblemen der interaktionistischen Pflegedidaktik soll es sich um Situationen handeln, die zentrale

Strukturen, Gesetzmäßigkeiten, Zusammenhänge, Konflikte und Widersprüche des Pflegeberufs aufweisen (Darmann-Finck 2009: 4). Es reicht nicht, wenn in einer Situation fachliche Schwierigkeiten enthalten sind, die durch einen anschließenden Lernprozess aufgelöst werden können, sondern es sollte auch eine wirkliche Konfliktsituation bzw. ein Dilemma enthalten sein, um emanzipatorische Kompetenzen wie das Aufdecken von Widersprüchen zu fördern (Muths 2013: 157). Solche Szenarien lassen sich nach Darmann-Finck (2001: 8; 2009: 4) theoretisch oder empirisch gewinnen, wobei der Begriff der Empirie an dieser Stelle irreführend ist, da die vorgeschlagene Vorgehensweise nach ihren eigenen Angaben nicht den Kriterien empirischer Sozialforschung entspricht.

Theoretisch generierte Schlüsselprobleme liegen von der Pflegedidaktikerin Greb (2010: 129) vor, die aus Patientenschilderungen strukturelle Widersprüche der Pflegepraxis erarbeitet hat. Dazu zählen etwa Widersprüche zwischen Leiderfahrung und Leibentfremdung sowie zwischen Individualität und Standardisierung. Empirisch werden bei Darmann-Finck Schlüsselprobleme gewonnen, indem Pflegelernende, Pflegende, Praxisanleitende und Pflegelehrende darum gebeten werden, schriftlich über Ereignisse in ausgewählten pflegerischen Handlungsfeldern zu berichten, die sie „nachhaltig negativ beeindruckt haben" (Darmann-Finck 2009: 4). Diese Narrativa werden möglichst mit beteiligten Praxisanleitenden und Pflegelehrenden vor dem Hintergrund der Anforderungskriterien an Schlüsselprobleme kritisch diskutiert, um geeignete Situationen zu extrahieren. Wenn die Entscheidung für ein Narrativ gefallen ist, kann die didaktische Analyse mit der heuristischen Matrix beginnen. Muths (2013: 159) verweist darauf, dass dieser Prozess von Lehrenden anfangs als anstrengend empfunden wird oder sogar Widerstand bei ihnen hervorrufen kann. Sie argumentiert, dass es mit zunehmender Erfahrung leichter wird, die Fallsituationen in ihrer Tiefenstruktur zu erfassen.

Es liegen bereits einige empirisch entwickelte pflegeberufliche Schlüsselprobleme vor, auf die zurückgegriffen werden kann, z. B. zur Kommunikation zwischen Pflegenden und Patienten.[7] Dazu gehört etwa die „Macht der Pflegekräfte" (Darmann 2000: 99), die darauf verweist, dass z. B. eine ausgeprägte Pflegebedürftigkeit der Patienten Pflegende ein erhebliches Machtpotenzial in die Hände legt, das im Pflegeunterricht reflektiert werden sollte. Darmann-Finck stellt z. B. fest, dass es zu Situationen kommen kann, in denen Pflegende „zwingend handeln", die „Bedürfniserfüllung offen verweigern" oder die „Bedürfniserfüllung verdeckt verweigern" (Darmann 2000: 75, 84, 87).

---

7 Hier hat Darmann-Finck im Rahmen ihrer Dissertation eine qualitative Studie durchgeführt. Diese gewonnenen Schlüsselprobleme entsprechen den Kriterien empirischer Sozialforschung.

3 Praxis: Konzeption des Moduls „Dekubitusprophylaxe" anhand der pflegedidaktischen Heuristik

Die interaktionistische Pflegedidaktik wurde für die Planung des Moduls „Dekubitusprophylaxe" ausgewählt, da diese nicht nur auf theoretischen Überlegungen beruht, sondern auf der Grundlage interpretativer Unterrichtsforschung entstanden ist (siehe Kap. 2.2). Außerdem schien die Arbeit an pflegeberuflichen Schlüsselsituationen neben ihrer bildungsförderlichen Potenziale auch die Möglichkeit zu bieten, aktuelle Praxiserfahrungen und -erlebnisse zu integrieren, die mir fehlten. Welche Narrativa zusammengetragen wurden und welche Pflegesituation als geeignetes pflegeberufliches Schlüsselproblem interpretiert wurde, wird in Kapitel 3.1 vorgestellt. Dabei werden auch beispielhafte Narrativa gezeigt, die für das Modul ungeeignet erschienen. Der induktiv angelegte Analyseprozess der Pflegesituation wird in Kapitel 3.2 beschrieben. Die Absicht besteht nicht darin, einen vermeintlich vorbildlichen Prozess angewandter Pflegedidaktik zu demonstrieren, sondern eigene Erfahrungen in der Fachöffentlichkeit zur Diskussion zu stellen.

3.1 Sammlung von Narrativa und Auswahl eines Narrativs

Bei den Studierenden, für die dieses Modul konzipiert wurde, handelte es sich um 26 Personen im Alter von 18 bis 43 Jahren, wobei die meisten bis zu 25 Jahre alt waren. Vier Studierende waren männlich, 22 weiblich. Die Studierenden integrieren in das Studium entweder eine Ausbildung in der Gesundheits- und Krankenpflege, Altenpflege oder generalistischen Pflege, wobei 21 sich in der Gesundheits- und Krankenpflegeausbildung befinden. Der Großteil verfügte erst über wenig Praxiserfahrung, da das Modul Dekubitusprophylaxe im zweiten Semester verortet ist. Es umfasst 2,7 Semesterwochenstunden, wurde im Januar und Februar 2016 geplant und fand erstmals im Sommersemester 2016 statt.

Muths (2013: 158) schreibt, dass sich für den Beginn von Ausbildung bzw. Studium Handlungsprobleme von Berufsanfängern eignen, um Lernenden ein entsprechendes Rüstzeug für die Begegnung mit solchen Situationen und für die reflexive Nachbearbeitung an die Hand zu geben. Ziel ist es, die Lernenden dazu anzuregen, vergleichbaren Herausforderungen mit zunehmender Professionalität zu begegnen. Sie empfiehlt, in den Narrativa die Gefühlslage wie z. B. Scham- oder Schuldgefühle auszusprechen, da diese Impulse für emotionale und reflexive Lernprozesse geben.

Da der duale Pflegestudiengang an der Hochschule Rosenheim neu war, gab es erst eine Studierendenkohorte, die zu ihren beruflichen Erlebnissen befragt werden konnte, was aufgrund der geringen Praxiserfahrung als Einschränkung zu werten ist. Insgesamt wurden 50 Personen um ein Narrativ gebeten. Entstanden sind

23 Situationsschilderungen von Studierenden und 27 Pflegenden, die in der Praxisanleitung von Auszubildenden der Pflegeausbildung oder Studierenden des dualen Pflegestudiums tätig sind. Dies sind einerseits Pflegende mit einer berufspädagogischen Weiterbildung zur Praxisanleitung oder Pflegelehrende mit einer Weiterbildung zum Pflegelehrer oder einem Bachelorstudium der Pflege- oder Medizinpädagogik.[8]

Analog zu Darmann-Fincks Empfehlungen (siehe Kap. 2.2) wurde für die Befragten folgende schriftliche Aufforderung formuliert, die durch eine mündliche Erklärung ergänzt wurde:

> Denken Sie bitte an eine Situation in der Pflegepraxis, die mit dem Thema Dekubitusprophylaxe zu tun hatte und die Sie nachhaltig negativ beeindruckt hat.
>
> Es sind unterschiedlichste Situationen denkbar, nachfolgend nur einige Anregungen: Es kann sich beispielsweise um Situationen handeln, in denen Sie bei Pflegebedürftigen den Bedarf für die Dekubitusprophylaxe ermittelt haben oder in denen sie Dekubitusprophylaxe geplant, durchgeführt oder evaluiert haben. Vielleicht haben Sie die Durchführung der Dekubitusprophylaxe aber auch beobachtet oder Personen zur Durchführung der Dekubitusprophylaxe angeleitet.
>
> Vergegenwärtigen Sie sich diese Situation bitte noch einmal so, wie sie stattgefunden hat, und beschreiben Sie diese schriftlich in ihren eigenen Worten. Beschreiben Sie dabei vor allen Dingen auch, was Sie in dieser Situation gedacht und gefühlt haben.

Anders als bei Darmann-Finck konnten die beteiligten Pflegelehrenden und Praxisanleitenden aus Zeitgründen nicht in die Systematisierung und Auswertung der Narrativa einbezogen werden, da sich bereits die Akquise der Narrativa als sehr zeitintensiv herausstellte. In bereits etablierten Pflegestudiengängen dürfte es jedoch deutlich leichter sein, die Schilderungen zusammenzutragen, da bereits funktionierende Kontaktnetzwerke zu Berufsfachschulen und Praxiseinrichtungen bestehen.

Es zeigte sich, dass ein Großteil der Narrativa eher solche Probleme wiedergab, die primär durch Vermittlung von Fachwissen bewältigt werden können und von Muths für ungeeignet gehalten werden, da keine Dilemmata enthalten sind (siehe Kap. 2.2). Solche Narrativa wurden aus dem Auswertungsprozess ausgeschlossen. Dabei handelte es sich beispielsweise um die folgende Erfahrung einer Studierenden, die bei einer jungen Patientin einen für sie unerwarteten Dekubitus entdeckt hatte:

> Da gab es eine junge Frau auf Station, die am Ohr operiert worden war. Die Ärzte hatten ihr im OP einen Verband aus einem Tuch angelegt, das an der Stirn mit einem Knoten befestigt war. Dieser Knoten drückte offenbar so stark auf die Haut, dass schon bis zum ersten Verbandswechsel ein richtiger Dekubitus entstanden war. Ich war sehr überrascht, weil ich gedacht hatte, dass nur bettlägerige Patienten einen Dekubitus bekommen können. Die arme Frau!

---

8 Dass einige Pflegelehrende Praxisanleitung durchführen, ist bei manchen kooperierenden Berufsfachschulen der Hochschule Rosenheim üblich, obwohl es nicht dem Grundgedanken des Deutschen Bildungsrats für Pflegeberufe (2004) entspricht, der für Pflegelehrende die Praxisbegleitung und für Praxisanleitende die Praxisanleitung vorsieht.

Hinzu kam, dass in einem Großteil der Fallschilderungen bereits Dekubitus vorlagen und eine fachgerechte Wundversorgung im Vordergrund stand. Die Ebene der prophylaktischen oder auch sekundärprophylaktischen Maßnahmen war dabei kaum angesprochen. Bei vielen Situationsbeschreibungen von Praxisanleitenden oder Lehrenden zeigte sich zudem, dass ärztliche Anordnungen zur Wundversorgung als nicht fachgerecht wahrgenommen wurden. Aus solchen Situationen können innere Konflikte entstehen, wenn Pflegende hin- und hergerissen sind, ob sie eine Verordnung umsetzen sollen, die sie als falsch wahrnehmen. Im vorliegenden Fall habe ich mich jedoch dazu entscheiden, solche Situationen erst dann aufzugreifen, wenn die Studierenden mehr Pflegeerfahrung haben. Die interdisziplinäre Problemstellung scheint für ein Modul zum interprofessionellen Arbeiten im fünften Semester noch besser geeignet. Nachfolgend ein beispielhaftes Narrativ:

> Mir wurde auf der inneren Station ein pflegebedürftiger Patient von einem Altenheim angekündigt. An die genaue Aufnahmediagnose erinnere ich mich nicht mehr. Bei der Übergabe durch die Pflegende der zentralen Aufnahmestation wurde mir von einem Dekubitus am Trochanter berichtet. Ein chirurgischer Oberarzt wäre schon beim Patienten gewesen und hätte Rivanolumschläge angeordnet. Mir fiel bereits während des Übergabegesprächs ein übler Geruch auf, der vom Patienten ausging. Auf der Station wollte ich mir die Angelegenheit genauer ansehen und stellte einen großen Dekubitus vierten Grades fest, der einen stark entzündeten Eindruck machte. Ich konnte mir nicht vorstellen, diesen mit Rivanolumschlägen zu versorgen. Ich entschied, die Wundmanagerin des Hauses hinzuziehen. Als die Wundmanagerin sich den Dekubitus ansah, war sie genau wie ich sehr verwundert über die Anordnung des Oberarztes. Sie rief einen anderen Oberarzt, der sich nach Untersuchung des Patienten dazu entschied, am darauffolgenden Tag zu operieren.

Ausgeschlossen wurde auch folgendes Narrativ, das mit der Schlüsselproblematik zwingender Macht (siehe Kap. 2.2) zwar ein besonders relevantes Thema aufgreift. Beim beschriebenen Pflegehandeln handelt es sich jedoch um eine besonders aggressive Form verbaler Gewalt, die moralischen Ansprüchen deutlich widerspricht. Mir erscheinen zur Reflexion von Gewalt in der Pflege solche Situationen geeigneter, in denen Macht verdeckt ausgeübt wird, da diese eine höhere Komplexität aufweisen und durch Beobachtende möglicherweise schwerer anzusprechen sind. Die geschilderte Demütigung der Patientin nimmt außerdem so viel Raum ein, dass alle nicht kommunikativen Fragen daneben verschwinden würden. Wieder ist außerdem von einem Verbandswechsel die Rede, statt auch die Dekubitusprophylaxe zu thematisieren:

> Die Situation fand auf einer chirurgischen Station statt. Es gab eine stark übergewichtige Patientin, die an der Hüfte und am Gesäß große Dekubitusulcera hatte. Eine Pflegeperson holte mich für den Verbandswechsel zu Hilfe. Ich sollte die Patientin auf die Seite drehen und halten, sodass der Verbandswechsel am Gesäß durchgeführt werden konnte. Ich war wie vom Donner gerührt, wie die Pflegeperson mit der Patientin umgegangen ist. Sie sagte laut zu mir: „So enden Leute, die zu viel essen und sich nicht bewegen. Und wir haben dann den Stress." Die Patientin hat das alles mitbekommen! Ich habe mich so geschämt, mich aber nicht getraut, etwas zu sagen. Da habe ich mich noch mehr geschämt.

Zwei der 50 Fallschilderungen erwiesen sich für den weiteren Analyseprozess mit der heuristischen Matrix als besonders geeignet, da beide innere Konflikte beschrieben und gleichzeitig auf das Kernthema „Dekubitusprophylaxe" eingingen. Sie stammten beide von Studierenden. Im ersten Narrativ artikuliert ein Studierender seine persönliche Betroffenheit über die ausgeprägte Hilflosigkeit einer hochbetagten bettlägerigen Patientin, bei der er regelmäßige Positionswechsel zur Dekubitusprophylaxe durchführt. Die Betroffenheit setzt ihm emotional so stark zu, dass er zunehmend ungern zu dieser Patientin geht. Seine Gefühlslage ist ambivalent: Einerseits ist Mitleid für die pflegebedürftige Dame spürbar, andererseits konfrontiert ihre Situation ihn mit der Angst, im Alter selbst einmal in ausgeprägte körperliche Abhängigkeit zu geraten. Tatsächlich wurden diese widerstreitenden Gefühle von Darmann-Finck bereits als pflegeberufliches Schlüsselproblem beschrieben. Sie nennt diese die „ambivalenten Gefühle von Pflegenden [...] angesichts der erlebten Einschränkungen von Patienten" (Darmann 2005: 333). Ihr zufolge können diese Emotionen je nach Situation verschiedene widersprüchliche Facetten einnehmen, so etwa zwischen starkem Mitgefühl für die stark Pflegebedürftigen, aber auch Ungeduld über die extreme Langsamkeit dieser Patienten bei Pflegemaßnahmen, die durch den omnipräsenten Zeitdruck in der Pflege bis zu Wut oder Aggression eskalieren kann. Nachfolgend die Situationsschilderung des Studierenden:

> Da war eine hochbetagte Patientin, die kaum mehr etwas selbst tun konnte. Sie war bettlägerig. Kognitiv gab es bei ihr eher keine Einschränkungen, sie hat alles mitbekommen, was mit ihr und um sie herum passierte. Sie lebte eigentlich daheim und wurde von ihrer Tochter versorgt, bei uns war sie nun wegen einer Lungenentzündung. Die alte Dame wurde von den Pflegenden der Station nach einem Lagerungsplan sehr oft, das war alle zwei Stunden, umpositioniert, damit sie keinen Dekubitus entwickelt. Dazu waren immer zwei Pflegende nötig, da sie sich selber gar nicht bewegen konnte. Das war ein enormer und zeitintensiver Arbeitsaufwand. Ich hatte den Eindruck, dass die Patientin alles über sich ergehen ließ. Sie guckte mich während der Positionswechsel nicht an oder so, wahrscheinlich war es für sie unangenehm oder peinlich. Ich dachte: Hoffentlich erlebst du das selbst nie! Ich konnte zwar etwas Sinnvolles tun, aber ich war auch erschrocken über ihren Zustand. Sie hatte gar keine andere Chance, als alles auszuhalten, weil sie nichts mehr selber konnte. Bald ging ich gar nicht mehr gerne zu ihr. Bei mir blieb als nachhaltiger Eindruck der Schrecken über die Hilflosigkeit der Dame.

Die zweite aus meiner Sicht überzeugende Situation thematisierte aus Sicht einer Studierenden das Dilemma zwischen der pflegefachlichen Notwendigkeit der Dekubitusprophylaxe und dem geradezu an ihr nagenden, belastenden Gefühl, den betroffenen Patienten damit zu quälen sowie ihn gegen seinen Willen zur Dekubitusprophylaxe zu zwingen. Wieder berührt diese Situation das Schlüsselproblem des Umgangs mit Macht:

> Da war ein hochbetagter Patient, der sich bei einem Sturz das Kreuzbein gebrochen hatte. Er lag hauptsächlich im Bett. Er hatte eine kognitive Einschränkung, konnte sich nicht klar artikulieren. Für die Dekubitusprophylaxe musste er regelmäßig umpositioniert werden. Durch den Bruch hatte er dabei Schmerzen und er schien auch Angst vor uns zu haben. Er schrie und

jammerte laut, arbeitete dagegen. Für mich war die Situation sehr negativ, weil ich bei jedem Positionswechsel ein schlechtes Gewissen hatte. Wir vom Pflegepersonal müssen das ja machen, damit kein Dekubitus entsteht. Da ist man doch im Konflikt, was für den Patienten schlimmer ist. Die Entstehung eines Dekubitus oder die ständige Quälerei der Prophylaxe. Aber ein Dekubitus ist schließlich ein schwerer Pflegefehler, ein echtes Schreckgespenst.

An diesem Beispiel gefiel mir besonders, dass es das Thema der Patientenautonomie aufgreift. Noch hatte im Studium keine Lehrveranstaltung zu pflegerischen Interventionen jenseits der Kommunikation und Beratung stattgefunden, sodass es mir besonders sinnvoll erschien, den Themenbereich pflegerischer Interventionen mit der Handlungsmaxime der Patientenautonomie zu eröffnen. In den Lehrveranstaltungen hatte sich bereits mehrfach angedeutet, dass die Studierenden die Patientenautonomie kaum reflektierten, sondern für sie primär fachliche Fragen und fachliche Korrektheit von Sachverhalten Priorität hatte. Besonders auffällig erwies sich dies bei drei Studierenden, die vor ihrem Studium eine Ausbildung zum Rettungssanitäter absolviert hatten. Sie waren an das Arbeiten mit Algorithmen gewöhnt, die unter Notfallbedingungen das Überleben von Patienten sichern mussten. Die Reflexion über Bedürfnisse, Wünsche oder Willen der Patienten befremdete sie eher.

Auch ein zweiter Aspekt zeichnete das Fallbeispiel aus: Es lieferte mit dem Begriff des Pflegefehlers ein Schlagwort, das aufgrund seiner haftungsrechtlichen Konsequenzen auf Anfänger starken Druck ausüben und sie so verunsichern kann, dass sie gar nicht mehr infrage stellen, ob es sich bei einer Pflegehandlung tatsächlich um einen Pflegefehler handelt. Durch diesen Terminus schien sich eine gute Gelegenheit zu bieten, verkrustete und nicht ausreichend reflektierte Vorstellungen über fehlerhaftes Pflegehandeln zu hinterfragen und die Notwendigkeit begründeten Pflegehandelns zu unterstreichen.

Das Narrativ wurde aus den geschilderten Gründen als pflegeberufliches Schlüsselproblem für Studierende ausgewählt und im nächsten Schritt anhand der heuristischen Matrix analysiert, um zu Lernzielen der Lehrveranstaltung zu gelangen.

Rückblickend lässt sich folgender Weiterentwicklungsbedarf bei der Gewinnung der Narrativa feststellen: Damit diese mehr auf den Themenkomplex „Dekubitusprophylaxe" eingehen, empfiehlt es sich, explizit darauf hinzuweisen, dass Fragen des Wundmanagements auszuklammern sind. Außerdem sollte der Auswertungsprozess der Narrativa im Team geschehen, um möglichst viele Perspektiven in die Diskussion einzubringen.

3.2 Analyseprozess des Narrativs mit der pflegedidaktischen Heuristik und resultierende Ziele

Die in Kapitel 3.1 bestimmte Fallsituation „Da ist man doch im Konflikt, was für den Patienten schlimmer ist" wurde nun mit der pflegedidaktischen Heuristik bearbeitet. Hierfür stehen Leitfragen zur Verfügung, deren Beantwortung mögliche Lernziele hervorbringt. Auch Formulierungshinweise für Lernziele werden gegeben. Hervorzuheben ist, dass nicht alle der identifizierten Lernziele in den vorgesehenen Unterrichts- oder Lehreinheiten verfolgt werden können, sondern z. B. je nach vorhandenen zeitlichen Ressourcen oder curricularen Verknüpfungsbedarfen eine Auswahl getroffen werden muss. Nachfolgend wird der Analyseprozess anhand der drei Erkenntnisebenen strukturiert: Begonnen wird mit dem technischen Erkenntnisinteresse, es folgen die Ebenen des praktischen und zuletzt des emanzipatorischen Erkenntnisinteresses. Jede Ebene ist gleich aufgebaut: Zunächst erfolgt eine kurze Einführung, auf welche Lerneffekte sich das jeweilige Erkenntnisinteresse richtet. Dann folgen die Leitfragen und die durch ihre Beantwortung gewonnenen Lernziele. Dabei wird jeweils nacheinander die Perspektive der Pflegenden, des Patienten, der Institution und des pflegerischen Handelns im vorliegenden Narrativ bearbeitet (siehe Tab. 2). Auf eine tabellarische Darstellung der Ergebnisse muss leider verzichtet werden, da diese das Publikationsformat sprengen würde.

3.2.1 Lernzielformulierung auf Ebene des technischen Erkenntnisinteresses

Auf der Ebene des technischen Erkenntnisinteresses werden Lernziele formuliert, die kognitive Kompetenzen beinhalten. Sie benennen Wissensinhalte und kognitive Fähigkeiten, die für das Pflegehandeln in der pflegerischen Schlüsselsituation nötig erscheinen, insbesondere die Fähigkeit, das Wissen in einen wissenschaftlichen Begründungszusammenhang einzuordnen, kritisch zu überprüfen und – falls möglich – wissenschaftsbasierte Pflegeinterventionen auszuwählen. Muths schlägt vor, diese Lernziele mit der Formulierung „die Lernenden nennen, erklären, beherrschen ..." zu beginnen (Darmann-Finck 2010: 174; Muths 2013: 160–161).

3.2.1.1 Perspektive der Pflegenden

Um zu ermitteln, welches technische Erkenntnisinteresse sich in Bezug auf die Pflegenden selbst aus dem Narrativ ableiten lässt, wird die Frage gestellt: Was müssen Pflegende wissen und welche Fähigkeiten müssen sie beherrschen, um in der vorliegenden Pflegesituation ihre eigenen Interessen gut wahren zu können (Muths 2013: 161)? Dieser Schwerpunkt auf Belangen der Pflegenden scheint bei Lehrenden manchmal Erstaunen hervorzurufen. Tatsächlich entspricht dies der Vorstellung, dass Pflegende sich nur dann gut in die personenbezogene Dienstleistung „Pflege" einbringen, ihre beruflichen Interaktionen professionell gestalten, Empathie für die Bedürfnislagen ihrer Patienten entwickeln und ihren Beruf langfristig gesundheitsförderlich ausüben können, wenn sie lernen, sich kontinuierlich selbst wahrzunehmen und selbst zu schützen. Zu den angestrebten Kenntnissen zählt z. B. ein fundiertes Wissen über die persönliche Rechtsstellung, um eigene Handlungsspielräume genau einschätzen und sich vor negativen rechtlichen

Konsequenzen schützen zu können. Gesundheitsförderliche Fähigkeiten beziehen sich beispielsweise auf eine rückenschonende Arbeitsweise oder Entspannungsübungen zur Reduzierung beruflicher Belastungen (Darmann-Finck 2010: 177; Muths 2013: 160–161). Für das Modul „Dekubitusprophylaxe" waren hier folgende Lernziele bedeutsam: Die Studierenden

- lernen, Gefühle der Verunsicherung und Belastung zu artikulieren, die durch das Erleben von Dilemma-Situationen entstehen.
- erkennen, dass Standards für die Dekubitusprophylaxe keine Einzelfallentscheidung vorgeben, sondern Handlungsspielräume eröffnen, die in Abstimmung von interner und externer Evidenz zu gestalten sind.
- wissen, wie aus rechtlicher Perspektive vorzugehen ist, wenn Pflegebedürftige eine prophylaktische Maßnahme wie die Dekubitusprophylaxe verweigern, um ihr pflegerisches Handeln konsequent abzusichern.
- erkennen, dass die Entstehung eines Dekubitus nicht immer vermeidbar ist.

3.2.1.2 Perspektive der Patienten

Um Ziele für die Perspektive der Patienten zu generieren, ist die Frage leitend: Welches Wissen über die Situation des Patienten ist erforderlich, damit dieser seine Selbstpflegefähigkeit soweit wie möglich erhalten oder wiedererlangen kann (Muths 2013: 162)? Hier wird angesprochen, was Pflegende wissen und können müssen, um die Selbstpflegekompetenz der Patienten zu analysieren und gezielt zu fördern. In diesem Kontext kann je nach körperlicher und geistiger Verfassung des Patienten auch die Beratung und Anleitung von Angehörigen angebracht sein. Bei Patienten, die ihre Selbstpflegebedürfnisse nicht mehr klar artikulieren können, kann ein anwaltschaftliches Handeln in ihrem Sinne nötig werden (Darmann-Finck 2010: 177; Muths 2013: 162). Für die Studierenden des Moduls „Dekubitusprophylaxe" wird angestrebt, dass diese

- die Autonomie Pflegebedürftiger als Basis professionellen Pflegehandelns bzw. als interne Evidenz evidenzbasierten Pflegehandelns verstehen.
- den Entstehungsprozess von Dekubitus begreifen, inklusive der damit verbundenen Risikofaktoren.
- im Sinne externer Evidenz präventive Maßnahmen zur Vermeidung von Dekubitus kennen und anwenden können.
- für die prekäre Situation kognitiv eingeschränkter Menschen im Krankenhaus sensibilisiert sind.

3.2.1.3 Perspektive der Institution bzw. des Gesundheitssystems

Um für diese Perspektive im Narrativ mögliche Lernziele zu identifizieren, wird gefragt: Welche Kenntnisse über die strukturellen Zusammenhänge der Institution und der Systeme, in die der Patient eingebunden ist, sind erforderlich, um der Situation gut begegnen zu können (Muths 2013: 162)? Hier kommt Fachkompetenz zu

betriebswirtschaftlichen und rechtlichen Aspekten sowie zu Themen des Pflegemanagements zum Tragen. Im vorliegenden Beispiel etwa wird der Begriff des Pflegefehlers angesprochen, der mit der Qualitätssicherungspflicht von Pflegeinstitutionen
zusammenhängt. Zu klären ist, welche Funktion dabei der „Expertenstandard Dekubitusprophylaxe" (DNQP 2010) einnimmt und welche straf- und haftungsrechtlichen
Sachverhalte vorliegen, wenn ein Patient durch mangelnde Qualitätssicherung einen
Dekubitus entwickelt (Darmann-Finck 2010: 177; Muths 2013: 162–163). Im Einzelnen
wird für wichtig erachtet, dass die Studierenden
- die rechtliche Bedeutung des „Expertenstandards Dekubitusprophylaxe" im
  Besonderen und von Expertenstandards im Allgemeinen für Pflegeeinrichtungen
  kennen.
- die haftungsrechtlichen Folgen nicht fachgerechter Dekubitusprophylaxe oder
  nicht fachgerechter Dokumentation der Dekubitusprophylaxe kennen.
- wissen, wie sich aus rechtlicher Perspektive ein Pflegefehler definiert.
- Einblick in die Kosten erhalten, die durch Dekubitus entstehen.

3.2.1.4 Perspektive pflegerischen Handelns

Die Perspektive pflegerischen Handelns soll garantieren, dass in pflegerischen Lernsituationen alle Schritte des Pflegeprozesses bzw. die Planungs-, Durchführungs-
und Evaluationsphase von Pflegemaßnahmen zur Geltung kommen. Das jeweilige
Narrativ wird deshalb auf folgende Fragen hin überprüft: Welches Wissen, welche
Fertigkeiten und welche Fähigkeiten sind erforderlich, um Pflegehandlungen so zu
planen und durchzuführen, dass Pflegende in der Situation kompetent interagieren?
Was ist nötig, um die Ergebnisse des Pflegehandelns zu evaluieren (Darmann-Finck
2010: 177; Muths 2013: 163)? Da in der vorliegenden Lehrveranstaltung keine Übungs-
möglichkeit im Skillslab bestand, mussten die Durchführungs- und die Evaluationsphase zu großen Teilen ausgeklammert werden. Es entfalten sich folgende Lernziele:
Die Studierenden
- kennen andere Phänomene, von denen ein Dekubitus abzugrenzen ist, und
  erkennen die Bedeutung der klinischen Einschätzung des Dekubitusrisikos.
- erfassen die Struktur der Expertenstandards des DNQP, um ihr Pflegehandeln
  daran ausrichten zu können.

3.2.2 Lernzielformulierung auf Ebene des praktischen Erkenntnisinteresses

Zu welchem praktischen Erkenntnisinteresse kann die Bearbeitung des Narrativs „Da ist man doch im Konflikt, was für den Patienten schlimmer ist" beitragen?
Auf der zweiten Matrixebene werden Fähigkeiten zum individuellen Fallverstehen
angestrebt. Indem Lehrende mit Lernenden möglichst vielfältige Deutungen für

pflegerische Phänomene oder für Patientenverhalten erarbeiten, soll ein Bewusstsein für die Begrenztheit eigener Interpretationen bzw. Deutungsmuster wachsen. Dafür setzen sich die Lernenden intensiv mit dem Fallbeispiel des Narrativs auseinander und nehmen dieses aus den unterschiedlichen Perspektiven wahr. Die dabei entstehenden Fähigkeiten sind reflexiver und kommunikativer Art, da die verschiedenen Situationswahrnehmungen geschildert und untereinander abgeglichen werden (Darmann-Finck 2010: 181; Muths 2013: 155). Formulierungshilfen für geeignete Lernziele sind „Die Lernenden nehmen wahr, verständigen sich über, verstehen …" (Muths 2013: 160).

3.2.2.1 Perspektive der Pflegenden

Hier sollen den Studierenden die Situationswahrnehmungen der pflegerischen Akteure und die damit verbundenen Gefühle sowie emotionalen Impulse bewusst werden. Dies wird von Darmann-Finck (2010: 179–180) als elementar betrachtet, weil das innere Erleben häufig unbewusst bleibt, die Interaktion mit den Mitmenschen aber entscheidend prägt. Die Leitfrage zur Konstruktion entsprechender Lernziele lautet: Welche – möglicherweise auch unterschiedlichen – Gefühle, Interessen, Normen und Wertvorstellungen können bei den Pflegenden in dieser Situation spürbar werden (Muths 2013: 163)? In der Beantwortung zeigt sich, dass die Studierenden

- wahrnehmen sollen, welche Gefühle bei ihnen durch Konfrontation mit ausgeprägter Abhängigkeit Pflegebedürftiger ausgelöst werden und zu welcher widersprüchlichen emotionalen Lage dies beitragen kann.
- sich darüber verständigen, was in ihnen vorgeht, wenn Pflegebedürftige Pflegeinterventionen ablehnen.

3.2.2.2 Perspektive der Patienten

Der Blickwinkel der Patienten wird eingenommen, um hermeneutische Fähigkeiten einzuüben. Hierfür sollen die Gefühle und Interessen der in das Narrativ involvierten Patienten rekonstruiert und aufbereitet werden. Die hinführende Frage lautet: Welche – möglicherweise auch unterschiedlichen – Gefühle, Interessen, Normen und Wertvorstellungen werden beim Patienten in dieser Situation vermutet oder gedeutet (Muths 2013: 164)? Für das Modul Dekubitusprophylaxe wurde vor diesem Hintergrund erarbeitet, dass die Studierenden

- reflektieren, in welchen Situationen sie selbst von anderen Menschen schon einmal extrem abhängig waren und wie sie sich dabei gefühlt haben.
- sich mit der Gefühlswelt kognitiv eingeschränkter und ggf. demenziell erkrankter Menschen im Krankenhaus auseinandersetzen.
- die Bereitschaft dafür entwickeln, Äußerungen von Patienten ernst zu nehmen, auch wenn diese kognitive Einschränkungen aufweisen.

3.2.2.3 Perspektive der Institution bzw. des Gesundheitssystems

Die Institution und das Gesundheitssystem werden näher beleuchtet, damit die Lernenden nachvollziehen können, welche Normen und Interessen das Handeln von Entscheidungsträgern in Institutionen oder von Vertretern der Gesundheits- und Pflegepolitik prägen. Dabei geht es zunächst erst um die Beschreibung der handlungsleitenden Vorstellungen und dann um deren kritische Reflexion sowie um die Überlegung, zu welchen Konsequenzen diese Vorstellungen im Arbeitsalltag führen können. Eine wesentliche Rolle spielen hier auch die Ziele der unterschiedlichen Berufs-, Abteilungs- oder Personengruppen auf den verschiedenen Hierarchieebenen von Gesundheits- und Pflegeeinrichtungen, die sich widersprechen oder konkurrieren können. Lehrende sollen deshalb an das von ihnen ausgewählte Narrativ die Frage stellen: Welche (auch konfligierenden) Interessen können innerhalb der Institutionen und Systeme und zwischen den sie vertretenden Personen vermutet oder gedeutet werden (Darmann-Finck 2010: 181; Muths 2013: 164)? Im vorliegenden Beispiel erscheint es aufschlussreich, dass die Studierenden

- am Beispiel der Dekubitusprophylaxe reflektieren, unter welchem öffentlichen Druck Gesundheits- und Pflegeeinrichtungen stehen und gleichzeitig die Dekubitushäufigkeit als Indikator für Pflegequalität von Gesundheits- und Pflegeeinrichtungen kritisch infrage stellen.
- antizipieren, dass bei der Implementierung des „Expertenstandards Dekubitusprophylaxe" als Qualitätssicherungsinstrument in Einrichtungen mit Widerständen zu rechnen ist und deren Ursachen reflektieren.

3.2.2.4 Perspektive pflegerischen Handelns

Nun wird der Fokus darauf gerichtet, wie in der jeweiligen Situation vorgegangen werden kann. Ziel ist eine auf Verständigung ausgerichtete Kommunikation mit Patienten oder anderen involvierten Personen. Dafür sind die Lernergebnisse aller – auch der im vorliegenden Beitrag erst nachfolgend bearbeiteten – Matrixfelder wichtig, da die Lernenden auf der Grundlage ihres neu erworbenen Wissens, ihrer Einsichten, ihres Fallverständnisses und ihres erweiterten kritischen Bewusstseins für Widersprüche ausgewogen argumentieren sollen. Zu geeigneten Lernzielen führt hier die Frage: Welche Handlungsmöglichkeiten gibt es in dieser konkreten Situation und wie können diese bei möglicherweise konfligierenden Interessen ausgehandelt werden (Darmann-Finck 2010: 181; Muths 2013: 165)? Vor diesem Hintergrund entwickelten sich folgende Lernziele für das Modul „Dekubitusprophylaxe": Die Studierenden

- sind dazu befähigt, Pflegebedürftige angemessen über die fachliche Notwendigkeit der Dekubitusprophylaxe zu informieren und sie dabei nicht unter Druck zu setzen.
- können bei Patienten mit kognitiven Einschränkungen geeignete Wege einschlagen, um deren Bedürfnisse und vermuteten Willen angemessen zur Geltung kommen zu lassen.

- können aus Respekt vor der Patientenautonomie vorgenommene Abweichungen von den Handlungsempfehlungen des „Expertenstandards Dekubitusprophy- laxe" angemessen begründen, dokumentieren und argumentativ vertreten.

3.2.3 Lernzielformulierung auf Ebene des emanzipatorischen Erkenntnisinteresses

Mit der Lernzielformulierung auf der emanzipatorischen Erkenntnisebene wird der Analyseprozess zum Abschluss gebracht. Es soll dabei nach Widersprüchen gesucht werden, die die Pflegesituation prägen. Im eigenen Arbeitsprozess gestaltete sich die Bearbeitung dieser Matrixfelder am schwierigsten, da solche Widersprüche nicht immer offensichtlich sind und von Muths auch keine leitenden Fragestellungen angeboten werden. Darmann-Finck (2010: 182–183) zeigt auf, dass Pflegende häufig in Spannungsfeldern handeln, die ihnen nicht bewusst sind oder sich ihnen nicht vollständig erschließen. Die teils widersprüchlichen Ansprüche und Erwartungen an die Pflege können Pflegende zermürben, wenn sie deren Ursachen nicht verste- hen. Emanzipatorische Ziele richten sich deshalb darauf, Herausforderungen des Pflegealltags zu reflektieren, bei denen schwer vereinbare oder sogar unvereinbare Anforderungen zum Tragen kommen und Entscheidungen erschweren. Dies kann über den Einzelfall hinausgehen und allgemeine Strukturgesetzlichkeiten der Pflege- praxis betreffen. Angestrebt wird die Entwicklung und Festigung einer persönlichen Haltung (Muths 2013: 155). Für die Lernzielformulierung werden die Begriffe „die Lernenden erkennen oder die Lernenden reflektieren den Widerspruch zwischen ..." empfohlen (Muths 2013: 160).

3.2.3.1 Perspektive der Pflegenden

Welches emanzipatorische Erkenntnisinteresse in Bezug auf die Pflegenden selbst lässt sich aus dem Narrativ herauslesen? Ziel ist es, innere Konflikte Pflegender auf- zudecken und durch deren Reflexion ihre möglicherweise überhöhten Vorstellungen, wie z. B. über das, was eine gute Pflegeperson ausmacht, zu relativieren oder mit eigenen Ängsten, die aus Pflegesituationen entstehen, umgehen zu lernen (Darmann- Finck 2010: 183; Muths 2013: 165–166).

Auch aus dem vorliegenden Narrativ lässt sich ein Konflikt herauslesen: Dieser scheint zwischen dem Selbstbild der Studierenden und der ihr bei der Dekubituspro- phylaxe zugewiesenen Rolle zu bestehen. Obwohl sie sich selbst mit einer helfenden, unterstützenden und für Patienten positiv wirkenden Rolle identifiziert, fühlt sie sich durch die auferlegte Pflicht der Umlagerung zu einer extrem negativen Rolle gezwun- gen, die dem Patienten Schmerzen und Qualen zufügt. Das macht ihr zu schaffen und führt zu ausgeprägten Zweifeln. Daraus ergibt sich das folgende Lernziel: Die Stu- dierenden denken darüber nach, welche Vorstellungen sie von sich als Pflegeperson haben und in welchen Praxissituationen diese Vorstellungen schon mit bestehenden

Vorgaben kollidierten. Dadurch entwickeln sie die Bereitschaft, innere Konflikte zwischen den eigenen Vorstellungen und den von ihnen geforderten Handlungsweisen anzusprechen und mit anderen zu diskutieren. Dadurch entwickeln sie auch die Fähigkeit, Vorgaben infrage zu stellen und kritisch zu überprüfen.

3.2.3.2 Perspektive der Patienten

Aus der Patientenperspektive besteht das emanzipatorische Erkenntnisinteresse darin, sich innere Konflikte von Patienten bewusst zu machen, die von gesellschaftlichen Normen verursacht werden. Dazu zählen etwa Gefühle der Scham und der Selbstverachtung, die daraus erwachsenen, dass gesellschaftliche Idealvorstellungen von Gesundheit und körperlicher Stärke nicht mehr erfüllt werden können. Studierende sollen sich vergegenwärtigen, welche Gefühle Patienten angesichts abnehmender Selbstgestaltungsmöglichkeiten empfinden, und sie sollen darauf insofern Rücksicht nehmen, als sie diese durch ihr eigenes Handeln nicht unnötig verstärken (Darmann-Finck 2010: 183–184; Muths 2013: 166). Vor diesem Hintergrund lässt sich folgendes Lernziel formulieren: Die Studierenden antizipieren, welche Gefühle Patienten aufgrund ihrer Abhängigkeit von Pflegenden empfinden und denken darüber nach, wie sie diese in ihrem alltäglichen Pflegehandeln berücksichtigen können.

3.2.3.3 Perspektive der Institution bzw. des Gesundheitssystems

Auch aus der Perspektive der Institution werden im Fallbeispiel Widersprüche deutlich. Die Studierende erlebt, dass der Qualitätssicherungsanspruch ihrer Einrichtung mit dem Anspruch kollidiert, auf die Bedürfnisse des Patienten einzugehen und Umlagerungen durch das Pflegepersonal zu vermeiden. Dieser Widerspruch scheint für die Studierende besonders schmerzhaft, da der Patient verzweifelt wirkt, aber aufgrund seiner kognitiven Einschränkungen keine klaren Auskünfte bzw. Willensäußerungen geben kann (Darmann-Finck 2010: 184; Muths 2013: 166). Es ergibt sich folgendes Lernziel: Die Studierenden erkennen, dass Ansprüche der Qualitätssicherung und die Wahrung der Selbstbestimmung von Patienten in Widerspruch zueinander stehen können und dass dieser Widerspruch charakteristisch für die Pflege ist.

3.2.3.4 Perspektive pflegerischen Handelns

Ein wesentliches emanzipatorisches Erkenntnisinteresse professioneller Pflege scheint es zu sein, dass Lernende sich den grundsätzlichen Widerspruch der doppelten Handlungslogik vergegenwärtigen (siehe Kap. 2.2), der ihrem Handeln immer innewohnt. Sie sollen Entscheidungen auf wissenschaftlich begründetes Wissen stützen aber auch im Rahmen des Fallverstehens die Entscheidungen so treffen, dass die Autonomie des Patienten wiederhergestellt oder gewahrt wird – gerade Pflegeanfängern erscheint dies wie ein nicht erfüllbarer Spagat (Darmann-Finck 2010:

184–186). Deshalb soll sich das folgende Lernziel darauf richten, dass Studierende die doppelte Handlungslogik als wesentliches Merkmal der Pflege begreifen und deren Hintergründe verstehen, um anzuerkennen, dass ihr Handeln immer von gewissen Spannungen bestimmt wird.

Die hier formulierten Lernziele mussten u. a. vor dem Hintergrund der Lernvoraussetzungen der Studierenden didaktisch reduziert werden, um wesentliche Ziele und Inhalte für die Lehrveranstaltung „Dekubitusprophylaxe" zu ermitteln und geeignete Lernmethoden auszuwählen. Da das Ziel des Beitrags jedoch darin bestand, aufzuzeigen, wie hilfreich Modelle der Pflegedidaktik für die Formulierung begründeter Lernziele sein können, wird der weitere Entwicklungsprozess nicht mehr vorgestellt.

4 Fazit und Ausblick

Am Ende dieses Beitrags komme ich zu dem Fazit, dass die Arbeit mit den Instrumenten der interaktionistischen Pflegedidaktik ein facettenreiches und für mich persönlich überraschendes Ergebnis geliefert hat. Während ich vorher rein inhaltlich an der Dekubitusprophylaxe orientierte Themen im Kopf hatte, die alle auf der Ebene des technischen Erkenntnisinteresses lagen, spannte sich vor mir nachher ein aufschlussreiches Themenspektrum auf, das den Kern der Pflege berührte und mir das Gefühl gab, bei den Studierenden des zweiten Semesters wesentliche Lernprozesse dafür in Gang setzen zu dürfen, dass sie ihre berufliche Rolle entwickeln. Diese Perspektiverweiterung unterstreicht den Bedarf, angehende Pflegelehrer nicht erst in einem Masterstudium der Pflegepädagogik, sondern bereits im Rahmen ihres Bachelorstudiums intensiv mit der Pflegedidaktik vertraut zu machen.

Literatur

Bischoff-Wanner, Claudia (2008): Die Lehrerbildung in der Pflege im Zeichen von „Bologna". In: Claudia Bischoff-Wanner und Karin Reiber (Hrsg.): Lehrerbildung in der Pflege. Standortbestimmung, Perspektiven und Empfehlungen vor dem Hintergrund der Studienreformen. Weinheim, S. 11–40.

BMFSFJ (16.07.2003): Gesetz über die Berufe in der Krankenpflege. Krankenpflegegesetz – KrPflG. URL: https://www.gesetze-im-internet.de/bundesrecht/krpflg_2004/gesamt.pdf (letzter Aufruf: 22.02.2017).

BMFSFJ (25.08.2003): Gesetz über die Berufe in der Altenpflege. Altenpflegegesetz AltPflG. URL: https://www.gesetze-im-internet.de/bundesrecht/altpflg/gesamt.pdf (letzter Aufruf: 22.02.2017).

BMFSFJ (2016): Entwurf eines Gesetzes zur Reform der Pflegeberufe. Pflegeberufereformgesetz PflBRefG. URL: https://www.bmfsfj.de/blob/77270/.../entwurf-pflegeberufsgesetz-data.pdf (letzter Aufruf: 22.02.2017).

Brühe, Roland (2008): Identität von Lehrenden im Berufsfeld Pflege. Eine explorative Studie zum Einfluss (berufs-)biografischer Erfahrungen auf die Berufswahlentscheidung und Einstellungen von Pflegelehrern zu ihrer Tätigkeit. Unveröffentlichte Masterarbeit. Pflegewissenschaftliche Fakultät an der Philosphisch-Theologischen Hochschule Vallendar.

Büscher, Andreas; Blumberg, Petra (2014): Evidenz in den nationalen Expertenstandards für die Pflege des DNQP. In: Schiemann Doris; Moers, Martin; Büscher, Andreas (Hg.) (2014): Qualitätsentwicklung in der Pflege. Konzepte, Methoden und Instrumente.

Combe, A.; Helsper, W. (Hrsg.): Pädagogische Professionalität. Untersuchungen zum Typus pädagogischen Handelns. Frankfurt am Main.

Darmann, Ingrid (2000): Kommunikative Kompetenz in der Pflege. Ein pflegedidaktisches Konzept auf der Basis einer qualitativen Analyse der pflegerischen Kommunikation. Stuttgart.

Darmann, Ingrid (2001): Situations-, wissenschafts- und interaktionsorientierter Pflegeunterricht. am Beispiel eines Unterrichtsgesprächs über eine moralisch relevante Situation. In: Printernet Sonderdruck, S. 1–8.

Darmann, Ingrid (2005): Professioneller Pflegeunterricht. In: Printernet 7 (12), S. 655–663.

Darmann-Finck, Ingrid (2009): Interaktionistische Pflegedidaktik. In: Christa Olbrich (Hrsg.): Modelle der Pflegedidaktik. München, S. 1–22.

Darmann-Finck, Ingrid (2010): Interaktion im Pflegeunterricht. Frankfurt am Main.

Darmann-Finck, Ingrid (2010b): Pflegedidaktisch relevante empirische Forschung: Stand und Notwendigkeiten. In: Pflegewissenschaft 13 (11), S. 604–612.

Deutscher Bildungsrat (2004): Vernetzung von theoretischer und praktischer Pflegeausbildung. Paderborn.

DNQP/Deutsches Netzwerk für Qualitätssicherung in der Pflege (Hrsg.) (2010): Expertenstandard Dekubitusprophylaxe in der Pflege. 1. Aktualisierung 2010. Osnabrück.

Dütthorn, Nadin; Walter, Anja; Arens, Frank (2013): Was bietet die Pflegedidaktik? Ein Analyseinstrument zur standortbestimmenden Untersuchung pflegedidaktischer Arbeiten. In: PADUA 8 (3), S. 168–175.

Ertl-Schmuck, Roswitha; Fichtmüller, Franziska; Bischoff-Wanner, Claudia; Hoops, Wolfgang (2009): Pflegedidaktik als Disziplin. Eine systematische Einführung. Weinheim.

Ertl-Schmuck, Roswitha; Fichtmüller, Franziska (2010): Theorien und Modelle der Pflegedidaktik – Synopse, Diskussion und Resümee. In: Roswitha Ertl-Schmuck und Franziska Fichtmüller (Hrsg.): Theorien und Modelle der Pflegedidaktik. Eine Einführung. Weinheim, S. 203–226.

Friesacher, Heiner (2008): Theorie und Praxis pflegerischen Handelns. Begründung und Entwurf einer kritischen Theorie der Pflegewissenschaft. Göttingen.

Friesacher, Heiner (2015): Wider die Abwertung der eigentlichen Pflege. In: Intensiv 22 (4), S. 200–214.

Gillespie M.; McFertrige B. (2006): Nurse education - the role of the nurse teacher. In: Journal of Clinical Nursing 15, S. 639–644.

Greb, Ulrike (2009): Der Strukturgitteransatz in der Pflegedidaktik. In: Christa Olbrich (Hrsg.): Modelle der Pflegedidaktik. München, S. 23–44.

Greb, Ulrike (2010): Die Pflegedidaktische Kategorialanalyse. In: Roswitha Ertl-Schmuck und Franziska Fichtmüller (Hrsg.): Theorien und Modelle der Pflegedidaktik. Eine Einführung. Weinheim, S. 124–165.

Greb, Ulrike (2013): Die Pflegedidaktische Kategorialanalyse. In: Roswitha Ertl-Schmuck und Ulrike Greb (Hrsg.): Pflegedidaktische Handlungsfelder. Weinheim, S. 124–165.

Heimann P. (1976a): Didaktische Grundbegriffe. In: Reich K.; Thomas H. (Hrsg.) (1976): Paul Heimann. Didaktik als Unterrichtswissenschaft. Stuttgart, S. 103–141.

Helmke, Andreas (2009): Unterrichtsqualität und Lehrerprofessionalität. Diagnose, Evaluation und Verbesserung des Unterrichts. Seelze-Velber.

Hülsken-Giesler Manfred (2013): Hochschuldidaktik – eine Einführung. In: Roswitha Ertl-Schmuck und Ulrike Greb (Hrsg.): Pflegedidaktische Handlungsfelder. Weinheim, S. 66–89.

Klafki, Wolfgang (2007): Neue Studien zur Bildungstheorie und Didaktik. Zeitgemäße Allgemeinbildung und kritisch-konstruktive Didaktik. Weinheim.

Kottner, Jan; Tannen, Antje (2010): Literaturstudie. In: DNQP (Hrsg.): Expertenstandard Dekubitusprophylaxe in der Pflege. 1. Aktualisierung 2010. Osnabrück, S. 41–73.

Muths, Sabine (2013): Lerninseln. In: Roswitha Ertl-Schmuck und Ulrike Greb (Hrsg.): Pflegedidaktische Handlungsfelder. Weinheim, S. 152–185.

Oevermann, U. (1996): Theoretische Skizze einer revidierten Theorie professionalisierten Handelns. In: A. Combe; W. Helsper (Hrsg.): Pädagogische Professionalität. Untersuchungen zum Typus pädagogischen Handelns. Frankfurt am Main, S. 70–182.

Peterßen, Wilhelm H. (2001): Lehrbuch Allgemeine Didaktik. München.

Plaumann, Ute (2015): Umrisse einer Fachdidaktik Pflege. Didaktische, erwachsenenbildnerische, berufspädagogische und pflegewissenschaftliche Aspekte. Frankfurt am Main.

Reusser, K.; Pauli, C. (2010): Unterrichtsgestaltung und Unterrichtsqualität – Ergebnisse einer internationalen und schweizerischen Videostudie zum Mathematikunterricht. Einleitung und Überblick. In: K. Reusser; C. Pauli; M. Waldis (Hrsg.): Unterrichtsgestaltung und Unterrichtsqualität. Münster, S. 9–32.

Sahmel, Karl-Heinz (2015): Lehrbuch kritische Pflegepädagogik. Bern.

Schubarth, W.; Speck, K. (2014): Fachgutachten Employability und Praxisbezüge im wissenschaftlichen Studium. HRK Fachgutachten ausgearbeitet für die HRK. URL: https://www.hrk-nexus.de/fileadmin/redaktion/hrk-nexus/07-Downloads/07-02-Publikationen/Fachgutachten_Employability-Praxisbezuege.pdf (letzter Aufruf: 08.10.2016).

Schwarz-Govaers, Renate (2005): Subjektive Theorien als Basis von Wissen und Handeln. Ansätze zu einem handlungstheoretisch fundierten Pflegedidaktikmodell. Bern.

Walter, Anja; Altmeppen, Sandra; Arens, Frank; Bohrer, Annerose; Brinker-Meyendriesch, Elfriede; Dütthorn, Nadin; Käding, Heiko; Pohl, Maria; Schwarz-Govaers, Renate; Welling, Karin (2013): Was bietet die Pflegedidaktik? Analyseergebnisse pflegedidaktischer Arbeiten im Überblick. In: PADUA 8 (5), S. 302–310.

Wittneben, Karin (2003): Pflegekonzepte in der Weiterbildung für Pflegelehrerinnen und Pflegelehrer. Über Voraussetzungen und Perspektiven einer kritisch-konstruktiven Didaktik der Krankenpflege Leitlinien einer kritisch-konstruktiven Pflegelernfelddidaktik. Frankfurt am Main.

Wittneben, Karin (2009): Leitlinien einer kritisch-konstruktiven Pflegedidaktik. In: Christa Olbrich (Hrsg.): Modelle der Pflegedidaktik. München, S. 105–122.

Teil 4: **Projekte und Programme**
Die berufliche Verortung

Rainer Ammende

Die Integration ausländischer Pflegefachpersonen

Eine pflegepädagogische Herausforderung

1 Einleitung

Anerkennungsverfahren von Pflegefachpersonen mit einem ausländischen Berufsabschluss in der Krankenpflege werden in Deutschland in Form von Praktika, qualifizierten Arbeitszeugnissen und Kolloquien seit vielen Jahren durchgeführt. Der
steigende Bedarf an Pflegefachpersonal in Deutschland und die damit verbundenen
Rekrutierungsabkommen mit Tunesien, Bosnien-Herzegowina, Serbien und den Philippinen erhöhten ab 2010 die Zuwanderung und Nachfrage nach Ausgleichsmaßnahmen drastisch. Die EU-Richtlinien zur Anerkennung von Berufsausbildungen führten
zu Gesetzgebungsverfahren in Deutschland und Ausführungsbestimmungen in den
Bundesländern.[1]

In diesem Beitrag werden das Anerkennungsverfahren sowie notwendige Vor-
bereitungsmaßnahmen auf Prüfungen skizziert und anschließend die pflegepäda-
gischen Herausforderungen im Umgang mit Migranten und Flüchtlingen in diesem
Prozess beleuchtet. Zum Abschluss des Beitrags werden einige Themen aufgezeigt,
die aus Sicht des Autors eingehend untersucht werden müssten, um das Verfahren
zu professionalisieren und Lehrpersonal auf diese Tätigkeit adäquat vorzubereiten.

2 Anerkennungsverfahren für ausländisches Pflegefachpersonal im Regierungsbezirk Oberbayern

Bedauerlicherweise gibt es keine bundeseinheitlichen Ausführungsbestimmungen
zu Anerkennungsverfahren in der Pflege, weshalb hier das Verfahren an der Akademie der Städtischen Klinikum München GmbH beschrieben wird.

Personen mit einem ausländischen Berufsabschluss in der Kranken- oder Kinderkrankenpflege müssen ihre Unterlagen bei der Regierung von Oberbayern einreichen.
Entspricht der Berufsabschluss in Form und Inhalt den EU-Vorgaben und dem deutschen

---

1 Diese Regularien finden sich in der jeweils gültigen Fassung auf der Internetseite www.anerkennung-
in-deutschland.de (letzter Aufruf: 16.03.2017).

DOI 10.1515/9783110500707-010

Krankenpflegegesetz in der jeweils gültigen Fassung, erhalten Antragsteller eine sofortige Anerkennung bei Vorlage eines Sprachzertifikats Deutsch B2 – europäischer Referenzrahmen –, ohne Prüfung tatsächlich vorhandener Kompetenzen. Diese Regelung fördert gezielt die Mobilität der arbeitenden Bevölkerung in Europa und eine möglichst barrierefreie und zügige Integration in den Arbeitsmarkt des Ziellands (vgl. Richtlinie 2013/55/EU, Einführung Abs. 4). Ergibt die Prüfung der Unterlagen Abweichungen von den oben angeführten Standards, müssen Antragsteller(innen) Ausgleichsmaßnahmen absolvieren, die mit einer mündlichen und praktischen Prüfung abschließen.

Die Rechtsgrundlagen zur Feststellung der Gleichwertigkeit ausländischer Berufsabschlüsse in der Krankenpflege basieren auf EU-Richtlinien (vgl. www.anerkennung-in-deutschland.de) und § 2 Krankenpflegegesetz (KrPflG) sowie §§ 19 ff der Ausbildungs- und Prüfungsverordnung (KrPflAPrV) und der „Verordnung zur Durchführung und zum Inhalt von Anpassungsmaßnahmen sowie zur Erteilung und Verlängerung von Berufserlaubnissen in Heilberufen" des Bundes vom 02.08.2013/Artikel 15. Die Regierung von Oberbayern – Sachgebiet 53.1. Gesundheit – veröffentlichte im November 2013 für die Berufsfachschulen für Krankenpflege, die Anerkennungsverfahren durchführen, einen „Leitfaden zur Durchführung von Anerkennungsverfahren für Berufsfachschulen" (unveröffentlichtes Konzept), nach denen sich diese Einrichtungen richten.

3 Ausgleichsmaßnahmen in der Kranken- und Kinderkrankenpflege zur Erlangung der Gleichstellung

Folgende Verfahren zur Erlangung der Gleichstellung sind möglich:

Für Bürger aus der EU und aus Drittstaaten kann eine Anerkennung in Form eines *Anpassungslehrgangs* im Krankenhaus mit abschließendem Prüfungsgespräch erfolgen. Der Anpassungslehrgang besteht aus einer Einarbeitung im stationären Bereich und integrierten fachpraktischen und fachtheoretischen Unterweisungen. Die Dauer des Lehrgangs legt die Schule fest. Durchschnittlich benötigen die Antragsteller sechs bis acht Monate. Der Anpassungslehrgang endet mit einer mündlichen Prüfung. Eine Verkürzung des Lehrgangs durch die Schule ist bei entsprechenden Leistungen möglich, ebenso eine einmalige Verlängerung bei unzureichenden Leistungen. Geprüft wird von Pflegepädagogen der dritten Qualifikationsstufe und Praxisanleitern. In der Regel arbeiten „Pflegefachpersonen in Anerkennung" in einem Krankenhaus unter Aufsicht von Pflegefachpersonal für ein Helfergehalt und werden, wenn gut betreut, regelmäßig angeleitet.

Antragsteller(innen) der Europäischen Union oder des Europäischen Wirtschaftsraums können alternativ an einer Schule eine *Eignungsprüfung* ablegen. Diese besteht aus einem komplexen Fallbeispiel, aus dem Pflegesituationen abgeleitet und entsprechende Prüfungsfragen formuliert werden. Die mündliche und praktische Prüfung findet in der Schule statt. Eine einmalige Wiederholung ist möglich.

Bürger aus Drittstaaten können alternativ zum Anpassungslehrgang als Prüfungsform eine *Kenntnisprüfung* an einer Berufsfachschule wählen. Diese besteht aus einer einstündigen mündlich-theoretischen Prüfung mit einem Arzt oder Medizinpädagogen (vierte Qualifikationsstufe) und einem Pflegepädagogen (dritte Qualifikationsstufe) sowie einem praktischen Prüfungsteil analog der Eignungsprüfung mit einem Pflegepädagogen (dritte Qualifikationsstufe) und einem Praxisanleiter. Die zuständige Berufsfachschule für Kranken- oder Kinderkrankenpflege bestellt einen Prüfungsausschuss. Alle bestellten Prüfer(innen) müssen von der Bezirksregierung genehmigt werden. Die Genehmigung richtet sich nach dem Krankenpflegegesetz, der Ausbildungs- und Prüfungsverordnung und der Lehrergenehmigungsliste.

Prüfungen sind auf ermittelte Defizite und deren Ausgleich ausgerichtet. Eine einmalige Wiederholung ist bei allen Prüfungen möglich. Die Prüflinge müssen mindestens 50 % der geforderten Leistung erbringen, um die Prüfung zu bestehen. Noten werden in der Prüfung in Anerkennungsverfahren nicht erteilt.

4 Antragsteller

Deutschland hat in den vergangenen Jahren mit Ländern mit „Pflegefachpersonalüberhang" Verträge geschlossen. Bosnien-Herzegowina, Tunesien, Serbien, China (in geringen Kontingenten) und die Philippinen erlauben eine Anwerbung. Mit weiteren Ländern steht die Gesellschaft für Internationale Zusammenarbeit (GIZ) in Verhandlung (Sri Lanka, Indien, Vietnam, Georgien). Hiebei werden auch ethische Grundsätze zur Anwerbung von Pflegefachpersonal vom International Council of Nurses (ICN) berücksichtigt (ICN 2007). Die Anwerbung soll nur in Ländern erfolgen, in denen dadurch keine Mangelsituation im Gesundheitswesen entsteht.

Aufgrund der räumlichen Nähe stammen sehr viele Antragsteller(innen) in Bayern aus dem Balkan und hier vorwiegend aus Bosnien-Herzegowina, Kroatien und Serbien. Die Pflegeausbildungen im Balkan und den Nachfolgestaaten der ehemaligen UdSSR entsprechen mehr der Ausbildung der „Medizinischen Fachangestellten" in Deutschland als der deutschen Pflegeausbildung. Themen wie „Pflegeprozess", „Pflegemodelle", „Pflegebedarfsermittlung mit Skalen", „Evidenzbasierung" und „Expertenstandards" sind in der Regel nicht bekannt. Pflegefachpersonal u. a. aus den Philippinen wiederum verfügen über einen universitären Berufsabschluss (B. Sc. Nursing), dessen Qualifikationsniveau sich vom traditionellen Berufsprofil an Kranken- und Kinderkrankenpflegeschulen in Deutschland unterscheidet. Absolventen dieser Studiengänge verfügen über mehr fachtheoretisches Wissen, wissenschaftliches Knowhow und qualifizierte fachpraktische Kompetenzen, die auf ein erweitertes Tätigkeitsfeld mit mehr beruflicher Autonomie und größeren Entscheidungsbefugnissen vorbereiten als in Deutschland üblich. Dieser Unterschied ist in der Performanz im stationären Bereich zu beobachten.

Die traditionelle deutche Pflegeausbildung bezieht sich vorwiegend auf die Unterstützung von Patienten und Bewohner in ihren Lebensaktivitäten wie Körperpflege, Kleiden usw. sowie auf ärztliche Assistenz. Die Abgrenzung zur Krankenpflegehilfe ist noch nicht trennscharf vollzogen. Entscheidungsbefugnisse sind auf „grundpflegerische" Maßnahmen reduziert. Im Rahmen der hochschulischen primärqualifizierenden Pflegeausbildung werden erste Schritte hin zu einer evidenzbasierten Pflege und einer professionellen Umsetzung des Pflegeprozesses eingeleitet. Eine Rollenabgrenzung zwischen traditionell und akademisch qualifiziertem Pflegefachpersonal gibt es in Deutschland noch nicht. Durch Masterstudiengänge sollen Modelle erweiterter Pflegepraxis eingeführt werden. Es mangelt aber noch bundesweit an Studiengängen an Universitäten, die in enger Zusammenarbeit mit Medizinstudiengängen klinische Profile entwickeln, wie z. B. an den Universitäten in Basel, Halle-Wittenberg, Witten-Herdecke und an der Humboldt Universität/Charité in Berlin. Skills-Grade-Mixmodelle zur Ausdifferenzierung pflegerischer Tätigkeiten sind noch nicht implementiert. Abrechnungs-, Verordnungs- und Verschreibungsrechte für entsprechend qualifiziertes Pflegefachpersonal werden im Rahmen des Modellstudiengangs „Evidenzbasierte Pflege" an der Universität Halle-Wittenberg (Übertragung heilkundlicher Tätigkeiten gemäß SGB V, § 63, Abs. 3 a und c) diskutiert und sollen in der kommenden Legislaturperiode auch im Rahmen von Gesetzgebungsverfahren eine Rolle spielen (vgl. Karl-Josef Laumann: Deutscher Pflegetag 10.03.2016).

5 Vorbereitungslehrgang

Die EU-Berufsrichtlinien sind nach Verabschiedung innerhalb von zwei Jahren in nationales Recht umzusetzen. Aus diesem Grund berücksichtigt der Entwurf des Pflegeberufsgesetzes die modernisierte Richtlinie von 2013 und soll das Kranken- und Altenpflegegesetz und die Ausbildungs- und Prüfungsverordnungen ablösen. Ausgleichsmaßnahmen beziehen sich immer auch auf das jeweils gültige Ausbildungsgesetz.

Geregelt sind Prüfungsvorgaben für Anerkennungsverfahren, nicht aber die Finanzierung und die Vorbereitung von Antragsteller(innen) auf die Prüfungen. Kosten bis zu 5000 € für Gebühren, Sprachkurse, Übersetzungsarbeiten, Vorbereitungslehrgänge und Prüfungen werden auf die Antragsteller(innen) abgewälzt. An der Akademie des Städtischen Klinikums München wurde aufgrund der stark steigenden Anzahl von Antragstellern, die eine Ausgleichsmaßnahme absolvieren müssen, ein dringend erforderlicher Vorbereitungslehrgang aufgebaut. Die Finanzierung des Lehrgangs erfolgt durch die Referate für Arbeit und Wirtschaft und das Sozialreferat der Landeshauptstadt München, weshalb er für Pflegefachpersonal in Anerkennung aus München gebührenfrei angeboten werden kann. Es werden Mittel des Münchner Beschäftigungs- und Qualifizierungsprogramms zur Verfügung gestellt. Das Sozialreferat, Amt für Wohnen und Migration, ermöglicht die Durchführung des integrierten Deutschunterrichts im Lehrgang durch die Münchner Volkshochschule mit Mitteln des Förderprogramms „Integration durch Qualifizierung (IQ)".

Gemäß den Vorgaben des Bayerischen Staatsministeriums für Bildung und Kultus, Wissenschaft und Kunst und des Staatsministeriums für Gesundheit und Pflege werden Prüfungen in Anerkennungsverfahren von Berufsfachschulen für Kranken- und Kinderkrankenpflege organisiert und abgenommen, dokumentiert und Prüfungsergebnisse an die zuständige Behörde weitergeleitet. Eine Refinanzierung für diese Arbeit fehlt. Eine qualifizierte Praxisanleitung der Antragsteller(innen) wird im Leitfaden der Regierung von Oberbayern zwar vorgeschrieben, eine Refinanzierung der benötigten Praxisanleiterzeiten ist jedoch nicht geregelt. Bundesweit werden diese benötigten Ressourcen dem Ausbildungsbudget in der Kranken- und Kinderkrankenpflegeausbildung entnommen. In der stationären Altenhilfe werden vielfach Ressourcen der Altenpflegeausbildung genutzt.

Der Vorbereitungslehrgang der Akademie umfasst 13 eintägige Module. In den Modulen 1 bis 9 werden vormittags Fachthemen vermittelt. Verschiedene Fachdozent(inn)en (Pflegepädagogen, Ärzte, Praxisanleiter) lehren und verknüpfen Unterrichtsinhalte (Anatomie, Physiologie, Krankheitslehre, Hygiene, Pflege, Recht, Qualitätsmanagement usw.) mit Inhalten der Lernplattform Certified Nurse Education (CNE), damit die Lehrgangsteilnehmer(innen) für eine Nacharbeit eine Orientierung erhalten. Zudem werden Skripte und Lückentexte zur Ergebnissicherung ausgegeben. Betten, Demonstrationspuppen und -material stehen für Demonstrationszwecke zur Verfügung. Eine Deutschlehrerin – Deutsch als Fremdsprache – ist anwesend. Bei Bedarf werden Teamteachingsequenzen eingefügt. Nachmittags wird mit Bezug auf die Fachunterrichte mit zwei Deutschlehrern die Anwendung von Fachsprache geübt. Die Module 10 bis 13 dienen der gezielten Vorbereitung der Kursteilnehmer(innen) in Kleingruppen auf die mündlichen und praktischen Prüfungen. Die Teilnehmer(innen), die einen Anpassungslehrgang im Krankenhaus absolvieren, erhalten eine Vorbereitung durch Praxisanleiter(innen) im stationären Bereich. Für Antragsteller(innen) mit dem Berufsprofil „Kinderkrankenpflege" werden entsprechend Differenzierungsunterrichte gehalten. Im Vorbereitungslehrgang werden inklusive der Kleingruppen insgesamt 212 Unterrichtseinheiten fachtheoretischen und fachpraktischen Unterrichts angeboten. Der Lehrgang ist wie folgt gegliedert:

- **Modul 1:** Berufskunde; Aus-, Fort-, Weiterbildung und Studium in der Pflege in Deutschland; Karrieremöglichkeiten; Recht; aktuelle Diskurse in der Berufspolitik.
- **Modul 2:** Hygiene; Qualitätsmanagement; Standards in der Pflege.
- **Modul 3 und 4:** Pflegetechniken (Prophylaxen; Medikamentengabe; Wundmanagement; Verbandswechsel; Infusionen und Injektionen; Drainagen usw.).
- **Modul 5 und 6:** Krankheitslehre; Diagnostik und Therapie.

- **Modul 7:** Kommunikation (Ethikkodes ICN; Menschenrechtscharta EU; fallorientierte Gesprächsführung; Techniken der Transaktionsanalyse; interkulturelle Aspekte der Kommunikation).
- **Modul 8:** Pflegekonzepte (Kinästhetik; Basale Stimulation; Integrative Validation; Bobath-Konzept).
- **Modul 9:** Pflegeprozess und Dokumentation fallorientiert.
- **Modul 10 bis 13:** Prüfungsvorbereitung in Kleingruppen (Fallbeispiele für den mündlichen Teil der Prüfung; Übungen für den praktischen Teil der Prüfung: Katheterismus, Verbandswechsel, Infusionsmanagement; Vitalzeichen, Krankenbeobachtung und Lagerung; Prophylaxen, Hygiene usw.).

6 Fachbezogener Deutschunterricht

Seit 2012 begleitet die Münchner Volkshochschule (MVHS) die Akademie des Städtischen Klinikums München bei der Durchführung des Anerkennungsverfahrens für Pflegefachpersonal mit ausländischem Berufsabschluss in der Pflege. Im Laufe der Lehrgänge wurde das Konzept des fachbezogenen Deutschunterrichts[2] für Personen mit ausländischem Berufsabschluss in der Pflege mehrfach den Anforderungen angepasst. Für die Durchführung verantwortlich sind Deutschdozent(inn)en der MVHS mit der Qualifikation Deutsch als Fremdsprache/Deutsch als Zweitsprache sowie mit Fachkenntnissen aus dem Pflegebereich.

Im Modul 1 wird der speziell für diese Zielgruppe vom MVHS-Team entwickelte Sprachstandstest durchgeführt. Der Einstufungstest beinhaltet vorrangig relevante Grammatik- und Wortschatzthemen (deutsche Fachbegriffe in der Pflege) und besteht aus schriftlichen Aufgaben, die Fragen von A2 bis B2 umfassen, wie z. B. Körperteile, Passiv- und Partizipialkonstruktionen. Das Ergebnis zeigt, dass durchschnittlich ca. 25 % der Teilnehmenden sich auf Niveau B2 befinden, 45 % können das Niveau B1 nachweisen und die restlichen 30 % liegen mit ihrem Sprachniveau zwischen A2 und B1. Somit sieht man, dass das Sprachniveau innerhalb der großen Gruppe sehr weit differiert, was eine besondere Herausforderung für den berufsbezogenen Deutschunterricht darstellt.

Die Bedarfsermittlung ist der Zielgruppe angepasst und basiert auf praxisnahen Szenarien. Bei der mündlich-sprachlichen Kompetenz werden die Arbeitsbereiche aufgelistet, in denen die Teilnehmenden mündlich aktiv sind, wie z. B. bei Themen wie „Trost und Beistand spenden für Patienten und Angehörige". Entsprechend werden die Bedarfe im Schreiben erfasst. Die Auswertung ergibt, dass insbesondere die Patientenaufnahme, die Schichtübergabe, das Erklären von Pflegemaßnahmen und die Teambesprechungen häufig als kommunikative Anforderungen genannt

---

2 Geschrieben von Anita Krischker und Dr. Lejla Finger, Lehrerinnen für Deutsch als Fremdsprache.

werden. In der schriftlichen Kommunikation sind vor allem die Dokumentation und die Pflegeplanung wichtige Aufgaben. Der Wechsel zwischen mündlicher und schriftlicher Kommunikation stellt eine besondere Herausforderung im Berufsalltag der Pflegenden dar. Die Dokumentation ist immer in einem kurzen und knappen Sprachstil, dem Nominalstil formuliert. Die mündliche Umsetzung bei der Wiedergabe/ Übergabe erfolgt im Verbalstil, d. h. in längeren Sätzen in der Alltagssprache. Es zeigt sich während des Lehrgangs, dass die Lernenden damit besondere Schwierigkeiten haben. Im Nachmittagsunterricht, dem fachbezogenen Deutschunterricht, wird auf diese Kompetenz mit speziellen Übungen eingegangen.

Das Teamteaching mit den Fachdozenten am Vormittag hat sich sehr bewährt, denn als große Herausforderung besonders für sprachlich schwächere Lernende stellte sich heraus, dass die Bedeutung einzelner Inhalte erst in den verteilten Skripten verstanden werden. Die Lernenden werden aufgefordert, dem Dozententeam Fragen zu stellen, um die nicht verstandenen fachlichen Inhalte umgehend sprachlich zu klären.

Darüber hinaus identifizieren die Sprachdozenten selbst komplexe Stellen, aus denen sich Verständnisschwierigkeiten ergeben. Schwierige Fachbegriffe, z. B. aus dem Bereich „Rechts- und Berufskunde", werden im Fachunterricht sofort besprochen und im Sprachunterricht nachbereitet.

Durch den Einsatz verschiedener Fachdozenten ergeben sich neue Schwerpunkte, die im fachbezogenen Deutschunterricht zu berücksichtigen sind. Das ist nur durch die aktive und aufmerksame Teilnahme der Deutschdozent(inn)en am Fachunterricht möglich. Entsprechend dem Rahmencurriculum zur Sprachsensibilisierung in der beruflichen Qualifizierung können die Deutschdozent(inn)en im Austausch mit den Fachdozenten Anregungen und geeignete Methoden für diese Zielgruppe empfehlen, z. B. die Vereinfachung der Skripte zum besseren Verständnis wie auch die Einbeziehung verschiedener praktischer Übungssequenzen und Sozialformen. Ziel ist es, die Teilnehmer(innen) zu befähigen, bei den Prüfungen ihr fachliches Wissen in einer sprachlich adäquaten Form wiederzugeben.

Die Inhalte des Fachunterrichts am Vormittag werden mit unterschiedlichen Übungsformen wiederholt. Jeder Teilnehmer ist gefordert, die Fähigkeit der freien und selbstständigen Nutzung der Berufssprache in Deutsch zu üben. Bei diesen Übungsformen geht es überwiegend darum, dass die Teilnehmenden durch mehrfaches Wechseln der Partner/Gruppen bzw. Aufgabenstellungen mit den verschiedensten Fragen konfrontiert werden. Die sprachlich stärkeren Lernenden werden zugunsten der Binnendifferenzierung aufgefordert, die sprachlich schwächeren bei Formulierungen zu unterstützen. Dabei wird auch auf eine gute sprachliche Umsetzung durch Deutschdozenten geachtet.

Als gute Prüfungsvorbereitung hat sich bewährt, Präsentationen zu Krankheitsbildern und anatomischen Grundlagen zu erarbeiten. Im Wesentlichen geht es darum, dass nach einem vorgegebenen Leitfaden die wichtigsten Aspekte eines Themas herausgearbeitet und in einer simulierten Prüfungssituation vorgestellt werden. Wenn möglich, wird zusätzlich ein Handout mit Lücken für die Zuhörer verfasst. Am Ende bekommen die Lernenden ein Feedback sowie fachliche Ergänzungen von den Dozenten und Teilnehmern. Besonders hilfreich sind auch Übungen zur Sammlung von Ausdrücken zur Beschreibung von Wunden, Schmerzen, Hautzustand und Vitalzeichen. Dazu werden passende Grammatikthemen eingeführt bzw. wiederholt, z. B. Passiv, Partizip I und II, was sehr erwünscht ist. Deutsche Begriffe für medizinische Fachwörter werden bei Bedarf im gesamten Lehrgang berücksichtigt. Da Kommunikation im Fachunterricht von zwei Modulen auf ein Modul verkürzt wurde, wurde im Lehrgang danach der Bereich „schwierige Gespräche/Trost und Beistand spenden" in einer Übungssequenz am Nachmittag bearbeitet.

Basis für die Wiederholung der Fachinhalte sind die Skripte der Fachdozenten. Zu den einzelnen Modulen wurden von den Deutschdozent(inn)en Fachglossare entwickelt und bei Bedarf angepasst. Aus einschlägigen Lehrwerken wurden Übungen und Anregungen entnommen (Schrimpf-Oehlsen et al. 2016; Böck/Rohrer 2015). Die Fragen zu den verschiedenen Wiederholungen entwickeln die Deutschlehrkräfte selbst.

Nach Auswertung der Abschlussevaluation sind durchschnittlich 90 % mit der Qualität des fachbezogenen Deutschunterrichts zufrieden bis sehr zufrieden und halten auch Teamteaching mit einer Deutschdozentin im Fachunterricht für hilfreich.

7 Das didaktische Modell

Die interaktionistische Pflegedidaktik von Darmann-Finck (siehe Tab. 1) ist ein Leitfaden im Vorbereitungslehrgang. Aus drei vertikalen und vier horizontalen Items pflegerischen Handelns ergibt sich eine heuristische Matrix, mit der Unterrichtsreihen geplant und begründet werden können.

Die Heuristik ermöglicht die Darstellung der Komplexität einer pflegerischen Situation und die Reduktion auf einen Aspekt dieser Situation zur vertiefenden Bearbeitung im Unterrichtsgeschehen. Mittels der Heuristik können Kursteilnehmer(innen) im Unterricht auch Lernbedarfe zu einer Pflegesituation ermitteln. Mit diesem Modell werden die Bedeutung des *theoretischen Erkenntnisinteresses,* wie Regelwissen und Evidenz, des *praktischen Erkenntnisinteresses,* wie der Aushandlungsprozess in der pflegerischen Situation, Deutungsmuster, das Fremde und Eigene, sowie des *emanzipatorischen Erkenntnisinteresses,* wie Deutungen, Wahrnehmungsfragen und Widersprüche, Dilemmata, kritische Reflexion und mögliche Handlungsoptionen in den Blick genommen. Der ICN-Ethikkodex dient als ethische Grundlage für Pflegehandeln, die EU-Menschenrechtscharta und Ausschnitte des Patientenrechtegesetzes sind ebenfalls Inhalte des Unterrichts. Als Bezugsrahmen für pflegerisches Handeln wird das Modell des Lebens und daraus die Lebensaktivitäten nach Roper genutzt (Roper et al. 2002).

Tab. 1: Pflegedidaktische Heuristik als Herzstück der interaktionistischen Pflegedidaktik (Darmann-Finck 2009, S. 5).

	Pflegende	Patienten/ Bezugspersonen	Institution/ Gesundheitssystem	Pflegerisches Handeln
Technisches Erkenntnis-interesse	Erklären von Pflege und in-strumentelle Pro-blemlösung für die Probleme/Krisen der Pflegenden	Erklären des Patien-tenverhaltens und Ableiten von instru-mentellen Lösungen für die (Selbst-)Pflege-aufgabe von Patienten	Erklären und Ablei-ten von instrumen-tellen Lösungen für die Aufgaben der Institution und des Systems	Erklären und Ableiten von instrumentellen Lösungen im Hinblick auf die Unterstützung des Patienten bei seinen Selbstpflege-aufgaben
Praktisches Erkenntnis-interesse	Verstehen der und Verständigung über die eigenen bio-grafisch geprägten Interessen, Gefühle, Motive und Werte	Verstehen der und Verständigung über die eigenen bio-grafisch geprägten Interessen, Gefühle, Motive und Werte des Patienten	Verstehen der und Verständigung über die Interessen und Motive der Institu-tion/des Gesund-heitswesens	Fallverstehen/ Urteilsbildung und Kommunikation
Emanzipa-torisches Erkenntnis-interesse	Aufdecken von gesellschaftlich geprägten inneren Konflikten	Aufdecken von gesell-schaftlich geprägten inneren Konflikten	Aufdecken von gesellschaftlichen Widersprüchen	Aufdecken von widersprüchlichen Strukturgesetzlich-keiten pflegerischen Handelns

8 Die Teilnehmer(innen)

Die Kursteilnehmer(innen) sind ausschließlich Personen mit Migrationshintergrund. Bisher waren Menschen aus über 40 Nationen in den Vorbereitungslehrgängen unserer Einrichtung. Ungefähr 90 % sind neu eingereiste Berufsanfänger(innen). Die übrigen Personen verfügen über Berufserfahrung im Aus- oder Inland. Sie kommen aus sehr unterschiedlichen Gründen nach Deutschland. Der Wunsch nach einer beruflichen Perspektive, einem guten Leben, einem friedlichen und sicheren Leben oder Entdeckungslust sind nur einige der Motive. Einige Personen kommen, um zu bleiben. Viele planen die Zeit in Deutschland als einen begrenzten Lebensabschnitt. Die Sprachkenntnisse liegen zu Beginn selten über dem Niveau B2 des europäischen Referenzrahmens. Vielfach ist die Umgangssprache deutlich besser ausgeprägt als die Fachsprache. Die sprachliche Hürde erschwert das Erkennen, Verstehen und Ein-schätzen von Personen. In der Begegnung mit diesen Kolleg(inn)en sind zwei Ebenen bedeutsam. „Zum einen die Achtung von der unverwechselbaren Identität jedes Individuums, unabhängig von Geschlecht, Rasse oder ethnischer Zugehörigkeit. Zum anderen die Achtung vor jenen Handlungsformen, Praktiken, Spielarten von

Weltauffassung, die bei Angehörigen sozial-kultureller Milieus hohes Ansehen genießen und für sie identitätsstiftende Bedeutung haben (Gutmann 1993:125). Lehrende, Praxisanleiter, Pflegefachpersonal der Einsatzorte und die Lehrgangsteilnehmer(innen) sind gefordert, denn in multikulturellen Gesellschaften und im Arbeitsfeld in multikulturellen Teams muss man sich zwangsläufig mit divergierenden Weltdeutungen auseinandersetzen, will man ausländisches Pflegepersonal binden und sich selbst am Arbeitsplatz wohlfühlen.

Der Migrationsprozess und die ersten Schritte der Integration sind verbunden mit der Anwerbung im Ausland, Vorstellungsgesprächen via Skype, dem Arbeitsvertrag, der Einreise- und Arbeitsgenehmigung, der Ankunft und Unterbringung in einer Wohnung und der Arbeitsaufnahme als Pflegehelfer(in) in einem stationären Setting in der Altenhilfe, der Akutpflege oder im ambulanten Pflegedienst. Parallel dazu besucht dieser Personenkreis in der Regel einen Sprachkurs. Die neuen Kolleg(inn)en müssen von der neuen Bankverbindung, Internetverbindung, neuen Geschäften und dem neuen Hausarzt bis zum Kindergarten für das Kleinkind eine Vielzahl von Veränderungen in ihrem Leben bewältigen. Die Suche nach dem Gemeinsamen zeigt sich stark in den Einarbeitungsphasen am Einsatzort durch das Einbringen von Fachkenntnissen und Pflegekompetenzen im Arbeitsalltag, die Integration in das Pflegeteam und die Übernahme von Routinen, wie z. B. dem Stationsablauf, der Nachahmung von Pflegemaßnahmen und den Übergaberitualen. Man möchte dazugehören und akzeptiert werden. Im Prozess der Migration und der Integration fallen das „Fremde" und das „Eigene", das Gemeinsame wächst. Diese Situation führt zur verstärkten Auseinandersetzung mit ihrem „häufig schmerzhaften Prozess der Einsicht in die Relativität ihrer oft kulturell begründeten ethischen Überzeugungen" (Kiesel 2013: 82).

Ethnische, religiöse, generationstypische und politische Konflikte der Herkunftsgesellschaften werden häufig in Begegnungen von Migranten im Aufnahmeland sichtbar, so auch in den Vorbereitungskursen und in den Teams am Einsatzort. Zudem sind die traditionellen Rollenauffassungen der Herkunftsgesellschaften von Männern und Frauen, der Umgang mit „Randgruppen" in den Einarbeitungsprozessen, den Vorbereitungskursen und Prüfungen sichtbar und führen gelegentlich auch zu Konflikten. Statements, wie z. B. „direkt in die Augen schauen ist unhöflich", „offene Kritik äußern ist unhöflich" oder missverstandene humorvolle Äußerungen offenbaren, dass Integration sehr vielschichtig ist und das Gemeinsame erst noch verstanden und erworben werden muss.

Zentral für die Teilhabe am beruflichen und gesellschaftlichen Leben ist der Erwerb der Sprache. Die Auseinandersetzung mit der Aufnahmegesellschaft führt zu einer neuen und umfassenden Sozialisation der Migranten. Finden sich zahlreiche Migranten desselben Herkunftslands in einem Pflegeteam wieder, können vertraute kulturelle Aspekte der Herkunftsgesellschaft stärker aufrechterhalten werden, weil der Anpassungsdruck nicht so hoch ist.

Wird das Anerkennungsverfahren erfolgreich abgeschlossen, ergibt sich daraus in der Regel ein unbefristetes Arbeitsverhältnis, bei Familiennachzug eine größere Wohnung und die Teilhabe an den gesellschaftlichen Angeboten des Aufnahmelands. Das bedeutet soziales Prestige und die Möglichkeit zur Selbstverwirklichung. Deutschland als Aufnahmeland bietet Fachpersonal in der Pflege und deren Familien gute Perspektiven und gesellschaftliche Teilhabe, in der Regel ein diskriminierungsarmes Umfeld und Sicherheit. Die Leistungsanforderungen in der Pflege in Deutschland sind sehr hoch, da eine Pflegepersonalbemessung in Relation zur Belegung und dem Pflegegrad nicht gegeben ist. Zudem werden neu eingereiste Kolleg(inn)en vorwiegend in Bereichen eingesetzt, in denen Personalmangel herrscht. Die Einarbeitungs- und Arbeitsbedingungen sind aufgrund der Personalknappheit und der hohen Arbeitsbelastung schwierig. Die Erwartungshaltung der deutschen Führungs- und Fachpflegepersonen bezüglich der Leistungserbringung und Fachkompetenz stimmt häufig nicht überein mit den tatsächlichen Möglichkeiten einer neu eingereisten Pflegefachperson in Anerkennung. Je höher der Arbeitsdruck und die Personalnot, umso größer das ökonomische Verwertungsinteresse von Personal und umso geringer die Ressourcen für die Einarbeitung und Integration.

9 Herausforderungen

Für die Teilnehmer(innen) am Vorbereitungskurs ist das Prüfungsergebnis meist von existenzieller Bedeutung. Ein Scheitern bedeutet für Nicht-EU-Bürger die sofortige Ausreise. Alle mit der Perspektive Deutschland verbundenen Hoffnungen können nicht realisiert werden. In einigen Fällen hängen Familiensysteme im Herkunftsland von Transferzahlungen ab.

Die Kursteilnehmer(innen) stehen unter Zeitdruck. Einerseits haben Nicht-EU-Bürger maximal zwei Jahre Zeit, um die Sprach- und die Fachprüfung zu bestehen, andererseits erwarten Arbeitgeber in der Regel ein zügiges und erfolgreiches Anerkennungsverfahren, damit diese „Hilfskräfte" dann als Fachpersonal eingesetzt werden können. Auch die Besuche in Behörden zur Visumverlängerung gehören nicht zu den Höhepunkten deutscher Willkommenskultur. Zahlreiche Kursteilnehmer(innen) berichten von sehr überlastetem Verwaltungspersonal und unerfreulichen Begegnungen.

Ungefähr die Hälfte der Kursteilnehmer(innen) will die Prüfung sehr schnell ablegen, weil das Visum befristet ist, und die Gleichstellung auch eine entsprechende Vergütung bedeutet. Einigen Personen muss zu einem späteren Prüfungstermin geraten werden. Die Selbsteinschätzung ist geprägt durch die Ausbildung im Herkunftsland und den damit verbundenen Standards. Die Fremdeinschätzung ist geprägt durch hiesige Prüfer und deutsche Ausbildungsstandards. Diese Einschätzungen klaffen auseinander. In den Bewertungen der Prüfungen werden ca. 15 bis

20 % mit über 70 %, die übrigen Prüflinge mit 50 % bis 70 % bewertet. Die Durchfallquote liegt bei ca. 10 %. Die Bestehensquote in Wiederholungsprüfungen liegt bei ca. 90 %. Selbsteinschätzungen der Prüflinge divergieren häufig deutlich. Die Situation die Antragsteller(innen) während der Einarbeitungszeit und in der Zeit bis zum Abschluss des Anerkennungsverfahrens ist schwierig, da sehr viele Anforderungen zu bewältigen sind. Sehr selten lässt sich eindeutig ermitteln, was die Kursteilnehmer(innen) wirklich wissen und können und was nicht. Defizitfeststellungen sind deshalb schwierig, weil Sprach- und Fachkompetenz so eng miteinander verwoben sind. Selbstverständlich wollen die Kursteilnehmer(innen) als kompetent, qualifiziert und „brauchbar" wahrgenommen werden. In der Regel offenbaren sich erhebliche Unterschiede zwischen dem präsentierten Kompetenzprofil und der Performanz. Im fachpraktischen Unterricht zeigt sich, dass Vitalzeichenerhebung, Katheterismus, sterile Verbandswechsel und Infusionsmanagement für ca. 70 % der Teilnehmer eine große Herausforderung darstellen. In Einzelfällen fällt trotz vorliegender Zertifikate und Urkunden das fehlende Sprach- und Fachwissen auf. Da in einigen Ländern Urkunden über einen Berufsabschluss und Sprachzertifikate käuflich erworben werden können, ist das Misstrauen der Prüfer(innen) bei auffallend schlechten Leistungen groß.

Skillstraining und Simulation nehmen in dem Vorbereitungslehrgang einen zunehmend größeren Anteil des Unterrichts ein, um Handlungskompetenzen zu fördern, Handlungsketten zu üben, die Patientensicherheit zu erhöhen und die Praxiseinsatzorte hinsichtlich der Einarbeitung zu unterstützen.

Der Zeitdruck und die Ressourcenknappheit treiben Lehrer dazu, in möglichst kurzer Zeit viel zu erreichen. Zunehmend können Kursteilnehmer(innen) nicht regelmäßig und ganztägig am Lehrgang teilnehmen, weil sie im Schichtdienst verplant werden oder gerade aus dem Nachtdienst kommen. Nur nach mehrfacher Erprobung des Lehrgangs und der Durchführung zahlreicher Prüfungen lässt sich erkennen, ob das Angebot dem eigentlichen Bedarf entspricht.

Im Kern geht es auch im Anerkennungsverfahren um die „Begegnung zweier verschiedener Betrachtungsweisen, die kontrastiert und relationiert bzw. übereinander geschoben oder wechselseitig etikettiert werden." (Dewe et al. 1992) Die Entwicklung einer reflexiven Professionalität der Antragsteller benötigt Zeit, denn die erworbenen Kompetenzen aus dem Herkunftsland und die vielen neuen Erkenntnisse im aktuellen Praxiseinsatzort müssen mit Lehrgangsinhalten verknüpft, dann erprobt und in einer Fremdsprache und Fachsprache expliziert werden. In Prüfungsgesprächen wird sichtbar, dass die Pflege von Patienten mit Pflegestufe A3 geleistet werden kann, die Fragen zu Krankheitsbildern, Diagnostik und Therapie, Pflegemaßnahmen usw. beantworten werden können, aber die Verknüpfung der einzelnen Wissenssegmente noch nicht erfolgt und komplexere Zusammenhänge vielfach noch nicht erschlossen werden können. Dieser Prozess benötigt Zeit (vgl. Benner 1997).

10 Lehrer(innen) und Haltung

Georg Auernheimers „heuristisches Modell zur Interpretation interkultureller Begegnungen" (siehe Abb. 1, nach Auernheimer 2013: S. 50) kann für Personen, die sich mit der Integration von Pflegefachpersonal beschäftigen, hilfreich sein.

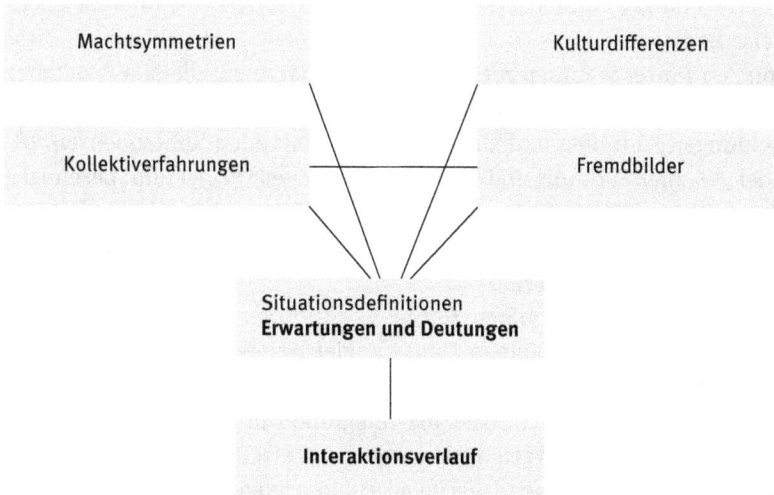

Machtsymmetrien   Kulturdifferenzen

Kollektiverfahrungen   Fremdbilder

Situationsdefinitionen
Erwartungen und Deutungen

Interaktionsverlauf

Abb. 1: Heuristisches Modell zur Interpretation interkultureller Begegnungen (nach Auernheimer 2013, S. 50).

Die Konzepte lassen sich auch im Rahmen der interaktionistischen Pflegedidaktik bearbeiten. Auernheimer geht davon aus, dass Machtasymmetrien, Kollektiverfahrungen, Kulturdifferenzen und Fremdbilder die Situationsdefinition und damit verbundene Erwartungen und Deutungen prägen, und den Interaktionsverlauf bestimmen. So gibt es z. B. im Hinblick auf Machtasymmetrien in der Integration ausländischen Fachpersonals in der Pflege eine Minderheit und eine Dominanzkultur. Die Sprachmacht der Einheimischen ist größer als die der Neuankömmlinge. Geschichtliche Begebenheiten zwischen dem Balkan und Deutschland (Zweiter Weltkrieg/Bosnienkrieg) sind Kollektiverfahrungen, die heutige Begegnungen mit prägen. Die Sichtweise von Filipinos auf Deutschland ist eine völlig andere. Gesellschaftliche Schichten, Bildung und wirtschaftliche Fakten prägen ebenfalls Machtasymmetrien und Kollektiverfahrungen. Fremdbilder werden aus Kollektiverfahrungen generiert. So prägen Ereignisse wie der 11. September 2001 in New York und Attentate in europäischen Ländern das Bild von Muslimen. Kulturspezifische Verhaltensmuster und Normen werden vielfach von tiefer liegenden Wertorientierungen bestimmt und beeinflussen entsprechend die Beziehungsebene.

Die involvierten Lehrenden wollen Menschen in der Situation des Ankommens und der Integration tatkräftig unterstützen. Sie sind jedoch mit einer komplexen Situation konfrontiert, auf die sie nicht ausreichend vorbereitet sind. In den von Auernheimer skizzierten Konzepten enthalten sind Themen, wie der große psychische Druck der Teilnehmer(innen). Wenn eine Prüfung 600 € kostet und man nur 1200 € verdient, wenn eine Bewertung in der Wiederholungsprüfung unter 50 % das Ende des Anerkennungsverfahrens, den Verlust des Arbeitsplatzes und die umgehende Ausreise bedeutet, ist das auch für das Lehrpersonal sehr belastend. Diese hoch emotionalen Prozesse führen nicht selten zu Situationen, die alle Beteiligten sehr betroffen machen. Dennoch sind Prüfer(innen) gefordert, klare, nachvollziehbare Entscheidungen zu treffen und zu selektieren, – mit allen Konsequenzen. Die Suche nach der „leichten" Prüfung und dem „ungefährlichen" Prüfer führt bei einigen Antragsstellern zu einem Prüfungstourismus durch Bezirke und Bundesländer. Aufgrund eines fehlenden Zentralregisters kann nicht nachvollzogen werden, ob eine Person die Prüfung mehrfach unternimmt.

In vielen Prüfungen im stationären Setting ist unschwer erkennbar, dass Prüflinge gut in ihren Teams angekommen sind, sie viel Unterstützung erfahren und Kolleg(inn)en die Daumen drücken und sich sehr freuen, wenn die Prüfung gut verlaufen ist. Erkennbar ist aber auch, dass die Integration in einigen Bereichen die Frage nach theoretischen Grundlagen ausklammert und erst in der Prüfung sichtbar wird, dass die Performanz vorwiegend aus dem Reproduzieren von Routinen besteht.

11 Kommunikation, Transaktionsanalyse und Sprachunterricht

Weil die Verständigung über das Anliegen der Antragsteller, die Prüfungsstandards in der Pflegeausbildung in Deutschland, die Geduld und Zeit für eine ausreichende Vorbereitung und der gesamte Integrationsprozess mit all seinen guten Momenten, aber auch Widrigkeiten sehr komplex ist, wurden im Kommunikationsmodul des Lehrgangs Instrumente der Transaktionsanalyse aufgenommen, wie das „O.K.-Geviert" (Ich bin okay, du bist okay usw.), die Aspekte der Autonomie und Selbstverantwortung (Stewart/Joines 2009, S. 180ff), die Analyse von Transaktionen und das Karpmann-Dreieck (Stewart/Joines 2009. S. 338ff). Es ermöglicht, in schwierigen Situationen durch Metakommunikation ein – auf Verständigung angelegtes – Miteinander zu fördern. Die Stärkung der persönlichen Autonomie und eine Kommunikation auf Augenhöhe sind auch Kernkonzepte der interaktionistischen Pflegedidaktik und des Konzepts zur interkulturellen Kommunikation von Auernheimer und unterstützen den Integrationsprozess. Lehrgangsteilnehmer(innen) zeigen ein großes Interesse an diesen Themen, um schwierige Gesprächssituationen im Patientenkontakt besser bewältigen zu können.

Die Integration ausländischen Pflegefachpersonals ist eine sehr komplexe und anspruchsvolle Aufgabe, für die erweiterte pädagogische Modelle benötigt werden. Das Beraten, Begleiten, Lehren und Prüfen im Kontext von Anerkennungsverfahren ist eine Herausforderung, die traditionell vermittelte pflegepädagogische Kompetenzen deutlich übersteigt. Neben einer soliden fachlichen und pädagogischen Kompetenz sind besondere interkulturelle und zusätzlich spezielle sprachliche Kompetenzen notwendig. Eine neue Qualifikationsanforderung ist das integrierte Fach- und Sprachlehren in beruflichen Anpassungsqualifikationen. Die „IQ Fachstelle berufsbezogenes Deutsch" erprobt in Zusammenarbeit mit der Friedrich-Alexander-Universität Erlangen-Nürnberg derzeit ein neues Schulungskonzept mit folgenden Zielen:

1. die Rolle der Lehrkraft im integrierten Sprachlernen üben
2. die Unterrichtskommunikation sprachförderlich gestalten
3. die sprachliche Heterogenität der Lernenden gezielt beachten
4. die Sprachkompetenz praxisorientiert fördern
5. den eigenen Unterricht langfristig gezielt sprachförderlich gestalten

Aus dem Modell des „Cognitive Apprenticeship" (Reich 2006) wurde das Konzept des „Scaffolding" aufgegriffen. Lehrer unterstützen den fachbezogenen Lernprozess durch ein Gerüst, in dem Sequenzen von Sprachunterricht eingebunden werden, wenn erforderlich. Der Lernende soll dadurch selbstständiger werden. In der Phase der Artikulation soll der Lernende erworbenes Wissen benennen und in der Reflexionsphase das Gelernte bewerten. In der Phase der Exploration soll der Lernende dann selbstständig agieren. Scaffolding dient somit dazu, den Lernenden im Prozess des fachbezogenen Lernens beim parallelen Spracherwerb so zu unterstützen, dass er ein hohes Maß an Selbstständigkeit in der Aneignung erwirbt.

12 Ausblick

Um den Integrationsprozess und das Durchlaufen des Anerkennungsverfahrens gut unterstützen zu können, müssen das didaktische Modell, das Modell zur Interpretation interkultureller Begegnungen und das Konzept des integrierten Fach- und Sprachunterrichts aufeinander bezogen werden. Die Akteure am Lernort „Theorie" und Lernort „Praxis" sollten einem abgestimmten Integrationsmodell folgen, damit sich die ausländischen Pflegefachpersonen mit möglichst geringen Barrieren in die neue Arbeits- und Lebenswelt einfinden können.

Der nahezu weltweit steigende Bedarf an Pflegefachpersonal führt zunehmend zu einer „Karussellmigration", in der Menschen durch mehrere Länder wandern, Fach- und Sprachkenntnisse sammeln und dann entscheiden, wo sie sich niederlassen werden oder ob sie wieder in das Herkunftsland zurückkehren (Kingsma 2006). Ein professionelles Modell der Integration kann die Bindung von Fachpersonal unterstützen.

Noch verfügen Einrichtungen im Gesundheitswesen in Deutschland nicht über professionelle Integrationskonzepte und die Stützkonzepte durch staatliche Regularien und Interventionen sind noch sehr unzureichend. Dem Grunde nach werden zur Bewältigung des künftigen Personalbedarfs in der Pflege finanzierte „Zentren für Anerkennungsverfahren und Integration" in Pflegekammern benötigt, die mit evaluierten Beratungs-, Schulungs- und Prüfungskonzepten Fachpersonal in Gesundheitseinrichtungen und Migranten unterstützen. Ein effizientes Modell für die Ausgestaltung international vergleichbarer Anerkennungsprüfung könnte der „Aptitute test for nurses" des Royal College of Surgeons in Irland sein, in dem unter anderem. mit standardisierten klinischen Prüfungsszenarien (OSCE) in Simulationszentren verschiedene Themengebiete geprüft werden.

Dieser Beitrag ist aus der Idee heraus entstanden, angehende Pflegepädagog(inn)en für dieses Thema zu interessieren, und Untersuchungen zum Themenkomplex anzuregen, um zu neuen fachdidaktischen Erkenntnissen zu kommen.

Literatur

Auernheimer, Georg (2013): Interkulturelle Kommunikation, mehrdimensional betrachtet, mit Konsequenzen für das Verständnis interkultureller Kompetenz. In: Auernheimer, Georg (Hrsg.): Interkulturelle Kompetenz und pädagogische Professionalität. 4. Aufl. Wiesbaden.

Benner, Patricia (1997): Stufen zur Pflegekompetenz. Bern.

Böck, Melanie; Rohrer, Hans-Heinrich (2015): Deutsch B1/B2 in der Pflege für Fachkräfte im Anerkennungsverfahren. München.

Darmann-Finck, Ingrid (2009): Interaktionistische Pflegedidaktik. In: Olbricht, Christa (Hrsg.): Modelle der Pflegedidaktik. München, S. 5.

Dewe, Bernd; Ferchhoff, Wilfried; Radtke, Frank-Olaf (1992): In: Oettler, Jörg (2009): Rolle und Selbstverständnis der Mentoren in den Schulpraktischen Studien. Books on Demand, S. 78.

Gutmann, Amy (1993): Multikulturalismus und die Politik der Anerkennung. Berlin.

Kiesel, Doron; Volz, Fritz Rüdiger (2013): Anerkennung und Intervention. Moral und Ethik als komplementäre Dimensionen interkultureller Kompetenz. In: Auernheimer, Georg (Hrsg.): Interkulturelle Kompetenz und pädagogische Professionalität. 4. Aufl. Wiesbaden.

Kingsma, Mireille (2006): Nurses on the Move – a global overview. In: Health Services Research. Heft 42.

Laumann, Karl Josef (2016): Vortrag auf dem Deutschen Pflegetag am 10.03.2016.

Regierung von Oberbayern, Sachgebiet 53.1. Gesundheit (2013): Leitfaden zur Durchführung von Anerkennungsverfahren für Berufsfachschulen. Unveröffentlichtes Konzept.

Reich, Kersten (2006): Konstruktivistische Didaktik, Lehr- und Studienbuch mit Methodenpool und CD-ROM. Weinheim und Basel: Beltz Verlag

Roper, Nancy; Logan, Winifred; Tierney, Allison J. (2002): Das Roper-Logan-Tierney-Modell. Basierend auf Lebensaktivitäten (LA). Bern.

Schrimpf-Oehlsen, Ulrike; Becherer, Sabine; Ott, Andrea (2016): Deutsch für Pflegekräfte. Kommunikationstraining für den Pflegealltag. Berlin.

Stewart, Iann; Joines, Vann (2009): Die Transaktionsanalyse. Freiburg.

Ziegler, Tina (2017): Weiterbildungsprojekt Integriertes Fach- und Sprachlernen. Friedrich-Alexander-Universität Erlangen-Nürnberg, Fakultät für Wirtschaftswissenschaften, Junior-professur für berufliche Kompetenzentwicklung.

Internetquellen

URL: https://www.bundesgesundheitsministerium.de/themen/praevention/patientenrechte/patientenrechte.html; Downloads: Bundesjustizministerium (2013) Patientenrechte im Klartext (letzter Aufruf: 10.03.2017).
URL: https://www.anerkennung-in-deutschland.de/media/20130808_bgbl_vo_durchfuehrung_und_inhalt_von_anpassungsmassnahmen.pdf; Artikel 15 (letzter Aufruf: 16.03.2017).
URL: www.deutscher-pflegerat.de; Downloads: ICN Ethikkodex für Pflegende (letzter Aufruf: 13.03.2017).
URL: www.icn.ch; ICN (2007) Ethical Nurse Recruitment (letzter Aufruf: 10.03.2017).
URL: https://www.gesetze-im-internet.de/krpflg_2004/BJNR144210003.html (letzter Aufruf: 11.03.2017).
URL: http://eur-lex.europa.eu/legal-content/DE/TXT/?uri=celex%3A32005L0036: Richtlinie 2005/36/EG des Europäischen Parlaments und des Rates vom 7. September 2005 über die Anerkennung von Berufsqualifikationen (letzter Aufruf: 15.03.2017).
URL: http://eur-lex.europa.eu/legal-content/DE/TXT/HTML/?uri=CELEX:32013L0055&from=DE; Richtlinie 2013/55/EU des Europäischen Parlaments und des Rates zur Änderung der Richtlinie 2005/36/EG über die Anerkennung von Berufsqualifikationen und der Verordnung (EU) Nr. 1024/2012 über die Verwaltungszusammenarbeit mit Hilfe des Binnenmarkt-Informationssystems („IMI-Verordnung") vom 20. November 2013 (letzter Aufruf: 15.03.2017).
URL: http://www.europarl.europa.eu/charter/pdf/text_de.pdf; Charta der Grundrechte der Europäischen Union (letzter Aufruf: 02.02.2017).

Helma Kriegisch
Erfahrungen und Erfordernisse in der Kommune

Eine Förderungsoffensive pflegepolitischer Programme und Projekte

1 Einleitung

Der Münchner Stadtrat stellt seit Jahren auf freiwilliger Basis Haushaltsmittel zur Verfügung, um die Situation in der Langzeitpflege zu verbessern. Förderungen in der ambulanten und stationären Pflege können gleichermaßen von allen Anbieter(inne)n in München beantragt werden. Förderzwecke sind Erprobungen neuer Versorgungsformen, personelle Unterstützung im Einzugsmanagement und in der Betreuung Demenzkranker sowie Fort- und Weiterbildungen und Supervisionen. Die beruflich Pflegenden werden in ihrer Grundausbildung sowie beim lebenslangen Lernen entsprechend begleitet, um den sich stetig ändernden und steigenden Anforderungen standhalten zu können. Zudem wird ein wichtiger Beitrag geleistet, um Personal für die Langzeitpflege zu gewinnen und im Beruf zu binden. Dies gilt gleichermaßen für Personen, die sich für Führungs- und Leitungspositionen interessieren oder sie innehaben.

2 Verantwortung für eine zeitgemäße pflegerische Infrastruktur

Das Pflegeversicherungsgesetz gibt vor, dass die Länder für die Vorhaltung einer leistungsfähigen, zahlenmäßig ausreichenden und wirtschaftlichen pflegerischen Versorgungsstruktur verantwortlich sind. Laut Gesetz wirken die Länder, Kommunen, Pflegeeinrichtungen und Pflegekassen unter Beteiligung des Medizinischen Dienstes der Krankenversicherung (MDK) eng zusammen, um eine leistungsfähige, regional gegliederte, ortsnahe und aufeinander abgestimmte ambulante und stationäre pflegerische Versorgung der Bevölkerung zu gewährleisten. Das heißt, dass auch die Landeshauptstadt München verantwortlich ist. Dieser Aufgabe kommt sie zunächst mit jährlichen Marktberichten zur teil- und vollstationären Pflege sowie mit wiederholten Pflegebedarfsermittlungen für die Langzeitpflege nach.[1] Sie sichert darüber hinaus Flächen und stellt Haushaltsmittel zur Verfügung.

---

1 https://www.muenchen.de/rathaus/Stadtverwaltung/Sozialreferat/Sozialamt/fachinformationen-pflege/marktbericht_pflege.html (letzter Aufruf: 01.03.2017).

DOI 10.1515/9783110500707-011

2.1 Anforderungsprofile für vollstationäre Pflegeeinrichtungen

In München werden entsprechend des festgestellten Bedarfs Flächen zur Umsetzung entsprechender Bauvorhaben gesichert. Grundlage zur Vergabe eines städtischen Grundstücks zum Zweck der Schaffung vollstationärer Pflegeplätze ist ein „Anforderungsprofil". Inhalte eines Anforderungsprofils sind durch gesetzliche Vorgaben definiert, wie die Qualitätsmaßstäbe gemäß Pflegeversicherungsgesetz oder die Vorgaben des Pflege- und Wohnqualitätsgesetzes. Hinzu kommen konzeptionelle Bausteine, die durch das Sozialreferat erstellt werden. Die Vorgaben des Anforderungsprofils sind mit der Bewerbung des Investors oder Betreibers darzulegen und sind letztlich Bestandteil des Vertrags. Der Stadtrat beschließt das Anforderungsprofil und somit die konzeptionellen Vorgaben zur Grundstücksvorgabe für das öffentliche Ausschreibungsverfahren des Kommunalreferats.

So wurde bereits im Jahr 2004 in den ersten Anforderungsprofilen ein Einzelzimmeranteil von 80 % gefordert, der gesetzlich in Bayern Jahre später mit der Ausführungsverordnung zum Pflege- und Wohnqualitätsgesetz auf dieses Niveau angehoben wurde. Der gesamte Baukörper und die Freiflächen sind barrierefrei nach der geltenden DIN-Norm zu planen und zu realisieren. Wert wird darauf gelegt, dass moderne Konzepte konsequent geplant und umgesetzt werden. Dabei wird auf die technische Planung geachtet, die sich u. a. in überschaubaren Einheiten, stationären Hausgemeinschaften, Wohnküchen, Gemeinschaftsräumen, Orientierung an der Normalität, Orientierungshilfen, Farbwahl, Beleuchtungskonzepten und dem biografischen Ansatz in der Ausgestaltung wiederfindet. In der Betreuung und Pflege sind u. a. Biografieorientierung, Individualisierung der Angebote und Abläufe, Selbstverantwortung und -bestimmung der Menschen mit Demenz, soziale Teilhabe, Alltagsorientierung und Tagesstruktur gefordert.

Diese geforderten konzeptionellen Schwerpunkte haben sich in der baulichen Gestaltung abzubilden. Für Menschen mit Demenz soll nicht zwingend ein beschützender Bereich, für den ein richterlicher Unterbringungsbeschluss jeweils erforderlich ist, gebaut werden. Eine zeitgemäße Sterbebegleitung ist ebenso Baustein des städtischen Anforderungsprofils. Dieses beinhaltet einen zentralen „Raum der Stille", der Bewohner(inne)n und Besucher(inne)n ebenso wie Mitarbeiter(inne)n zur überkonfessionellen Trauerarbeit zur Verfügung steht. Das Sterben wurde mit dem ersten Anforderungsprofil im Jahr 2004 zu einem zentralen Thema. Mittlerweile hat es auch über das Gesetz zur Verbesserung der Hospiz- und Palliativversorgung (HPG) nochmals eine Stärkung in der vollstationären Pflege erfahren, wenngleich bislang ohne zusätzliche finanzielle Ressourcen.

Seit 2004 umfassen die konzeptionellen Vorgaben für die Vergabe städtischer Grundstücke in München auch die Vernetzung über Angebote ins Quartier, beispielsweise die Öffnung der Pflegeeinrichtung über einen Mittagstisch, ein Café, die Kooperationen mit Kirchengemeinden, Kindergärten und Vereinen, die Teilnahme an Gremien wie örtlichen Arbeitsgemeinschaften und Facharbeitskreisen in den jeweiligen Stadtvierteln unter der Moderation von REGSAM (Regionales Netzwerk für Soziale Arbeit in München).

Die Quartiersöffnung der Pflegeeinrichtungen wird seit einigen Jahren kontrovers diskutiert, und es sind unterschiedliche Modelle entstanden. Hierbei ist es erforderlich, im Austausch mit den Heimträgern und Expert(inn)en eine umsetzbare Lösung zu finden. Hierzu fand im Sozialreferat eine Veranstaltung im Rahmen des „Forums Altenpflege"[2] statt. Ein fachlicher Austausch war mit Expert(inn)en gegeben und wird in weiteren Gesprächen und bei folgenden Grundstückssicherungen fortgeführt. Erforderlich ist hier in Fort- und Weiterbildungen sowie im Studium „Pflegemanagement", dass die entsprechenden Kompetenzen für die unterschiedlichen Hierarchieebenen der Heimträger entwickelt und gefördert werden.

Die Umsetzung der städtischen Anforderungen bei der Grundstücksvergabe kann bei der Projektentwicklung durch den Heimträger gelingen, wenn hier bereits von Anfang an beruflich Pflegende mit entsprechenden Qualifikationen beteiligt werden. Dies geht über einfache Anforderungen an Betriebsabläufe bis hin zur Konzepterarbeitung bisher nicht üblicher Angebote wie das der stationären Hausgemeinschaften. Die Inbetriebnahme einer vollstationären Pflegeeinrichtung erweist sich als sehr aufwändig. Dafür ist ausreichend Zeit einzuplanen, damit neue Mitarbeiter(innen) gewonnen, Teams eingearbeitet und Bewohner(inne)n das Eingewöhnen ermöglicht wird. Die Umsetzung von fachlichen Standards, gleichen Werten und Haltungen zur Sicherung der Versorgungsqualität von der Essensversorgung bis hin zur medizinischen Behandlungspflege ist berufsgruppenübergreifend von der Hauswirtschaft über die Technik, Verwaltung, Küche bis hin zur Pflege grundlegend.

Pflegepädagogik spielt hier eine wichtige Rolle, indem die Managementebene zu befähigen ist, (neue) Prozesse anzustoßen und deren kontinuierliche Umsetzung adäquat zu begleiten. Die beruflich Pflegenden stehen bei der Umsetzung neuer Konzepte vor der Herausforderung, sich auf Neues einzulassen. Insbesondere im stationären Hausgemeinschaftskonzept geht es darum, Nahtstellen zu Hauswirtschaft und Präsenzkraft (Alltagsmanager(in)) zu gestalten. Qualifizierungsmodule für Präsenzkräfte, die den Alltag so normal wie möglich mit den Bewohner(inne)n organisieren sollen, sind bei den Bildungsträgern noch selten, da sie bislang wenig nachgefragt werden.

2.2 Innovative pflegerische Versorgung

Auch in München gibt es insbesondere im Bereich der Behindertenhilfe eine lange und bewährte Tradition der Wohngruppen und ambulanten Wohnformen. Im Lauf der Zeit sind ambulant betreute Wohngemeinschaften hinzugekommen. 2005 beschloss der Münchner Stadtrat das „Konzept zur pflegerischen Versorgung in

---

2 http:/www.muenchen.de/forum-altenpflege (letzter Aufruf: 17.02.2017).

München"[3]. Hier wurden u. a. vergleichend ambulant betreute Wohngemeinschaften in Deutschland beschrieben. Das Besondere war, dass das Sozialreferat mithilfe einer Anschubfinanzierung beauftragt wurde, innovative Pflegeangebote in ihrer Entstehungsphase zu unterstützen.

Auch in diesem Pflegesegment gibt es Flächenreservierungen, damit der entsprechende Wohnraum zur Verfügung gestellt werden kann und somit auch pflegebedürftigen Menschen mit mittlerem oder niedrigerem Einkommen zur Verfügung zu steht. Für ambulant betreute Wohngemeinschaften bietet die Landeshauptstadt München einen Qualitätszirkel an.[4] Hier können sich engagierte und interessierte Initiator(inn)en austauschen und wichtige Themen diskutieren, Probleme werden – soweit möglich – einer Lösung zugeführt. Entsprechender Wohnraum ist u. a. bei einer städtischen Wohnungsbaugesellschaft entstanden.

Die städtische Wohnungsbaugesellschaft „Gemeinnützige Wohnungsfürsorge AG" (GEWOFAG) setzt im „Wohnen im Viertel" auf ein Modell, in dem über die pflegerische Versorgung in sog. Projektwohnungen eine ständige Präsenz für die Mieter(innen) im fußläufig erreichbaren Quartier gegeben ist. Somit wird Sicherheit vermittelt, und bei Bedarf werden kleinere Hilfeleistungen angeboten. Ergänzt wird dies um ein Nachbarschaftscafé, das sich ins Quartier öffnet.

Es zeigt sich, dass in Fort- und Weiterbildungen sowie im Studium „Pflegemanagement" die entsprechenden Kompetenzen für die unterschiedlichen Versorgungsangebote entwickelt und gefördert werden. Für diese Versorgungsformen ist die Qualifizierung der beruflich Pflegenden sowie der Leitungs- und Führungskräfte erforderlich, um die jeweiligen Rollen der Berufsgruppen zu definieren und dem Konzept entsprechend umzusetzen. In Konzepten zur Begleitung von Menschen mit Demenz ist die Arbeit der Präsenzkraft oder Alltagsmanager(in) noch nicht überall implementiert. Es geht nicht nur um das Ausfüllen neu entstandener Nahtstellen, sondern stärker darum, Qualifizierungen anzubieten, die Präsenzkräfte befähigen, den Alltag zu organisieren und pflegebedürftigen Menschen situativ angemessene Angebote zur Beschäftigung zu machen und diese fachlich zu begleiten. Hier muss auch die Rolle von Hauswirtschaft und Pflege neu betrachtet und ggf. auf das Konzept und auf die Bedarfe und Bedürfnisse der Bewohner(innen) angepasst werden. Betriebswirtschaftliches Wissen ist notwendig, um im rechtlichen Rahmen die Leistungen erbringen und finanzieren zu können. Das Management der neu eingeführten „Pflegegrade", um die Einnahmen und damit das erforderliche Personal zu sichern, sowie das nötige Wissen um Vertragsverhandlungen sind unverzichtbar.

Fachlich seien exemplarisch zwei Unterscheidungen genannt: So müssen Demenzwohngemeinschaften anders organisiert werden als beispielsweise ambulant betreute Wohngemeinschaften für Menschen mit hohem behandlungspflegerischem Bedarf, d. h. für Intensivpflege. Für die ambulant betreuten Wohngemeinschaften für

---

3 http://www.muenchen-transparent.de/antraege/656819 (letzter Aufruf: 01.03.2017).
4 http://www.muenchen.de/ambwg (letzter Aufruf: 17.02.2017).

Menschen mit Demenz sind differenzierte Qualifizierungsmaßnahmen für die Gestaltung und Begleitung des Alltags erforderlich, analog der Präsenzkraft in der stationären Hausgemeinschaft. In der Intensivpflege-Wohngemeinschaft sind es spezifische Fachkenntnisse sowie u. a. Kenntnisse in Bezug auf die hygienischen Anforderungen. In beiden Settings ist die Versorgung rund um die Uhr sicherzustellen, sind Fachkräfte adäquat einzuplanen und die Einnahmen hierfür entsprechend zu sichern. Letztlich gibt es Überprüfungen der Qualität durch Aufsichtsbehörden und durch den Medizinischen Dienst der Krankenversicherung (MDK). Die Kostenträger prüfen auch den ordnungsgemäßen Einsatz der Mittel.

2.3 Öffnung der Pflegeangebote analog der Bevölkerungsentwicklung

Die demografische Bevölkerungsentwicklung verändert sich zunehmend und mit ihr verändern sich die Bedarfe. So werden die Menschen heute älter als in früheren Generationen. Auch die Zahl pflegebedürftiger Migrant(inn)en wird in den kommenden Jahren weiter steigen. Sie und ihre Angehörigen sind zunehmend auf Unterstützungs- und Pflegeleistungen angewiesen. Hier gilt es, entsprechende Angebote zu schaffen bzw. zu stärken. Der Münchner Stadtrat hat im Jahr 2013 entsprechende Haushaltsmittel für die interkulturelle Öffnung der Langzeitpflege zur Verfügung gestellt.[5] In einem auf fünf Jahre angelegten Projekt wird dies in drei Bausteinen umgesetzt. Die Rahmenkonzeption sieht folgende drei Bausteine vor:

1. **Baustein 1: Modellprojekte in vollstationären Pflegeeinrichtungen:** Fünf vollstationäre Pflegeeinrichtungen in München erhalten für jeweils fünf Jahre eine Projektförderung, um die interkulturelle Öffnung umzusetzen. Es gibt einen Zuschuss für Personalkosten, notwendige Umbauten sowie Fortbildungen und Beratung.

2. **Baustein 2: Förderung von Fortbildungen:** Für ambulante, teil- und vollstationäre Pflegeeinrichtungen in München werden Fortbildungen bezuschusst. Wichtig ist, die Mitarbeiter(innen) sowohl auf Leitungsebene als auch die beruflich Pflegenden zu befähigen, in Haushalten und Pflegekonstellationen mit unterschiedlichen kulturellen Hintergründen und Anforderungen kompetent tätig zu werden.

3. **Baustein 3: Informationskampagne:** Das Projekt „Brücken bauen", das durch den Paritätischen Wohlfahrtsverband umgesetzt wird, widmet sich der Beratung der älteren und pflegebedürftigen Menschen mit Migrationshintergrund und deren Angehöriger. Es gibt mehrsprachige Veranstaltungen und Informationsmaterial, das zu Kontaktmöglichkeiten im Alter, zur Organisation der Versorgung Pflegebedürftiger, zu Einrichtungen, Leistungen der Sozialversicherungen u. a. m. informiert.

---

5 http://www.muenchen.de/ik-pflege (letzter Aufruf: 17.02.2017).

Des Weiteren befasst sich ein zweites Projekt der Landeshauptstadt München mit der Öffnung der vollstationären Pflege für die Versorgung von Lesben, Schwulen, Bisexuellen und „Transgendern" (LGBT).[6] Zur Situation und Bedarfslage in vollstationären Pflegeeinrichtungen liegen keine gesicherten Informationen in Deutschland vor. Es wurden Schulungskonzepte mit den Projektbeteiligten entwickelt und bei der MÜNCHENSTIFT GmbH angeboten. Führungskräfte sowie Mitarbeiter(innen) werden damit unterstützt, ihre Kompetenzen und ihr Fachwissen zu erweitern.

Diese beiden Projekte zeigen, dass sich die Qualifizierungen der Managementebenen ebenso wie die der beruflich Pflegenden künftig auch auf spezifische Zielgruppen ausrichten müssen, denn die Anforderungen und Erwartungen an eine zeitgemäße und würdevolle Pflege steigen weiterhin. Dies ist nicht nur in gesetzlichen Vorgaben begründet, sondern in zunehmendem Maße auch vom Kundenverhalten abhängig, d. h. von den Pflegebedürftigen, ihren Angehörigen und Bezugspersonen. Die Nachfrage an individuellen Angeboten steigt ebenso wie der Wunsch beruflich Pflegender, adäquate Antworten auf Lebensformen und Traditionen zu finden. Hier ist anzumerken, dass der Anteil der beruflich Pflegenden mit Migrationshintergrund steigt und dass erwartet wird, oftmals so zu arbeiten, wie es im eigenen Kulturkreis üblich ist.

Die Landeshauptstadt München fördert finanziell Deutschkurse für beruflich Pflegende. Dies flankiert die Entwicklung, dass zunehmend beruflich Pflegende von Pflegeeinrichtungen angeworben werden, die der Sprache nicht (ausreichend) mächtig sind. Die zu Pflegenden sollen jedoch sprachlich und kulturell verstanden werden. Zugleich soll den beruflich Pflegenden ermöglicht werden, ein Sprachniveau zu erreichen, das zu einer Anerkennung als Fachkraft in Deutschland führen kann.

3 Verantwortung für Pflegequalität in der Langzeitpflege

Hervorzuheben sind die freiwilligen Programme der Landeshauptstadt München sowie Projekte, für deren Umsetzung der Stadtrat Haushaltsmittel freiwillig zur Verfügung stellt.

3.1 Forum Altenpflege

Unter der Schirmherrschaft der Sozialreferentin unterstützt das „Forum Altenpflege" über aktuelle Fachvorträge den Austausch von Expert(inn)en. Diskutiert wurden u. a. die Themen „Fachkräftemangel in der Pflege: Situation und Optionen"

---

6 http://www.muenchen.de/fachinfo-pflege (letzter Aufruf: 17.02.2017).

und „Personalmanagement als Instrument gegen den Fachkräftemangel in der Altenpflege?". Aktuelle Erkenntnisse wie im Jahr 2014 die „Beurteilung der Ergebnisqualität in der (stationären) Altenpflege" wurden ebenfalls diskutiert. Dr. Klaus Wingenfeld, wissenschaftlicher Geschäftsführer des Instituts für Pflegewissenschaft an der Universität Bielefeld (IPW), präsentierte die Vorgehensweise, den aktuellen Stand und die mögliche Entwicklung der Studien zur Ergebnisqualität in der stationären Altenpflege. Eine Verknüpfung zur Pflegewissenschaft ist nicht nur im Rahmen von Begleitstudien zu Projekten, sondern auch im Austausch der Praktiker(innen) und Expert(inn)en erwünscht.[7]

3.2 Programme

Der Münchner Stadtrat setzt sich seit vielen Jahren erfolgreich für die Verbesserung der pflegerischen Versorgung ein. In den Jahren 1999 mit 2001 wurden durch den Stadtrat freiwillig Programme beschlossen, die helfen sollen, die Personalausstattung sowie die Qualifizierung der beruflich Pflegenden zu verbessern. Sie werden bis heute fortgeführt, Haushaltsmittel werden weiterhin zur Verfügung gestellt, teils aufgestockt und neue Programme und Projekte beschlossen.

3.2.1 Pflegeüberleitung

Mit dem Programm „Pflegeüberleitung" wurden 1999 erstmals drei Millionen DM bereitgestellt, um u. a. das Einzugsmanagement in München zu verbessern. Ziel ist, den Einzug der pflegebedürftigen Personen in die vollstationäre Pflegeeinrichtung fachlich vorzubereiten, d. h. relevante Informationen zur weiteren Betreuung und Versorgung vorab zu erhalten und an die beruflich Pflegenden weiterzugeben. Diese Informationen sollen entsprechende individuell erforderliche Vorbereitungen ermöglichen. Die beruflich Pflegenden sollen zugleich entlastet werden, da sie sonst eventuell nur über eine schriftliche Ankündigung eines Einzugs informiert werden.

Daneben wird der Einzug gemeinsam mit den Pflegebedürftigen und ihren Angehörigen bzw. Bezugspersonen von der Pflegeüberleitung vorbereitet und begleitet. Über einen Besuch vor dem Einzug sollen die Bedarfe sowie Bedürfnisse erfragt und ermittelt werden. Die Zimmer können im Vorfeld ansprechend gestaltet werden. Vorgesehen sind nach wie vor auch die Kontakte mit den entlassenden Kliniken, um insbesondere den Informationsfluss von und zur Pflegeeinrichtung zu gewährleisten. Mit der Zunahme der Multimorbidität, des Aufwands an medizinischer Behandlungspflege bei den Bewohner(inne)n, steigender Komplexität pflegerischer Interventionen

---

7 http://www.muenchen.de/forum-altenpflege (letzter Aufruf: 17.02.2017).

infolge mehr Demenzkranker und Sterbender u. a. m. hat auch der Aufwand und das erforderliche Fachwissen für die Tätigkeit der Pflegeüberleitung zugenommen. Kürzere Verweildauern und zeitlich rasch folgende Neueinzüge prägen heute die Aufgaben einer „Pflegeüberleitung".

Eine freiwillige Förderung der Personalkosten erfolgt bis heute ausschließlich für Pflegefachkräfte. Bei Einführung des Programms gab es Berufsfachschulen für Altenpflege in München, die spezielle Kurse zur Qualifizierung von Pflegefachkräften für die Aufgabe „Pflegeüberleitung" anboten. Auch dieses Fortbildungsangebot wurde anfänglich durch die Landeshauptstadt München gefördert. Zwischenzeitlich übernehmen Absolvent(inn)en von Managementweiterbildungen sowie entsprechenden Studiengängen – beispielsweise Pflegemanagement – Aufgaben einer Pflegeüberleitung. Als wichtige Kompetenz haben sich für die Pflegeüberleitung ein strukturiertes und individuelles Arbeiten und kontinuierliche eigene Fortbildung im Sinn lebenslangen Lernens insbesondere zu pflegefachlichen Themen erwiesen. Des Weiteren ist erforderlich, dass sich eine Pflegeüberleitungskraft in der Gesprächsführung jederzeit auf die unterschiedlichen Partner(innen) einstellen kann. Soft Skills sind erforderlich, wenn Ärzte oder Ärztinnen und beruflich Pflegende in Kliniken, die Informationen vermitteln möchten, dies unter Zeitdruck und der Prämisse des Datenschutzes erfüllen müssen. Es sind auch die Pflegebedürftigen selbst, die einer neuen Lebensphase gegenüberstehen und vor dem Einzug in die Pflegeeinrichtung eventuell von ihrer vertrauten Umgebung, z. B. ihrer Wohnung, nicht Abschied nehmen konnten. Ein Einzug in eine vollstationäre Pflegeeinrichtung ist meist nicht selbst gewählt, sondern oft Folge aktueller Ereignisse, etwa nach einem Sturz oder einem Klinikaufenthalt. Ebenso sind es die Angehörigen und Bezugspersonen, die mit sehr heterogenen Erwartungen und eventuell auch Vorurteilen dem Einzug entgegensehen und ebenso wie die Pflegebedürftigen in den ersten Wochen im Kontakt mit der Pflegeüberleitung bleiben. In der Pflegeeinrichtung selbst sind dies die beruflich Pflegenden, die eigene Erwartungen an Quantität und Qualität der Informationen haben und in der Routine des Alltags gefangen sind. Hier gilt es, den zwischenmenschlichen Zugang zwischen der Stabsstelle Pflegeüberleitung und den Pflegeteams zu bewahren.

Zuletzt ist auch der Kontakt zur Pflegedienstleitung von besonderer Bedeutung. Jede Pflegeeinrichtung erwartet eine weitgehende Vollbelegung, um eine effiziente Betriebsführung sicherzustellen. Hier ist der Druck, sich um die Einzüge entsprechend zeitnah zu kümmern, mit der steigenden Fluktuation der Bewohner(innen) deutlich gestiegen. Zugleich sind Rückmeldungen an das Pflegemanagement zu neuen Krankheitsbildern, beispielsweise multiresistente Erreger (MRE), von steigender Bedeutung. Die Pflegeüberleitung steht somit in vielfältiger Verantwortung und hat in der Langzeitpflege bundesweit keine funktionelle und bedeutungsbezogene Vergleichbarkeit.

Die Qualifizierung beruflich Pflegender – sei es in der Fort- und Weiterbildung, sei es an Hochschulen – hat hier eine besondere Aufgabe zu erfüllen.

3.2.2 Heiminterne Tagesbetreuung für Demenzkranke

Im Jahr 2000 gab es mehrere Ansätze, wie Menschen mit Demenz besser zu betreuen sind. Der Gesetzgeber hat mit einigen Reformen des Pflegeversicherungsgesetzes darauf reagiert, zuletzt mit der Einführung eines neuen Pflegebedürftigkeitsbegriffs zum 01.01.2017.

Der Münchner Stadtrat hat im Jahr 2000 erstmals freiwillig drei Millionen DM zur Verfügung gestellt, um die Betreuung Demenzkranker in der vollstationären Pflege in der bayerischen Landeshauptstadt zu verbessern. Die Personen, die eine Personalkostenförderung erhalten, sind nicht ausschließlich beruflich Pflegende. Für diese Tätigkeit werden u. a. Sozialpädagog(inn)en, Ergotherapeut(inn)en, Kunsttherapeut(inn)en oder Altentherapeut(inn)en beschäftigt und gefördert. Gemeinsam ist ihnen jedoch ein Fachwissen im Bereich der Gerontopsychiatrie sowie eine entsprechende Grundhaltung gegenüber psychisch veränderten Menschen, teils auch gegenüber Menschen mit wiederkehrenden Verhaltensweisen, die vom sozialen Umfeld als nicht situationsgerecht und unangepasst bewertet werden, dem sog. „herausfordernden Verhalten". Gefordert sind Einzel- und Gruppenangebote für Menschen mit Demenz, d. h. mit jener Kompetenz, die eigenen Angebote immer wieder zu reflektieren und situativ anzubieten. Auch in diesem bundesweit einmaligen Programm stehen die Mitarbeiter(innen) der „Heiminternen Tagesbetreuung" zwischen den Erwartungen der Leitungskräfte der Pflegeeinrichtung, denen der Mitarbeiter(innen) in den Wohnbereichen sowie denen der Angehörigen und Bezugspersonen. Es gilt nicht nur, dieses Spannungsfeld auszuhalten, sondern insbesondere mit den Anforderungen der zu betreuenden Bewohner(innen) zurechtzukommen.

Eine Folge von Gesetzesreformen und verbesserter Personalausstattung in Bayern wie Betreuungsassistent(inn)en und „Sonstige Dienste" sind neue Kooperationen innerhalb der Pflegeeinrichtung, denen konzeptionell begegnet werden muss. Dies fordert einerseits die Managementebene heraus, Konzepte und Kooperationen neu zu denken sowie Veränderungsprozesse zu initiieren und zu begleiten. Andererseits sind es die Mitarbeiter(innen) der „Heiminternen Tagesbetreuung", die ihre eigene Rolle immer wieder neu definieren und dies auch begründen müssen.

Die Qualifizierung richtet sich hier nicht nur fachspezifisch an die Mitarbeiter(innen) der „Heiminternen Tagesbetreuung", sie ist auch für die Managementebene erforderlich. Diese sollte ebenso wie bei der Pflegeüberleitung auf die Besonderheiten der städtischen Programme eingehen und diese analog der Fördervoraussetzungen umsetzen. Eine Besonderheit besteht bei beiden Programmen darin, dass sie bundesweit einzigartig sind und die Mitarbeiter(innen) eine Sonderstellung in den Pflegeeinrichtungen innehaben. Hier ist es erforderlich, die Rollen, Kompetenzen und Aufgaben zu definieren und ggf. zwischen Berufsgruppen zu vermitteln.

3.3 Fort- und Weiterbildung, Supervision

Nach Einführung der Pflegeversicherung wurde vom Münchner Stadtrat neben den beiden Programmen „Pflegeüberleitung" und „Heiminterne Tagesbetreuung" für die vollstationären Pflegeeinrichtungen auch ein Programm für die ambulanten Pflegedienste beschlossen. Dafür wurden ebenfalls drei Millionen DM zur Verfügung gestellt. Bis heute stehen für den ambulanten Pflegebereich sowie für die teilstationäre Pflege Haushaltsmittel insbesondere für Fort- und Weiterbildungen sowie für Supervisionen zur Verfügung. Diese Mittel werden entsprechend der steigenden fachlichen Anforderungen in der Praxis in zunehmendem Maße beantragt und auch abgerufen.

Aktuelle Inhalte sind u. a. Themen wie Hygiene, transkulturelle Pflege, Pflege bei speziellen Erkrankungen (z. B. Demenz), Fortbildungen im medizinisch-pflegerischen Bereich, Sterbebegleitung, Palliativpflege oder Umgang mit Freiheitsentziehenden Maßnahmen (FEM) sowie mit Psychopharmaka. Die Bereiche der Kommunikation, Qualitätsentwicklung und Qualitätssicherung sowie der Deutschkurse werden gleichermaßen gefördert. Weiterbildungen wie zur „Gerontopsychiatrischen Fachkraft für Pflege und Betreuung" oder „Palliative Care für beruflich Pflegende" oder Praxisanleitung sind ebenso förderfähig. Dies belegt das erklärte Engagement der Landeshauptstadt München, Wissen zu vermitteln und zu verstetigen und beruflich Pflegende in ihrer Arbeit zu unterstützen. Die Personalfluktuation in der Langzeitpflege ist bekannt. Dennoch ist es sinnvoll, diese Förderungen aufrechtzuhalten. Das erworbene Wissen fließt direkt oder indirekt in die Familie und ins Umfeld der Mitarbeiter(innen), also in die Gesamtgesellschaft ein.

Im vollstationären Pflegebereich werden nicht nur Coachings und Supervisionen in den Programmen „Pflegeüberleitung" und „Heiminterne Tagesbetreuung" organisiert, sondern es können auch Supervisionen für die Teams der Wohnbereiche finanziell gefördert werden. Supervision ist als eine Beratungsform für berufliche Fragestellungen unabdingbar, sie trägt dazu bei, zwischenmenschliche Beziehungen und Kommunikationsformen zu klären und zu optimieren, um letztlich die Arbeitsfähigkeit im Team zu verbessern. Die Landeshauptstadt München stellt zudem Mittel zur Förderung der Qualifizierung der „Gerontopsychiatrischen Fachkräfte" zur Verfügung.

In den Jahren 2016 mit 2020 werden in den vollstationären Pflegeeinrichtungen weitere Qualifizierungen gefördert. Die Themen wurden mit den Mitgliedern der „Münchner Pflegekonferenz" abgestimmt. Dies sind wiederum Deutschkurse, Fortbildungsmaßnahmen zum Umgang mit Menschen mit Demenz bzw. gerontopsychiatrischen Krankheiten, Umgang mit Medikamenten – insbesondere mit Psychopharmaka –, Schmerzmanagement, Sterbebegleitung und Mobilisierung bzw. Mobilisation.

Die Fortbildungen zu aktuellen pflegefachlichen Themen sollen zu einer fachgerechten Arbeitsweise befähigen und Sicherheit im täglichen Handeln vermitteln.

Dies stellt einen Beitrag dar, den Verbleib im Pflegeberuf zu verlängern und die pflegerische Infrastruktur aufrechtzuerhalten.

In der Managementebene aller Pflegeeinrichtungen ist neben der Sicherstellung und Planung der finanziellen Mittel erforderlich, dass der allgemeine und individuelle Fortbildungsbedarf im Sinne der Personalentwicklung und -bindung nicht nur gesehen und erkannt, sondern eine Befähigung in der entsprechenden Qualifizierungsmaßnahme auch erreicht wird.

3.4 Personalentwickungsmaßnahme Demenz

In den Jahren von 2005 mit 2013 hat der Münchner Stadtrat mit drei Beschlüssen Haushaltsmittel für die „Personalentwicklungsmaßnahme Demenz" zur Verfügung gestellt.[8] Die Maßnahme wurde laut Stadtratsbeschluss berufsgruppenübergreifend für die vollstationären Pflegeeinrichtungen in München vorgesehen. Die Details konzipierten die fünf Berufsfachschulen für Altenpflege in München sowie das Institut. Die unterschiedlichen Maßnahmen nahmen 44 von insgesamt 55 vollstationären Pflegeeinrichtungen in Anspruch. Durch sog. Inhouse-Schulungen, z. B. in Form von Fallbesprechungen, wurden weit über tausend Mitarbeiter(innen) berufsgruppenübergreifend aus allen Bereichen individuell geschult und konnten dabei ihr Wissen erweitern. Besonderes Ergebnis ist, dass in 38 Pflegeeinrichtungen hausspezifische Konzepte zum Thema „Demenz" erarbeitet wurden. Es bildete sich durch diese Personalentwicklungsmaßnahme ein neues Verständnis für die jeweils andere Berufsgruppe heraus und man kam miteinander ins Gespräch. Im Alltag entstand ein wertschätzender Umgang mit Menschen mit Demenz, der bis ins Privatleben reicht. Zugleich gelang es, die Anzahl Freiheitsentziehender Maßnahmen (FEM) in den beteiligten vollstationären Pflegeeinrichtungen zu senken. Damit wurde das entsprechende Ziel der „Münchner Pflegekonferenz" erreicht. Dies wurde in der „Personalentwicklungsmaßnahme Demenz" berücksichtigt und der „Werdenfelser Weg", der u. a. dazu beiträgt, vermeidbare Freiheitsbeschränkungen konsequent zu unterbinden sowie gemeinsam im Einzelfall Entscheidungen zu treffen, entsprechend integriert.[9]

Dieses Bündel an durchgeführten Maßnahmen zeigt, dass Personalentwicklungsmaßnahmen neben dem Effekt der Wissensvermittlung auch zum Arbeitsklima positiv beitragen können und ein entstandenes „Wir-Gefühl" die Mitarbeiter(innen) verbindet.

---

8 https://www.muenchen.de/rathaus/Stadtverwaltung/Sozialreferat/Sozialamt/fachinformationen-pflege/personalentwicklungsmassnahme_demenz.html (letzter Aufruf: 17.02.2017).

9 https://www.muenchen.de/rathaus/Stadtverwaltung/Sozialreferat/Sozialamt/fachinformationen-pflege/pflegekonferenz.html (letzter Aufruf: 01.03.2017).

4 Professionalisierung, neue Anforderungen

Der Erhalt einer ausreichenden pflegerischen Infrastruktur ist nur möglich, wenn auch das geeignete Personal hierfür zur Verfügung steht. Neben dem knappen Wohnraum im Ballungsraum, der zudem bezahlbar sein muss, ist das Image des Pflegeberufs als grundlegendes Problem bekannt. Zu einer Verbesserung des Ansehens gehört neben einer entsprechenden Bezahlung auch eine berufliche Qualifikation, die dem internationalen Vergleich standhalten kann.

Die Strategische Sozialberichterstattung 2016 (Deutschland) des Bundesministeriums für Arbeit und Soziales[10] beruft sich bei der Fachkräftesicherung in der Pflege u. a. auf die Reform der Pflegeberufe und die Einführung einer hochschulischen Pflegeausbildung. Zahlreiche Modellvorhaben wurden durchgeführt, eine endgültige und verbindliche Richtung jedoch bislang nicht vorgegeben. Hier sind weiterführende Reformen unverzichtbar.

4.1 Qualitätsoffensive stationäre Altenpflege in München

Der Münchner Stadtrat hat am 19.12.2012 ein auf fünf Jahre angelegtes Projekt beschlossen: „Qualitätsoffensive stationäre Altenpflege München". In der Beschlussvorlage wurde deutlich dargelegt, dass sowohl verbesserte Rahmenbedingungen für die derzeitigen Strukturen als auch innovative Ansätze und Ideen erforderlich sind, um dem Fachkräftemangel in der Langzeitpflege dauerhaft zu begegnen.

Ziel des beschlossenen Projekts ist es, in zwei Modelleinrichtungen die Einführung von Primary Nursing zu erproben und zu hinterfragen, welche Bedingungen erfüllt sein müssen, damit eine stärkere Orientierung an Primary Nursing erfolgen kann. Bei der Umsetzung des Modellprojekts ist neben der Weiterentwicklung der Pflegeberufe ebenso der Einsatz der dual qualifizierten Pflegenden zu berücksichtigen. Zugleich wird eine entsprechende Mischung von Qualifikationen und Fähigkeiten erprobt. Das Projekt befasst sich ebenso mit der Verbesserung der Zufriedenheit von Bewohner(inne)n, Angehörigen und Bezugspersonen sowie von Mitarbeiter(inne)n.

Die Arbeit in vollstationären Pflegeeinrichtungen war vielfach als Funktionspflege organisiert, bei der die pflegerische Arbeit in zeitlich eingegrenzten Funktionen eingeteilt ist. Dieses System ist durch enge Personalvorgaben begründet, wie dem Personalschlüssel und der „Fachkraftquote", d. h. der Stellenplan umfasst 50 % examinierte Pflegefachkräfte und 50 % Hilfskräfte. Arbeiten wie Verteilen von Medikamenten oder Getränken erfolgen wiederkehrend und funktional und werden teils den Qualifikationen zugeordnet. Offen bleibt, welchen Umsetzungsgrad mittlerweile

---

10 https://www.bundesregierung.de/Content/Infomaterial/BMAS/a360-16-strategische-sozialberichterstattung-2016_296752.html (letzter Aufruf: 01.03.2017).

die Bezugspflege erlangt hat. Ebenso wie beim Primary Nursing werden Gruppen von Pflegebedürftigen eingeteilt und in der Verantwortung konstant einer Pflegeperson zugeordnet. Hierbei steht nicht die Funktion („Blutzuckerkontrolle"), sondern der Mensch im Mittelpunkt des Handelns. Kriterien der Zuordnung können räumliche Gegebenheiten, Zimmer oder pflegerelevante Kriterien (Krankheitsbild, Pflegebedarf) sein.

Primary Nursing geht über das hier bestehende Verständnis der Bezugspflege hinaus. Die Primary Nurse plant als beruflich Pflegende die gesamte Pflege und ist rund um die Uhr für alle Pflegeprozesse voll verantwortlich. Unterstützung erfährt sie durch eine Assistenzpflegekraft (Begleitpflegefachkraft, Associate Nurse) und die Pflegehilfskraft (Assistant Nurse). In der vollstationären Pflege ist das Organisationsmodell Primary Nursing anders als im klinischen Bereich nicht weit verbreitet und es baut auf der Bezugspflege auf. Von den Fachkräften in der Pflege wird eine hohe Fachkompetenz und zugleich die Bereitschaft, Verantwortung zu übernehmen, erwartet. Dieses Modell trägt dazu bei, die Pflege als Beruf zu professionalisieren und die Qualität und Zufriedenheit bei Bewohner(inne)n, Mitarbeiter(inne)n und Angehörigen sowie Bezugspersonen in der Pflegeeinrichtung zu verbessern. Gedankliche Voraussetzung ist, dass dieses Organisationsmodell die Grundlage für einen künftig erforderlichen Skill Mix und Grade Mix darstellt.

Im Rahmen einer wissenschaftlichen Begleitung durch eine Hochschule angewandter Wissenschaften, der Katholischen Stiftungshochschule München (KSH), wird in diesem Projekt u. a. beleuchtet, wie Skill Mix gelingen kann. Dazu sind Prozesse zu betrachten und Arbeiten sowie Aufgaben ggf. umzuverteilen. Im Grade Mix ist neu, dass nicht nur Hilfskräfte und Fachkräfte mit dreijähriger Ausbildung, sondern nun auch dual ausgebildete Pflegende einbezogen werden können. Strukturen sind neu aufzustellen, Qualifikationen zu nutzen und die Versorgungsqualität ist zu sichern.

Der Münchner Stadtrat beschloss am 09.10.2014 im Rahmen des Modellprojekts die konkrete Durchführung einer Studienfahrt in die Schweiz. Vorab wurden Kontakte zu CURAVIVA.CH, dem „Verband Heime und Institutionen Schweiz", zum Deutschen Netzwerk Primary Nursing, zu entsprechenden schweizerischen Pflegeeinrichtungen sowie zu Pflegewissenschaftler(inne)n aufgenommen. Besucht wurden im Kanton Bern das „Domicil Bern" sowie im Kanton Zürich das „Kompetenzzentrum für Gesundheit und Pflege der Krankenheime Züricher Unterland" in Embrach. Fachvorträge widmeten sich u. a. der schweizerischen Pflegesystematik sowie dem Auf- und Ausbau von Primary Nursing.

Teilnehmer(innen) der Studienfahrt waren unter anderem Stadträtinnen und Stadträte, die Teilnehmer(innen) am Modellprojekt, zwei Professoren/innen der KSH München, Mitarbeiter(innen) der Berufsfachschule für Altenpflege der Inneren Mission München sowie des Sozialreferats. Ergebnisse der Studienfahrt waren auch, dass Bezugspflege und Primary Nursing fließend definiert sind und der jeweiligen Pflegeeinrichtung angepasst umgesetzt werden.

Die vertikale und horizontale Durchlässigkeit der Pflegeausbildung ist dort gegeben, sodass beruflich Pflegende mit entsprechenden Weiterbildungen einen Zugang zu hochschulischen Abschlüssen erhalten können.

In beiden am Modellprojekt teilnehmenden vollstationären Pflegeeinrichtungen fanden Ist-Analysen der aktuell umgesetzten Arbeitsorganisation sowie Arbeitsgruppen unter externer Begleitung statt. Bei Kick-off-Veranstaltungen folgen entsprechende Schulungen, Änderungen der Dienstpläne und Verantwortungsbereiche in beiden Pflegeeinrichtungen. Studierende der KSH München begleiten die Umsetzung beispielsweise mit Fragebogenaktionen in beiden Pflegeeinrichtungen. Runde Tische, organisiert und durchgeführt vom Sozialreferat, halten jeweils den aktuellen Stand des Modellprojekts in beiden Pflegeeinrichtungen fest und bieten Raum zu fachlichem Austausch sowie zur Planung weiterer Schritte. Erarbeitet wird zudem, was erforderlich ist, um in den beiden unterschiedlichen Pflegeeinrichtungen eine Annäherung an Primary Nursing zu erreichen und dual ausgebildete Pflegende zu beschäftigen. Zu betonen ist, dass die unterschiedlichen Heimträger und Pflegeeinrichtungen unterschiedliche Wege in diesem Modellprojekt gehen können und sollen. Letztlich sollen die Erkenntnisse als Handlungsempfehlungen bei Projektende anderen Heimträgern und Pflegeeinrichtungen zur Verfügung stehen.

Deutlich ist in diesem Projekt schon jetzt, dass es nicht der Absenkung der Fachkraftquote in der vollstationären Pflege dienen soll, sondern der Überwindung von Schwierigkeiten, die im Theorie-Praxis-Transfer bestehen, der Einbindung von Pflege-dual-Absolvent(inn)en und der zeitgemäßen Neustrukturierung von Aufgaben sowie der Definition von erforderlichen Pflegeangeboten.

4.2 Hygiene-Netzwerk Pflege München (HNPM)

Die „Münchner Pflegekonferenz" hat in ihrer Sitzung vom 14.04.2011 das Thema „Hygiene in ambulanten und stationären Pflegeeinrichtungen der Alten- und Behindertenhilfe" aufgegriffen und eine Arbeitsgruppe beauftragt, entsprechende (Hygiene-)Standards zu definieren. In der Folge wurde am 08.06.2011 das „Hygiene-Netzwerk Pflege München" gegründet.[11] Das regionale Hygiene-Netzwerk Pflege München soll den Informationsfluss an den internen und externen Schnittstellen der unterschiedlichen Einrichtungen optimieren und im Zusammenwirken und im Konsens den Infektionsschutz der pflege- und hilfsbedürftigen Personen sowie der beruflich Pflegenden verbessern. Arbeitskreise und Arbeitsgruppen sowie Runde Tische und Konferenzen bilden hierzu die Grundlage für die Diskussion um zeitgemäße Hygienestandards und den interprofessionellen Austausch.

---

11 https://www.muenchen.de/rathaus/Stadtverwaltung/Sozialreferat/Sozialamt/fachinformationen-pflege/pflegekonferenz.html (letzter Aufruf: 01.03.2017).

Es zeigt sich, dass die Managementebene und beruflich Pflegende im fachlichen Austausch mit den Referaten der Landeshauptstadt München sowie mit behandelnden Ärzten und Ärztinnen Erfahrungen sammeln und dies der praktischen Umsetzung hygienischer Maßnahmen zugutekommt. Die hygienischen Anforderungen steigen allgemein, denn die Gefahren durch neue multiresistente Erreger nehmen zu. Dem ist professionell zu begegnen, um zu Pflegende, Mitarbeiter(innen) und Bürger(innen) gleichermaßen zu schützen.

4.3 Arbeit in der öffentlichen Verwaltung

Der Münchner Stadtrat beschloss im Jahr 2011 die modellhafte Erprobung eines „Fachdiensts Pflege". Der „Fachdienst Pflege" arbeitet seitdem im Sozialreferat im Amt für Soziale Sicherung.[12] Die Projektphase wurde von der Arbeitsgemeinschaft für angewandte Sozialforschung GmbH (AgaS) pflegewissenschaftlich begleitet. Ziel war es, zu prüfen, ob sich das Konzept des „Fachdiensts Pflege" in der Umsetzung bewährt und die gesteckten Ziele erreicht werden. Die Wirkungsanalyse war dabei auf die beiden Qualitätsziele „Optimierung der häuslichen Versorgung" und „Verbesserung der Versorgungsqualität" beschränkt. Zur Analyse der finanziellen Wirkungen wurde ein fallbegleitendes Controlling installiert. Der Stadtrat beschloss, dass der „Fachdienst Pflege" in München am 01.08.2016 in den Regelbetrieb übergeht.

Dieser „Fachdienst Pflege" begutachtet pflegebedürftige Personen mit Anspruch auf Sozialhilfe (Sozialgesetzbuch Zwölftes Buch, Hilfe zur Pflege). Konkrete Ziele sind u. a. die Optimierung der häuslichen Versorgung sowie die Verbesserung der Versorgungsqualität Pflegebedürftiger und die Kosteneffizienz in der pflegerischen Versorgung durch passgenaue Leistungsausreichung. Dies erfolgt durch eine pflegefachlich fundierte, umfassende – d. h. „ganzheitliche" – Bedarfsermittlung im Sinn eines Pflege- und Versorgungsbedarfs. Die entsprechende Entscheidung über den Leistungsumfang erfolgt durch die Sachbearbeitung in der Sozialhilfe, ggf. werden weitere Fachlichkeiten (z. B. die Fachstelle häusliche Versorgung bzw. Bezirkssozialarbeit) hinzugezogen, wenn das Pflegearrangement umfassend zu verbessern bzw. eine Gefährdungssituation erkennbar ist.

Im Jahr 2017 greifen die Reformen des Pflegeversicherungsgesetzes, die Pflegestärkungsgesetze II und III. Mit Einführung des neuen Pflegebedürftigkeitsbegriffs und den Pflegegraden sowie der Aufgabe, den sozialhilferechtlichen Bedarf an Unterstützung und Pflege für den zuständigen Sozialhilfeträger zu ermitteln, wurde die prüfende Aufgabe des „Fachdiensts Pflege" bestätigt. Der Sozialhilfeträger wird nun explizit mit einem Verfahren zur Ermittlung und Feststellung des notwendigen pflegerischen Bedarfs beauftragt, das der „Fachdienst Pflege" in München bereits durchführt.

---

12 http://www.muenchen.de/fachdienstpflege (letzter Aufruf: 17.02.2017).

Für München beschloss der Stadtrat, hierfür ein multiprofessionelles Team aufzustellen. Hierzu gehören u. a. beruflich Pflegende mit unterschiedlichen Berufsbiografien. Neben einem Pflegeexamen sind Managementqualifikation und Führungserfahrung oder Erfahrung in Projektarbeit gefragt. Es zeigt sich, dass dies auch ein Berufsfeld für Absolvent(inn)en der dualen Ausbildung und der Studiengänge „Pflegemanagement" und „Pflegepädagogik" sein wird. Stärker als in den letzten Jahren, als beruflich Pflegende in Bayern in Fachstellen für Pflege- und Behinderteneinrichtungen – Qualitätsentwicklung und Aufsicht (FQA), der Heimaufsicht oder in Gesundheitsämtern beschäftigt wurden, bilden sich in Verwaltungen weitere Felder, in denen Pflegeexpertise gefragt ist. Behinderteneinrichtungen – Qualitätsentwicklung und Aufsicht (FQA), der Heimaufsicht oder in Gesundheitsämtern beschäftigt wurden, bilden sich in Verwaltungen weitere Felder, in denen Pflegeexpertise gefragt ist.

Die hier beschriebenen vielfältigen Aufgaben, Programme und Projekte wurden teils von beruflich Pflegenden im Sozialreferat der Landeshauptstadt München konzipiert und werden gemeinsam mit Mitarbeiter(inne)n der Verwaltung umgesetzt. Dies belegt den aktuellen sowie künftigen Bedarf an entsprechend qualifizierten Personen aus der Pflege.

5 Erfahrungen und Erfordernisse

Langfristig ist davon auszugehen, dass die aktuell im Ordnungsrecht – wie in Bayern im Pflege- und Wohnqualitätsgesetz – vorgesehene Fachkraftquote im vollstationären Pflegebereich nicht zu halten sein wird. Die letzten Reformen des Pflegeversicherungsgesetzes zielen darauf ab, dass pflegebedürftige Personen so lange wie möglich im häuslichen Umfeld betreut und gepflegt werden. Eine professionelle ambulante pflegerische Versorgung erfordert daher nicht nur ein betriebswirtschaftliches Handeln, sondern aufgrund der zunehmend komplexeren Pflegesituationen mit älteren, chronisch und multimorbid erkrankten Menschen und älter werdenden Menschen mit Behinderungen auch eine entsprechende Pflegeexpertise. Sie ist erforderlich, um Pflege fachlich zu planen und die Ausführung der Maßnahmen zu überprüfen, ggf. zu modifizieren, d. h. zu steuern. Zugleich erfolgt zukünftig ein Heimeinzug eher mit hohen und höchsten Pflegebedarfen, d. h. ab dem Pflegegrad 3, da die Leistungen der Pflegeversicherung und der zu erbringende einrichtungsbezogene Eigenanteil an den Heimkosten aus finanziellen Gründen einen Heimeinzug verzögern werden.

Die Expertise von dual ausgebildeten Pflegenden, die in der Lage sind, Pflege nach aktuellem Stand pflegewissenschaftlicher Erkenntnisse zu erbringen, wird daher in der Praxis stärker als bisher gefragt sein. In externen Qualitätsprüfungen wie denen des MDK wird dies gemäß Pflegeversicherungsgesetz bereits jetzt gefordert; beispielsweise sind Expertenstandards verpflichtend umzusetzen, Pflege ist evidenzbasiert zu erbringen. So wird es bei einer Pflege, die bereits jetzt ansatzweise geprägt ist von Qualifikationsmix, darauf ankommen, Vergütungen zu schaffen, die einen Anreiz bieten, um nach der dualen Pflegeausbildung in der direkten Pflege am Menschen zu arbeiten. Dies muss flankiert werden durch zeitgemäße Arbeitsplatzbeschreibungen, die Raum bieten, Fachwissen selbstständig zu erweitern und im multiprofessionellen Team anzuwenden. Arbeitgeber sollten nutzen, dass diese akademische Qualifikation beruflich Pflegende in die Lage versetzt, den Pflegeprozess und ihr Handeln zu reflektieren und theoretisch zu begründen sowie kritische Fragen zu stellen. Damit können sie dazu beitragen, zeitgemäße Versorgungskonzepte zu entwickeln und fachlichen Herausforderungen selbstbewusst und professionell zu begegnen, was auf dem Pflegemarkt ein Wettbewerbsvorteil sein kann. Es ist erforderlich, dass die Notwendigkeit und die Vorteile dieser spezifischen Qualifikation der Politik, der Gesellschaft und den Arbeitgebern etwa durch Hochschulen, Beispiele guter Praxis oder Berufsvertretungen transparent gemacht werden.

Im Pflegemanagement bleiben die Herausforderungen eine zeitgemäße Personalführung, betriebswirtschaftliches Handeln, das Steuern der Kommunikationsstruktur und der Organisationsentwicklung sowie das Erkennen neuer Handlungsfelder und Pflegekonzepte und deren Umsetzung im Sinn von Projektmanagement. Hinzu kommen selbstbewusstes und fachlich begründetes Argumentieren und Auftreten im Sinne der Pflegebedürftigen, aber auch des eigenen Berufsstands. Zur Erfüllung dieser komplexen Aufgabe bedarf es u. a. einer sozialen und methodischen Kompetenz. Der Blick auf berufspolitische Entwicklungen und Folgen von Gesetzesnovellen muss eigenständig erfolgen und zum Anstoß von Trends und Entwicklungen im verantworteten Arbeitsbereich führen.

Pflegepädagogik ist hierfür der grundlegende Baustein, denn Wissensvermittlung und Stärkung von Kompetenzen sind die Basis dafür, dass Pflege als wichtiger Beruf in der Gesellschaft erkennbar ist und sein Wert und die Anerkennung steigen. Insofern ist es unverzichtbar, dass analog zu anderen Nationen die Akademisierung in den Bereichen der dualen Ausbildung, des Pflegemanagements und der Pflegepädagogik Wertschätzung und monetäre Anerkennung erfährt.

Die Einmündung beruflich Pflegender in die Tätigkeitsfelder von Behörden erfolgt bereits schrittweise. Kompetenzen wie die eigenständige Begutachtung und Beratung von Pflegebedürftigen bzw. Institutionen und Verschriftlichung des Ergebnisses im Sinn des Leistungsrechts (Sozialhilfe) sowie des Ordnungsrechts (Bayern: Pflege- und Wohnqualitätsgesetz) sind hierfür Voraussetzung. Neben begutachtenden und beratenden Tätigkeiten gibt es in öffentlichen Verwaltungen Stellen für beruflich Pflegende, in denen die Konzepterstellung und Leitung von Projekten, die Schaffung innovativer pflegerischer Versorgungsangebote, die Leitung von Gremien, die Beratung von Stadtverwaltung und Bearbeitung von Anfragen und Anträgen des Stadtrats im Mittelpunkt stehen. Je nach Zuständigkeit und Teamgröße sind Kompetenzen der Personalführung erforderlich, oder eben die Kompetenz, als Stabstelle zu agieren. Auch hier müssen Gesetze umgesetzt und auf deren Änderungen muss reagiert werden. Das bedeutet, dass konzeptionelles, fachlich fundiertes und reflektiertes Arbeiten erwartet wird. Trends sind zu beobachten und Entwicklungen aufzugreifen. Flexibilität, sich in neue Arbeitsfelder einzuarbeiten und in unterschiedlichen multiprofessionellen Teams, z. B. Jurist(inn)en, Verwaltungsfachwirt(inn)en, Gerontolog(inn)en und Sozialpädagog(inn)en zu arbeiten, ist oftmals Voraussetzung. In diesen Arbeitsbereichen werden die Qualifikationen, die Hochschulen vermitteln, mehr und mehr gefragt sein. Diese Stellen eignen sich, um den Wert der Pflege und ihre Bedeutung in die Gesellschaft zu transportierenenn. Damit dies angemessen und nachhaltig gelingt, bedarf es der Fachkompetenz, des Selbstbewusstseins und der Sprachkompetenz.

Kooperationen mit Hochschulen erfolgten im Bereich „Pflege" seitens der Landeshauptstadt München nach entsprechendem Ausschreibungsverfahren beispielsweise bei der Evaluation des Programms „Pflegeüberleitung". Hier konnten die Erfolge des Programms belegt und Tätigkeiten definiert werden, die den originären Aufgaben der Pflegeüberleitung zuzuordnen sind. Die KSH München hat vier Zielkomponenten für die Evaluation der Pflegeüberleitung erläutert und diskutiert:

1. **Ziel I:** Effektivität Eignung der Überleitung in Bezug auf Zielerreichung (Entlastung von Pflegebedürftigen, Angehörigen, Pflegenden)
2. **Ziel II:** Akzeptanz und Zufriedenheit bei den Zielgruppen
3. **Ziel III:** Effizienz/Wirtschaftlichkeit Verhältnis von Ressourceneinsatz zum Nutzen (z. B. Zeit, Kosten)
4. **Ziel IV:** Qualität Prozesse, Schnittstellengestaltung, Tätigkeitsspektrum, Stellenbeschreibungen.

Die Ergebnisse wurden dem Stadtrat am 10.05.2007 vorgelegt und fließen im Sozialreferat in die Konzeptfortschreibungen des Programms weiterhin ein.

Die Expertise der Arbeitsgemeinschaft für angewandte Sozialforschung GmbH unter Mitarbeit von Prof. Drr. Stefanie Richter (Wilhelm Löhe Hochschule Fürth) unterstützte in der Modellphase des „Fachdiensts Pflege" die Erarbeitung der Begutachtungskriterien, deren Dokumentation sowie die Kooperationen innerhalb der Schnittstellen im Sozialreferat. Zurückgegriffen wurde auf Erfahrungen ähnlicher Projekte und zugleich wurden die Wirkungen des Fachdienstes Pflege ermittelt (siehe Kap. 4.3). Aktuell erfolgt die pflegewissenschaftliche Begleitung des Modellprojekts „Qualitätsoffensive stationäre Altenpflege in München, Primary Nursing" (siehe Kap. 4.1).

In Planung ist eine pflegewissenschaftliche Untersuchung der Gabe von Psychopharmaka und Antihistaminika in vollstationären Pflegeeinrichtungen in München. Für die Umsetzung ist das Bayerische Staatsministerium für Gesundheit und Pflege verantwortlich, das einen Teil der Kosten tragen wird. Der Münchner Stadtrat hat am 17.09.2015 die Finanzierung eines weiteren Teils der Kosten beschlossen. Grundlage ist ein mit dem Amtsgericht München (Betreuungsgericht), Referaten der Landeshauptstadt München, Bayerischen Ministerien, der Kassenärztlicher Vereinigung Bayern und dem Medizinischem Dienst der Krankenversicherung in Bayern abgestimmtes Konzept. Fragestellungen sind u. a., ob die bisherige Reduzierung der (körpernahen) freiheitsentziehenden Maßnahmen (FEM) in Einrichtungen der vollstationären Pflege in München zu einem Anstieg der Verschreibung und Verabreichung von Psychopharmaka inklusive Antihistaminika führt und ob es Best-Practice-Beispiele im Umgang mit der Reduzierung der Verschreibung und Verabreichung von Psychopharmaka inklusive Antihistaminika gibt, die zu übertragbaren Handlungsempfehlungen führen.

Immer wieder gibt es Projekte und Themen, die zu begleiten und zu evaluieren sind. Die (pflege-)wissenschaftliche Expertise und der beratende Blick von außen sind hierbei wichtig. Sollen Verbesserungen in der Versorgung von Pflegebedürftigen erfolgen oder neue Konzepte begleitet und deren Wirkung überprüft werden, so ist die Kooperation mit Hochschulen sinnvoll. Studierende zu befähigen, wissenschaftlich zu arbeiten, sich externe Kompetenz und Begleitung zu sichern, ist bisher gelungen und konnte dem Münchner Stadtrat, der die Mittel hierfür bewilligt, dargelegt werden.

6 Fazit und Ausblick

Programme und Projekte sowie die Erfüllung von Pflichtaufgaben belegen ein hohes Engagement des Münchner Stadtrats für die pflegerische Versorgung der Bürger(innen). Innovative Projekte weisen den Weg in eine zukunftsfähige Versorgung. Programme zur Qualifizierung der beruflich Pflegenden tragen zur Sicherstellung der pflegerischen Infrastruktur und Pflegequalität bei. Der demografische Wandel stellt mit dem Mangel an Pflegepersonal in unterschiedlichen Qualifikationsniveaus eine große Herausforderung dar. Menschen für den Pflegeberuf zu begeistern, ist möglich und erfordert eine entsprechende Qualifikation der Managementebene. Es zeigt sich zunehmend, dass auch für Aufgaben der öffentlichen Verwaltung beruflich Pflegende tätig werden und sich fachlich einbringen können.

Literatur

Internetquellen

URL: https://www.muenchen.de/rathaus/Stadtverwaltung/Sozialreferat/Sozialamt/
    fachinformationen-pflege/marktbericht_pflege.html (letzter Aufruf: 01.03.2017).
URL: http:/www.muenchen.de/forum-altenpflege (letzter Aufruf: 17.02.2017).
URL: http://www.muenchen-transparent.de/antraege/656819 (letzter Aufruf: 01.03.2017).
URL: http://www.muenchen.de/ambwg (letzter Aufruf: 17.02.2017).

URL: http://www.muenchen.de/ik-pflege (letzter Aufruf: 17.02.2017).

URL: http://www.muenchen.de/fachinfo-pflege (letzter Aufruf: 17.02.2017).

URL: http://www.muenchen.de/forum-altenpflege (letzter Aufruf: 17.02.2017).

URL: https://www.muenchen.de/rathaus/Stadtverwaltung/Sozialreferat/Sozialamt/fachinformationen-pflege/personalentwicklungsmassnahme_demenz.html (letzter Aufruf: 17.02.2017).

URL: https://www.muenchen.de/rathaus/Stadtverwaltung/Sozialreferat/Sozialamt/fachinformationen-pflege/pflegekonferenz.html (letzter Aufruf: 01.03.2017).

URL: https://www.bundesregierung.de/Content/Infomaterial/BMAS/a360-16-strategische-sozialberichterstattung-2016_296752.html (letzter Aufruf: 01.03.2017).

URL: https://www.muenchen.de/rathaus/Stadtverwaltung/Sozialreferat/Sozialamt/fachinformationen-pflege/pflegekonferenz.html (letzter Aufruf: 01.03.2017).

URL: http://www.muenchen.de/fachdienstpflege (letzter Aufruf: 17.02.2017).

Johanna Prinz

„Sprache Pflegen"

Möglichkeiten der Sprachförderung von Pflegenden mit anderen
Erstsprachen als Deutsch in Ausbildung und Beruf

1 Einleitung

„Großes Problem für mich ist, Patient nicht auf Deutsch erklären können [...] ich
weiß in meine Muttersprache wie, aber nicht in deutscher Sprache. Ich kann bei Körperpflege nicht sagen und das gefällt Patient nicht. Das macht unsicher, mich und
Patient. So, ich sagen gar nicht. Ich mache nur, wie Maschine. Ist nicht gute Pflege."[1]

Vermutlich spiegelt dieses Zitat eine alltägliche Situation bei der Versorgung
von Pflegebedürftigen in deutschen Gesundheitseinrichtungen, der häuslichen
oder ambulanten Pflege und Betreuung wieder. Dass diese Situation nicht glücklich
macht, die Beziehungsgestaltung in der Pflege enorm erschwert und sich fernab von
jeglicher Profession bewegt, ist nicht von der Hand zu weisen. Neben der Fachlichkeit
ist die Kommunikation, das offene Ohr, hilfreiche Beratung oder Erklärungen über
Abläufe das wertvollste Handwerkszeug im Pflegeberuf. Worte können in kürzester
Zeit Beschwerden lindern, den Alltag erhellen und Ressourcen zur Selbstheilung
erwecken – allerdings nur, wenn sie im Kontext zur Tätigkeit angewendet werden
können.

Aus jahrelangen praktischen Erfahrungen als Gesundheits- und Krankenpflegerin und letztendlich aus der Tätigkeit als Dozentin in einem Deutschkurs für
Pflegende führten folgende Erkenntnisse der Autorin dazu, im Jahr 2016 ihr Bachelorstudium der Pflegepädagogik mit konzeptionellen Überlegungen zur berufsbezogenen Sprachförderung abzuschließen: zum einen, dass zu wenig sprachliche Mittel im
pflegerischen Arbeitsalltag unweigerlich zu Missverständnissen, Pflegefehlern und
unguter Stimmung im Team führen, zum anderen, dass ein paar Stunden Unterricht
bei Weitem nicht genügen, um sich kulturell, schriftsprachlich und kommunikativ in
Deutschland im Pflegeberuf „einzuleben". Pflegekräfte mit anderen Erstsprachen als
Deutsch benötigen zusätzliche Fortbildung. Fundierte Konzepte hierzu sind jedoch
Mangelware.

In diesem Beitrag wird aufgezeigt, dass ohne die Beschäftigung ausländischer
Pflegekräfte ein Funktionieren des deutschen Gesundheitssystems schon heute
nicht mehr denkbar ist, ganz zu schweigen von der Zukunft. Anhand von Beispielen

---

1 Dieses Zitat stammt von einer Schülerin eines Deutschkurses für Pflegende. Die Aufgabe der Autorin bestand darin, die kommunikativen Fähigkeiten der Teilnehmenden bei pflegerischen Tätigkeiten
zu trainieren.

DOI 10.1515/9783110500707-012

ausgewählter Forschung bekommen Leser(innen) einen Einblick, warum die berufsbezogene Sprachförderung von Pflegekräften mit anderen Erstsprachen als Deutsch
erforderlich ist – unabhängig davon, ob sie mit oder ohne berufliche Anerkennung
in Gesundheitseinrichtungen in Deutschland tätig sind.[2] So wird in diesem Beitrag
ein kurzer Einblick in die Deutschförderung für den Beruf gewährt und danach die
Ermittlung von Sprachbedarf und Sprachbedürfnis dargelegt.

Grundsätze aus der allgemeinen berufsbezogenen Deutschförderung bilden die
Basis zur Gestaltung der Fortbildungsreihe „Sprache Pflegen". Neben didaktisch-
methodischen Ansätzen richtet sich der Blick auf die Integration berufsbezogener
Sprachförderung in die Berufsausbildung der Pflegeberufe und die (zukünftige)
Schlüsselrolle der Lehrenden in der Aus- und Weiterbildung. Anschließend folgen
Überlegungen der Einbettung von Methoden zur sprachsensiblen Unterrichtspla-
nung.

2 Ausländische Pflegende in Deutschland – und warum so manche Rechnung nicht aufgeht

Laut Statistischem Bundesamt (2015) arbeiteten im Jahr 2013 unter den etwa drei Millionen Pflegekräften in Deutschland rund 373.000 mit eigener Migrationserfahrung.
Ohne sie würde das Gesundheitssystem in Deutschland nicht mehr funktionieren
und in der Zukunft kollabieren.

Im Jahr 2012 lag der Mangel an Fachkräften im Bereich „gesundheitlich-sozial
helfen" noch unter 2,5 %[3] und wird durch einen Anteil von 8 % ärztlichem Personal
sowie 15 % in Pflege und Betreuung spürbar im Zaum gehalten. Trotz der Berücksichtigung der stetig steigenden Zuwanderung wird für das Jahr 2040 prognostiziert, dass
14 % Arbeitskräfte mit Hochschabschluss und 28 % Berufsschulabgänger in diesem
Tätigkeitsfeld fehlen werden (Krämer et al. 2015: 21).

Pflegende aus anderen Herkunftsländern gelten als das entscheidende Puzzle-
stück in unserer Gesundheitslandschaft. „Die kulturelle Kongruenz zwischen Patientinnen und Patienten und dem Personal macht ausländische Beschäftigte zu einer
wichtigen Schnittstelle[n], um eine gute gesundheitliche Versorgung für alle Patienten unabhängig von ihrer Herkunft sicherzustellen." (Krämer et al. 2015: 23). Allerdings ist das Bild von Pflegenden mit anderen Erstsprachen als Deutsch oftmals mit
negativen Zuschreibungen und Vorurteilen verbunden. „Im Vergleich der Fähigkeiten oder Kompetenzen deutscher und nicht deutscher Pflegekräfte sind die Defizite

---

2 vgl. Prinz (2016): Konzeptionelle Überlegungen zur Förderung kommunikativer Kompetenzen von
Mitarbeiterinnen und Mitarbeitern in der Pflege mit anderen Erstsprachen als Deutsch. Bibliothek der
Katholischen Stiftungsfachhochschule München.

3 Im Vergleich zu anderen Berufsgruppen gelten 2,5 % am Arbeitsmarkt als normal.

letzterer schnell markiert: Sie sprechen schlecht Deutsch und wissen zu wenig über unsere Kultur bzw. über das deutsche Pflegesystem." (Friebe 2006: 7) Zwar verfügen sie i. d. R. über alltagssprachliche Grundlagen, allerdings sind fehlende berufssprachliche Deutschkenntnisse in Wort und Schrift sowie das Wissen um Kommunikationsstrukturen oftmals Auslöser für Missverständnisse und Komplikationen im Arbeitsablauf (Lüffe/Reimann 2012: 25).

Die Diskussion um die sprachlichen Fähigkeiten von Pflegenden mit Migrationshintergrund ist noch nicht beendet und der Gewinn durch die Zuwanderung und damit die Eindämmung des Fachkräftemangels nach wie vor nicht vollständig geklärt. Um Pflegefachkräften aus dem Ausland den Zugang zum Pflegeberuf zu erleichtern, fordert der Bundesverband privater Anbieter sozialer Dienste e. V. (bpa) eine Senkung dieser Anforderungen und befürwortet den berufsbegleitenden Ausbau der Sprachkompetenz (bpa 2013).[4] Der Deutsche Pflegerat (DPR) wiederum verlangt ein Festhalten am Sprachniveau B2 als Voraussetzung für die Ausübung des professionellen und personenbezogenen Dienstleistungsberufs.

Bedenkt man allerdings, dass der Pflegeberuf auch ein Sprachberuf an sich ist, scheinen diese Diskussionen hinfällig. Die Vielfältigkeit arbeitsplatzbezogener Verrichtungen, die fast ausschließlich in Wort und Schrift zu bewältigen sind, setzen mehr als nur eine sprachliche Mindestanforderung voraus. Der Gemeinsame Europäische Referenzrahmen für Sprachen (GER) spricht beim Sprachniveau B2 von einer „selbstständigen Sprachverwendung".[5] Entgegen der ausdrücklichen Regelungen im Bologna-Prozess sind Sprachtests sowie die Anerkennungsverfahren jedoch nach wie vor uneinheitlich (Klein 2015: 89). Das lässt darauf schließen, dass die Qualität und Quantität der Verständigung im beruflichen Handeln ebenso variiert.

Haider (2010: 8 f.) gibt zu bedenken, dass neben umfassendem Fachwissen die Beratungskompetenz, die Gesprächsführungskompetenz und ein bewusster Umgang mit Kommunikationsmitteln gegenüber Patienten, Angehörigen, in der Zusammenarbeit im Team und mit anderen Berufsgruppen Grundvoraussetzungen sind. Um diesen vielfältigen Anforderungen gerecht zu werden, ist davon auszugehen, dass allgemeinsprachliche Deutschkurse weder ausreichen, noch dass von Pflegenden mit nicht deutscher Muttersprache verlangt werden kann, sich diese Kompetenzen in der tagtäglichen Berufspraxis anzueignen.

Nach Erfahrungen von Haider (2010: 272–275) liegt die Verantwortung für den sprachlichen Anpassungsprozess im Beruf oftmals bei den Betroffenen selbst. Es wird erwartet, dass berufsspezifische Sprachkenntnisse und das Wissen über Gesprächstechniken und Gesprächsführung automatisch in der Praxis erworben werden.

---

4 http://www.presseportal.de/pm/17920/2471576/zuwanderung-entlastet-bayerische-pflege-bpa-begruesst-erleichterten-zuzug-auslaendischer-fachkraefte (letzter Aufruf: 16.03.2017).
5 Vgl. hierzu die Kann-Beschreibungen des GER: Trim/North/Coste, übersetzt von Quetz/Schieß/Sköries/Schneider (2001) (Hrsg.): Gemeinsamer europäischer Referenzrahmen für Sprachen: lernen, lehren, beurteilen; Niveau A1, A2, B1, B2, C1, C2.

Dabei ist neben der kulturellen Integration und der Anerkennung der beruflichen Qualifikation der Erwerb und die Anwendung der deutschen Sprache die zentrale Herausforderung beim Berufsstart in Deutschland (Krämer et al. 2015: 1).

„Die Verantwortung für eine Verbesserung von betrieblicher Kommunikation kann nicht allein den betroffenen Migranten und Migrantinnen übertragen werden: vielmehr tragen alle Akteure der Arbeitsmarktpolitik und der beruflichen Weiterbildung ihren Teil der Verantwortung in diesem Prozess und sie sind bei der Entwicklung und Umsetzung des Konzepts – mit ihren jeweiligen besonderen Expertisen – einzubeziehen." (Szablewski-Çavuş 2010b: 47)

Die Vermutung liegt nahe, dass sich die Leitungsebenen eines Gesundheitsbetriebs der Probleme, die mit mangelnder Sprachfähigkeit einhergehen, oftmals gar nicht bewusst sind. Dabei sind es meist die Pflegepädagog(inn)en in der Aus-, Fort- und Weiterbildung, die mit der sprachlichen Vielschichtigkeit konfrontiert werden und die Verantwortung für den Bildungsprozess tragen. Im Zuge der steigenden Heterogenität bezüglich Herkunft und Sprachfähigkeit von Teilnehmer(innen) ändern sich die Lehr- und Lernbedingungen auf vielfältige Art und Weise.

Laut Krämer (2016: 17) beklagen Fachlehrkräfte in Pflegeberufen seit Jahren die unzureichenden Sprachkompetenzen migrantischer Auszubildender. Diese entsprächen keinesfalls dem Niveau, das für die Ausführung der Lehrplanrichtlinien vonnöten wäre. Die unterschiedlichen Sprachvoraussetzungen verlangen ein Erkennen, Fördern und Weiterentwickeln kommunikativer Fähigkeiten und die Auseinandersetzung mit wirkungsvollen Methoden des Lehrens. Gerade in der beruflichen Ausbildung befinden sich Pflegepädagog(inn)en oftmals in einem Dilemma: Einerseits genügen die sprachlichen Fähigkeiten der Schüler(innen) nicht, um das Lernfeldkonzept gewinnbringend durchzuführen, andererseits lässt es die Fülle des Lernstoffs kaum zu, individuellen Sprachrückständen Beachtung zu schenken und diese zu fördern.

Von dieser Problematik berichten auch ehemalige Kommiliton(inn)en, die an Berufsfachschulen für Pflege tätig sind: Aufgrund von Problemen mit der deutschen Sprache[6] können fachliche Inhalte und das berufliche Selbstverständnis trotz der Anwendung vielseitiger Methoden nur schwer transportiert werden. Schüler(innen) mit Sprachschwierigkeiten lernen größtenteils auswendig. Dieses mechanisch antrainierte Wissen ist in der Praxis nicht umsetzbar, da es nicht in den Gesamtkontext einer Pflegesituation eingebettet werden kann. Man müsse permanent „beide Augen zudrücken", damit nicht eine Vielzahl der Lernenden die Prüfungsziele verfehlt.

---

6 Diese Probleme haben wohlgemerkt nicht nur Schüler(innen) mit Migrationshintergrund. Siehe hierzu auch Alt/Misera 2016: 20.

3 Zur Notwendigkeit berufsbezogener Sprachförderung

Trotz der mangelhaften Sprachkenntnisse erfüllen migrantische Pflegekräfte mit Sprachdefizit ihre alltäglichen beruflichen Pflichten, sie (lassen) dokumentieren, arbeiten „erfolgreich" im Team und halten sich an Standards. Haider (2010: 273) geht zwei Fragen nach: Wie ist das möglich? Und: Warum werden berufsspezifische Angebote zur Sprachförderung überhaupt benötigt, wenn doch das System zu funktionieren scheint? Sie erläutert hierzu einige zutreffende Beispiele, die sich auch mit der Erfahrung der Autorin im beruflichen Alltag in der Gesundheits- und Krankenpflege decken:

- Durch den ungesteuerten Spracherwerb im Beruf und das „Abschauen" von Kollegen besteht die Gefahr, dass Gespräche mit Patienten „wortleer" verlaufen und Sprachverwendungen übernommen werden, die unangebracht oder fehlerhaft sind („Ich tu Opa jetzt füttern"). Es kommt zur Fossilierung[7] und zur Verwendung abgegriffener Dokumentationsfloskeln, die problemlos immer wieder Anwendung finden. Dokumentation, die den Pflegeprozess betrifft, wird oftmals sehr knapp gehalten und teilweise von anderen Teammitgliedern übernommen.[8]
- Defizite in der Sprachverwendung werden durch das Team kompensiert, indem Mitarbeiter(inne)n mit anderen Erstsprachen als Deutsch Aufgaben zugeteilt werden, die ein geringes Maß an kommunikativer Kompetenz erfordern. Die betroffenen Pflegekräfte sind auf Dauer unterfordert und führen trotz teils als hochkarätig wirkender Ausbildungen in ihrem Heimatland immer nur Hilfstätigkeiten aus. Sie arbeiten wenig an und mit Patient(inn)en.
- Bewusstes Vermeiden von Kommunikation führt dazu, dass weder ein Lernprozess noch eine Integration ins Pflegeteam und den Arbeitsalltag stattfinden kann. Dies führt zu steigender Angst vor Gesprächen und geringem Selbstbewusstsein, Handlungsabläufe werden routiniert durchgeführt, ohne diese zu hinterfragen. Schwächen in der Sprache werden mit nonverbaler Kommunikation, hoher Sozialkompetenz und Empathie ausgeglichen.

Bereits im Jahr 1997 verdeutlicht Ford (1997: 170) eine dringende Notwendigkeit der sprachlichen Förderung von ausländischen Pflegekräften und plädiert für pflegespezifische, auf die Belange der Mitarbeiter(innen) zugeschnittene Kursangebote. Diese müssen in Analogie zum Lernen von Vokabeln, Grammatik und korrekter Aussprache auch unterschiedliche kulturspezifische Hintergrundthematiken aufgreifen. „Gleichzeitig

---

7 Unter Fossilierung wird das „Fließende-falsch-Sprechen" verstanden. Es beschreibt im DaZ-Erwerb die Verfestigung fehlerhafter sprachlicher Gewohnheiten von Lernern. Vgl. hierzu auch http://www.deutsch-am-arbeitsplatz.de/glossar.html?&uid=16. letzter Aufruf: 25.04.2017.
8 Im Vergleich zur ärztlichen Dokumentationsleistung ist die Pflegedokumentation nicht delegierbar, hier zählt das „Prinzip der Eigenhändigkeit". Siehe hierzu auch Sträßner (2010): Rechtliche Aspekte der Pflegedokumentation. In: CNE.fortbildung, 1: 2–8.

ist es notwendig, dass die deutschen MitarbeiterInnen in den Gesundheitseinrichtungen ebenfalls auf die veränderte Situation (Umgang mit ausländischen KollegInnen) entsprechend vorbereitet werden." Dieser Aspekt scheint diesbezüglich von Bedeutung, da durch die zuvor genannten Punkte oftmals Missstimmungen im Team entstehen.

Betrachtet man ein Krankenhaus als wirtschaftliches Unternehmen, werden weitere Aspekte relevant, die im Hinblick auf das Konkurrieren im Dienstleistungssektor verstärkt in den Fokus rücken.

3.1 Wettbewerbsfähigkeit des Unternehmens und Bedeutung für die Personalentwicklung

Um sich als Unternehmen im Gesundheitswesen zukünftig marktfähig zu halten sowie Veränderungen und Herausforderungen bezüglich des demografischen Wandels zu meistern, ist eine Förderung des vorhandenen Personalstamms in der Pflege enorm wichtig (Baric-Büdel et al. 2014: 17). So stehen alle Mitarbeitenden in der Pflege in der Pflicht, sich regelmäßig fortzubilden. Der Arbeitgeber muss dies – nach gesetzlicher Vorgabe – ermöglichen.

Nispel/Szablewski-Çavuş (1997: 97) stellen bei einer Erhebung in einem Betrieb fest, dass ausländische Mitarbeitende für Besuche von Fortbildungen überhaupt nicht oder nur sehr selten berücksichtigt werden. Voraussetzungen für eine Teilnahme sind sehr gute Deutschkenntnisse in Wort und Schrift. Es ist erwiesen, dass Mitarbeiter mit schlechten Sprachfähigkeiten deutlich weniger an Fort- und Weiterbildungen teilnehmen, wie mehrere Untersuchungen des Deutschen Instituts für Erwachsenenbildung gezeigt haben (DIE 2010: 44). Gezielte Maßnahmen zur berufsbezogenen Sprachförderung sind eine Möglichkeit, ungenutztes Potenzial zu entfalten und Türen zur Bildung zu öffnen.

3.2 Dokumentation und Qualitätssicherung

Im Pflegeberuf sind in den letzten Jahren die Anforderungen an das Personal besonders hinsichtlich der Anwendung von Schriftsprache enorm gestiegen. Bei der Qualitätssicherung, der Pflegedokumentation und der Nutzung computergestützter Dokumentationssysteme werden spezifische sprach- und kommunikative Kompetenzen benötigt. Eine befragte Pflegedienstleitung bestätigt, dass verschiedene Qualitätsmanagementstandards von allen Mitarbeitern gelesen, verstanden, gegengezeichnet und umgesetzt werden müssen. Bei Verständnisschwierigkeiten ist es notwendig, den Standard in „einfacher Sprache" zu erklären (vgl. Baric-Büdel et al. 2014: 9). Für die Ausführung, die Rechtfertigung vor Kostenträgern und die Qualität der Pflege ist eine korrekte Dokumentation von enormer Wichtigkeit. Deshalb ist der sichere Umgang mit der Sprache und Fachsprache in Wort und Schrift von entscheidender Bedeutung.

Fossilierung ist hinderlich für die schriftliche Formulierung der Dokumentation und kann zu Diskriminierung und Verständnisschwierigkeiten führen. Floskelhafte Pflegeberichte und Pflegeplanungen sind nicht ausreichend und entsprechen nicht den rechtlichen Bedingungen einer Pflegedokumentation (Sträßner 2010: 2–8). Sprachliche Strukturen die Pflegedokumentation betreffend können in einer berufsspezifischen Sprachförderung gelernt und eingeübt werden.

4 Möglichkeiten der berufsbezogenen Sprachförderung

Mit den unterschiedlichen Bezeichnungen „berufsbezogenes Deutsch", „berufsorientierendes Deutsch" oder („Berufs-)Fachsprache Deutsch" hat die berufsbezogene Zweitsprachenförderung von Personen mit Migrationshintergrund als Werkzeug zum Erhalt der Beschäftigungsfähigkeit und zur Integration im Arbeitsleben der Zielkultur in den letzten Jahren an Bedeutung gewonnen (Weissenberg 2010: 13 f.).

Großteils ist diese Notwendigkeit, so Szablewski-Çavuş (2010b: 44 f.), den sich rasch wandelnden Arbeitsplatz- und Arbeitsmarktbedingungen geschuldet. Da die Anforderungen in jedem Berufsfeld an sprachlich-kommunikativen Fähigkeiten in Wort und Schrift zunehmen, werden Personen mit guten Sprachkenntnissen bevorzugt eingestellt. Erste Ideen und Diskussionen in Deutschland gab es bereits Ende der 1960er-Jahre für eine „sprachliche Ausbildung von Wanderarbeitern", da offensichtlich das Prinzip „Learning by Doing" nicht den gewünschten Effekt erzielte. Bereits damals öffnete sich das Bewusstsein, dass eine sprachliche Förderung im Rahmen eines Unterrichts die Kommunikation unter Kollegen und mit Vorgesetzten qualitativ und quantitativ verbessert.

Im Rahmen konkreter Projekte wurden in Deutschland seit etwa den 1980er-Jahren verschiedene Konzepte mit Bezug auf die Förderung der Zweitsprache am Arbeitsplatz entwickelt und realisiert (Weissenberg 2010: 14). Hier wird hinsichtlich des Bezugs auf konkrete Berufsbilder oder Arbeitsplätze unterschieden, bei jeweils verschiedenen Zielsetzungen:

- **Berufsorientierende/berufsvorbereitende Kurse** richten sich vornehmlich an arbeitslose Personen mit Migrationshintergrund, orientieren sich an keinem spezifischen Berufsbild und behandeln Themen wie Arbeitssuche, Bewerbungsschreiben und Kommunikation im Vorstellungsgespräch.
- **Branchenspezifische Kurse**, bezogen auf bestimmte, aber unspezifische Berufsbereiche (z. B. Pflegebereich, Hotel- und Gaststättengewerbe) richten sich ebenfalls an arbeitsuchende Migranten, die aber bereits über Berufserfahrung in Deutschland und/oder im Heimatland verfügen. Diese werden als Vorbereitung oder parallel zu entsprechenden beruflichen Qualifizierungsmaßnahmen angeboten. Hierbei wird theoretischer Unterricht mit Praxisphasen im Berufsfeld verknüpft.

- **Innerbetriebliche Kursangebote,** oftmals als *innerbetriebliche Weiterbildung* bezeichnet, richten sich konkret an Beschäftigte eines Betriebs oder einer betriebs-internen Abteilung. Diese Kurse werden häufig als fester Bestandteil der Personal-entwicklung eines Unternehmens angesehen (vgl. Baric-Büdel et al. 2014: 22f.; Weissenberg 2010: 14).

So kann berufsbezogene Sprachförderung Arbeitnehmer mit anderen Erstsprachen als Deutsch zur Teilhabe an Fort- und Weiterbildung befähigen und zur Steigerung des Humankapitals eines Unternehmens beitragen (Szablewski-Çavuş 2010b: 45). Ziel der innerbetrieblichen Angebote zur Sprachförderung ist es, die Sprachbedarfe möglichst arbeitsplatznah zu analysieren, darauf aufbauend zielgruppenspezifische Sprachför-dermaßnahmen durchzuführen, die kommunikative Kompetenz der Mitarbeiter(innen) auszubauen und die Kompetenzentwicklung bezüglich der Teilhabe an anderen Weiter-bildungsmaßnahmen zu fördern (Facharbeitskreis Berufsbezogenes Deutsch 2008: 4).

Der spezielle unternehmens- und arbeitsplatzbezogene Fortbildungsbedarf ergibt sich meist aufgrund offensichtlicher oder scheinbarer Mängel bzw. Schwierigkeiten in arbeitsplatzbezogenen, kommunikativen Verrichtungen zwischen Mitarbeiter(inne)n deutscher Muttersprache und Mitarbeiter(inne)n anderer Herkunftsländer. Gründe hierfür sind eventuelle Umstrukturierungen am Arbeitsplatz oder ein kommunika-tiver Bedarf, der vom Berufsbild an sich gefordert ist (Szablewski-Çavuş, 2010b: 43). Oftmals sind es „Diskrepanzen zwischen den realen Anforderungen am Arbeitsplatz und den sprachlich-kommunikativen Fähigkeiten", die eine berufsbezogene Sprach-förderungsmaßnahme notwendig machen (DIE 2010: 22).

Berufsbezogene Sprachförderung beinhaltet demnach keine Vermittlung von reiner Fachsprache, sondern zielt vielmehr darauf ab, den sprachlich-kommunikativen Anforderungen am Arbeitsplatz gewachsen zu sein. Weissenberg (2010:16) hebt hervor, dass berufsbezogene Sprachkenntnisse nicht vorhandene fachsprachliche Elemente durchaus kompensieren können, was umgekehrt aber nicht der Fall ist.

Im Zentrum steht der Ausbau einer breitgefächerten Handlungskompetenz (Haider 2010: 40 f.). Diese Aussage untermauern auch Nispel/Szablewski-Çavuş. Sie stellen fest, „[...] daß es nicht nur um die sprachliche Ausdrucksfähigkeit im engeren linguistischen Sinne geht, sondern auch um ‚Rhetorik im Beruf' – um sprachliche Selbsterfahrung und Selbstbehauptung in der Zweitsprache Deutsch." (Nispel/ Szablewski-Çavuş 1997: 101)

5 Zur Ermittlung von Sprachbedarf und Sprachbedürfnis

Um den Anforderungen eines innerbetrieblichen Fortbildungsangebots Rechnung zu tragen, kommt der Sprachbedarfsermittlung durch die Kursplanenden oder

Lehrkräfte eine besondere Bedeutung zu. Damit wird neben der Erhebung des benötigten Lehrstoffs zugleich die Frage beantwortet: „Was sollen und können und wollen die Teilnehmer warum und wie lernen?" (Weissenberg 2012: 8) Bestandteile der Sprachbedarfsermittlung sind zunächst die objektiven Sprachbedarfe, die sich aus den Anforderungen der beruflichen Tätigkeit und den Erwartungen des Unternehmens oder der Abteilung ergeben. Analysiert werden die innerbetriebliche Organisation, das direkte Handlungsfeld sowie anzutreffende Kommunikationsstrukturen. Des Weiteren erfolgt die Erhebung der subjektiven Sprachbedürfnisse,[9] die sich aus den Lernwünschen der Teilnehmenden und den persönlichen Ausgangssituationen und Erfahrungen ergeben. Hierbei spielen die Gründe für die Kursteilnahme, individuelle Zielsetzungen und erwünschte Lernwege eine wichtige Rolle (DIE 2010: 14). Betriebe wissen meist sofort um den Bedarf der Mitarbeiter, hingegen sind sich Teilnehmer oftmals unsicher, was sie lernen möchten und was hilfreich für das berufliche Handeln sein könnte. Szablewsi-Çavuş (2010a: 11) und Baric-Büdel et al. (2014: 23) legen ebenfalls dar, dass sich die Teilnehmer(innen) ihrer Bedürfnisse zu Anfang eher wenig im Klaren sind und diese sich eher in Motivation oder Ängsten äußern.

Haider (2010: 44 f.) gibt außerdem zu bedenken, dass bei der Erhebung zwischen den theoretischen Anforderungen der Realität am Arbeitsplatz und den Erwartungen eines Unternehmens enorme Differenzen in den Sprachbedarfen festgestellt werden. Objektive Sprachbedarfe unterschieden sich von subjektiven Sprachbedürfnissen oftmals massiv, da diese von der persönlichen Erfahrung in der Lern- und Berufsbiografie, von den Erwartungen und der eigenen Motivation abhängig sind. Zusätzlich zur Sprachbedarfs- und Sprachbedürfnisanalyse misst Weissenberg (2012: 11) den prozessorientierten Bedarfen Bedeutung bei. Damit meint er die Erhebung der vorhandenen Rahmenbedingungen wie Räumlichkeiten und materielle Ressourcen, die ausschlaggebend für Lehr- und Lernmöglichkeiten sind.

Da in der regulären Sprachbedarfsermittlung oftmals nur die objektiv notwendigen sprachlichen Fertigkeiten erfasst werden und nicht ausreichend auf spezifische kommunikative Anforderungen eingegangen wird, empfiehlt Szablewsi-Çavuş die Kommunikationsanalyse[10] (Szablewsi-Çavuş 2010a: 2). „Die herkömmliche Sprachbedarfsanalyse (z. B. zur Erstellung von Curricula [...]) fokussiert im Unterschied zur Kommunikationsanalyse hauptsächlich auf die Defizite von Personen, d. h. auf die Frage, was der einzelne Arbeitnehmer (noch) nicht kann und was er benötigt bzw. was er nicht benötigt." (Szablewsi-Çavuş/Kaufmann 2009: 209) Damit entkräften sie die vermeintliche Tatsache, dass allein durch gezieltes Sprachtraining kommunikative Fähigkeiten trainiert werden können und heben die Bedeutung von „Sprache als

---

9 In der Literatur findet sich gelegentlich der Terminus Sprachbedürfnis, der in der Bedeutung mit dem Begriff des subjektiven Sprachbedarfs gleichgesetzt wird.
10 Die Kommunikationsanalyse ist an die Methode der „organizational needs analysis" (ONA) angelehnt (Grünhage-Monetti/Halwijn/Holland, 2003: 34–42).

Kommunikation" hervor, indem sich der Blickwinkel vom reinen „Verstehen" zum „Verständigen" verschiebt.

Durch spezielle Fragen zu objektiven Sprachbedarfen und Sprachbedürfnissen werden in der Kommunikationsanalyse die wichtigsten Merkmale sowohl der gesamten sprachlichen, als auch der nicht sprachlichen Kommunikation ermittelt. Als übergeordnetes Ziel einer multiperspektivischen Kommunikationsanalyse betont Szablewski-Çavuş (2010a: 7), „[...] eventuell bestehende Probleme zu eruieren, die die Kommunikationsprozesse – und damit auch die Handlungsperspektiven in der ‚Gemeinschaft' – beeinträchtigen – und Lösungsstrategien für eine Überwindung dieser Probleme zu entwickeln." Die Methoden der Sprachbedarfsanalyse[11] sind äußerst vielfältig und werden je nach Kontext passend gewählt. Die Ermittlung soll Teilnehmende verstärkt in den Mittelpunkt rücken und die tatsächlichen sprachlich-kommunikativen Situationen, die Lernende in der Zielsituation bewältigen müssen, als Hauptgegenstand des Unterrichts fokussieren. Eine Reihe nützlicher Erhebungsinstrumente wurden europaweit in unterschiedlichsten Zusammenhängen erstellt, erprobt und evaluiert.[12] Auszugsweise aufgeführt bieten sich als geeignete Erhebungsmethoden Interviews und/oder Fragebögen, informelle Gespräche, Recherchen zum Berufsbild sowie die direkte Erkundung im betreffenden Tätigkeitsfeld an (Weissenberg 2012: 12).

Daneben kommt der Beobachtung innerhalb von Lernprozessen eine weitere Bedeutung zu. Weissenberg (2012: 19) nennt sie eine „didaktische Befragungssituation", die im Rahmen des Unterrichts herbeigeführt werden kann und in Einzelarbeit, in Gruppenarbeit oder im Plenum stattfindet. Der Lehrende erhält in Form eines Partnerinterviews oder gelenkten Gesprächs Auskünfte über Erwartungen, Haltung und Motivation zu einem bestimmten Themenfeld und kann die Ergebnisse in folgende Unterrichtssituationen zum Lerngegenstand machen. Die Sprachbedarfsanalyse ist in diesem Zusammenhang ein Unterrichtsprozess, den die Lernenden aktiv mitgestalten und der dem Lehren und Lernen Präzision verleiht; allerdings kann eine direkte Befragung dadurch nicht ersetzt werden.

5.1 Sprachbedarf und Sprachbedürfnis im Pflegeberuf

Im Folgenden werden die objektiven Sprachbedarfe anhand regulärer Abläufe in der Pflege dargestellt und durch Beispiele aus den Erhebungen von Friebe (2006), Scheuermann (2011) und Haider (2010) veranschaulicht. Aus diesen Ergebnissen erfolgen schließlich die Ermittlung grober Lehr- und Lerngegenstände sowie

11 Die Sprachbedarfsanalyse umfasst sowohl die Erhebung der Sprachbedarfe als auch die Erhebung der subjektiven Sprachbedürfnisse (vgl. auch Haider 2010: 45).
12 Diese Tools sind durch die Koordinierungsstelle Deutsch am Arbeitsplatz dokumentiert, siehe hierzu http://www.deutsch-am-arbeitsplatz.de/sprachbedarfsermittlung0.html (letzter Aufruf: 13.3.2017).

mögliche Zielsetzungen für eine berufsbezogenen Sprachförderungsmaßnahme mit dem Titel „Sprache Pflegen".

Zur Ermittlung von Sprachbedarf und Sprachbedürfnissen finden sich in der Literatur einige nützliche Leitfragen. Die Autoren empfehlen eine individuelle Anpassung, da die Leitfragen größtenteils auf berufsorientierende Sprachfördermaßnahmen zugeschnitten sind. Zur Erfassung konkreter Kommunikationsbedarfe und -bedürfnisse gibt Szablewski-Çavuş (2010a: 9–12) im Rahmen der Kommunikationsanalyse weitere nützliche Hinweise, die neben Leitfragen von Weissenberg (2012: 12) in nachfolgende Fragestellungen der Autorin einfließen:

- Welche Sprachbedarfe lassen sich auf der Basis des Berufsbilds der Gesundheits- und Krankenpflege ermitteln?
- Was muss am Arbeitsplatz verstanden, gesprochen, gelesen und geschrieben werden?
- Wo und mit wem muss kommuniziert werden?
- Welche Gesprächssituationen müssen im Arbeitsalltag bewältigt werden?
- Welche Schwierigkeiten ergeben sich im Arbeitsalltag bezüglich der Sprachverwendung von Pflegekräften mit anderen Erstsprachen als Deutsch?
- Welche berufssprachlichen Erfahrungen haben die Teilnehmer am Arbeitsplatz?

5.2 Objektive Sprachbedarfe

Die Handlungsgemeinschaft einer Pflegekraft in einem Krankenhaus bezieht sich vordergründig auf das Team, kann aber auch das gesamte Unternehmen betreffen und wird dort beispielsweise in Form eines Leitbilds sichtbar. An einem regulären Arbeitstag in der Pflege kommen unterschiedliche Gesprächsformen und Gesprächssituationen mit wechselnden Gesprächspartnern zum Einsatz, die teils gesetzlich gefordert sind und sich durch den Tagesablauf und die Struktur ergeben. Haider (2010: 196) gibt die großen Erwartungen und die geforderte Vielseitigkeit der unterschiedlichen Gesprächssituationen zu bedenken. Neben direktem Austausch mit Kolleg(inn)en und interdisziplinären Mitarbeiter(inne)n erfolgt das Kommunizieren mit Patient(inn)en und Angehörigen unterschiedlichster Schichten, kultureller Hintergründe und Altersklassen. Die große Bandbreite kommunikativer Situationen im Laufe eines Arbeitstags in der Pflege erfordert die Beherrschung verschiedener Sprachebenen, auch Repertoires genannt. Damit ist die „Summe der Varietäten, Soziolekte, Dialekte, Stile und Register etc. angesprochen, die entweder einer Sprachgemeinschaft oder [...] einer einzelnen Person innerhalb der Sprachgemeinschaft zur Verfügung stehen." (Linke et al. 2004: 350) Im Pflegeberuf reicht dieses angesprochene Spektrum von der Alltagssprache und Berufsprache mit Patient(inn)en, Angehörigen und Kolleg(inn)en bis hin zur Fachsprache, die sich in der Pflegedokumentation oder im Diskurs mit anderen Berufsgruppen äußert (Friebe 2006: 18). Die Sprachebenen verlangen ein Verstehen und Produzieren der deutschen Sprache, regional typischer Dialekte und

Umgangssprache, Deutung der sprachlichen Verhaltensweisen (auch beispielsweise bei diesbezüglicher Einschränkung von Patient(inn)en), um Bedürfnisse zu erkennen und situations- und personenbezogen reagieren zu können (Haider 2010: 200).

Gerade im Beruf der Gesundheits- und Krankenpflege ist das Wechseln zwischen unterschiedlichen sprachlichen Registern eine große Herausforderung für Pflegekräfte mit anderen Erstsprachen als Deutsch (Haider 2011: 117). In der Kommunikation innerhalb eines Teams werden sowohl formelle als auch Alltagsbegriffe verwendet, die oftmals nur im Kontext Sinn ergeben. So betont auch Friebe 2006: 19), dass einige Begriffe im Umgang mit älteren Menschen tabu sind. Diese müssen in der Zweitsprache Deutsch im Zusammenhang erlernt werden:

- Menschen werden nicht „gefüttert" – der korrekte Terminus ist hier „Essen eingeben".
- Ältere (pflegebedürftige) Herren sind nicht automatisch „Opa".
- Begriffe wie „Ente" oder „Galgen".

Eine besondere Form der Sprachverwendung in der Pflege ist die Pflegefachsprache. Janich (2012: 9 f.) beschreibt die Fachsprache als eine Variation, die sich in funktionaler Hinsicht von der Allgemeinsprache abgrenzt, allerdings ist ohne diese eine Verwendung von Fachterminologien nicht denkbar. Fachsprachliche Äußerungen, egal ob mündlich oder schriftlich, enthalten somit immer ein „tragendes Gerüst von Grundbegriffen der Gemeinsprache". Pflegende mit anderen Erstsprachen als Deutsch haben oftmals ein hohes Maß an Fachwissen, können dieses jedoch nicht in der Fachsprache kommunizieren. „Es genügt nicht, etwas zu wissen, man muss es auch mitteilen können." (Szablewski-Cavus 2005: 6)

Weissenberg gibt wiederum zu bedenken, dass eine fachsprachliche Kompetenz allein nicht ausreiche und bezeichnet sie in Bezug auf berufsbezogene Sprachförderung als überbewertet. „Die berufliche Handlungsfähigkeit wird [...] vielmehr dadurch gestärkt, dass der Teilnehmer sprachlich-kommunikative Methoden und Techniken an die Hand bekommt, mit deren Hilfe er seine fachlichen Arbeitsaufgaben auch in für ihn sprachlich schwierigen Situationen bewältigen kann."(Weissenberg 2012: 16)

Dennoch spielt die Fachsprache in der Pflege eine besondere Rolle. Die Pflegefachsprache hat sich durch vermehrte Abgrenzung,[13] Ausdifferenzierung und Weiterentwicklung des Berufs als eigene „Sprache" entwickelt. Jedoch ist nach wie vor die Gleichsetzung der Fachsprache im Kontext des Pflegeberufs mit der medizinischen Fachsprache zu beobachten, was oftmals immer noch dazu führt, dass sich die Berufsgruppe den Ärzten unterordnet (Oertle-Bürki 1997: 23). Brünner (1997: 46) misst der Pflegefachsprache in der Experten-Laien-Kommunikation eine wichtige Bedeutung bei, da auch diese „spezifischen Kompetenzen der beruflichen Kommunikation des sprachlichen Handelns zur Professionalität gehören".

---

13 Auf die Professionalisierungsdiskussion in Verbindung mit der eigenen Fachsprache der Pflege verzichtet die Autorin bewusst.

Zu Bestimmung des pflegerischen Fachwortschatzes stellt Oertle-Bürki (1997: 27–32) fest, dass er viele Eigentümlichkeiten und Spezifika aufweise. Folgende Beispiele sollen dies verdeutlichen: Das Wort „Pflege" kommt immer in irgendeinem Zusammenhang vor, eingebettet in unterschiedliche grammatikalische Strukturen. Sie nennt diese Wortschöpfungen als bedeutsam für die Entwicklung des Pflegeberufs, weil dadurch die Pflege „sichtbar" wird. Beispielhafte Wörter sind hier die „Bezugspflege" oder die „Pflegemaßnahme". Zusätzlich kommt in der Pflegefachsprache oftmals disziplinübergreifender Wortschatz vor, aus Fachgebieten der Psychologie oder Philosophie mit Begriffen wie „Triebe", „Autonomie" oder „Lebenswelt". Die Pflegefachsprache verfügt über eine eigene Verwendung von Wörtern, die oftmals nur im Kontext Sinn ergeben. Problematisch zeigt sich in der mündlichen Kommunikation von Pflegekräften mit anderen Erstsprachen als Deutsch in der Praxis oftmals, dass der Zusammenhang nicht oder falsch verstanden und verwendet wird. An einem Beispiel von Haider (2010: 15) wird deutlich, dass der Begriff „Einlauf"[14] von einer Pflegekraft so verstanden wurde, dass sie mit einem Patienten spazieren gehen solle.

Die einheitliche, fast internationale Terminologie der Begriffe in der lateinischen Sprache, die aber Großteils die medizinische Fachsprache betreffen, bereiten wiederum keine Schwierigkeiten. Der Spanische Apendicitis ist dem lateinischen Fachbegriff „Appendizitis"[15] sehr ähnlich. Man kann sich also vorstellen, dass das Wort „Blinddarmentzündung" für Nicht-Muttersprachler ein Wort mit vielen Fragezeichen ist (Haider 2010: 215 f.).

Die mündliche Kommunikation im Pflegeberuf lässt sich weiter in zentrale und tätigkeitsbegleitende Gespräche aufgliedern, in denen die unterschiedlichen Anforderungen an die Sprachebenen nochmals verdeutlicht werden. Bei der Anleitung zur Körperpflege erfolgt die sprachlich aktive Einbindung des (der) Patienten (Patientin) in die Pflegehandlung. Sachweh (2012: 49) nennt in diesem Zusammenhang die Sprache als „Werkzeug zur Bewältigung gemeinsamer Handlungen" und verleiht ihr damit sachlichen, funktionalen Charakter.

Als zentrales Gespräch in der Pflege ist beispielhaft das Anamnesegespräch oder Aufnahmegespräch zu nennen. Darunter wird ein „am Tag der Aufnahme in eine Einrichtung des Gesundheitswesens geführtes Erstgespräch mit dem Patienten" (Wied/Warmbrunn 2003: 65) verstanden. Die Komplexität dieser Gesprächsform wird an einem Beispiel von Scheuermann deutlich, die ein Anamnesegespräch zwischen einer Patientin und einer Pflegekraft mit anderer Muttersprache als Deutsch beobachtete. Die Pflegekraft orientierte sich beim Gespräch verstärkt an den Formulierungen der pflegerischen Fachtermini des vorgegebenen Bogens, ohne diese in ein „rundes" Gespräch in alltagstauglicher Sprache zu übersetzen. Es wurde deutlich, dass der

---

14 Als Einlauf wird in der Pflege das Einleiten einer Flüssigkeit über den Darmausgang verstanden.
15 Appendizitis: Die Entzündung eines Dickdarmabschnitts, „Wurmfortsatzentzündung" (Pschyrembel 2014: 106).

Patient teilweise selbst nicht verstand, was gemeint war. Zwar wurden die Patientendaten erhoben, aber eventuell zusätzliche nötige Informationen nicht übermittelt (Scheuermann 2011: 49). Neben der Datenerfassung zur Planung des Pflegeprozesses werden „während des Erstgesprächs beim Patienten auch die Weichen für das Vertrauen in den weiteren Aufenthalt und die Kompetenz der Pflege gestellt." (Wied/Warmbrunn 2003: 212)

Zur Stärkung der Beziehung zwischen Pflegekraft und Patient verweist Weinhold (1997: 22) auf die Rolle des homileischen Diskurses.[16] Dieser Gesprächsform weist sie eine besondere Bedeutung zu, da „mittels dieser Gespräche ein gewisser Grad an Normalität in einer dem Patienten fremden Umgebung geschaffen" werden kann. Beim Austausch über die Wetterlage, die Vorliebe bestimmter Speisen oder Geschichten aus der Vergangenheit kann Vertrauen in der Pflegebeziehung entstehen. Pflegepersonen haben so die Möglichkeit, Patienten von ihrem eigentlichen Leid abzulenken und für ein gewisses Maß an Normalität zu sorgen. Eine Situation, in der das Gespräch die zentrale Handlung darstellt, ist beispielsweise die Dienstübergabe, in der monologisches Sprechen nach einem bestimmten Muster abläuft. Hierbei hat die berichtende Pflegekraft den höchsten Redeanteil. Die Informationsweitergabe ist hierbei strukturiert, sach- und fachgerecht zu gestalten.

Im Pflegeberuf sind die schriftliche Kommunikation und das Lesen von hoher Bedeutung. Oertle-Bürki spricht von einer Dreiteilung der Anforderungen an das Verstehen von Texten. Beispielsweise ist ein Informationsblatt für Patient(inn)en in der Verteilersprache geschrieben und hat einen anderen Abstraktionsgrad als ein wissenschaftlicher und publizierter Fachartikel, in dem Fachwörter selbstverständlich sind, Abkürzungen i. d. R. nicht vorkommen und der Text eine spezielle Struktur aufweist. Die Pflegedokumentation hat wiederum anderen Charakter und andere sprachliche Mittel als ein Arztbrief, da hauptsächlich Abkürzungen und Jargonismen verwendet werden, der Stil knapp ist und gerade im Pflegebericht unvollständige Sätze geschrieben werden (Oertle-Bürki 1997: 33 f.).

Als Pendant zur mündlichen Übergabe ist die Pflegedokumentation als schriftliches Kommunikationsmedium ein bedeutendes Handwerkszeug. Sträßner bezeichnet sie als professionellen, täglichen Tätigkeitsnachweis und als bedeutenden Bestandteil der professionellen Berufsausübung. Die Dokumentation bildet den Rahmen für Finanzierung und die Legitimation pflegerischer Maßnahmen und stellt, neben der kommunikativen Unterstützung des Übergabegesprächs, die wichtige Form der Beweissicherung dar (Sträßner 2010: 5). Aus eigener Erfahrung der Autorin im Beruf als Gesundheits- und Krankenpflegerin und als Honorardozentin in einem Sprachkurs hat sich das Problem der schriftlichen sach- und fachgerechten Dokumentation als besonders bedeutsam herauskristallisiert. Haider (2011: 121) merkt

---

16 Unter einem homileischen Diskurs verstehen Ehlich und Rebein (1980) ein absichtsloses Gespräch zum Zweck der Unterhaltung. Dabei sind die Gesprächspartner stets gleichberechtigt.

passenderweise an, dass „massive Schwierigkeiten bei der korrekten Dokumentation ‚vor allem – aber nicht nur!' von Personen mit einer anderen Erstsprache als Deutsch" bestehen. Abt-Zegelin bezeichnet die Pflegedokumentation als „ständiges Problemfeld" und stellt einen generellen Mangel in Formulierung und der Verschriftlichung der pflegerischen Tätigkeiten fest (Abt-Zegelin 2005: 111).

Schwierigkeiten sind v. a. im Bereich der Verschriftlichungen des Pflegeberichts zu nennen. Hier sollen patientenindividuelle Sachverhalte möglichst präzise und ohne eigene Wertung festgehalten werden (Friebe 2006: 20 f.). Gerade bei Sprachproblemen wird oft auf Standardformulierungen zurückgegriffen, wie Haider verdeutlicht. Oftmals werden allgemeinsprachliche bzw. umgangssprachliche Ausdrücke wie „füttern" verwendet, die zwar dem Pflegejargon entsprechen aber einem veralteten und weniger professionellen Berufsbild entspringen. Haider erläutert dies anhand eines Dokumentationsbeispiels aus einem Pflegebericht: „Hr. K. beim alle mahlzeiten gefüttert und trinkt genug." Hierbei geht es nicht nur um die falsche Wortwahl oder Grammatik. Das Problem ist tieferliegend und betrifft v. a. die fachliche Ebene der Pflege (Haider 2011: 122). „Beim ersten Teil des Eintrags fehlt ein Hinweis, ob diese Unterstützung beim Essen eine Ausnahme oder der Regelfall ist, ob er aktiv mitgeholfen hat, Appetit hatte etc. Der zweite Teil des Eintrags (‚trinkt genug') ist überhaupt überflüssig, da diese Information bereits in einer sog. Flüssigkeitsbilanz festgehalten wird." (Haider 2011: 122) Dieses Beispiel verdeutlicht, dass dem professionellen Anspruch an die Dokumentation hier in keiner Weise Rechnung getragen wird. Aus den Interviews von Haider (2010) und Scheuermann (2011) geht zudem hervor, dass die Pflegedokumentation im Allgemeinen und das Verfassen von Pflegeberichten im Besonderen als anspruchsvolle, zeitaufwändige und schwierige Tätigkeiten wahrgenommen werden (Scheuermann 2011: 64; Haider 2010: 214–278).

Als dritter Aspekt hat die nonverbale Kommunikation in der Pflege eine besonders wichtige Funktion, die folgendermaßen zusammengefasst werden kann: „Mimik, Gestik, Körperhaltung, Blickkontakt, die Gestaltung von Nähe und Distanz können ein Gespräch unterstützen, bestimmte Inhalte verdeutlichen, den Gesprächspartner/die Gesprächspartnerin auf etwas vorbereiten oder verbale Kommunikation zum Teil ganz ersetzen." (Linke et al. 2004: 309) Besonders im Pflegeberuf ist es oftmals der Fall, dass die nonverbale Kommunikation für Patienten mit Sprach- oder Sprechstörungen das einzige Ausdrucksmittel ist. Je mehr Funktionsverlust im Sprechen oder Verstehen von zu Pflegenden vorhanden ist, umso mehr Verständigung ist mittels Berührungen, Gesichtsausdruck und Handlungen erforderlich (Sachweh 2012: 53–61).

Eine Sprachstörung (Aphasie) kann mit Apraxie verbunden sein, bei der die Durchführung komplexer sprachlicher Handlungsabläufe oder die Fähigkeit des Erkennens von Gegenständen gestört ist. Die Ursache einer Sprachstörung kann beispielsweise ein Schlaganfall (apoplektischer Insult) oder ein Zusammenwirken hirnorganischer Prozesse sein, wie bei zu Pflegenden mit Demenz zu beobachten ist (Hinneberg 2005 in Friebe 2006: 54). Friebe stellt im Zusammenhang von Menschen

mit Sprachstörungen und Pflegenden mit Verständigungsschwierigkeiten in der Erstsprache eines Landes folgende interessante These auf: Ähnlich wie bei Menschen
mit Störungen der Sprachproduktion haben Pflegende, die nicht flüssig Deutsch
sprechen, Erfahrungen damit, sich ohne Worte auszudrücken. Manchmal fehlt der
passende Begriff, sodass es nur möglich ist, einen Gegenstand zu umschreiben oder
zu deuten. Aufgrund dessen stellt Friebe die These auf, dass die Voraussetzung für
ein Verstehen von Menschen mit Sprachstörungen ein hohes Maß an Empathie und
eine Reflexion des Handelns voraussetzt und dabei die funktionale Mehrsprachigkeit als wichtige Voraussetzung hilfreich sein kann. „Möglicherweise zeigen sich die
‚Brücken des Verstehens', die Menschen nutzen, wenn sie unterschiedliche Sprachen
sprechen, ebenso tragfähig bei der Pflege und der Kommunikation mit sprachgestör-
ten Menschen." (Friebe 2006: 54) Dieser These wird durch Scheuermann in einem
Interview Rechnung getragen. Sie berichtet von einer Situation, in der eine ausländischen Pflegekraft mit Schwierigkeiten in der Sprachverwendung in der Kommunikation mit einer aphasischen Patientin scheinbar mühelos verstehen konnte und der
Interviewerin sogar übersetzt hat, was die Patientin meint (Scheuermann 2011: 47).
Dieser Auszug deckt sich ebenfalls mit einer Erfahrung aus beruflichen Situationen
der Autorin, die feststellen konnte, dass Pflegekräfte mit anderen Erstsprachen als
Deutsch der Zugang über nonverbale Kommunikation scheinbar besser gelingt als
deutschsprachigen Kollegen.

Erhebungen zu den Weiterbildungsbedarfen sowie Stärken und Defizite bezüglich kommunikativer Prozesse erfolgten in der verwendeten Literatur ausschließlich
durch Friebe (2006: 11–17), der zu den objektiven Sprachbedarfen der Mitarbeiter(innen) insgesamt 73 Einrichtungsleitungen befragt hat. Es hat sich gezeigt, dass für die
Arbeit relevante Defizite von Pflegenden mit Migrationshintergrund hauptsächlich im
sprachlichen und schriftsprachlichen Bereich gesehen werden. Besondere Stärken
beziehen sich auf Eigenschaften wie Zuverlässigkeit, hohe Einsatzbereitschaft und
hohes Engagement. Zu betonen ist, dass keine Beurteilung von Defiziten und Stärken
im Vergleich zu Mitarbeiter(inne)n deutscher Herkunft stattfand. Friebe (2006: 17)
gibt zu bedenken, dass neben ungenügenden berufsspezifischen Sprachfähigkeiten
Pflegekräften mit der Zweitsprache Deutsch zum Teil ein unzureichendes Pflegeverständnis zugeschrieben wird. Ihre besonderen Erfahrungen durch die absolvierte
Ausbildung und Tätigkeit im Pflegeberuf des Heimatlands sowie die Ressource der
Mehrsprachigkeit treten neben definierten Problemen und Defiziten oftmals in den
Hintergrund. In den befragten Einrichtungen ergaben sich im Vergleich zu deutschen
Mitarbeiter(inne)n durchaus Stärken der Mitarbeiter(innen) mit Migrationshinter-
grund, die in der Pflege als personenbezogene Dienstleistung hoch ins Gewicht fallen.

Der „offenen Sprachbedarf", der in Gesundheitseinrichtungen vorherrscht, gilt
als bisher kaum wahrgenommen. Der Erwerb von Sprachfähigkeiten wird oftmals
allein den Betroffenen auferlegt – obwohl Sprachdefizite nicht im öffentlichen Interesse stehen (Haider 2010: 286). Friebe (2006: 21) stellt zudem fest, dass Schwierigkeiten von Pflegekräften mit der deutschen Sprache in der Berufspraxis oft als

individuelle Defizite betrachtet werden, die durch geringe Anstrengung und wenig Integrationswillen auftreten. Die deutsche Sprache zur Eingliederung in einen Gesundheitsbetrieb gilt zwar als wichtig, jedoch ist sie nicht die einzige Basis für ein erfolgreiches Handeln im Pflegeberuf. „Der ausschließliche Fokus auf mangelnde Deutschkenntnisse, die als individuelle Defizite gesehen werden, verstellt den Blick auf vielfältige sprachliche sowie fachliche Ressourcen und transkulturelle Kompetenzen, die Personen mit Migrationshintergrund auch mitbringen. Diese gilt es sichtbar zu machen, anzuerkennen, zu nutzen und weiterzuentwickeln." (Haider 2011: 125 f.)

5.3 Subjektive Sprachbedürfnisse

Die erhobenen subjektiven Sprachbedürfnisse in den qualitativen Interviews von Haider (2010) und Scheuermann (2011) wurden bewusst sehr weit gefasst. Friebe (2006) ermittelte keine Sprachbedürfnisse. Dabei benannten die Teilnehmenden sehr individuelle Erfahrungen aus dem Berufseinstieg, dem persönlichen, teils beruflichen Sprachlernprozess sowie der Beurteilung der eigenen kommunikativen Kompetenzen in der Pflege. Bei der Zusammenstellung der Ergebnisse wurde deutlich, dass die Erfahrungen so individuell und situationsabhängig sind, dass es nicht das eine Problem oder die besondere Schwierigkeit gibt. Was bei der einen Pflegekraft problematisch erschien, stellte bei der anderen Pflegekraft keinerlei Schwierigkeit im beruflichen Alltag dar. Ebenso erleben die Interviewteilnehmer das Erbitten um Hilfe als zwiespältig, da es oft von Faktoren wie der Integration in die Handlungsgemeinschaft, der gelebten Team- bzw. Fehlerkultur oder von Machtverhältnissen der Kollegen untereinander abhängig ist. Das lässt sich nach Meinung der Autorin darauf zurückführen, dass zum einen die vorhandenen sprachlichen Fähigkeiten in Bezug auf die Sprachniveaus des Gemeinsamen Europäischen Referenzrahmens (GER) in den Erhebungen zwischen A2 und B2 recht unterschiedlich sind. Zum anderen ist die Stichprobengröße in beiden Erhebungen zu gering, um zu eindeutigen Ergebnissen zu kommen. In beiden Interviews wurden sprachliche Situationen erwähnt, die aus Angst oder Scham bewusst vermieden werden. Dazu zählen Beratungsgespräche, das Verfassen von Pflegeberichten sowie die Begleitung von Ärzten bei der Visite. Die konkreten Sprachbedürfnisse und Förderwünsche im Rahmen einer berufsbezogenen Sprachförderung, hier als Bildungsbedürfnisse bezeichnet, erläuterten die Interviewten jeweils am Ende der Befragungen.

Folgende beispielhafte Themenvorschläge und Schulungsinhalte kristallisierten sich heraus: Stärkung der mündlichen und schriftlichen Fachsprache, Kompetenzerweiterung in Gesprächsführung und Rhetorik, Verstehen von Dialekt, Telefongespräche (Scheuermann 2011: 62–76; Haider 2010: 253).

Bei insgesamt drei Interviewteilnehmern bestand der Wunsch, an bereits vorhandene sprachliche Kompetenzen anzuknüpfen (Scheuermann 2011: 76; Haider 2010:

233). Dieser Aspekt zeigt beispielhaft, welchen hohen Stellenwert die unmittelbare Erhebung von Sprachbedürfnissen im Vorfeld und während des Unterrichts innehat.

6 Berufsbezogene Sprachförderung konkret – „Sprache Pflegen"

Im Blick folgender Ausführungen steht der Teilbereich der berufsbezogenen Sprachförderung als Angebot der innerbetrieblichen Weiterbildung. Im Idealfall findet eine solche Maßnahme im Rahmen eines kompletten Kurses – unterteilt in Module und kontinuierlich über einen gewissen Zeitraum hinweg – statt. Allerdings sind die personellen und zeitlichen Ressourcen hierfür oftmals nicht ausreichend. Sprachförderung im Pflegeberuf kann und sollte daher in jedem beruflichen Setting stattfinden, egal ob theoretischer Fachunterricht in der Berufsfachschule, praktische Anleitungssituationen oder im Rahmen einer fachlichen Fortbildung, beispielsweise einer Hygieneschulung. Denn nicht nur Patient(inn)en in einem Gesundheitsbetrieb benötigen eine wirkungsvolle, ergebnisorientierte, professionelle und fürsorgliche Pflege. Die „Sprache" – also die kommunikativen Prozesse als Hauptbestandteil des Pflegeberufs – benötigen ebenfalls eine eigene und individuelle „Pflege", besonders für Pflegende mit anderen Erstsprachen als Deutsch.

6.1 „Sprache Pflegen" als innerbetriebliches Weiterbildungsangebot

Im Mittelpunkt der nachfolgenden konzeptionellen Vorschläge von „Sprache Pflegen" als innerbetriebliche Fortbildungsreihe stehen Pflegende mit anderen Erstsprachen als Deutsch mit Berufserfahrung in einem Gesundheitsbetrieb, die objektiven Sprachbedarfen und subjektiven Sprachbedürfnissen nicht gerecht werden können.

- „Sprache Pflegen" soll in einem geschützten, räumlichen und zeitlichen Rahmen stattfinden, der sowohl die betrieblichen Bedarfe als auch die Bildungsbedürfnisse der Teilnehmer berücksichtigt.
- „Sprache Pflegen" soll Themen ins Bewusstsein rücken, die im normalen Arbeitsablauf oftmals nicht „zur Sprache kommen" (können). Laut Erfahrung der Autorin gibt es im Arbeitsalltag keine Möglichkeiten, Telefongespräche zu trainieren, Konfliktgespräche zu üben und die Verwendung einfühlsamer Worte zu testen.
- „Sprache Pflegen" soll zu jeder Zeit die Kompetenzen der Teilnehmer, ihre fachliche Expertise und die professionelle Ausübung des Berufs in den Vordergrund stellen. Das bedeutet, dass sprachliches Handeln auch unter fachlichen Gesichtspunkten richtig vermittelt wird.

- „Sprache Pflegen" soll zu jeder Zeit, neben der Sprachpflege, interkulturelles Lernen ermöglichen und reflektieren. Im Zuge der Heterogenität der Teams, der Patient(inn)en und anderer Berufsgruppen wird so ein Bewusstsein geschaffen, dass unterschiedliche Kulturen eine unterschiedliche Sicht der Dinge haben. Worte aus dem Alltäglichen, auch in Umgangssprache und Dialekt, kommen hier zur Sprache.
- „Sprache Pflegen" soll nicht in erster Linie dazu genutzt werden, fachliche Qualifikationen zu schulen. Vielmehr geht es darum, für die fachlichen und zwischenmenschlichen Kompetenzen, die zweifelsfrei jede Pflegekraft mitbringt, angemessenes Handwerkszeug zum deutschsprachigen kommunizieren bereitzustellen.

Die Zielsetzung eines solchen Weiterbildungsangebots ist der Aufbau einer sprachlichen Handlungskompetenz in unterschiedlichen beruflichen Situationen. Im Vordergrund stehen dabei die Ressourcen der Teilnehmer(innen) und der Aufbau einer bewussten und selbstbewussten Sprachverwendung. „Sprache Pflegen" soll ein Teilkonzept sein, das unter der Bedingung einer praxisnahen Erhebung von Sprachbedarfen und Sprachbedürfnissen zu ergänzen ist.

6.2 Didaktisch-Methodische Überlegungen zu „Sprache Pflegen"

Eine Möglichkeit für Lehrende zur Auswahl und Fokussierung auf Lehr- und Lerninhalte bietet die von Weissenberg im Jahr 2010 entwickelte Systematisierung arbeitsplatzrelevanter Handlungsfelder.[17] Dieses Modell, basierend auf Grundlagen der Arbeitswissenschaft, ermöglicht eine Erfassung aller sprachlich-kommunikativen Anforderungen am Arbeitsplatz – für jedes Berufsfeld. Weissenberg (2010: 18) identifizierte insgesamt zwölf Handlungsfelder, in denen Mitarbeiter(innen) mit anderen Erstsprachen als Deutsch einen erhöhten Förderbedarf haben. Die Handlungsfelder gelten „arbeitsplatz- und berufsübergreifend", sind also auch auf „Sprache Pflegen" anwendbar.

Die von Weissenberg (2010: 19 f.) identifizierten Handlungsfelder sind beispielsweise Arbeitsaufgabe, Materialbeschaffung und -annahme, Arbeit mit Maschinen und Elektrogeräten und Arbeit mit Menschen. Die Gültigkeit dieser Handlungsfelder für alle Berufsgruppen begründet der Entwickler wie folgt: „So muss jeder Mitarbeiter an jedem Arbeitsplatz fähig sein, mündliche oder schriftliche Arbeitsaufträge zu verstehen. In jedem Beruf müssen Mitarbeiter Waren oder Material bestellen [...]. Bei

---

17 Unter „Handlungsfeld" versteht Weissenberg (2010: 23) „Handlungskomplexe beruflicher und arbeitsplatzbezogener Situationen".

jeder beruflichen Tätigkeit kann es zu Kontakt mit unternehmensfremden externen Akteuren kommen etc."

Im Folgenden überträgt die Autorin zunächst die von Weissenberg (2010: 19 f.) beschriebenen Handlungsfelder (HF) auf die Arbeitsplatzsituationen in der Pflege. Folgender Ausschnitt am Beispiel von HF 05 „Qualitätskontrolle und Qualitätssicherung" dient zur Veranschaulichung der Systematik. Dabei sind diese Arbeitsplatzsituationen exemplarisch ausgewählt und dienen zur Verdeutlichung der – eher an gewerblich-technischen Berufen orientierten – Handlungsfelder von Weissenberg. Die sprachlichen Anforderungen wurden in Anlehnung an Weissenberg (2012: 19 f.) formuliert und auf den Pflegeberuf übertragen. Sie ergeben die konkreten Unterrichtsinhalte und geben erste Anhaltspunkte für sinnhafte Methoden.

Tab. 1: Beispiel eines Handlungsfelds (hier: HF 05) für das Konzept „Sprache Pflegen" (eigene Darstellung nach Weissenberg 2010, S. 20).

	Handlungsfeld	Arbeitsplatzsituation	Sprachliche Anforderung
HF 05	Qualitätskontrolle und Qualitätssicherung	Die Pflegekraft verschriftlicht den Pflegeprozess. Die Pflegekraft setzt Pflegestandards in die berufliche Praxis um.	eine fachlich korrekte Pflegedokumentation ausfüllen, erkannte Schwierigkeiten/Fehler äußern, Verbesserungen vorschlagen, eine schriftliche Mitteilung über ein Ereignis verfassen, z. B. ein Sturzprotokoll, Pflegestandards, Hygienerichtlinien lesen, Pflegemaßnahmen sprachlich begründen.

Weissenbergs zwölf Handlungsfeldern fügt die Autorin ein weiteres hinzu, und zwar HF 13 „Berufliche Weiterbildung".[18] Die Überlegung hierbei ist, einem Aspekt aus der Zielsetzung berufsbezogener Sprachförderung gesondert Rechnung zu tragen. Der Facharbeitskreis Berufsbezogenes Deutsch (2008: 14) benennt demnach die explizite Förderung von Arbeitnehmer(inne)n mit anderen Erstsprachen als Deutsch zur Befähigung an der Teilhabe zukünftiger Weiterbildungsmaßnahmen. Aus den Arbeitsplatzsituationen sowie den sprachlichen Anforderungen aller 13 Handlungsfelder können Module generiert werden.[19] Nach Abschluss aller Module sollen die Teilnehmer im Idealfall über eine fundierte kommunikative Kompetenzerweiterung verfügen, mehr Sicherheit im sprachlichen Handeln sowie im fachlichen Auftreten mit den

---

18 Weissenberg (2010: 21) führte zusätzlich sechs weitere Handlungsfelder an, die bei seiner Erhebung allerdings eine untergeordnete Rolle spielen. Berufliche Weiterbildung hat er – als HF 15 – ebenfalls aufgeführt.
19 Die weitere Systematik zur Ermittlung von Unterrichtsinhalten sowie der beispielhafte Aufbau mit Grob- und Feinzielen sind in der Bachelorarbeit der Autorin detailliert beschrieben.

unterschiedlichsten Personengruppen haben und selbstsicher verschiedenste Aufgaben im Arbeitsalltag sprachlich bewältigen.

6.3 Integrierte Sprachförderung im Fachunterricht

Aus der Erfahrung der Autorin haben Teilnehmer(innen) beispielsweise von Pflichtschulungen in Gesundheitsbetrieben oftmals ziemlich unterschiedliche Sprachvoraussetzungen. Um als Dozent(in) einen Lernerfolg zu bewirken, bietet es sich an, im Rahmen der Unterrichtsvorbereitung und -gestaltung die Arbeitsplatzsituation und sprachlichen Anforderungen zu untersuchen und Methoden und Lernziele daran auszurichten. Nach Ohm (2010: 31) zählt die sprachliche Förderung zu den Aufgaben von Fachlehrern, da die bildungssprachliche Kompetenz bestimmend für den Erwerb von fachlichen und berufsbezogenen Kompetenzen ist. Die Möglichkeit der Sprachförderung im Fachunterricht wird aber wenig genutzt, sie scheint Aufgabe des Deutschunterrichts zu sein.

Ansätze und Empfehlungen für die integrierte Sprachförderung im Pflegeunterricht geben Alt/Misera (2016: 21 f.), die hier beispielhaft aufgeführt werden. Die Erhöhung der Gesprächsanteile von Schüler(inne)n kann mit Methoden, die sprachliche Anforderungen beinhalten, erreicht werden. In diesem Zusammenhang ist es für die Lehrkraft sinnvoll, im Unterricht offene Fragen zu stellen und Wortbeiträge begründen zu lassen. Das steigert automatisch die Qualität von Wortmeldungen. Um der Angst vor freiem Sprechen vorzubeugen, sollte den Lernenden Zeit gegeben werden, Wortbeiträge anhand von Notizen vorzubereiten. Sprachliche Fehler sollen nicht diskriminiert, sondern „überformt richtig wiedergegeben" werden. Eine Möglichkeit, unterschiedliche Sprachfähigkeiten zu berücksichtigen, besteht in der Gestaltung von Unterrichtsmaterialien mit unterschiedlichen Schwierigkeitsgraden. Professionelle Lehrkompetenz muss, nach pflegepädagogischer Expertise der Autorin, diesen Aspekt in jeder Art von Lernsituation berücksichtigen.

6.4 Anwendung sprachförderlicher Methoden im Theorie- und Praxisunterricht

„Unterrichtsmethoden sind die Formen und Verfahren, mit denen die Lehrenden und Lernenden die sie umgebende natürliche und gesellschaftliche Wirklichkeit unter institutionellen Rahmenbedingungen vermitteln und sich aneignen." (Oelke/ Meyer 2013: 18) Diese sehr global formulierte Definition von Oelke/Meyer begrenzt die Autorin auf die Tatsache der „Formen und Verfahren" zum „[V]ermitteln und aneignen" und sieht die Methoden in Bezug auf die berufsbezogene Sprachförderung als Lernhilfen zur Förderung der Sprachhandlungsfähigkeit, die sowohl im Fachunterricht als auch bei praktischen Anleitungssituationen Anwendung finden können.

6.4.1 Lernen mit Szenarien

In der Didaktik und Gestaltung von Unterrichten in der Disziplin „Deutsch als Zweitsprache" und insbesondere in der berufsbezogenen Sprachförderung sind Szenarien eine gängige Unterrichtsmethode.[20] Ein Szenario in diesem Kontext ist eine Kette von fiktiven, handlungsbezogenen Aufgaben mit einem realistischen Hintergrund. Die Rollen und die einzelnen in dem jeweiligen Szenario vorkommenden mündlichen oder schriftlichen Kommunikationssituationen sind zuvor festgelegt und knüpfen stets an die Arbeits- und Lebenswelt der Kursteilnehmenden an." (Sass/Eilert-Ebke 2014: 6)

Beckmann-Schulz/Kleiner (2011: 28) betonen den hohen Nutzen von Szenarien zur gezielten Verwendung im berufsbezogenen Unterrichtsgeschehen, da Materialien diesbezüglich Mangelware sind und Szenarien bedarfsorientiert an den Arbeitsplatz angepasst werden können. Als zusammenhängende Rollenspiele ermöglichen sie sowohl das Training von verbaler, als auch nonverbaler Kommunikation, Intonation, sprachlichem Handeln und Verschriftlichungen aller Art. Ziel eines Szenarios ist es, eine Situation so praxisnah wie möglich nachzustellen und die Kommunikationssituationen aufeinander aufbauend zu gestalten (Sass/Eilert-Ebke 2014: 6).

Folgende Schritte verdeutlichen den Aufbau eines Szenarios im Pflegeberuf. In Klammern ist die jeweils mögliche Handlung bezeichnet:
- **1. Schritt:** Zu pflegende(r) Patient(in) äußert Schmerzen und verlangt ein Schmerzmittel (Lokalisation und Intensität des Schmerzes erfragen, zuhören, beruhigen ...).
- **2. Schritt:** Information an den Arzt weiterleiten (Arzt anrufen, Lokalisation und Intensität des Schmerzes mitteilen, Gesprächsnotiz verfassen)
- **3. Schritt:** Dokumentation der Schritte 1 und 2 (Dokumentation der Beschwerden im Pflegebericht, Dokumentation über Telefonat und Arztanordnungen)

Zudem besteht die Möglichkeit, im Rahmen der „didaktischen Befragungssituation" nach Weissenberg (2012: 19) schwierige Situationen (z. B. Berufseinstieg in Klinik in Deutschland, kulturelle Unterschiede, aktuelle Konfliktsituationen) zu thematisieren, um diese in Form eines Szenarios in den nächsten Unterricht einfließen zu lassen.

6.4.2 Erarbeitungsmethode zum Textverständnis: eine Form des Gruppenpuzzle

Bei der Methode „Gruppenpuzzle"[21] arbeiten Expertenteams an unterschiedlichen Themen und tauschen sich im Anschluss daran gegenseitig zu den erarbeiteten

---

20 Der Begriff „Szenario" wird in der Literatur synonym zum Begriff „Szenarien" verwendet.
21 Die Methode hat die Autorin im Rahmen ihrer Tätigkeit als Honorardozentin in einem Sprachkurs B2 zum Training sprachlicher Begleitung von Pflegemaßnahmen angepasst und mehrmals erprobt.

Inhalten aus. Lernende können dadurch in kurzer Zeit und in kooperativer Arbeitsform Grundlagenwissen erwerben. (Hempel et al. 2014: 36). Die Lernenden sind dabei in Kleingruppen aufgeteilt (optimal sind drei Teilnehmer(innen) pro Gruppe) und erhalten einen an das Sprachniveau angepassten Fachtext vom Umfang einer DIN-A4-Seite.

– Die Lernenden sollen dabei den Text lesen und verstehen,
– sich anschließend in der Kleingruppe über den Inhalt austauschen,
– die wichtigsten Inhalte auf einem Flipchart notieren und
– zuletzt einen Kurzvortrag vor der gesamten Gruppe halten.

Die Methode eignet sich für verschiedene Unterrichtssituationen, da unterschiedliche kommunikative Kompetenzen gefördert und gefordert werden. Die Lehrenden übergeben die aktive Gestaltung des Unterrichts den Schüler/-innen und haben so die Möglichkeit, im Rahmen einer Beobachtung den offenen Sprachbedarf zu erfassen. Es ist davon auszugehen, dass die regelmäßige Anwendung dieser Unterrichtsmethode Sprechängste reduziert.

7 Pflegepädagog(inn)en: Fachlehrer und Sprachlehrer?

Im Beruf der Pflegepädagogik und für Fachlehrende im Gesundheitswesen sind aufgrund der zunehmenden sprachlichen Heterogenität weiterhin spannende Herausforderungen zu erwarten. Bezüglich der steigenden multikulturellen Teilnehmerschaft in der Aus-, Fort- und Weiterbildung der Pflegeberufe sind mehr als die im Studium erworbenen Kompetenzen gefordert. Muss ein(e) Fachlehrer(in) zukünftig auch Sprachlehrer(in) sein? und: Dürfen/Können Pflegepädagog(inn)en auch sprachliche Fähigkeiten unterrichten?

Das ESF-BAMF-Programm[22] und die „Koordinierungsstelle berufsbezogenes Deutsch" erwarten als Voraussetzung für die berufsbezogene Sprachförderung eine Ausbildung in Deutsch als Zweit-/Deutsch als Fremdsprache (DaZ/DaF) und empfehlen die Methode des Teamteaching in Verbindung mit Fachlehrern. Außerdem sollen DaZ-/DaF-Lehrkräfte speziell im berufsbezogenen Sprachunterricht Fortbildungsmaßnahmen erhalten, die jedoch aus mangelnder Finanzierung bisher nicht stattfinden (Beckmann-Schulz/Kleiner 2011: 36–38). Haider (2010: 281) sieht als Grundlage eines curricularen Entwurfs die Erhebung von sprachlichen Szenarien sowie die Analyse schriftlicher Dokumente (z. B. interner Pflegedokumentationssysteme) in der Praxis

---

22 Der Europäische Sozialfond (ESF) findet statt im Auftrag des Bundesamts für Migration und Flüchtlinge (BAMF).

als unerlässlich an. Zudem müssen authentische Lernmaterialien erstellt werden, die bis dato für den Pflegebereich auf dem zugänglichen Markt wenig präsent sind.

Nach Meinung der Autorin ist daher für Pflegepädagog(inn)en eine Zusatzausbildung in DaZ oder die Integration der Thematik in das Studium eine Grundvoraussetzung für zukünftig gewinnbringendes Lehren und Lernen. In der Praxis des Unterrichtens ist schon viel gewonnen, wenn man als Lehrer(in) versucht, sich grundlegende Kompetenzen der Sprachförderung anzueignen und sich mit passenden Unterrichtsmethoden vertraut macht.

8 Chancen, Grenzen und Ausblick für „Sprache Pflegen"

Wünschenswert ist, ein innerbetriebliches Fortbildungsangebot wie „Sprache Pflegen" zur Sicherung der beruflichen Handlungsfähigkeit für Pflegende mit anderen Erstsprachen als Deutsch in Gesundheitsbetrieben vorauszusetzen bzw. fest zu etablieren. Nach Meinung der Autorin kann das stark zur Zufriedenheit aller Beteiligten beitragen. Grenzen sind dabei vermutlich die allgegenwärtigen knappen zeitlichen und finanziellen Ressourcen, die scheinbar allgemein in der Pflege vorherrschend sind. Das sollte für Akteure in Gesundheitsbetrieben allerdings kein Vorwand sein, die Augen vor den Problemen, die durch ungenügende Sprachkompetenzen entstehen, zu verschließen.

Die Idee der Weiterführung der konzeptionellen Ansätze der Autorin ist ein umfassendes, breit angelegtes Vorgehen zur Sprachbedarfs- und Sprachbedürfniserhebung. Dabei können Probleme in der Praxis aufgedeckt und Ressourcen mehrsprachiger Mitarbeiter(innen) verdeutlicht werden. Durch die unterschiedlichen Anforderungen von Gesundheitseinrichtungen muss eine Sprachförderung individuell angepasst werden. Die Bemühungen um die Anwerbung von Pflegenden aus dem Ausland wird in unserem Land weiterhin ein großes Thema sein. Das Eingangszitat dieses Beitrags verdeutlicht allerdings im Kleinsten die damit verbundenen möglichen Schwierigkeiten.

Literatur

Abt-Zegelin, Angelika; Schnell, Martin (Hrsg.) (2005): Sprache und Pflege. Bern.
Alt, Corinna; Misera, Susanne (2016): Sprachkompetenzen in der Altenpflege. In: Unterricht Pflege, 1, S. 20–24.
Baric-Büdel, Dragica; Albers, Christina; Cech, Claudia (2014): FaDa – Fachsprache Deutsch in der Altenpflege. Handbuch für eine berufsbezogene Sprachförderung. Hrsg.: AWO Bundesverband e. V. Berlin.

Beckmann-Schulz, Iris; Kleiner, Birgit (2011): Qualitätskriterien interaktiv. Leitfaden zur Umsetzung von berufsbezogenem Unterricht Deutsch als Zweitsprache. Hrsg.: Koordinierungsstelle berufsbezogenes Deutsch. URL: http://www.netzwerk-iq.de/fileadmin/Redaktion/Downloads/ IQ_Publikationen/Thema_Sprachbildung/2011_Qualitaetskriterien-interaktiv_berufsbezogener-Deutschunterricht.pdf (letzter Aufruf: 05.04.2016).

Bundesverband privater Anbieter sozialer Dienste e. V. (2013): Zuwanderung entlastet bayerische Pflege. bpa begrüßt erleichterten Zuzug ausländischer Fachkräfte. URL: http://www.presse-portal.de/pm/17920/2471576/zuwanderung-entlastet-bayerische-pflege-bpa-begruesst-erleichterten-zuzug-auslaendischer-fachkraefte (letzter Aufruf: 16.03.2017).

Brünner, Gisela (1997): Fachsprache, berufliche Kommunikation und Professionalisierung im Pflege-beruf. In: Abt-Zegelin, Angelika; Schnell, Martin (Hrsg.): Sprache und Pflege. Bern, S. 37–45.

Deutsches Institut für Erwachsenenbildung, DIE (Hrsg.) (2010): Expertise: Sprachlicher Bedarf von Personen mit Deutsch als Zweitsprache in Betrieben, i. A. Bundesamt für Migration und Flücht-linge. http://www.bamf.de/SharedDocs/Anlagen/DE/Publikationen/Expertisen/expertise-sprachlicher-bedarf.pdf?__blob=publicationFile (letzter Aufruf: 16.03.2017)

Ford, Yvonne (1997): Workshop Sprachliche Implikationen eines multikulturellen Pflegeteams. In: Abt-Zegelin, Angelika; Schnell, Martin (Hrsg.): Sprache und Pflege. Bern, S. 167–172.

Friebe, Jens (2006): Migrantinnen und Migranten in der Altenpflege. Bestandsaufnahme, Personal-gewinnung und Qualifizierungen in Nordrhein-Westfalen. Bonn.

Facharbeitskreis Berufsbezogenes Deutsch (Hrsg.) (2008): Integration. Arbeit. Sprache., Quali-tätskriterien für den berufsbezogenen Unterricht Deutsch als Zweitsprache. URL: http://www. deutsch-am-arbeitsplatz.de/fileadmin/user_upload/PDF/Qualitätskriterien.pdf (letzter Aufruf: 25.02.2017).

Grünhage-Monetti, Matilde; Halewijn, Elwine; Holland, Chris (Hrsg.) (2003): Odysseus – Second language at the workplace, Language needs migrant workers: organising, language learning for the vocational/workplace context. European Centre for Modern Languages. Council of Europe Publishing, Strasbourg,

Haider, Barbara (2010): Deutsch in der Gesundheits- und Krankenpflege: eine kritische Sprachbe-darfserhebung. Wien.

Haider, Barbara (2011): „Ich brauche Deutsch für guten Beruf lernen". Deutsch am Arbeitsplatz im Kontext der Zweitsprachenförderung. In: Haider (Hrsg.). Deutsch über alles? Sprachförderung für Erwachsene. Die Wiener Volkshochschulen GmbH, Wien.

Hempel, Margit; Schlam, Norbert; Wenning, Silvia (2014): Methoden für den Unterricht praxiserprobt und effektiv. Norderstedt. URL: http://nbn-resolving.de/urn:nbn:de:101:1-201406172453 (letzter Aufruf: 03.06.2016).

Hinneberg, Sabrina (2005): Sprachbewusstheit und Aphasie. Eine Untersuchung metasprachlicher Fähigkeiten. Verlag Dr. Kovac, Hamburg.

Janich, Norbert (2012): Fachsprache, Fachidentität und Verständigungskompetenz – zu einem span-nungsreichen Verhältnis. In: Berufs- und Wirtschaftspädagogik (BWP), 2, S. 10–13.

Klein, Walter (2015): Sprachliche Hürden bewältigen. In: Die Schwester Der Pfleger, 9, S. 88–91.

Krämer, Angelika (2016): Berufsorientierte Sprachförderung im Rahmen der Ausbildung zur Alten-pflegerin/zum Altenpfleger – ein Erfahrungsbericht. In: Unterricht Pflege, 1:20–23.

Krämer, Lisa; Schmutz, Sabrina; Huschik, Gwendolyn (2015): Ausländische Beschäftigte im Gesund-heitswesen nach Herkunftsländern; Kurzstudie im Auftrag des Bundesministeriums für Gesund-heit. Freiburg und München. URL: https://www.prognos.com/uploads/tx_atwpubdb/20151221_ Prognos_Bericht_Auslaendische_Beschaeftigte_Versand.pdf (letzter Aufruf: 20.02.2017).

Linke, Angelika; Nussbaumer, Markus; Portmann-Tselikas, Paul R. (2004): Studienbuch Linguistik. Tübingen.

Lüffe, Anna; Reimann, Jens (2012): Berufsbezogene Deutschkurse für Pflegekräfte. Sprachförderung im Rahmen des ESF-BAMF-Programms. In: Berufs- und Wirtschaftspädagogik (BWP), 2, S. 24–26.

Nispel, Andrea; Szablewski-Çavuş, Petra (Hrsg.) (1997): Über Hürden, über Brücken: berufliche Weiterbildung mit Migrantinnen und Migranten. Frankfurt am Main.

Oelke, Uta; Meyer, Hilbert (2013): Didaktik und Methodik für Lehrende in Pflege- und Gesundheitsberufen. Cornelsen Verlag. Berlin.

Oertle Bürki, Cornelia (1997): Pflegesprache – gibt es sie? In: Abt-Zegelin, Angelika (Hrsg.): Sprache und Pflege. Berlin, S. 253–258.

Ohm, Udo (2010): Sprachförderung als integrativer Bestandteil beruflichen Lernens in der Aus- und Weiterbildung. In: Wiso-Diskurs – Expertisen und Dokumentationen zur Wirtschafts- und Sozialpolitik, 4, S. 30–42.

Prinz, Johanna (2016): Konzeptionelle Überlegungen zur Förderung kommunikativer Kompetenzen von Mitarbeiterinnen und Mitarbeitern in der Pflege mit anderen Erstsprachen als Deutsch. Bachelorarbeit. Katholische Stiftungsfachhochschule, München.

Sachweh, Svenja (2012): „Noch ein Löffelchen?" Effektive Kommunikation in der Altenpflege. Bern.

Sass, Anne; Eilert-Ebke, Gabriele (2014): Szenarien im berufsbezogenen Unterricht Deutsch als Zweitsprache. Grundlagen Anwendungen Praxisbeispiele. passage gGmbH (Hrsg.): Fachstelle Berufsbezogenes Deutsch im Förderprogramm IQ. München.

Scheuermann, Emine. (2011): Kommunikation zwischen Pflegenden mit Migrationshintergrund und Patienten. Masterarbeit, Universität Wien.

Sträßner, Heinz E. (2010): Rechtliche Aspekte der Pflegedokumentation. In: CNE.fortbildung, 1, S. 2–8.

Szablewsi-Çavuş, Petra; Kaufmann, Susan (2009): Berufsbezogener Deutschunterricht. In: Kaufmann (Hrsg.): Zielgruppenorientiertes Arbeiten: Lernen lernen, Konfliktmanagement, Alphabetisierung, Berufsorientierung, Umgang mit Fossilierung. Ismaning, S. 196–221.

Szablewsi-Çavuş, Petra (2010a): Die Kommunikations-Analyse: Ermitteln von Sprachbedarf und Sprachbedürfnis. URL: http://www.deutsch-am-arbeitsplatz.de/fileadmin/user_upload/PDF/ Kommunikationsanalyse_szablewski.p (letzter Aufruf: 17.04.2016).

Szablewski-Çavuş, Petra (2010b): Berufsbezogenes Deutsch, berufliche Weiterbildung und berufliche Kommunikation. In: Wiso-Diskurs – Expertisen und Dokumentationen zur Wirtschafts- und Sozialpolitik, 4, S. 43–50.

Trim, John; North, Brian; Coste, Daniel; Übersetzt von: Quetz, Jürgen; Schieß, Raimund; Sköries, Ulrike; Schneider, Günther (Hrsg.) (2001): Gemeinsamer europäischer Referenzrahmen für Sprachen: lernen, lehren, beurteilen; Niveau A1, A2, B1, B2, C1, C2, München.

Weinhold, C. (1997): Kommunikation zwischen Patient und Pflegepersonal. Eine gesprächsanalytische Untersuchung des sprachlichen Verhaltens in einem Krankenhaus. Berlin.

Weissenberg, Jens (2010): Sprachlich-Kommunikative Handlungsfelder am Arbeitsplatz. Konzeptioneller Ansatz zur Entwicklung, Durchführung und Evaluation berufsbezogener Zweitsprachenförderangebote. Deutsch als Zweitsprache, 2, S. 13–24.

Weissenberg, Jens (2012): Sprachbedarfsermittlung im berufsbezogenen Unterricht Deutsch als Zweitsprache. passage gGmbH (Hrsg.): Fachstelle Berufsbezogenes Deutsch im Förderprogramm IQ. München.

Wied, Susanne; Warmbrunn, Angelika (Hrsg.) (2003): Pschyrembel Wörterbuch Pflege: Pflegetechniken, Pflegehilfsmittel, Pflegewissenschaft, Pflegemanagement, Psychologie, Recht. Berlin.

Teil 5: **Erfahrungsberichte**
Die Rückschau auf selbst erlebte Lehrkompetenz

Alexa Roth

Alleingelassen im Referendariat

Erfahrungen nach fünf Jahren Lehramtsstudium in einer
Berufsfachschule

1 Einleitung

„Das Referendariat? – Die schlimmste Zeit meiner gesamten Lehrerkarriere!" Um
gleich zu Beginn Missverständnissen vorzubeugen: Dieser Aussage kann ich mich
nicht anschließen. Jedoch wurde sie unzählige Male so oder in ähnlicher Weise von
Kollegen[1] mir gegenüber geäußert. Gerade als junger Lehrer, der sich noch in der Ausbildung befindet, erntet man von älteren Kollegen mitleidige Blicke und viele auf-
munternde Worte, die einem Mut machen sollen, dass es nach dem Referendariat
besser wird. Auch wenn mir meine eigene Ausbildung zum Glück nicht die Grundlage bietet, mich der anfänglichen Aussage anzuschließen, so habe ich doch in den
beiden Jahren meines Referendariats an bayerischen Berufs- und Berufsfachschulen
genügend Erfahrungen gesammelt, die mir erlauben zu erklären, wie es zu solch einer
drastischen Einstufung der Kollegen kommen kann.

In Kapitel 2 wird erklärt, unter welchen strukturellen Umständen die Probezeit
der Lehrer in Bayern abläuft und welches System dafür verantwortlich ist, dass die
Mehrzahl der Kollegen diese Zeit als negativ bewertet bzw. froh ist, dass sie hinter
ihnen liegt. In Kapitel 3 werden einschneidende Erfahrungen und Erlebnisse im Klassenzimmer beschrieben und vor dem Hintergrund der theoretischen Unterrichtsvorbereitung bewertet. Die Reflexion in Kapitel 4 kann als ein Denkanstoß für mögliche
Verbesserungen des Ausbildungssystems genutzt werden.

2 Das System – kritische Reflexion vom Aufbau und Ablauf des Referendariats in Bayern

Voraussetzung, um Lehrkraft an einer bayerischen staatlichen Berufs- oder Berufsfachschule zu werden, ist i. d. R. das erste Staatsexamen, das den Eintritt in das
Referendariat ermöglicht. Inzwischen als gleichwertig anerkannt ist ein abgeschlossenes Bachelor- und Masterstudium an einer Hochschule im Bereich der beruflichen
Bildung. Bei beiden Wegen entscheidet sich der Studierende für eine berufliche Fachrichtung (z. B. Elektrotechnik, Wirtschaft, Metalltechnik usw.) und für ein zusätzliches

---

[1] Um die Lesbarkeit zu erhöhen, wird auf die Nennung der weiblichen Form verzichtet.

DOI 10.1515/9783110500707-013

Unterrichtsfach (z. B. Deutsch, Biologie, Sozialkunde usw.). Um im Bereich der Gesundheitsbildung unterrichten zu können, habe ich an der Technischen Universität München den Studiengang „Lehramt an beruflichen Schulen mit der Fachrichtung Gesundheits- und Pflegewissenschaften" belegt. Das Studium ist mit einer Regelstudienzeit von zehn Semestern angesetzt (sechs Semester bis zum Bachelorabschluss, vier weitere bis zum Master). Neben dieser akademischen Vorbereitung auf die Lehrtätigkeit ist eine abgeschlossene, am besten fachlich der Studienrichtung entsprechende Berufsausbildung oder ein einschlägiges einjähriges Betriebspraktikum zu absolvieren. Sind diese Voraussetzungen erfüllt, kann jeweils zum September und zum Unterrichtshalbjahr im Februar das Referendariat begonnen werden (KM 2016).[2] Unter Einberechnung der beiden Referendariatsjahre kommt man somit auf eine durchschnittlich acht- bis zehnjährige Ausbildungszeit eines Berufsschullehrers.

Diesen Weg habe ich soweit beschritten und dann 2014 meinen Vorbereitungsdienst (Referendariat) an einer bayerischen Berufsschule begonnen. Das erste der beiden Ausbildungsjahre im Referendariat verbringt man als junger Lehrer in einer kleinen Gruppe Gleichgesinnter an einer sog. Seminarschule. Dort wird man engmaschig von einem Seminarlehrer betreut und ist, gerade zu Beginn, vorrangig ein Lernender. Obwohl man nun nach jahrelanger Ausbildung und unzähligen Praktika nichts anderes möchte, als endlich loszulegen, zu erproben, ob und was man als Lehrkraft taugt, wird man zunächst noch einmal massiv eingebremst. Fachsitzungen, Unterrichtshospitationen bei anderen Lehrkräften, Schulrechtsunterweisungen durch die Direktoren und wöchentlich ein kompletter Seminartag, an dem man selbst die Schulbank drückt, bestimmen die ersten Monate der Lehrerausbildung.

Erst nach und nach übernimmt man von erfahreneren Kollegen die Unterrichte. Bei diesen ersten *Unterrichtsversuchen* liegt nach wie vor die Verantwortung bei der vollwertigen Lehrkraft. Nach Absprache mit dieser übernimmt der Referendar dann zunächst einzelne Stunden. In der Regel legen hierbei der Referendar und der Kollege ein geeignetes Thema einer Unterrichtsstunde fest. Der Referendar arbeitet dazu ein Unterrichtskonzept aus, bespricht und verbessert es – nach den Rückmeldungen des verantwortlichen Kollegen. Bei der Durchführung der Unterrichtsversuche ist dieser ebenfalls anwesend, häufig zusätzlich unterstützt durch den Seminarlehrer, um dem Referendar im Anschluss Rückmeldung zu geben. Erst mit der Zeit und je nach den individuellen Fortschritten des Referendars erlangt er Eigenständigkeit und Verantwortung in der Übernahme des Unterrichts.

Die schriftliche Ausarbeitung und Konzeption der einzelnen Stunden nach dem starr vorgeschriebenen Konzept der Lehrerausbildung bestimmen die Abende und manchmal auch Nächte der Referendare. Obwohl man zu diesem Zeitpunkt wöchentlich nur für etwa fünf Unterrichtsstunden verantwortlich ist, ist das Arbeitspensum

---

2 https://www.km.bayern.de/lehrer/lehrerausbildung/berufliche-schulen/studium.html (letzter Aufruf: 19.03.2017).

enorm. Viele meiner jungen Kollegen haben es in beiden Ausbildungsjahren des Referendariats nicht geschafft, wenigstens den Sonntag als einzigen Tag in der Woche nicht am Schreibtisch zu sitzen und Unterrichte zu planen. Die Planung und Vorbereitung von einer Unterrichtseinheit (45 Minuten) beansprucht bis zu fünf Zeitstunden eines jungen Lehrers in der Ausbildung. Neben der Erstellung von Unterrichtsmaterialien[3] wie Informationstexte, Arbeitsblätter, Placemats usw. wird jeder einzelne Schritt des Unterrichts von den Referendaren unter Berücksichtigung unzähliger Details durchdacht und geplant. Vom motivierenden Einstieg über die notwendigen Zwischensicherungen des Gelernten bis hin zur Evaluation der Stunde durch die Schüler wird hier, jedenfalls in der Theorie, nichts dem Zufall überlassen. Die Klassen werden anhand sämtlicher Schülerdaten wie Alter, Herkunft, Schulabschluss, Noten usw. analysiert und jeder Unterricht individuell an vorhandene Förderbedürfnisse oder Stärken angepasst. Auch andere Parameter wie der Bezug zum Lehrplan und zur beruflichen Praxis, eine Verhinderung von Monotonie im Klassenzimmer durch Methodenvielfalt, die individuelle Förderung jedes einzelnen Schülers sowie die schulischen Rahmenbedingungen[4] werden dabei vom Referendar analysiert und in seine Planung miteinbezogen. Viele Seminarlehrer erwarten die schriftliche Ausarbeitung all dieser Parameter für jede einzelne vom Referendar gehaltene Unterrichtseinheit vorab. Erst wenn diese Ausarbeitungen vom Seminarlehrer abgesegnet sind bzw. – und dies ist die Regel – nach seinen Vorstellungen verändert wurden, geht es ins Klassenzimmer zum eigentlichen Kerngeschäft, zum Unterricht. So betritt der Referendar nach stundenlanger Planung mit hohen Erwartungen und gemischten Gefühlen das Klassenzimmer. Wenn dort dann Realität und Theorie aufeinander prallen, ist es für das Selbstbewusstsein des zukünftigen Lehrers von großem Vorteil, wenn er über eine hohe Frustrationstoleranz[5] verfügt.

Aus diesen Ausführungen wird jedoch ebenfalls klar, wie sich der Unterrichtseinsatz mit etwa fünf Stunden zu Beginn im Referendariat im Gegensatz zum Vollzeiteinsatz einer fertigen Lehrkraft mit 24 Unterrichtsstunden pro Woche ergibt. Das Referendariat ermöglicht somit eine tiefe und intensive Auseinandersetzung mit der Konzeption von Unterricht, die bei einem Vollzeiteinsatz nach der Lehrerausbildung nicht mehr zu leisten wäre.

In den ersten Monaten wird der Referendar während all seiner *Unterrichtsversuche* entweder von seinem Seminarlehrer oder von der für den Unterricht verantwortlichen

---

3 Als Unterrichtsmaterialien werden i. d. R. alle Hilfsmittel bezeichnet, die dazu dienen, den Schülern die Unterrichtsinhalte zu vermitteln. Dazu zählen beispielsweise Informationstexte, Arbeitsblätter, Präsentationen, Mindmaps, Übungsaufgaben usw.

4 Auf die schulischen Rahmenbedingungen hat der Referendar kaum Einfluss. Dazu zählen Parameter wie die Größe und Ausstattung der Klassenräume, mediale Gegebenheiten, Licht und Temperatur im Klassenzimmer usw.

5 „Unter Frustrationstoleranz verstehen wir unsere Fähigkeit, mit Enttäuschungen und Frustrationen umzugehen." https://www.palverlag.de/frustrationstoleranz.html (letzter Aufruf: 16.11.2016).

Lehrkraft beobachtet und erhält anschließend ein Feedback. Dabei stehen nicht nur Auswahl und Umsetzung der Unterrichtsmethoden, die Art der Fragestellungen, die Gestaltung der Unterrichtsmaterialien und die Einhaltung der Zeitvorgaben in der Kritik, sondern der Referendar wird in seiner gesamten Persönlichkeit als zukünftiger Lehrer beurteilt. Zeigt man eine offene, den Schülern zugewandte Körperhaltung? Sind die Bewegungen im Klassenraum ausgeglichen? Sind die Stimmlage und die Lautstärke der Stimme den Rahmenbedingungen angepasst? Ist man angemessen gekleidet? Hier beschleicht einen als junger Referendar häufig das Gefühl, all den Herausforderungen des Lehrerberufs nicht gewachsen zu sein und nun, nach fünf Jahren Studium, vor einer Aufgabe zu stehen, von der man überfordert ist.

Das zusätzlich Belastende an der permanenten Beobachtung durch die Seminarlehrkräfte und erfahreneren Kollegen ist, dass die Benotung für das zweite Staatsexamen, welche wiederum über die Besetzung einer Planstelle entscheidet, hauptsächlich durch eben diese Personen geschieht. Die Einstellungsnote in das bayerische Beamtenverhältnis ist die Note des zweiten Staatsexamens, verrechnet mit dem ersten Staatsexamen bzw. den Noten des Masterabschlusses. Wobei die Noten des zweiten Staatsexamens, also jene, welche man während des Referendariats sammelt, trotz des kürzeren Zeitraums unverhältnismäßig stärker ins Gewicht fallen. Eben jene Noten sind es auch, die zum überwiegenden Teil durch die Seminar- und Betreuungslehrkräfte vergeben werden. Die Gesamtprüfungsnote des zweiten Staatsexamens wird aus fünf Notenbereichen berechnet.

Zunächst einmal erhält der Referendar sowohl im ersten als auch im zweiten Ausbildungsabschnitt eine *Beurteilung*. Diese setzt sich aus den Teilbereichen der Unterrichtskompetenz, des erzieherischen Wirkens und der Handlungs- und Sachkompetenz (bewertet beispielsweise das dienstlich angemessene Verhalten, die Belastbarkeit und die Fähigkeit, Ratschläge anzunehmen) zusammen (Studienseminar 2016).[6] Das heißt in der Praxis, dass jedes Verhalten, jeder beobachtete Unterricht, jede Äußerung des Referendars in den Fachsitzungen beurteilt wird und sich letztlich in einer Note widerspiegelt. Nicht verwunderlich also, dass viele Referendare während ihrer Ausbildungszeit weniger damit beschäftigt sind, herauszufinden, welche Lehrerpersönlichkeit sie sind, welche Art von Unterricht zu ihnen passt und welche Rolle im Kollegium ihnen liegt, als vielmehr damit, was der Seminarlehrer von ihnen erwartet. Welche Art von Unterricht gefällt meinem Seminarlehrer? Welche Unterrichtsmethoden findet er gut? Wie muss ich mit meinen Schülern umgehen, damit es den Vorstellungen meines Seminarlehrers entspricht? Der Reifungs- und Selbstfindungsprozess, den das Referendariat als große und essenzielle Chance für die spätere Lehrergesundheit beinhaltet, wird dadurch in vielen Fällen verhindert. Den Satz eines jungen Referendarkollegen gegen Ende unserer Ausbildungszeit

---

6 http://berufsschulnetz.de/studienseminar/download/Kriterien_Gutachten.pdf (letzter Aufruf: 18.11.2016).

werde ich nie vergessen: „Nach zwei Jahren Theaterspielen im Klassenzimmer freue ich mich jetzt darauf, herauszufinden, was für ein Lehrer ich eigentlich wirklich bin." Besonders jene Junglehrer, die in ihrer Ausbildungszeit eine besonders harte Schule bei ihren Seminarlehrern durchlaufen haben, tendieren nach Beendigung des Referendariats dazu, ins Gegenteil zu verfallen. Statt Methodenvielfalt gibt es Methodenmonokultur, statt einem schülerzentrierten Unterricht gibt es lehrerzentrierten Unterricht, statt minuziös geplanter Einheiten wird Spontaneität und Improvisation erprobt. Erst nach und nach gelingt es dem jungen Lehrer, sich bei der Art von Unterricht einzupendeln, die ihn authentisch und schülerfokussiert vor der Klasse stehen lässt.

Neben der Beurteilung beeinflussen die drei *Lehrproben* (LP), welche man während des Referendariats abhält, die Einstellungsnote. Bei den Lehrproben hält der Referendar den Unterricht vor einem dreiköpfigen Prüfungsausschuss, bestehend aus dem Seminar- bzw. Betreuungslehrer, dem Schulleiter und einem externen Prüfer aus dem Studienseminar oder der bayerischen Staatsregierung. Das Thema dieser Unterrichtseinheit bekommt der Referendar eine Woche vor dem Lehrprobentermin von der Schulleitung eröffnet. Dann beginnt eine Woche der intensiven Vorbereitung; schließlich hat der Referendar nur diese eine Schulstunde Gelegenheit, zu zeigen, was er gelernt hat. Da die LP sozusagen als Momentaufnahme der Benotung dient, ist der Druck, den diese Prüfung auf den Referendar ausübt, enorm. Nicht selten feuern die Referendare deshalb ein irrationales Methodenfeuerwerk ab und verlieren sich in einer wahren Materialschlacht. Läuft in dieser einen Schulstunde etwas schief, findet die sonstige Qualität der Lehrkompetenz in der Benotung keine Beachtung, wie „gut" oder „schlecht" der Unterricht in den übrigen Stunden auch immer gewesen sein mochte. Dazu kommt, dass der Prozess der Notengebung für den jungen Lehrer oft schwer nachzuvollziehen ist. Zwar gibt es vom Studienseminar ein offizielles Dokument,[7] nach dessen Schema eine LP bewertet wird. Doch wie genau eine *fachliche Sicherheit*, eine *Frage- und Impulstechnik* und eine *Ausstrahlung* sein müssen, damit sie innerhalb von 45 Minuten „überzeugen", ist nur schwer definierbar. Die Frustration über die Noten ist daher nicht selten überdurchschnittlich hoch, und den LP eilt ein Ruf der Intransparenz voraus. Dieser Eindruck wird noch verstärkt, da die Referendare bereits vorab in den Seminarveranstaltungen darauf hingewiesen werden, dass Rückfragen nach der Benotung ausdrücklich nicht erwünscht sind. Für die jungen Lehrer ist diese Inkongruenz in den Vorgehensweisen oft schwer zu ertragen. Von ihnen selbst wird erwartet, dass die Notengebung bei den Schülern so transparent, nachvollziehbar, vergleichbar und gerecht wie möglich gestaltet sein muss. Gleichzeitig haben sie das Gefühl, dass ihnen in Bezug auf die eigenen Noten dieses Recht versagt wird.

---

7 http://berufsschulnetz.de/studienseminar/download/Beobachtungsbogen_Unterricht.pdf (letzter Aufruf: 07.12.2016).

Im zweiten Ausbildungsjahr ist dann die Abgabe der *Hausarbeit* ein weiterer Meilenstein der Lehrerausbildung. Der Referendar bearbeitet dabei ein Thema, das gemeinsam mit einem seiner Seminarlehrer festgelegt wurde, nach wissenschaftlichen Maßstäben. Oft werden dabei Unterrichtsmethoden erprobt und evaluiert, besondere Projekte oder Unterrichtsversuche beschrieben und ausgewertet usw. Die wissenschaftliche Herangehensweise an das Thema und „der reflektierende Charakter der Hausarbeit soll deutlich werden" (Studienseminar 2016).[8] Die Hausarbeit wird durch den betreuenden Seminarlehrer benotet.

Gegen Ende des Referendariats wird der junge Lehrer durch das *Kolloquium* und die *mündlichen Prüfungen* in seinem Wissensstand geprüft. Im Kolloquium kann der Referendar an einer Fallanalyse seine pädagogische Eignung vor einem zweiköpfigen Prüfungskomitee, bestehend aus Seminarlehrern, unter Beweis stellen. In den drei mündlichen Prüfungen wird das fachliche und didaktische Know-how in der beruflichen Fachrichtung sowie im Unterrichtsfach und im Bereich der staatsbürgerlichen Bildung und im Schulrecht (ergibt zusammen eine Note) abgeprüft. Auch hier trifft der Referendar wieder auf die Seminarlehrer aus dem ersten Ausbildungsabschnitt, welche jeweils zu zweit über die Benotung entscheiden.

Beachtenswert ist es, dass in allen fünf Notenbereichen des zweiten Staatsexamens der bzw. die Seminarlehrer erheblichen Einfluss in der Notengebung ausüben. Welche Auswirkungen dies auf das Verhältnis zwischen Referendar und Seminarlehrer haben kann und wie dadurch u. U. die Benotung beeinflusst wird, wird in Kapitel 4 beschrieben.

3 Im Klassenzimmer – Spagat zwischen Unterrichtstheorie und -praxis

Wenn ich morgens das Klassenzimmer aufschließe, den Schülern einen guten Morgen wünsche und dabei stapelweise Informationstexte, Arbeitsblätter, Zusatzmaterialien und Unterrichtsverlaufspläne auf dem Pult ausbreite, beginnt der offensichtliche Teil meiner Lehrerarbeit. Das, was in den kommenden 45 bis 90 Minuten passiert, ist für mich als Lehrkraft jedoch – im besten Fall – nur das Ernten der Früchte der getanen Arbeit. Häufig ist es aber auch nur das Miterleben, wie im Klassenzimmer alles anders läuft als geplant. Oft beschleicht mich dabei das Gefühl, ein Verkäufer zu sein. Ein Verkäufer von einem völlig überteuerten Ladenhüter, auch Unterricht genannt, den meine widerwilligen und zum Kaufen unmotivierten Kunden, auch Schüler genannt, partout nicht haben wollen.

---

8 http://berufsschulnetz.de/studienseminar/download/Hausarbeit_Hinweise.pdf (letzter Aufruf: 07.12.2016).

Diese humoristische Beschreibung soll deutlich machen, dass bei der theoretischen Unterrichtsvorbereitung und -planung und der tatsächlichen praktischen Umsetzung von Unterricht im Klassenzimmer Welten aufeinanderprallen, so wie das auch in vielen anderen beruflichen Disziplinen der Fall ist. Junge Lehrkräfte vollführen dabei einen Spagat zwischen den Anforderungen, welche die Ausbildung im Referendariat an sie stellt und den täglichen Wirklichkeiten im Klassenzimmer.

Meist vergehen die ersten zehn Minuten einer Unterrichtsstunde mit organisatorischen Aufgaben. Eintragung der abwesenden Schüler, Abklärung des Verbleibs der abwesenden Schüler, Diskussion über fehlende Atteste oder Entschuldigungen mit den Schülern, die zuletzt abwesend waren usw. Letztere brauchen dann die Unterrichtsmaterialien der letzten Stunde und kommen deshalb zum Pult. Dann wird häufig Terminliches besprochen. Der Lehrer nennt einen anstehenden Schulaufgabentermin. Die Schüler sind mit dem Termin nicht einverstanden und wollen einen späteren Termin. Nach endlosen Boykottversuchen seitens der Schüler wird ein Termin notiert.

Nun kann also der Unterricht beginnen. Der selbstregulierte, handlungsorientierte Unterricht als aktuelles Optimum der Unterrichtskonzeption stellt an den Referendar eine Vielzahl von Anforderungen, die nicht selten mit der Wirklichkeit im Klassenzimmer kollidieren. Dies wird nachfolgend anhand des ersten Abschnitts von Unterricht, dem Einstieg, dargestellt. So schreiben die Grundsätze des selbstregulierten Lernens vor, dass der Lehrer anhand einer Problemstellung, abgeleitet aus der Berufs- und Lebenswelt der Schüler, eine sog. Lernsituation konzipiert, mit welcher er in das Unterrichtsthema einsteigt (ISB 2009).[9] Diese Lernsituation hat den Anspruch, „durch ihre realistische Problemsituation den Schüler dazu auf[zu]fordern, selbstständig und praxisgerecht das dargestellte Problem zu bewältigen" (ISB 2009: 25).[10] Dem Referendar wird also in seiner Ausbildungszeit vermittelt, dass sich – ausgehend von dieser Lernsituation, mit der er in das Unterrichtsthema einsteigen soll – der weitere handlungsorientierte Unterricht anhand einer vollständigen Handlung (ISB 2012)[11] entwickeln soll. Meiner Erfahrung nach ist es jedoch oft so, dass die Textverstehenskompetenz der Schüler stark heterogen ist. Häufig müssen Begriffe aus der Lernsituation erst erklärt und der Sachverhalt der Problemstellung gemeinsam erarbeitet werden. Dies wiederum beansprucht Zeit, die eigentlich für die selbstständige Erarbeitung des Themas durch die Schüler vorgesehen gewesen wäre. Wobei sich sogleich ein weiteres Problem anschließt: Erfahrungsgemäß ist es die Mehrzahl meiner Schüler aus den vorhergehenden Schularten nicht gewohnt, sich

---

9 Staatsinstitut für Schulqualität und Bildungsforschung: Selbstreguliertes Lernen in Lernfeldern, München 2009.

10 Staatsinstitut für Schulqualität und Bildungsforschung: Selbstreguliertes Lernen in Lernfeldern, München 2009, S. 25.

11 Staatsinstitut für Schulqualität und Bildungsforschung: Didaktische Jahresplanung, München 2012.

selbstständig Lerninhalte zu erarbeiten. Unterricht bedeutet ihrer Erfahrung nach, dass ihnen faktische Inhalte kleinschrittig von einer Lehrkraft vermittelt werden. So steht man als junger unerfahrener Lehrer häufig vor der Schwierigkeit, dass man die Klasse erst einmal mit den Methoden und Arbeitsweisen des selbstregulierten Lernens vertraut machen muss. Immer mit dem zeitlichen Druck im Nacken, dass bei der anstehenden Lehrprobe oder dem nächsten Unterrichtsbesuch durch den Seminarlehrer nach Möglichkeit alles vorbildlich abläuft. Diese für die Schüler völlig neue Herangehensweise an den Unterricht fördert jedoch nicht selten ein großes Misstrauen der Klasse in den Referendar. So habe ich in meinen eigenen Klassen und auch bei meinen jungen Kollegen oft erlebt, dass die Schüler offiziell an der Kompetenz der Lehrkraft oder doch zumindest an der Qualität seines Unterrichts zweifeln. Unterstützt wird dieser Zweifel häufig noch dadurch, dass das Konzept der vollständigen Handlung und des selbstregulierten Lernens auch von den Kollegen an der gleichen Schule nur – wenn überhaupt – abgeschwächt angewendet wird. Somit ist man nicht nur der jüngste und unerfahrenste Lehrer an einer Schule, sondern häufig auch noch ein Einzelkämpfer in einer Unterrichtsdisziplin, die den meisten Schülern nicht auf Anhieb leichtfällt. Gleichzeitig ist man als Referendar aufgrund der Vorgaben der Lehrerausbildung unfähig, den Unterricht abzuändern bzw. anzupassen. In meinen beiden Ausbildungsjahren als Referendar musste ich mich aus diesem Grund dem Zweifel meiner Schüler des Öfteren stellen. Diese Erfahrung nagt besonders hart in einer Zeit an einem jungen Lehrer, in der er sowieso bereits von allen Seiten Kritik einstecken muss.

Deshalb heißt es für den Referendar allzeit: Sich nur keine Unsicherheiten anmerken lassen, immer selbstsicher und kompetent wirken, dabei jedoch freundlich und schülernah. Auf die Anforderungen der Schüler eingehen und dabei jedoch die Vorgaben des Studienseminars und die Vorlieben des Seminarlehrers nicht außer Acht lassen. Sich mit Engagement am Schulleben beteiligen und gleichzeitig ein gewaltiges Arbeitspensum schultern. Fachlich immer versiert und auf dem neuesten Stand sein. Von allen Seiten Kritik einstecken können, ohne selbst Kritik äußern zu dürfen. Immer daran denken, dass die Benotung im Referendariat über die Besetzung einer freien Planstelle oder über das harte Schicksal ohne Anstellung entscheidet. Ich komme somit auf das Eingangszitat vieler meiner Kollegen zurück: „Das Referendariat? – Die schlimmste Zeit meiner gesamten Lehrerkarriere!"

4 Denkanstöße zur Verbesserung des Referendariats

Wie bereits am Ende von Kapitel 2 festgestellt, üben in allen fünf Notenbereichen des zweiten Staatsexamens der bzw. die Seminarlehrer erheblichen Einfluss in der Notengebung aus. Während dies einerseits sicherstellt, dass der Referendar von einer

Person bewertet wird, die ihn gut kennt, seine Entwicklung der Lehrerpersönlichkeit gefördert und mitverfolgt hat und zu der ein gewisses Vertrauensverhältnis besteht, verkehren sich diese Vorteile leider auch in manchen Fällen ins Negative. Viele Kollegen berichten mir, dass sie es selbst erlebt oder bei ihren Referendarskollegen beobachtet haben, dass ihnen eben diese Abhängigkeit vom Seminarlehrer zum Nachteil gereichte. Besteht eine grundsätzliche Antipathie zwischen Seminarlehrer und Referendar, so kann sich dies in der Benotung an vielen Stellen niederschlagen. Ich möchte betonen, dass mir an dieser Stelle nichts ferner liegt, als Seminarlehrern eine grundsätzliche Befangenheit oder gar Ungerechtigkeit in der Benotung zu unterstellen und möchte daher erklären, warum speziell das System, in dem sich Seminarlehrer und Referendar bewegen, so anfällig für empfundene Ungerechtigkeiten ist. Die Art eines Lehrers zu unterrichten und vor einer Klasse zu stehen, ist ein zutiefst vom Charakter einer Person abhängiges Verhalten. Erinnern wir uns an unsere eigene Zeit als Schüler. Wie unterschiedlich haben wir unsere Lehrer erlebt. Da gab es die lockeren und flapsigen, die konzentrierten und ernsten, die humorvollen und entspannten Lehrer. Einige haben unser Herz in der ersten Stunde gewonnen, mit anderen sind wir bis zur letzten nicht warm geworden. Meinen Mitschülern ging es oft ganz ähnlich wie mir. Oft aber hatten sie ganz andere Gefühle dem Lehrer gegenüber, und nicht selten lag die entsprechende Sympathie oder Antipathie darin begründet, wie sehr einem das Fach lag. Hätten wir als Schüler unsere Lehrer benoten dürfen, wären wohl sehr unterschiedliche Ergebnisse herausgekommen. So verhält es sich auch in der Beziehung zwischen Referendar und Seminarlehrer. Ist ein Seminarlehrer ein Lehrertyp, dem ein freundschaftliches und offenes Verhältnis zu seinen Schülern sehr wichtig ist, wie soll er die Lehrerpersönlichkeit seines Referendars neutral bewerten, dem der fachliche Aspekt im Unterricht am wichtigsten ist und der einen emotionalen Abstand zu seinen Schülern benötigt? Eine objektive Beurteilung scheint kaum möglich. Und nur zu schnell bezweifelt man daher die gesamte Eignung eines Kollegen für den Beruf und wird unbewusst an den Stellschrauben der Benotung derart Einfluss nehmen. Eine Anregung zur Verbesserung der Lehrerausbildung könnte also sein, dass die Einflussnahme der Seminarlehrer in der Beurteilung minimiert wird. Besonders die Beurteilungen in der Hausarbeit und in den mündlichen Prüfungen könnte zur Maximierung der neutralen Bewertungen von fremden Seminarlehrern vorgenommen werden. Dazu kommt, dass die Belastungen der Referendariatszeit leichter zu ertragen wären, wenn man in seinem Seminarlehrer eine erfahrene Lehrerpersönlichkeit an seiner Seite wüsste, die einen in der Findung der eigenen Persönlichkeit unterstützt. Einen routinierten, fachkundigen Mentor, dem man gerne seine Probleme und Schwachstellen offenbart, um gemeinsam daran zu arbeiten. Stattdessen hat man als Referendar das Gefühl, vor dem Seminarlehrer niemals Schwäche zeigen zu dürfen, da dieser ja die Belastbarkeit seines Schützlings bewerten muss. Hier bleiben leider noch viele Chancen, welche die Ausbildungszeit bieten würde, ungenutzt.

Besonders belastend empfinden die Referendare des Weiteren die intransparente Benotung der Lehrproben. Wie bereits erwähnt, fließen hier unmöglich operationalisierbare Aspekte wie eine *überzeugende Ausstrahlung* in die Notengebung ein. Da der Referendar im Normalfall den Prüfungsvorsitzenden, bestehend aus einem Vertreter des Studienseminars oder der Landesregierung, nicht kennt, kann man sich als Prüfling nicht vorstellen, worauf der Schwerpunkt in der Benotung gelegt werden könnte. Die Überraschung in der Notenbekanntgabe ist daher immer wieder groß und viele meiner Kollegen können auch Jahre nach ihrer Ausbildung nicht nachvollziehen, wie es in ihrer Lehrprobe zu einer solchen Bewertung kommen konnte. Klarer definierbare Beurteilungskriterien und auch die Streuung der Noten auf mehrere kleinere Lehrproben könnten hier eine ungemeine Entlastung der jungen Lehrer bedeuten. Im Umkehrschluss könnten zusätzliche Belastungen wie das Verfassen einer Hausarbeit in den dringend zur Erholung benötigten Ferien ausgesetzt werden. Es ist mir bis heute unerklärlich, warum ein junger Lehrer im Referendariat erneut unter Beweis stellen muss, dass er zur Verfassung einer wissenschaftlichen Arbeit fähig ist, wenn doch bereits während des gesamten Studiums solche Nachweise erbracht wurden. Auch die schriftlichen Ausarbeitungen minuziös geplanter Unterrichtsverlaufspläne fördern ein hohes Stresslevel der Referendare. Denkbar wäre hier eine klare Regelung vonseiten des Studienseminars, die eine reduzierte Anzahl solcher Ausarbeitungen vorsieht. Dies würde parallel dazu beitragen, dass die Anforderungen zwischen den Seminarschulen vergleichbarer wären. Denn nach wie vor ist das Belastungsniveau stark von den Ansprüchen des jeweiligen Seminarlehrers abhängig. Einheitlichere, klarere Regelungen der zu erbringenden Leistungen könnten hier für mehr Gerechtigkeit in der Ausbildung der jungen Lehrer sorgen.

An diesen beispielhaften Diskussionspunkten kann deutlich werden, dass es noch unzählige Stellschrauben im System der Lehrerausbildung gibt, welche den zukünftigen Referendaren an bayerischen Berufsschulen einen angenehmeren Start in das Lehrerleben ermöglichen könnten. Vor allem vor der beängstigend hohen Burnoutrate unter Lehrkräften sollte das Referendariat eine Sprungbrettfunktion einnehmen, die einen voller Motivation und Freude seinen Beruf beginnen lässt. Erstrebenswert wäre eine Ausbildungszeit, die den jungen Lehrer erfahren lässt, wie er sich den täglichen Herausforderungen seines Berufs stellen kann. Wie und worin er Kraft tanken kann für die vielen kleinen und großen Anstrengungen im Klassenzimmer. Welche Art zu unterrichten ihn authentisch und schülerfokussiert vor der Klasse stehen lässt und wie er sich über Jahrzehnte das Gefühl erhalten kann, den schönsten Beruf der Welt gewählt zu haben.

Literatur

Staatsinstitut für Schulqualität und Bildungsforschung: Selbstreguliertes Lernen in Lernfeldern, München 2009.
Staatsinstitut für Schulqualität und Bildungsforschung: Didaktische Jahresplanung, München 2012.

Internetquellen

URL: http://berufsschulnetz.de/studienseminar/download/Beobachtungsbogen_Unterricht.pdf (letzter Aufruf: 07.12.2016).
URL: http://berufsschulnetz.de/studienseminar/download/Hausarbeit_Hinweise.pdf (letzter Aufruf: 07.12.2016).
URL: http://berufsschulnetz.de/studienseminar/download/Kriterien_Gutachten.pdf (letzter Aufruf: 18.11.2016).
URL: https://www.km.bayern.de/lehrer/lehrerausbildung/berufliche-schulen/studium.html (letzter Aufruf: 19.03.2017).
URL: https://www.palverlag.de/frustrationstoleranz.html (letzter Aufruf: 16.11.2016).

Christiane Wissing

Gut präpariert für die Lehrpraxis

Erfahrungen nach dreieinhalb Jahren Pflegepädagogikstudium an einer Hochschule für angewandte Wissenschaften

1 Einleitung

Wenn man an das Thema „Lehrerbildung" denkt, assoziiert man in erster Linie das allgemeinbildende Schulsystem und das damit verbundene Lehramtsstudium an Universitäten, an das sich das Referendariat anschließt. Erinnerungen an die eigene Schulzeit kommen hoch. Erinnerungen an gute Lehrer, an schlechte Unterrichte, an viele Hausaufgaben, an die Klassenkameraden. Manch einer hat sich vielleicht entschieden, selbst Lehrer zu werden. Hierfür mag ein besonders prägendes Vorbild eines guten Lehrers den Ausschlag gegeben haben, aber vielleicht auch der Wille, vieles besser zu machen. Seit dem 19. Jahrhundert ist die Lehrerbildung universitär organisiert.

Im Gegensatz dazu sieht die Lehrerbildung für Pflegeberufe anders aus. Bis 2004 wurden die sog. Lehrkräfte für Pflegeberufe in einer meist zweijährigen Weiterbildung zur Unterrichtsschwester/zum Unterrichtspfleger ausgebildet (Brenner 1994: 54). Der Bologna- sowie der Kopenhagen-Prozess, die Novellierung des Krankenpflegegesetzes im Jahr 2004 sehen ein Hochschulstudium für die Lehrkräfte an Pflegeschulen vor (Bals 2006: 8). Seit 2005 bietet die Katholische Stiftungsfachhochschule München das Studium der Pflegepädagogik als Bachelorstudiengang an (KSFH: 2016). Zuerst in gemeinsamen Modulen mit dem Studiengang „Pflegemanagement" kombiniert, werden in einem eigenständigen Studiengang mit Abschluss B. A. vorwiegend pädagogische Inhalte, aber ebenso Grundlagen des Managements vermittelt. Somit sind Pflegepädagog(inn)en breit aufgestellt und können in der Ausbildung, in Institutionen der Fort- und Weiterbildung sowie in Organisation, Verwaltung und Beratung einmünden (KSFH: 2016). Akademisch gebildete Lehrkräfte befinden sich noch in der Minderheit an Bildungseinrichtungen in der Pflege (Brühe 2013: 15).

Die Zeit meines eigenen Studiums vergleiche ich mit einer Wanderung auf einen Berg. Anfangs ist man frisch und ausgeruht und startet hochmotiviert. Mit der Zeit wird der Schritt schwerer, der Weg steiler, man kommt ins Schwitzen, die Lust verlässt einen, man möchte doch bitte endlich am Ziel ankommen und das ganz schnell. Entweder rennt man dann kurzatmig zum Ziel, ohne zurückzuschauen, oder man hält noch einmal inne, schaut sich um und nähert sich dem Ziel mit langsamen Schritten.

Ich möchte Sie einladen, mit mir auf meinen Weg zurückzublicken und meinen persönlichen Transformationsprozess von der Pflegekraft zur Pflegepädagogin retrospektiv zu betrachten. Ist Lehrerbildung an einer Hochschule für angewandte

DOI 10.1515/9783110500707-014

Wissenschaften (HAW) möglich oder nur heiße Luft? Eines kann ich Ihnen jetzt schon verraten: Ich bin noch lange nicht am Ziel angekommen.

2 Entscheidungsfindung zum Studium

„Warum studierst du jetzt eigentlich noch?" Dieser Frage musste ich mich mehrfach in meinem Umfeld stellen, als ich meine Entscheidung zum Studium kundtat, die ich nicht über Nacht spontan getroffen hatte. Es war ein Prozess über Jahre, der bereits nach dem Abschluss meiner Ausbildung begann. Die Option, nach der dreijährigen Ausbildung noch zu studieren, begleitete mich in meiner gesamten Berufszeit, mal mehr, mal weniger ausgeprägt.

Eigentlich habe ich mit Leib und Seele in der Pflege gearbeitet. Die Atmosphäre in einem Krankenhaus, die Patienten während ihrer akuten Krankheitsphase zu begleiten und zu unterstützen, die Flexibilität durch den Schichtdienst – das alles hat mir zehn Jahre lang gefallen und viel Freude bereitet. Jedoch empfand ich die festen Strukturen und Hierarchien in der Klinik sowie die teilweise vorhandenen Einstellungen wie „Das haben wir schon immer so gemacht" als zunehmend störend. Oft arbeitete ich mit Schüler(inne)n „auf Station" zusammen. Ich wollte, dass die Schüler(innen) etwas lernen und nicht nur in einer Schicht für die Spülmaschine oder den Fäkalienraum zuständig waren. Es machte mir Freude, ihnen echte Lernsituationen zu bieten und sie machen zu lassen. Jedoch sah ich mich in meinem Anspruch, gute Pflege für den Einzelnen zu leisten, aufgrund der Rahmenbedingungen zunehmend eingeengt und behindert. Weiter förderten fehlende Fortbildungsmöglichkeiten das Gefühl der Frustration immens. Meine Bewerbung an die Hochschule schickte ich „auf den letzten Drücker" mit gemischten Gefühlen los. So begeistert ich als kleines Mädchen Schule spielte und in die Grundschule ging, so anstrengend und lästig habe ich das Lernen in meinen weiterführenden Schuljahren empfunden. Ich musste nie Referate oder Präsentationen halten, und „vorne stehen" wollte ich schon gar nicht. Ein Blick in das Modulhandbuch verriet mir, dass ich dies sehr häufig im Studium tun müsse. Das Ziel, als Lehrerin zu arbeiten, hatte ich zu diesem Zeitpunkt nicht, sondern ich sah mich in der Beratung. Insgeheim hoffte ich auf eine Absage. Damit hätte ich es versucht, und das Thema „Studium" wäre erledigt gewesen. Ich bekam eine Zusage und somit begab ich mich auf den Weg der *Pflegepädagogik*. Mit im Gepäck hatte ich die Aussage einer Freundin: „Wo die Angst sitzt, geht es lang" – auf geht's!

Bei der Entscheidung zum Studium spielen oft Vorbilder aus der eigenen Ausbildungszeit eine Rolle. Grundsätzlich können drei Personengruppen ausgemacht werden, die sich für ein Studium im Bereich „Gesundheit und Pflege" entscheiden (Bals 2006: 7). Als Erstes gibt es die Gruppe der Abiturient(inn)en, die sich nach der dreijährigen Pflegeausbildung und kurzer Zeit im Beruf für ein Studium entscheiden. Die zweite Gruppe setzt sich aus den sog. „Wechslern" zusammen, die aus anderen

Studiengängen wie beispielsweise Medizin oder anderen Lehramtsstudiengängen kommen. Die dritte Gruppe besteht aus Personen, die das Studium aus Gründen der (Nach-)Qualifizierung aufnehmen. Anhand dieser drei Gruppen (Stand 2003) lassen sich einige Besonderheiten der Studierenden skizzieren, die angehende Pflegepädagog(inn)en von Lehramtsstudierenden unterscheiden. Diese lassen sich mit dem Bild des „berufsbiographischen „Rucksack[s]" (Weyland/Reiber 2013: 189) zusammenfassen, in dem sich allerhand Kenntnisse, Erfahrungen und Wissen aufgrund der Ausbildung, der Berufserfahrung und teilweise vorangehend erfolgter Lehrtätigkeit bereits zu Beginn des Studiums befinden (Brühe 2013: 12). Studierende der Pflegepädagogik weisen somit auch teilweise ein höheres Alter bei dem Beginn des Studiums auf (Brühe 2013: 9).

Das Studium der Pflegepädagogik teilt sich in drei Phasen auf (KSFH: 2016): Die ersten vier Semester, das Praxissemester sowie die letzten beiden Semester. Im siebten Semester wird i. d. R. die Bachelorarbeit verfasst. Im ersten Studienabschnitt werden grundlegende Inhalte zu Pädagogik, Kommunikation, Pflegewissenschaft sowie zu Grundlagen des Managements vermittelt. Im dritten Semester verdichten sich spezifische Inhalte zum jeweiligen Studiengang.

Studienphase I

Im Nachhinein kann ich jedes Semester mit einem Schlagwort versehen. An dieser Stelle greife ich exemplarisch das erste und dritte Semester heraus. Das erste Semester war ganz allgemein geprägt vom Ankommen an der Hochschule. Lange Tage mit einer Vorlesung nach der anderen erwarteten mich. Das lange Sitzen war ich als Pflegekraft gar nicht gewöhnt. Langes Sitzen war das eine, was ich lernen musste. Das andere war das konzentrierte Zuhören, Mitschreiben und Mitdenken während der Vorlesungen.

„Ankommen" klingt fast schon trivial, dabei umfasst es viele Aspekte. „Die Hochschule als neuer Lebens- und Leistungskontext" (Bargel 2015: 3) – diese Aussage trifft ins Schwarze. Bargel (2015) fügt noch den Begriff des Neubeginns hinzu (Bargel 2015: 3). Zwar fällt für die meisten Studierenden der Pflegepädagogik der Studienbeginn nicht mit der Ablösung vom Elternhaus zusammen, aber dennoch muss das bisherige Leben umorganisiert werden. Es gilt, passende Lern- und Arbeitsstrategien zu entwickeln, selbstständig Lehrveranstaltungen vor- und nachzubereiten, den eigenen Lernstand einzuschätzen und selbstständig zu lernen (Kreiser 2013: 5). Darüber hinaus steht das Kennenlernen der Professor(inn)en und Dozent(inn)en sowie der Studierendengruppe im Vordergrund.

Im dritten Semester unternahm ich die ersten Gehversuche als Lehrende. In einer Lehrveranstaltung galt es, zum ersten Mal eine Lehrprobe in einer Gruppe zu planen, zu gestalten und durchzuführen. In der Hochschule wird die „Arbeit unter Laborbedingungen" (Kreiser 2013: 5) erprobt. Statt „echter" Schüler(innen) werden die eigenen Kommiliton(inn)en unterrichtet. Somit ist der Fokus auf die eigene Gruppe und einen selbst gerichtet, was anfangs herausfordernd genug ist.

Studienphase II

Praxissemester: Zu Beginn des vierten Semester stehen folgende Fragen an: Wo verbringe ich mein Praxissemester? Wo will ich hin? Das Feld der Pflegepädagogik ist ein weites. Das Ziel des Studiums der Pflegepädagogik wird mit der Qualifizierung „zur Übernahme von Funktionen im Bereich der Aus-, Fort- und Weiterbildung sowie in der Organisation, Verwaltung und Beratung" (KSFH: 2016) überschrieben. Außerdem sollen „Pflegepädagogen/-innen (B. A.) [...] in der Lage sein, Aufgaben im Bereich des Unterrichts und der Lehre eigenverantwortlich und fachkundig wahrzunehmen." (KSFH: 2016) In der Literatur und auch am Studienziel erkennbar, bezieht sich die Pflegepädagogik zentral auf eine Einmündung in einer Pflegebildungseinrichtung: „Kerngeschäft der Schule ist der Unterricht." (Kraler 2008: o. S.) Jedoch geht das Feld der Pflegepädagogik darüber hinaus – ähnlich der Komplexität der Pflege. Es folgt ein Versuch, weitere Tätigkeitsfelder der Pflegepädagogik aufzuzeigen.

In Deutschland versorgen rund zwei Millionen berufstätige Menschen einen pflegebedürftigen Angehörigen – Tendenz mit Blick auf den demografischen Wandel steigend (BMFSFJ 2014: o. S.). Diese Arbeitnehmenden stehen in einem Spannungsfeld, das aus der Verpflichtung gegenüber dem Arbeitgebenden und dem zu Pflegenden resultiert. Pflegende Angehörige in einem Arbeitsverhältnis benötigen eine passgenaue Beratung, um Pflege und Beruf vereinbaren zu können. Eingeschränkte Öffnungszeiten und lange Anfahrtswege zu Beratungsstellen erschweren den Zugang zu niedrigschwelligen Beratungsangeboten. Somit bieten Firmen in der freien Wirtschaft individuelle und passgenaue Beratungen an, die sich eng an den Bedürfnissen der Ratsuchenden orientieren und auch kurzfristig abrufbar sind. Ebenso können Pflegepädagog(inn)en bei Versicherungen sowie Krankenkassen tätig werden. Das Erstellen und Begleiten von Gesundheitsprogrammen unter pädagogischen Gesichtspunkten stellt hier ein mögliches Betätigungsfeld dar. Des Weiteren stehen die Patientenedukation sowie die Schulung von Angehörigen im Fokus. Ebenso bietet die Gesundheitsförderung von pflegenden Angehörigen eine Möglichkeit für Pflegepädagog(inn)en (DBFK 2010). Des Weiteren vermittelt ein Praktikum in einem Verlag einen Einblick in die Entstehung von pflegerelevanter Fachliteratur. Auch die Berufspolitik weist ein weiteres Betätigungsumfeld für Studierende der Pflegepädagogik auf. Gerade die aktuelle Diskussion um die Einführung einer generalistischen Ausbildungsform braucht Spezialisten wie Pflegepädagog(inn)en. Als wertvolle Ergänzung könnte die in vielen Schulen angesiedelten Schulsozialarbeit, ein Feld der Sozialen Arbeit, eine *school nurse* in Form einer Pflegepädagogin, idealerweise mit pädiatrischem Hintergrund, eingeführt werden. In den USA ist das Konzept der Schulgesundheitspflege bereits fest etabliert. Somit könnte eine Pflegepädagogin an allgemeinbildenden

Schulen einen wertvollen Beitrag für chronisch erkrankte Kinder und Jugendliche, deren Eltern sowie Lehrkräfte leisten (DBFK 2014a: 9). Abschließend ist die Möglichkeit der selbstständigen Pflegepädagogin zu nennen. Hier können Pflegeschulen, Institute für Fort- und Weiterbildung und Hochschulen Auftraggeber sein. Ebenso bietet die Pflegeberatung ein weites Feld, nämlich die Beratung, Schulung und Anleitung von Betroffenen und Angehörigen sowie Vortragstätigkeit in Betrieben zu aktuellen Themen der Pflegeversicherung.

Die Suche nach einem Praktikum in einem anderen Feld als an einer Pflegeschule gestaltet sich nicht leicht. Pflegepädagog(inn)en werden aber auch in Pflegebildungseinrichtungen eingesetzt. Weitere zahlreiche Anregungen im Hinblick auf ein Praxissemester finden Studierende beispielsweise auf der Homepage des Deutschen Berufsverbands für Pflegeberufe (DBFK 2010) in Form von Handreichungen, die auf der Suche nach einem anderen Einsatzort als der Pflegeschule unterstützen können. Hier gilt es, kreativ zu werden, sich über das eigene Profil klar zu werden, dies dementsprechend zu formulieren und die Pflegepädagogik „gut zu verkaufen".

Die Praxisphase im Studium der Pflegepädagogik ist im fünften Semester angesetzt und dient „sowohl der praktischen und beruflichen Erprobung der Studierenden als auch der Einübung pädagogisch relevanter Inhalte in praktisches Handeln als zukünftige [...] Pflegepädagog/innen" (KSFH 2016). Für die Wahl eines Praktikumsplatzes bedeutet dies, herauszufinden, wo die Interessen liegen, wo es nach dem Studium hingehen soll. Am einfachsten finden sich Möglichkeiten in Berufsfachschulen. Stellenanzeigen adressieren hauptsächlich diesen Einsatz. Wenn der Wunsch besteht, über eine Pflegeschule hinauszuschauen, ist Kreativität und ein gutes Marketing der Pflegepädagogik nötig, um sich als „passender" Praktikant auch in anderen Bereichen präsentieren zu können.

Die Suche nach einer Praktikumsstelle verlief für mich auf Umwegen. Nach wie vor war ein Praktikum an einer Pflegeschule nicht denkbar. Ich baute innerlich eine Abwehrhaltung dagegen auf, die ich nicht richtig erklären kann. Trotzdem bewarb ich mich an einer Schule in meinem nahen Umfeld, da es mir im Hinblick auf meine familiäre Situation am einfachsten realisierbar erschien. Im vierten Semester analysierte ich im Rahmen einer Gruppenarbeit ein Startup-Unternehmen, welches zum einen Kinderbetreuung vermittelt und zum anderen ein Projekt zur Beratung von pflegenden Angehörigen plante. Für dieses Projekt wurden noch Praktikant(inn)en gesucht. Trotz des sehr guten Angebots hinsichtlich der Flexibilität der Arbeitszeiten in der Pflegeschule entschied ich mich gegen ein wohnortnahes Praktikum und wählte den weiteren Weg in eine innovative Beratungsfirma. Somit startete ich als Exotin unter meinen Kommiliton(inn)en das Praxissemester im Bereich der Pflegeberatung. Insgesamt erlebte ich das Praxissemester ambivalent. Zum einen freute ich mich, endlich einmal raus aus der Hochschule zu sein, weg von den theoretischen Vorlesungen, Pause von den Gruppenarbeiten, einfach andere Luft schnuppern, etwas Neues kennenlernen, wieder arbeiten. Ich fand Gefallen an dem Büroleben, in dem man in Ruhe morgens ankommen konnte, ganz im Gegensatz zur Pflegepraxis auf Station, wo ich morgens oft vom Notarzt empfangen wurde, bevor ich die Tür zur Station geöffnet hatte. Ebenso waren regelmäßige Pausen neu für mich. Auf der einen Seite genoss ich diese neue Welt, auf der anderen Seite gab es viel Neues aufzunehmen, zu lernen und einzuordnen. Aufgrund meiner zehnjährigen Berufserfahrung bezeichnete das Unternehmen mich als „nicht klassische Praktikantin". Dies war einerseits gut, ich wurde als vollwertige Kollegin behandelt und erhielt auch einen großen Handlungs-spielraum. Andererseits hatte ich – meinem Praktikantenstatus entsprechend – auch einige Dinge einzufordern. Ich musste mich auch selbst daran erinnern, dass ich „nur" Praktikantin war. Die anstehende Lehrprobe in einem kleinen Unternehmen im Einvernehmen mit der Hochschule zu organisieren und zu planen, setzte mich unter Druck. Schlussendlich wollte ich einen guten Eindruck machen, da ich ein Gehalt erhielt und natürlich auch gerne ein Angebot für eine Anstellung nach dem Studium haben wollte. So schön der Einstieg war, so sehr freute ich mich auch wieder, als das Praktikum zu Ende war und die Vorlesungen an der Hochschule wieder begannen. Mein biografischer Rucksack war prall gefüllt mit neuen fachlichen Kenntnissen und neuem Wissen, aber auch mit Erkenntnissen über mich selbst.

Makrinus bezeichnet die Praxisphase als „spannungsgeladenes Interaktionsfeld" (Makrinus 2013: 255). Theorie und Praxis prallen aufeinander, wollen in Einklang und im Handeln zum Ausdruck gebracht werden. Das Stichwort „Praxisschock" taucht häufig in der Lehrerbildung auf. Wenninger definiert diesen als „schmerzhaft emp-fundener Kontrast des Berufslebens mit dem schulischen bzw. studentischen Leben, den Berufsanfänger häufig erleben" (Wenninger 2000). Dietrich führt dies auf die „divergierenden Ausrichtungen der beiden Ausbildungsphasen" (Dietrich 2013: 15) zurück. Es gilt, „wissenschaftliches Wissen mit praktischem Handlungswissen bzw. Können in Beziehung" zu setzen (Wildt 2005: 185).

Studienphase III

Das Praxissemester war zu Ende, die letzten zwei Semester standen an. Endlich wieder an der Hochschule! Das Wiedertreffen der Kommilton(inn)en, die Berichte aus dem Pra-xissemester, der Blick auf das Ende des Studiums – das alles trug zu einer positiven Grundstimmung bei. Bereits in der ersten Lehrveranstaltung nach der vorlesungsfreien Zeit, in der wir den Auftrag erhielten, eine Unterrichtseinheit allein zu planen und durchzuführen, dachte ich: „Wäre ich doch mal in eine Schule gegangen." Ich benei-dete meine Mitstudierenden um ihre Erfahrungen in Sachen Unterrichten, die Sicher-heit, die sie gewonnen hatten. Meine Erfahrungen erschienen mir kaum beachtenswert und nutzbar im Kontext des Studiums. Ich stand nicht vor einer Klasse, sondern habe telefonisch ratsuchende Menschen beraten. In meiner ersten Verunsicherung versuchte ich, eine Kommilitonin für ein Teamteaching für diese Unterrichtseinheit zu begeistern, jedoch blieb mir nichts anderes übrig, meine Aufgabe allein anzugehen. Dies stellte eine Herausforderung dar, die ich zu meiner eigenen Überraschung gut bewältigte.

Mir machte es Freude, eine 45-minütige Unterrichtseinheit zu planen und vor meinen Kommiliton(inn)en zu halten. Diese Freude hatte ich bereits am Anfang des Studiums bei einem Referat verspürt. War Schule und Unterrichten vielleicht doch etwas für mich? Die Rückmeldungen der Kommiliton(inn)en und der Dozent(inn)en ermutigten mich, mich noch im sechsten Semester an einer Pflegeschule zu bewerben. Zwar klappte es nicht mit einer Stelle, aber ich erhielt immerhin einen Auftrag als externe Dozentin. Mit Begeisterung plante ich meine ersten Unterrichtseinheiten im realen Feld, ohne allerdings die Sicherheit der Praktikumsphase im Studium zu haben. Ich freute mich auf eine Einheit, die nicht benotet wurde. Also konnte ich mit den Schüler(inne)n frei von Leistungsdruck arbeiten – so dachte ich. Meine ersten Unterrichte werde ich nie vergessen: gekennzeichnet von großer Nervosität, zu schnellem Vorgehen, mit übervollen Powerpointfolien, schlecht vorbereiteten Gruppenarbeiten und weiteren Fehlern. Aber ich stand vorne und ich hatte die Zügel in der Hand!

Ein Satz einer Schülerin während einer Gruppenarbeit ließ mich innehalten: „Das machen wir nicht, wir kriegen eh keine Note drauf." Dies war ein zentraler Moment für mich. Ich wollte nie die Lehrerin sein, die Druck mit Noten ausübt, in deren Unterricht ein Zwang zum Lernen und Angst vor der Prüfung herrscht. Ich wollte nie „mächtig" sein, im negativen Sinne, mit erhobenem Zeigefinger und strengem Blick. Auf Station haben die Schüler(innen) doch auch immer gerne von sich aus gelernt. Jedoch wurde mir bewusst, dass die Sozialisation in der Schule eine andere ist. Ich war also jetzt auf der Seite der Schule – die Schule, über die die Auszubildenden auf Station damals immer geschimpft hatten. Damit musste ich mich abfinden und meine Position auf der anderen Seite finden. Ich musste lernen, den Lernenden gegenüber klare Ansagen zu machen, klare Erwartungen zu formulieren und diese auch konsequent abzuverlangen. Darüber hinaus hatte ich den Anspruch, dies alles auf eine wertschätzende Art und Weise zu tun. Ich wurde mir der Macht der Lehrerrolle bewusst. Eine Lehrerin weiß immer mehr als die Lernenden, eine Lehrerin plant und steuert das Unterrichtsgeschehen (Ulich 2001: 2).

Und noch etwas wurde mir klar: Ich musste mich entscheiden zwischen der Pflegekraft und der Pflegepädagogin in mir. Diese Erkenntnis war schmerzhaft, da ich sehr gerne in der Pflege gearbeitet hatte, mir die Arbeit „am Bett" nach wie vor fehlte und ich mich immer noch als Kinderkrankenschwester sah. An dieser Stelle packte ich meinen biografischen Rucksack um und legte die Krankenschwester in mir ab, behielt aber die Erfahrungen als solche. Diese legte ich ganz nach unten in den Rucksack, denn sie bilden das Fundament für meine Rolle als Pflegepädagogin.

3 Die Einmündung in das Berufsfeld

Die Berufseinmündung, auch Berufseinstieg oder Berufseintritt genannt, werden nach Hericks die ersten drei Jahre als vollverantwortliche Lehrkraft definiert

(Hericks 2009: 32). Brühe beschreibt die Einmündung von Pflegepädagogen treffend: „[...] sie (erleben) ihre zweite Berufseinmündung und sitzen nun auf der anderen Seite des Lehrertisches. Die Pflegekraft ist jetzt Lehrkraft" (Brühe 2013: 1). Der Prozess der beruflichen Sozialisation beginnt: „Es gilt, Lehrer zu werden" (Brühe 2013: 17). In der berufsbiografischen Forschung gibt es vielerlei Ansätze, die die professionelle Entwicklung von angehenden Lehrenden beschreiben. Das Modell nach Fuller und Brown stellt das Ideal der „Entwicklung beruflicher Handlungskompetenz" (Messner/Reusser 2000: 159) dar. Es skizziert drei Stufen. Auf der ersten Ebene, der *survivel stage*, sind Lehrkräfte erst einmal mit sich selbst beschäftigt, mit dem Überleben im Unterricht. Die zweite Ebene beschreibt den Übergang „vom Ich-Bezug zum Situationsbezug", das Gestalten von Unterrichtseinheiten tritt mehr in den Vordergrund, eine gewisse Routine tritt ein. Auf der *routine stage*, der dritten Ebene, findet der Übergang zu einer „individual-pädagogischen" Sichtweise statt (Messner/Reusser 2000: 160). Somit rückt der Lernende in den Fokus.

Spätestens jetzt, in der Phase des Überlebens und Entdeckens (Messner/Reusser 2000: 160), ist es an der Zeit, den bereits mehrfach erwähnten biografischen Rucksack wieder hervorzuholen, zu sichten, aus- und umzusortieren, um pädagogische Sicherheit, Kompetenz, Identität und Professionalität zu erhalten (Brühe 2013: 1). Kraler formuliert zentrale Aufgaben in der Einmündungsphase. Im Bereich „Unterricht" gilt es, einen individuellen methodisch-didaktischen Stil zu finden. Ein persönliches Konzept im Bereich der Leistungsbeurteilung muss definiert werden. Durch neue Kollegen findet ein Abgleich von Selbst- und Fremdbild statt. Es gilt, ein pädagogisches Selbstverständnis im Hinblick auf Disziplinierungsfragen und fachliche Aspekte zu entwickeln. Persönliche Grenzen müssen gefunden und nach außen aufgezeigt werden. Ebenso steht die Organisation der anfallenden Aufgaben, die Auswahl geeigneter Arbeitsmittel sowie das persönliche Zeitmanagement im Vordergrund (Kraler 2008: o. S.).

Selbst in der Phase der Einmündung konnte ich mich nicht entscheiden zwischen einer Tätigkeit in der Schule oder in der Beratung. Schlussendlich folgte ich meinem inneren Wunsch nach Ruhe und blieb in dem Beratungsunternehmen, in dem ich seit meinem Praktikum nebenbei arbeitete, frei nach dem Motto: „Ich weiß, worauf ich mich einlasse". Die Zeit des Studiums und die Schreibphase meiner Bachelorarbeit verlangten auch meiner Familie einiges ab, und wir alle sehnten uns nach einem geregelten Ablauf. Der Gedanke an einen Masterstudiengang war mir absolut fern. Somit gestaltete sich meine Berufseinmündung recht ereignislos, da mir bereits die Strukturen, Abläufe und Personen in dem Unternehmen bekannt waren.

Parallel arbeitete ich weiter als freie Dozentin in der Berufsfachschule. Dort trat eine gewisse Ernüchterung ein, als ich endgültig erkannte, dass die Schüler(innen) nie Hurra schreien werden, wenn eine Lehrkraft den Raum betritt und der Unterricht beginnt. Zwar haben sie sich freiwillig für die Ausbildung entschieden, aber die Blockphasen in der Schule werden immer in den Köpfen mit Lernen im negativen Sinne verbunden sein. Nach Stangl-Taller (2017) ist dies auf eine gewisse

„Misserfolgsorientierung und Demotivation" (o. S.) sowie einer negativen Fehler-kultur des Schulsystems zurückzuführen (Spychiger in: Stangl-Taller 2001: o. S.). Meyer et al. zeigen auf, dass im Bereich des schulischen Lernens Lern- und Leistungs-situationen miteinander vermengt werden (Meyer et al. 2006: 23). In einer Lernsitua-tion sind richtige Antworten von dem Vorwissen der Lernenden, der Unterrichtsform sowie unterschiedlichen Zugängen abhängig. In diesem Kontext sind Fehler als „mehr oder weniger produktiv" einzustufen. (Meyer et al. 2006: 22) Dagegen sind Fehler in einer Leistungssituation fehl am Platz, da es jetzt darum geht, das richtige Wissen anzuwenden und anhand bestimmter Kriterien bewertet zu werden. Negative Assoziationen wie Scham, Ignoranz, wie Übergehen oder Niedermachen in Lern- und Leistungssituationen, führen zu „negativem Wissen" (Meyer et al. 2006: 23). Dem-entsprechend verhalten sich die Schüler: Eine aktive Beteiligung am Unterrichtsge-schehen findet nur statt, wenn der Lernende sicher ist, dass seine Antwort richtig ist und/oder er sich in der Gruppe sicher fühlt (Meyer et al. 2006: 25). Jetzt befinden sich eben diese Absolventen in der beruflichen Bildung, in der selbstgewählten Fachrich-tung und verhalten sich im Unterricht genau so, wie sie die Jahre zuvor sozialisiert wurden. Diese Erkenntnis machte mich traurig, denn ich hatte die Vision von Projekt-tagen, an denen die Lernenden Themen selbstorganisiert erarbeiten und in Form von Referaten vorstellen sollten. Ich investierte viel Zeit in die Planung der Unterrichte und versuchte, die Lernenden „zu packen". Nach den ersten Gehversuchen in einer Gruppe, die von dem Kollegium der Berufsfachschule als „nicht leicht" beschrieben wurde, überarbeitete ich meine Einheiten. Mir wurde klar, dass die Schüler(innen) nicht selbstgesteuert und selbstorganisiert sozialisiert wurden. Deshalb und aus öko-nomischen Gründen plante ich ein straffes, enges Vorgehen für die nächsten Unter-richtseinheiten mit dem Fokus auf Grundlagen- und Faktenwissen.

Nach meinem ersten straff geführten Unterricht war ich einerseits zufrieden. Ich setzte ein mehrseitiges Arbeitsblatt ein, das genau wie meine Overheadfolien aufge-baut war und den roten Faden durch den Unterricht darstellte. Richtig – statt einer Powerpointpräsentation verwendete ich den altmodischen Overheadprojektor (OHP), an den ich mich an der Hochschule nie herangetraut hatte, da er immer mehr oder weniger verstaubt in der Ecke stand. Ich erkannte, dass diese „analoge" Vorgehens-weise mehr Ruhe in den Unterrichtsverlauf brachte – für die Lernenden und für mich. Die Folien konnten in beliebiger Reihenfolge aufgelegt werden und so erhielten alle Beteiligten mehr Zeit, das Dargestellte nachzuvollziehen. Ebenso konnte ein Arbeits-blatt mit den Schülern gemeinsam bearbeitet oder Inhalte konnten entwickelt bzw. anders/vertieft dargestellt werden. Ein häufig genannter Vorteil des OHP-Einsatzes ist, dass der Lehrende die Klasse im Blick hat (Rosenbach 2008: o. S.). Ein Nachteil sind die mittlerweile veralteten Modelle, die im Einsatz sind, der benötigte Platzbe-darf dieses Mediums und die kostspieligen Folien. Eine Alternative stellt ein Visuali-zer dar, mit dessen Hilfe man Inhalte in Papierform „an die Wand werfen" kann.

Insgesamt zeigten die Schüler weniger Zeichen von Desinteresse (wie z. B. Gähnen, Beschäftigung mit dem Handy oder Gespräch mit dem Sitznachbarn), viele beteiligten sich aktiv, auch mit eigenen Gedanken. Andererseits stellte ich fest, dass das Niveau tatsächlich nicht über ein Fakten- und Grundlagenniveau hinausging. Mein Anspruch war allerdings, den Lernenden die Komplexität der Pflege nahezubringen und „Lust auf mehr" zu vermitteln. Ich begab mich auf die Suche nach Möglichkeiten der Umsetzbarkeit.

4 Master – ja oder nein?

So fern mir der Gedanke an einen Masterstudiengang nach dem Studium war, so schnell begann ich nach möglichen Angeboten zu recherchieren. Mittlerweile schien sich mein biografischer Rucksack ohne mein Wissen und Zutun neu geordnet zu haben. Zielstrebig hielt ich Ausschau nach bildungswissenschaftlichen Studienangeboten. Ich wollte Antworten auf die folgende Frage: Wie bringt man als Lehrender eine Gruppe dazu, mit Spaß auf hohem Niveau aus eigenen Stücken zu lernen und über den Tellerrand eines Themengebiets hinauszuschauen?

Der Beruf des Lehrers ist untrennbar mit Selbstreflektion verbunden. „Die eigene Biographie, das eigene Gewordensein [...] wirkt sich (auch) auf pädagogisches Handeln aus." (Bolland/Spahn 2016: 56) Beim Nachdenken über mein persönliches Gewordensein kommt mir mein Großvater in den Sinn. Auf Spaziergängen erklärte er mir alles Mögliche über die Bäume am Wegesrand, eine Statue und die Geschichte. Oft fragte er mich fast schulmeisterlich aus, oft wusste ich die Antwort nicht. Mein Nichtwissen ärgerte mich, und ich speicherte seine Antworten genau ab, um diese eventuell für zukünftige Fragen nutzen zu können.

Analog der allgemeinen Lehrerbildung wird im pflegepädagogischen Kontext ebenso der Master als Regelabschluss für die Pflegelehrer(innen)bildung gefordert (Weyland/Reiber 2013: 194). Weyland/Reiber stellen klar, dass „[...] die als Monitoring des eigenen Studiums angelegte Reflexion berufsbiographischer Lernprozesse [...] nur in dieser zweistufigen zehnsemestrigen Studienstruktur sinnvoll und zielführend [...]" (Weyland/Reiber 2013: 200) zu erreichen ist. Um dies in professionelle Bahnen im Rahmen der Akademisierung zu führen, ist die oben gestellte Frage eindeutig mit *Ja* zu beantworten. Auf aktuelle gesellschaftliche Veränderungen bezogene fachdidaktische Fragestellungen, neue Lehr-Lernarrangements sowie die Einsatzmöglichkeiten von E-Learning in der Pflegeausbildung können in einem Masterstudiengang beispielsweise vertieft bearbeitet werden. Schlussendlich muss sich jeder diese Frage mit Blick auf die persönlichen Ressourcen, Handlungsweisen und Zielsetzungen selbstständig und eigenaktiv selbst beantworten (Schreiber 2016: 261).

Ich verabschiedete mich aus der Beratung und wandte mich mit Kopf, Herz und Hand der Pädagogik zu. Für das Masterstudium wählte ich ein anderes Format, ein Fernstudium. Damit sicherte ich mir die maximale Flexibilität im Hinblick auf die Vereinbarkeit von Studium und Familie – und, um offen zu sein, für eventuelle berufliche Möglichkeiten. Das Studium im E-Learning-Format wies die gleichen Herausforderungen auf, die ich bereits im Präsenzstudium kennengelernt hatte, nur auf „E-Ebene". Neben Kennenlernen der elektronischen Lernumgebung und der Betreuenden, wie die Professor(inn)en genannt wurden, galt es, sich inhaltlich zurechtzufinden. Ich konnte auf viele Themen aus dem Bachelorstudiengang zurückgreifen. Jedoch war vieles auch neu, vieles wurde aber schlicht und ergreifend vorausgesetzt. Eine Studiengruppe – absolut notwendig in einem Fernstudium – fand ich erst im dritten Semester im Rahmen einer virtuellen Gruppenarbeit. Gruppenarbeiten, ob im virtuellen oder realen Raum, sind ja so eine Sache. Im Studium der Pflegepädagogik fanden viele Leistungsnachweise in Form von Gruppenarbeiten statt. Einerseits haben viele Köpfe viele Ideen, was dem Arbeitsprozess zuträglich sein kann, andererseits liegt genau hier die Krux. Es gilt, viele Absprachen in inhaltlicher, struktureller wie auch zeitlicher Hinsicht zu treffen. Unterschiedliche Persönlichkeiten und Arbeitsstile prallen aufeinander, die eigenen Ansprüche müssen dahingehend angepasst werden, um zu einem gemeinsamen, präsentablen Arbeitsergebnis zu kommen. Lernen ist als ein aktiver, selbstgesteuerter, konstruktiver, situativer und sozialer Prozess anzusehen (Mandl/Krause 2001: 5). Unterricht sollte auf die Unterstützung und Förderung dieser Komponenten ausgerichtet sein.

5 Berufliche Veränderung

Nach meiner Zeit in der Beratung und dem Beginn des Masterstudiums fiel mir zufällig eine Stellenanzeige der KSFH in die Hände. Gesucht wurde eine Referentin zum Aufbau und zur Pflege eines Skillslabs im Fachbereich „Pflege". Diese Anzeige sprach mich sofort an, und ich bewarb mich. Einen Monat nach dem Bewerbungsgespräch betrat ich die KSFH als Mitarbeiterin. Das Skillslab bestand zu dem Zeitpunkt aus einem Raum, in dem eine moderne Simulationspuppe mit all ihren Zubehörteilen auf einem Bühnenelement lag, daneben stand ein Pflegebett. Ich befasste mich in den ersten Wochen mit der Simulationspuppe „Nursing Anne™", ihren technischen Möglichkeiten sowie einer ausführlichen Literaturrecherche zum Thema „Simulation".

Damit Lernen in der Pflegeausbildung nachhaltige Ergebnisse hervorbringt, die in der Praxis anwendbar sind (Interprofessioneller Verband zur Integration und Förderung des Skillslab-Konzepts in den Gesundheitsberufen (VISFG 2017), muss eine Orientierung an der beruflichen Realität in der Ausbildung erfolgen. Das Üben von Fertigkeiten und die darauffolgende Anwendung in typischen Pflegesituationen fördern die Handlungssicherheit und Problemlösekompetenzen der Lernenden. Mit der Skillslab-Methode, die Simulationen einschließt, ist eine positive Fehlerkultur verbunden (Dieckmann 2013: 158). In diesem Lernsetting sind Fehler erwünscht und gewollt, gemäß dem alten Sprichwort „aus Fehlern lernt man". Allerdings ist der Umgang mit den Fehlern entscheidend. Im Vordergrund steht nicht das Auffinden und Aufzeigen von Unzulänglichkeiten, sondern das gemeinsame Aufspüren von Gedankengängen, die während einer Handlung abliefen. Diese gilt es zu reflektieren und zu analysieren, um alternative Handlungsmöglichkeiten für das pflegerische Handeln im beruflichen Alltag zu entwickeln. Somit steht das Schaffen von Lernmöglichkeiten im Fokus (Dieckmann 2013: 166).

So vielversprechend der Einsatz von Fertigkeitentrainings und Simulationen in der Ausbildung ist – wie langjährige Erfahrungen und positive Resonanz aus der Luftfahrt und Medizin zeigen (St Pierre/ Breuer 2013: 326) –, so kritisch ist anzumerken, dass damit bestehende „organisatorische Probleme der Praxis" (VISFG 2017) nicht auszugleichen sind. Die Skillslab-Methode ist optimalerweise als Verbindung zwischen theoretischem und praktischem Ausbildungsort zu betrachten. Demzufolge agieren neben den Lernenden und den Pflegepädagog(inn)en die Praxisanleitungen im Skillslab.

Der berufliche Alltag in der Pflege weist viele komplexe Prozesse auf. Doch was genau macht Pflege komplex? Komplexität beschreibt vernetzte Zustände, die ineinandergreifend ablaufen (Sturmberg/Martin 2013: 1). Die Merkmale von beruflicher Pflege werden als „diffus" und „schwer fassbar" (Sewtz 2006: 163) beschrieben. Professionelle „Pflege ist immer individuell" (Schewior-Popp et al. 2012: 150) und somit auch immer komplex.

Oft wird diese Komplexität von Lernenden in der Pflegeausbildung nicht gesehen oder unterschätzt. Dies zeigt sich an Reaktionen der Schüler(innen) mit Blick auf die Grundlagen der Pflege, die oft als „langweilig" und „können wir schon" abgetan werden. Was steckt in scheinbar einfachen Situationen an Lernmöglichkeiten? Das Durchführen der Körperpflege ist eine alltägliche Aufgabe für jeden Menschen, und professionell Pflegende übernehmen diese Tätigkeit jeden Tag. Zum einen gilt es, die benötigten Materialien vorzubereiten. Ebenso sind Kenntnisse über die Waschrichtung und die Temperatur wichtig. Jedoch einen Menschen nach seinen individuellen Vorstellungen zu waschen, mit ihm in Interaktion zu treten, sich in die Hilfebedürftigkeit und dem damit verbundenen möglichen Konflikt dieser Person hineinzuversetzen und danach zu handeln, das verlangt mehr als das Wissen um die reine Technik.

Eine Reflexion ist aufgrund der Arbeitsdichte in der Praxis oft nicht möglich, und so schleifen sich womöglich fehlerhafte Verhaltensweisen ein. Hier bietet die Simulation eine geeignete Methode an, die Komplexität der Realität sichtbar zu machen, diese zu reduzieren, zu analysieren und alternative Handlungsmöglichkeiten gemeinsam zu entwickeln.

Um dies zu verdeutlichen, wird nachfolgend ein Praxistag im Skillslab mit Pflegekräften, die sich in der Weiterbildung zu Praxisanleiter(innen) befinden, skizziert. In das Skillslab kamen zwölf erfahrene Pflegekräfte, hauptsächlich aus dem Bereich der ambulanten und stationären Altenpflege. Alle Teilnehmenden weisen bereits Erfahrungen in der Praxisanleitung auf und erwerben mit dieser Weiterbildung die Qualifizierung. Die Praxisanleitung ist gesetzlich verankert in § 2 (2) der Ausbildungs- und Prüfungsverordnung (KrPflAPrV) und soll die Lernenden „schrittweise an die eigenständige Wahrnehmung der beruflichen Aufgaben heran[...]führen und die Verbindung mit der Schule [...] gewährleisten". Der Ausbildungsreport von ver.di aus dem Jahr 2012 zeigte eine Unzufriedenheit der Lernenden mit der Praxisanleitung in den Einrichtungen auf (DBFK 2014b: o. S.). Kritikpunkte waren zufällige Anleitungen sowie eine kurze Kontaktzeit mit den qualifizierten Praxisanleiter(innen). Somit findet Lernen in der praktischen Ausbildung, die insgesamt 2500 Stunden umfasst, oft ungeplant und unstrukturiert statt. Ziel des geplanten Praxistags für angehende Praxisanleiter/-innen war es, eine Anleitungssituation nachzustellen, diese gemeinsam zu betrachten und Aspekte über die Rolle der Praxisanleitung herauszuarbeiten. Vorab wurde der Gruppe in einer einstündigen Einheit das simulationsbasierte Lernen sowie das Skillslab mit der Simulationspuppe vorgestellt. Für den Praxistag wurde allerdings ein Teilnehmender in der Patientenrolle eingeplant, um das Eintauchen in die alltäglichen, auf Interaktion basierenden Situationen möglichst realitätsnah zu unterstützen.

In einer individuellen Lernphase sollte eine Anleitung anhand einer vorgegebenen Situation geplant werden (reduziert auf Weshalb? – Wie? – Womit?), unter Berücksichtigung aller in dem Kurs bisher vermittelten Inhalte. Darüber hinaus sollten die Gruppen Beobachtungskriterien aufstellen, anhand derer das Plenum die simulierte Anleitungssituation bewerten sollte. Die erarbeiteten Anleitungen wurden dem Plenum präsentiert, und Gelegenheit für Rückfragen wurde gegeben. Folgend fanden sich die Kleingruppen in ihre Rollen in der Simulation ein. Dafür wurde ihnen das Patientenzimmer, zur Verfügung stehende Pflegeutensilien, die Dokumentation sowie Kleidungsstücke gezeigt. Die übrige Gruppe ging in dem hinteren Teil des Raumes die ausgearbeitete Anleitungssituation sowie die Kriterien durch und ergänzte die Angaben der Kolleg(inn)en. Bezüglich der Form der Anleitung wurden keine Vorgaben gemacht. Lediglich eine Patientin, die nach einem Klinikaufenthalt aufgrund einer Pneumonie wieder zu Hause war, wurde vorgestellt. Dazu sollten vier Pflegesituationen bearbeitet werden: druckverteilende Intervention, Aspirationsprophylaxe, Mobilisation und Schmerzmittelgabe. Diese Situationen eigneten sich sowohl für die stationäre als auch für die ambulante Kranken- und Altenpflege. Somit konnten sich die angehenden Praxisanleitenden auf Basis ihrer beruflichen Erfahrungen gut in die Situation einfühlen und diese selbst ausgestalten. Die Rollen (Lernender, Anleitender, Beobachtender) waren ebenso in der Gruppe zu besetzen. Aus zeitlichen Gründen konnten nicht alle in die Rolle der Praxisanleitung schlüpfen. Hier bietet die Lerntheorie nach Bandura eine Begründung dafür, dass aus einer rein beobachtenden Rolle ebenso ein Lernzuwachs gezogen werden kann (Meyer 2013: 60).

Eine Anleitungssituation theoretisch zu planen, stellte die Teilnehmenden vor eine Herausforderung. Bisher wurden Lernende tendenziell ad hoc angeleitet. Zwar wurden Schüler(innen) zum bisherigen Kenntnisstand befragt, aber die Anleitung erfolgte intuitiv. Nun sollten die einzelnen Schritte pädagogisch geplant und begründet werden. Im Nachhinein wurde die theoretische Planung von den Teilnehmenden als wertvoll erachtet, da dies eben nie zuvor in dieser Form erfolgt war. So konnte eine Verbindung zwischen den theoretisch vermittelten Inhalten und der praktischen Anleitung hergestellt werden.

Bisher hatten die Studierenden immer Schwierigkeiten mit den Simulationen. Viele äußerten Bedenken bezüglich der Videokamera, die im Raum stand und die Situation aufzeichnete. Das Gefühl des Beobachtetwerdens hemmte die Bereitschaft, sich offen auf das Geschehen einzulassen. Bei dieser Gruppe fiel auf, dass sie ohne zu zögern an die bereitgestellten Materialien herantrat. Besonders begehrt war die Patient(inn)enrolle. Im Vorhinein wurde eine Person der Kleingruppe für die Übernahme dieser Rolle eingeplant, da in den Situationen keine invasiven Pflegemaßnahmen vorgesehen waren. Diese Person lag als Erste in dem Patientenbett, ausgestattet mit einer Perücke, einer Lesebrille und einem Halstuch. Die Rolle des Praxisanleitenden sowie die des Lernenden wiesen gewisse Hürden auf. Zum einen handelt es sich um erfahrene Pflegekräfte, die wieder in die Rolle von Lernenden schlüpfen sollten. Allerdings soll mit dem damit verbundenen Perspektivenwechsel ein Einfühlen erreicht werden. Wie fühlen sich Lernende, wenn ich sie anleite? Die Rolle des Praxisanleitenden ist insofern schwierig auszufüllen, da jede professionelle Pflegekraft angeleitet und sich so ein bestimmtes Handlungsmuster bereits angeeignet hat. Das Spannende war: In welcher Rolle zeigt sich der Praxisanleitende – in der bisherigen oder in der erwünschten Version?

Das Debriefing, zu verstehen als strukturierte Reflexion, fand in der ganzen Gruppe statt. Hierfür wurde die Sitzordnung geändert: Die in der Simulation aktive Gruppe saß in einem Innenkreis, die Beobachtenden und die Kursleitung saßen in einem Außenkreis. Mit im Innenkreis saß eine Dozentin, die das Debriefing anhand von Fragen lenkte. Zuerst wurden die aktiven Teilnehmenden im Innenkreis zum persönlichen Erleben der Situation befragt. Häufig tritt in dieser Phase ein kritischer Umgang mit der eigenen Person auf: „Ich habe die Rolle nicht gut gespielt." Die schauspielerische Leistung in der Simulation ist eine Sache, die sicher auch einen unterhaltenden Aspekt mit sich bringt, jedoch muss man nicht Schauspieler(in) sein, um zu simulieren. Es geht um das authentische Agieren in unbekannten Situationen. So kann ein subjektiv empfundenes, negatives Einfinden in der Rolle als Überleitung genutzt werden, um ähnliche Wahrnehmungen in erlebten beruflichen Situationen zu betrachten. Fragen wie „Was genau hat das Unbehagen ausgelöst?", „Wie wurde die Situation empfunden?", „Wie ging es aus?", „Was wurde als hilfreich empfunden?", „Gibt es eine Ähnlichkeit zu der heutigen Situation?" lenken hier das Debriefing.

Zum Ende wurde der Außenkreis mit in die Reflexion aufgenommen. Hier entwickelten sich interessante Diskussionen zu wichtigen Aspekten der Praxisanleitung: Schülerpersönlichkeit – Persönlichkeit des Praxisanleitenden, das Sicherheitsempfinden von Praxisanleitenden und Vertrauen in die Lernenden, die Reflexion in der Anleitung als zentralen Punkt, verschiedene Modelle der Praxisanleitung (z. B. Modeling im Metalog), der Rollenwechsel (Pflegekraft – Praxisanleitung), die eigene Anspruchshaltung, das Ansprechen von Gefühlen und die Flexibilität bei einem möglichen Themenwechsel durch Patient(inn)en, Angehörige oder Lernende. Das

Schlusswort einer jeden Debriefing-Runde hatte die Kursleitung, die „Schlagworte" zu den über die Simulationen geführten Diskussionen vergab.

Die Rolle des Lehrenden verändert sich in Seminaren, in denen das simulationsbasierte Lernen eingesetzt wird. Während ein lehrerzentrierter Unterricht den Lernenden Orientierung bietet, fördert er aber zugleich deren passive Rolle. Nach wie vor liegt solchen Einheiten eine strukturierte Planung zugrunde, jedoch erfordert es seitens der Lehrenden viel Flexibilität im tatsächlichen Verlauf. Insgesamt gilt es, sich hier an den Lernenden und ihren Lernbedürfnissen zu orientieren (Lammerding-Köppel/Baatz 2013: 97). Im Vordergrund steht das Schaffen einer sicheren Lernumgebung, in der sich die Teilnehmenden öffnen können und Fehler ohne Frustrationen Einzelner passieren dürfen. Die Lehrenden begegnen den Lernenden auf Augenhöhe, unterstützen und begleiten den Prozess der Reflexion (Meyer 2013: 69). Das persönliche Lernergebnis des Lernenden steht im Fokus.

6 Fazit

Im Rahmen des vorliegenden Beitrags wurde der Frage nachgegangen, ob die Lehrerbildung im Bereich „Gesundheit und Pflege" an einer HAW möglich ist. An dieser Stelle möchte ich noch einmal das Bild der eingangs beschriebenen Wanderung aufnehmen. Es handelt sich bei dem Studium der Pflegepädagogik nicht um eine einmalige Wanderung, die mit einem Foto am Gipfelkreuz endet, sondern um das Erklimmen einer ganzen Gebirgskette, mit allen Höhen und Tiefen. Herrmann/Hertramph sagen: „Es gibt keine ‚fertigen' Lehrer" (Messner/Reusser 2000: 157). Die Lehrerbildung umfasst den lebenslangen Prozess des Lernens. Insofern muss das Studium den Studierenden Kompetenzen vermitteln, um sich mit Freude auf diesen lebenslangen Weg machen zu wollen. Gibt es *die* Lehrkompetenz, und was genau macht sie aus? Nach Hascher ist der Begriff von Lehrkompetenzen und daraus resultierenden Empfehlungen für die Ausbildung von Lehrpersonen noch nicht eindeutig (Hascher 2014: 561). Messner/Reusser beschreiben dies als „Erwerb berufsrelevanter Kompetenzen [...], die Ausbildung von pädagogischen Einstellungen und Werthaltungen als Grundlagen der eigenen berufsbezogenen Identität im lebensgeschichtlichen Verlauf von Ausbildung und Berufstätigkeit" (Messner/Reusser 2000: 157).

In den letzten Jahren finden vermehrt Forschungen zur Professionalisierung von angehenden Lehrer(inne)n statt. Nach Hascher ist nicht das Wissen über die Kompetenzentwicklung während des Studiums im Vordergrund, sondern Kenntnisse darüber, wie Studierende eine „erfolgreiche Berufspraxis" erlernen können (Hascher 2014: 561).

Messner fordert Lernumgebungen, die auf die Studierenden aktivierend wirken und „in denen schon auf (eine) vorhandene [...] Wissens- und Handlungsbasis in Praxissituationen konstruktiv aufgebaut werden kann". Als einen wesentlichen Punkt nennt Messner die Selbstreflektion, die für eine angehende Lehrperson in der Ausbildung als zentral angesehen wird. Praxisorientierte Lehr-Lernformen wie Referate, kollaborative Arbeitsformen wie Präsentationen, Seminargestaltungen und Lehrproben sowie Reflexionen/Rückmeldungen durch die Dozent(inn)en stellen eine wichtige Grundlage für die Entwicklung der Lehrkompetenz dar (Messner 2012: 6). Die Transformation von professionellen Pflegenden zu Lehrenden geschieht innerhalb des Professionalisierungsprozesses im Studium der Pflegepädagogik. Diese Entwicklung von einer pflegerischen Identität hin zu einer pädagogischen Identität stellt einen wesentlichen Unterschied zur Lehrerbildung im allgemeinbildenden Schulsystem dar, in der die Fächerorientierung eine wichtige Rolle spielt. In diesem Rahmen ist die HAW als eine lernende Institution anzusehen, die sich mit ihren Studierenden auf den Weg macht, um eine praxisorientierte, zukunftsfähige Ausbildung anzubieten. Rückblickend war die HAW für mich ein „Erfahrungs- und Lernort" (Messner 2012: 8), der mir während des Studiums wichtige Impulse für meinen persönlichen Transformationsprozess gegeben hat. Mit der Entwicklung eines Sim-/Skillslabs geht die HAW einen weiteren zielführenden Schritt in eine die Professionsentwicklung unterstützende Richtung der praxisorientierten Lehrerbildung im Bereich „Gesundheit und Pflege".

Literatur

Bals, T. (2006): Lehrerstudiengänge für Gesundheits- und Pflegeberufe – Gestaltungsoptionen und - restriktionen auf der Grundlage des BA-/MA-Konzeptes. URL: http://www.wissenschafts management-online.de/sites/www.wissenschaftsmanagement-online.de/files/migrated_wimoarticle/Bals.pdf (letzter Aufruf: 26.02.2017).

Bargel, T. (2015): Studieneingangsphase und heterogene Studentenschaft - neue Angebote und ihr Nutzen: Befunde des 12. Studierendensurveys an Universitäten und Fachhochschulen. Konstanz: Arbeitsgruppe Hochschulforschung, Universität Konstanz

Brenner, Renate (1994): Krankenpflegeausbildung – Berufsausbildung im Abseits. Frankfurt am Main: Mabuse.

BMFSFJ (2014): Vereinbarkeit von Beruf und Pflege. Wie Unternehmen Beschäftigte mit Pflegeaufgaben unterstützen können. URL: https://www.erfolgsfaktor-familie.de/fileadmin/ef/data/mediathek/Leitfaden_BerufundPflege_barrierefrei.pdf (letzter Aufruf: 19.02.2107).

Bolland, A.; Spahn, L. (2016): Zum Ansatz des biographischen Lernens in der Lehrerinnen- und Lehrerbildung. Spurensuche in pädagogischen Werkstätten. In: Schude, S.; Bosse, D.; Klusmeyer, J. (Hrsg.): Studienwerkstätten in der Lehrerbildung. Theoriebasierte Praxislernorte an der Hochschule. Wiesbaden, S. 55–72.

Brühe, R. (2013): Berufseinmündung von Pflegelehrern. Eine empirische Untersuchung zur Situation und zum Erleben von Pflegelehrenden an Pflegebildungseinrichtungen in der Phase der Berufseinmündung. Dissertation. URL: https://www.researchgate.net/profile/Roland_Bruehe/publication/299806674_Berufseinmundung_von_Pflegelehrern_Eine_empirische_Untersuchung_zur_Situation_und_zum_Erleben_von_Pflegelehrenden_an_Pflegebildungseinrichtungen_in_der_Phase_der_Berufseinmundung/links/570575ba08ae13eb88b978c8.pdf (letzter Aufruf: 26.02.2017).

DBFK (2010): Handlungshilfe zur Gesundheitsförderung bei pflegenden Angehörigen. URL: https://www.dbfk.de/media/docs/download/Allgemein/Handlungshilfe-Gesundheitsfoerderung-b-pfleg-Angeh_2010.pdf (letzter Aufruf: 19.02.2017).

DBFK (2014a): Gesund aufwachsen – Schulgesundheitspflege in Deutschland. URL: https://www.dbfk.de/media/docs/download/Allgemein/Schulgesundheitspflege_2014-12-11.pdf (letzter Aufruf: 19.02.2017).

DBFK (2014b): Situation der Praxisanleitung in der Altenpflege, Gesundheits- und Krankenpflege sowie Gesundheits- und Kinderkrankenpflege. URL: https://www.dbfk.de/media/docs/download/DBfK-Positionen/Position-Situat-Praxisanleitung_2014-10-16.pdf (letzter Aufruf: 25.02.2017).

Dieckmann, P. (2013): Gute Nachrede – Debriefing. In: St Pierre, M.; Breuer, G. (Hrsg.): Simulationen in der Medizin. Grundlegende Konzepte – Klinische Anwendung. Berlin, S. 154–166.

Dietrich, F. (2013): Professionalisierungskrisen im Referendariat: Rekonstruktionen zu Krisen und Krisenbearbeitungen in der zweiten Phase der Lehrerausbildung. Berlin: Springer.

Hascher, T. (2014): Forschung zur Wirksamkeit der Lehrerbildung. In: Terhart, E.; Bennewitz, H.; Rothland, M. (Hrsg.): Handbuch der Forschung zum Lehrerberuf. Münster, S. 542–571.

Hericks, Uwe (2009): Entwicklungsaufgaben in der Berufseingangsphase. In: Journal für Lehrerinnen und -lehrerbildung, 9 (3), S. 32–39.

Herrmann, U.; Hertramph, H. (2000): Zufallsroutinen oder reflektierte Praxis? Herkömmliche Wege in den Berufseinstieg von Lehrern und notwendige Alternativen. In: Beiträge zur Lehrerbildung, 18 (2), S.171–191.

Heyden, von der R.; Nauerth, A.; Walkenhorst, U. (2010): Gelingende Transitionen an den Schnittstellen Schule – Studium und Studium – Beruf durch anschlussfähige Interventionen in der Hochschuldidaktik. URL: http://www.hochschulwesen.info/inhalte/hsw-4-5-2010.pdf#page=44 (letzter Aufruf: 25.02.2017).

Kraler, C. (2008): Professionalisierung in der Berufseingangsphase – Berufsbiografie und Kompetenzentwicklung. Entwicklungsaufgaben der ersten Berufsjahre und Unterstützungsmöglichkeiten. URL: http://homepage.uibk.ac.at/~c62552/papers/Kraler_spez0801 (letzter Aufruf: 19.02.2017).

Kreiser, S. (2013): Herausforderung Studieneingangsphase in der Ingenieurausbildung. URL: https://www.fhkiel.de/fileadmin/data/fachhochschule/hochschuldidaktik/Kreiser_CUAS_BaET_Erstsemesterprojekt2012.pdf [19.03.2017]

KSFH (2016): Praxisphasen in BA Pflegemanagement und -pädagogik. URL: http://www.ksfh.de/fuer-studierende/praxis-center/praxisphasen/im-ba-pflegemanagement-und-paedagogik (letzter Aufruf: 19.02.2017).

Lammerding-Köppel, M.; Baatz, C. (2013): Auch Lehrende lernen dazu: Grundkonzepte der Didaktik. In: St Pierre, M.; Breuer, G. (Hrsg.): Simulationen in der Medizin. Grundlegende Konzepte – Klinische Anwendung. Berlin, S. 94–102.

Makrinus, L. (2013): Der Wunsch nach mehr Praxis. Zur Bedeutung von Praxisphasen im Lehramtsstudium. Wiesbaden.

Mandl, H. & Krause, U. (2001): Lernkompetenz für die Wissensgesellschaft. URL: https://epub.ub.uni-muenchen.de/253/1/FB_145.pdf [19.03.2017]

Messner, R. (2012): Leitlinien einer phasenübergreifenden Lehrerbildung. URL: http://www.uni-kassel.de/einrichtungen/fileadmin/datas/einrichtungen/zlb/Akt_-_MessnerLeitlinien.pdf (letzter Aufruf: 28.02.2017).

Messner, R.; Reusser, K. (2000): Die berufliche Entwicklung von Lehrpersonen als lebenslanger Prozess. In: Beiträge zur Lehrerbildung, 18 (2), S. 157–171.

Meyer, O. (2013): Simulators don't teach – Lernprozesse und Simulation. In: St Pierre, M.; Breuer, G. (Hrsg.): Simulationen in der Medizin. Grundlegende Konzepte – Klinische Anwendung. Berlin, S. 56–70.

Meyer, L.; Seidel, T.; Prenzel, M. (2006): Wenn Lernsituationen zu Leistungssituationen werden: Untersuchung zur Fehlerkultur in einer Videostudie. Schweizerische Zeitschrift für Bildungswissenschaften, 28, S. 21–41.

Rosenbach, M. (2008): Arbeit Overheadprojektor. URL: http://ods3.schule.de/aseminar/medien/overhead.htm (letzter Aufruf: 27.02.2017).

Schewior-Popp, S.; Sitzmann, F.; Ullrich, L. (2012): Thiemes Pflege. Das Lehrbuch für Pflegende in der Ausbildung. Stuttgart.

Schreiber, S. (2016): Biografisches Schreiben als Beitrag zur Salutogenese. Theoretische Konzeption eines Schreibprojektes. In: Schüßler, M. (Hrsg.): Pflegepädagogik/Pflegedidaktik. Ausgewählte Themen. Berlin, S. 235–303.

Sewtz, S. (2006): Karrieren im Gesundheitswesen. Weinheim.

Spychiger, M. (2017): Falscher Umgang mit Fehlern in der Schule. In W. Stangl-Taller, Wie behalte ich mir die Freude am Lernen? URL: http://arbeitsblaetter.stangl-taller.at/LERNEN/Lernfreude.shtml [19.03.2017]

St Pierre, M.; Breuer, G. (2013): Simulationen in der Medizin. Grundlegende Konzepte – Klinische Anwendung. Berlin.

Stangl-Taller, W. (2017): Wie behalte ich mir die Freude am Lernen? URL: http://arbeitsblaetter.stangl-taller.at/LERNEN/Lernfreude.shtml [19.03.2017]

Sturmberg, J. P.; Martin, C. M. (2013): Complexity in Health: An Introduction. In: Sturmberg, J. P.; Martin, C. M. (Hrsg.): Handbook of Systems and Complexity in Health. New York, S. 1–17.

Ulich, K. (2001): Die Lehrer/innen-Schüler/innen-Interaktion. URL: http://www.uni-potsdam.de/fileadmin/projects/erziehungswissenschaft/documents/studium/Textboerse/pdf-Dateien/ulich_interaktion.pdf (letzter Aufruf: 26.02.2017).

VIFSG (2016): Das Skills-Lab-Konzept. URL: https://www.vifsg.de/das-skills-lab-konzept/ (letzter Aufruf: 25.02.2017).

Wenninger, G. (2000): Praxisschock. URL: http://www.spektrum.de/lexikon/psychologie/praxisschock/11794 (letzter Aufruf: 27.02.2017).

Weyland, U. & Reiber, K. (2013): Lehrer/-innen-Bildung für die berufliche Fachrichtung Pflege inhochschuldidaktischer Perspektive. U. Faßhauer, B. Fürstenau, E. Wuttke (Hrsg.): Jahrbuch der berufs- und wirtschaftspädagogischen Forschung 2013. Opladen: Budrich 2013, S. 189–202.

Wildt, J. (2005): Auf dem Weg zu einer Didaktik der Lehrerbildung? In: Beiträge zur Lehrerbildung, 23 (2), S. 183–190.

Nachwort der Herausgeber

In einem Sammelband alle Ankündigungen und Versprechungen erfüllt zu sehen, liegt nicht in der Hand der Herausgeber.

Da jede(r) Autor(in) für seinen/ihren Beitrag selbst verantwortlich ist, wäre es vermessen, wenn sich ein Herausgeberkommentar zusätzlich, ergänzend oder gar ersetzend einschalten würde. Was hingegen in der Verantwortung der Herausgeber liegt, ist die Auswahl der Autor(inn)en. Diese Auswahl, so wie sie Ihnen hier vorliegt, ist selbstverständlich nach Wissen bezüglich der Kompetenzen der Verfasser(innen) getroffen worden, und zwar nach Kriterien wissenschaftlicher, pädagogischer, methodisch-didaktischer und fachpraktischer Expertise der Einzelpersonen. Für deren Zusage, an dem Sammelband mitzuwirken, möchten wir uns herzlich bedanken.

Wir hoffen, dass wir das Anliegen dieses Buches, einen Weg verschiedener Zugänge zum Komplex „Lehrkompetenz" nachvollziehen und mitgehen zu können, aufzeigen konnten.

Was ist also gelungen, was ist nicht gelungen, was bleibt unbeantwortet?

Gelungen ist, so hoffen wir, Anregungen darüber erhalten zu haben, welche verschiedenartigen Facetten Lehrkompetenzen kennzeichnen, sowohl aus der geschichtlichen Perspektive, der gegenwärtig wissenschaftlich schwer zu bestimmenden Kriterien als auch der wenig präzise vorhersagbaren Zukunftsvisionen.

Dieses Aufwerfen offener Fragen ist naturgemäß gleichzeitig auch als ein Nichtgelingen zu kategorisieren, weil wir am Ende keine handfesten Hypothesen formulieren können, die mit eindeutigen empirischen Methoden überprüfbar wären. Lehrkompetenz ist pädagogische Kompetenz. Pädagogik beschäftigt sich aber nicht nur mit der Theorie und Praxis von Erziehung, sondern macht als Handlungswissenschaft immer auch Vorschläge, wie Bildungspraxis gestaltet und verbessert werden kann. Von daher ging unser Anliegen über das Pädagogische hinaus, indem wir versucht haben, das Ganze wie ein Gebilde – eben als Lehrkompetenz – durch jeweils unterschiedliche Brillen zu betrachten und damit den formalen Gegenstand zu bestimmen.

Die Einzelbeiträge sind höchst authentisch, denn sie zeichnen sich durch jeweils selbstgewählte Inhalte und die Form der Darstellung aus, die teilweise selbst erprobt und erlebt wurden. Dadurch sind sie gleichermaßen auch als exemplarisch zu verstehen, weil sie sich auf ähnliche Situationen übertragen lassen.

Unbeantwortet bleiben deshalb folgende Fragen:
- Sind die Ausführungen beweiskräftig genug, um zu klären, ob Lehrkompetenz erlernbar ist?
- Lassen sich allgemeine Kriterien entwickeln, mit denen Lehrkompetenz lehrbar ist?
- Welche Wege sind noch nicht erschlossen, um die pädagogisch „richtigen" Pfade für unentdeckte Fähigkeiten zu finden?

Zum Schluss möchten wir uns bei unserer Lektorin Rita Maria Güther, bei unserer Kollegin Professorin Tilly Miller als Koordinatorin der Buchreihe und beim Verlag De Gruyter für jegliche Unterstützung bei der Erstellung des Readers bedanken.

Ein Buch herauszugeben und im Besonderen einen Sammelband mit mehreren Autor(inn)en – das wissen diejenigen, die das schon einmal selbst erlebt haben – macht Arbeit, bedeutet einen nicht unerheblichen Koordinationsaufwand, führt bei einem Herausgeberteam zu spannenden, humorvollen und auch hintersinnigen Diskussionen, manchmal auch zu Konflikten. Wir hatten von allem etwas, im Fazit aber war es für uns als Herausgeber ein wertvoller Prozess.

Andrea Kerres und Johannes Kemser

Verzeichnis der Autor(inn)en

Rainer Ammende, B. A. Hons, German/History, Universität London, Dipl. Pflegepädagoge Humboldt Universität Berlin, Krankenpfleger, Akademieleitung, Mitglied des Deutschen Bildungsrats für Pflegeberufe.

Prof. Dr. theol. **Constanze Giese,** Professorin für Ethik und Anthropologie in der Pflege, Dekanin im Fachbereich Pflege an der Katholischen Stiftungshochschule München. Schwerpunkte: Ethik in der Pflege und im Pflegemanagement, Professionsentwicklung und Ethik der Pflege, Anthropologische Grundlagen der Pflege.

Prof. Dr. rer. medic. **Astrid Herold-Majumdar,** M. Sc. in Nursing, Professorin an der Hochschule München. Schwerpunkte: Qualitätssicherung und Management in der Pflege, Lebensqualitätsforschung, Social & Health Service Design.

Lisa Hirdes, M. Sc. in Nursing, University of Cardiff, Wales. Ab 1985 tätig an der Evangelischen Pflege-Akademie in München, seit 1997 Akademieleitung.

Prof. Dr. phil. **Johannes Kemser,** Dipl. Sozialpädagoge, Professor em. für Soziale Arbeit, Pflegemanagement, Pflegepädagogik, Pflege Dual an der Katholischen Stiftungshochschule München. Schwerpunkte: Soziale Gerontologie, Kommunikation und Rhetorik, Anwendungsbezogene Forschung in unterschiedlichen Bereichen der Pflege. Gründungsdekan Fachbereich Pflege.

Prof. Dr. phil. **Anne Kellner,** Dipl. Pflegepädagogin (FH), Professorin für Berufspädagogik im Gesundheitswesen und in der Pflegewissenschaft, Studiengangsleitung B. A. Angewandte Pflegewissenschaft an der Katholischen Hochschule Freiburg. Schwerpunkte: Pflegebildung – Berufspädagogik; kritische Genealogie der Pflege, Geschichte und Entwicklungsperspektiven in der Pflege, Berufspolitik.

Prof. Dr. **Andrea Kerres,** Psychologin, Professorin für Psychologie, Studiengangsleitung Pflegepädagogik an der Katholischen Stiftungshochschule München. Schwerpunkte: Unterrichtsqualität und Lehrprofessionalität, Anwendungsbezogene Forschung im Bereich der Pflege und der Pflegepädagogik.

Prof. Dr. **Martin Knoll,** Dipl. Pflege- und Gesundheitswissenschaftler, Dipl. Gesundheitsökonom, Professor für Pflegewissenschaft an der Katholischen Stiftungshochschule München. Schwerpunkte: Klinische Pflegeforschung, Evaluationsforschung, Patientenzufriedenheit/Lebensqualität, Versorgungs-/Betreuungsmodelle in der Kranken-/Altenpflege, Pflegeprozess, Demenz, Hygieneassoziierte Themen und Epidemiologie.

Helma Kriegisch, Leitung der Unterabteilung Strukturelle Hilfen bei Pflegebedürftigkeit. Schwerpunkte: Förderung der pflegerischen Infrastruktur in München, Förderung von Fort- und Weiterbildungen in der Langzeitpflege, Umsetzung von Projekten wie Interkulturelle Öffnung der Langzeitpflege, Qualitätsoffensive stationäre Altenpflege.

Katharina Matic, M. Sc., stellvertretende Schulleitung und Pflegepädagogin an der Evangelischen PflegeAkademie in München, Hilfe im Alter gemeinnützige GmbH der Inneren Mission München. Schwerpunkte: Pflegeprozess und alternative Lern- und Lehrformen.

Elisabeth Linseisen, M. Sc. (Pflegewissenschaft), Dipl. Pflegewirtin (FH), Krankenschwester, Dozentin im Pflegebildungsbereich, Lehrbeauftragte an der Katholischen Stiftungshochschule München. Schwerpunkte: Geschichte der Pflege, Professionalisierung von Gesundheitsberufen, Pflegepolitik. Ehrenamtliches Engagement im Katholischen Pflegeverband e. V.

Prof. Dr. **Katharina Lüftl,** Dipl. Pflegewirtin (FH), Pflegepädagogin (B. A.), Professorin für Pflegewissenschaft, insbesondere Pflegedidaktik und Pflegepraxis an der Hochschule Rosenheim Campus Mühldorf. Schwerpunkte: Unterrichtsqualität und Lehrprofessionalität in folgenden Kontexten der pflegerischen Bildung: Berufsschulunterricht in ausbildungsintegrierenden Bachelorstudiengängen der Pflege, Anforderungen an die Hochschuldidaktik und an die Praktische Ausbildung Studierender.

Johanna Prinz, Pflegepädagogin (B. A.), Projektbegleitung zur Einführung von Primary Nursing in der Altenpflege im Haus St. Martin der MÜNCHENSTIFT GmbH, Praxisanleitung nach DKG und AVPfleWoQG, Qualitätsmanagement.

Prof. Dr. phil. **Anne Riedel,** M. Sc., Dipl. Gerontologin, Altenpflegerin, Professorin für Pflegewissenschaft an der Hochschule Esslingen, Studiendekanin Bachelor Pflegepädagogik. Schwerpunkte: Ethik in der Pflege, Ethik in der Palliative Care und Hospizarbeit, Ethikberatung, Pflegeforschung in der End-of-Life-Care.

Alexa Roth, Master of Education (TUM); Studienrätin an einer staatlichen Berufsschule in der Fächerkombination Gesundheits- und Pflegewissenschaften und Deutsch.

Christiane Wissing, Pflegepädagogin (B. A.), Referentin für das Skillslab im Fachbereich Pflege an der Katholischen Stiftungshochschule München.